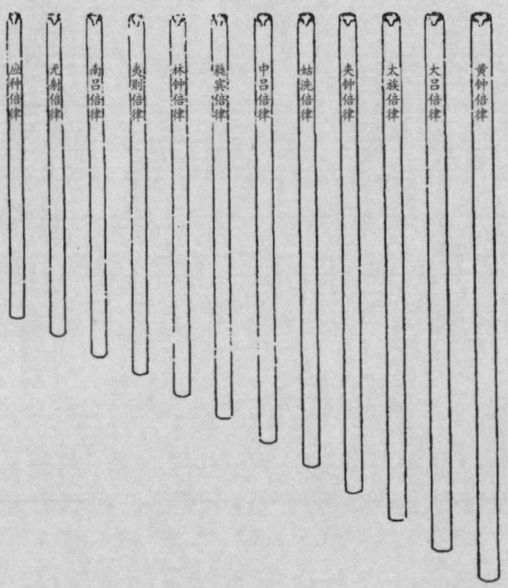

王子载堉，单枪匹马

一场彻底的音乐革命在中华大地

悄然上演

知史丛书

PRINCE

MUSICOLOGIST

SCIENTIST

ZHU ZAIYU

王子·乐律学家·科学家

朱载堉

戴念祖 著

广西科学技术出版社

·南宁·

图书在版编目（CIP）数据

王子·乐律学家·科学家：朱载堉 / 戴念祖著 .—南宁：广西科学技术出版社，2024.9

ISBN 978-7-5551-2130-5

Ⅰ .①王…　Ⅱ .①戴…　Ⅲ .①朱载堉（1536 —约 1610）—传记　Ⅳ .① K825.76

中国国家版本馆 CIP 数据核字（2024）第 061674 号

WANGZI · YUELÜXUEJIA · KEXUEJIA: ZHU ZAIYU

王子·乐律学家·科学家：朱载堉

戴念祖　著

策　　划：黄敏娴　　　责任编辑：冯雨云　韦丽娜
责任校对：吴书丽　　　助理编辑：安丽桑
责任印制：韦文印　　　营销编辑：刘珈沂
装帧设计：梁　良

出 版 人：岑　刚
出版发行：广西科学技术出版社
社　　址：广西南宁市东葛路 66 号
邮政编码：530023
网　　址：http://www.gxkjs.com
电　　话：0771-5827326

经　　销：全国各地新华书店
印　　刷：广西民族印刷包装集团有限公司
开　　本：889mm × 1240mm　1/32
印　　张：15.125
字　　数：379 千字
版　　次：2024 年 9 月第 1 版
印　　次：2024 年 9 月第 1 次印刷
书　　号：ISBN 978-7-5551-2130-5
定　　价：98.00 元

知了
ZHILIAO

格物以为学，伦类通达谓之真知

2015年6月戴念祖先生在河南省沁阳市朱载堉纪念馆。

戴念祖先生长期从事朱载堉研究，十分关心朱载堉故居遗址的保护与开发，并多次提出建设性意见。在纪念馆建设初期，戴念祖先生每年前往沁阳，甚至一年往返数次。

戴念祖

中国科学院自然科学史研究所研究员。中国物理学史学科创建者。1964年毕业于厦门大学物理系。曾任中国科学院自然科学史研究所理化史研究室主任、首都师范大学讲座教授、中国音乐学院科技音乐系讲座教授。撰有《中国力学史》《中国声学史》《中国光学史》《中国电和磁的历史》《中国物理学史》《文物与物理》《物理和机械史》等著作10余种。主编《20世纪上半叶中国物理学论文集粹》《中国科学技术典籍·物理卷》《物理学基础教程》等，另发表学术论文百余篇。

大家都知道火器、造纸、印书是中国人的三大发明……到了近代，西洋人用所有的力量、所有的科学方法完全放上去，使这三种东西每一种都有飞速的进步，极度的改良，而我们却须回过头去跟他们学习……

惟有明朝末年朱载堉先生所发明的十二等律，却是个一做就做到登峰造极的地步的大发明。他把一协分为十二个相等的半度，是个唯一无二的方法，直到现在谁也不能推翻它，摇动它；他所用的算法，直到现在还是照样的做；他算出来的数目字，直到现在还是直抄了用，不必我们自己费心。

你说这是个小发明么？不差，和造纸、印书、造炮相比，诚然是渺乎小矣。但全世界文明各国的乐器，有十分之八九都要依着他的方法造；即就北平而论，至少总有一二千架钢琴却没有一架不用他的方法定律。这种发明，恐怕至少也可以比得上倍尔的电话和爱迪生的留声机罢。

——刘半农（1891—1934）

朱载堉对人类的贡献是发现了将音阶调谐为相等音程的数学方法，这是一种十分重要的实用体系，而今天所有西方国家的大众却都以为它是理所当然的，甚至不知道它的存在。

平心而论，近三个世纪里欧洲的和近代的音乐完全可能受到中国的一篇数学杰作的强大影响，虽然传播的证据尚付阙如。发明者的姓名较之发明的事实，仍属次要，而且朱载堉本人肯定是第一个给另一个研究者以应得的评价并最后一个争优先权的人。毫无疑问，首先从数学上系统阐述平均律的荣誉应归之于中国。

——［英］李约瑟（Joseph Needham，1900—1995）

前言

朱载堉（1536—1611）是明代杰出的音乐家、乐律学家、艺术家和科学家。他的成就代表着明代艺术科学和自然科学的高峰。他是明仁宗朱高炽的七世孙，他的父亲朱厚烷被册封为郑恭王。“王子载堉”的名字早在几百年前就传遍了欧洲学术界。

朱载堉的最大贡献是在音乐理论上精确地解决了中外几千年来寻求解决而未果的返宫（closed cycle）和转调问题。为解决这一世界性难题，他攀上了一座又一座高峰，涉足了艺术科学和自然科学的广泛领域。

在音乐理论上解决返宫和转调问题的必然而且唯一的结果是发明十二等程律，朱载堉称它为“新法密率”。所谓等程律（equal temperament），即八度内任意相邻的两个半音的音程都相等的一种乐律制度。“相等”即等于$\sqrt[12]{2}$（或写为$2^{1/12}$）。朱载堉毕生为创建这种乐律制度而努力钻研、奋斗终身。为了证明其“等程律”或“新法密率”在返宫、转调上的可行性与实用性，他谱写了几十首等程律乐曲，其中有操缦练习谱、旋宫谱、合乐谱（今称“总谱”）。按照中国传统曲谱分类，有律吕字谱、工尺谱、琴谱、瑟谱以及无筭乐谱。后者是据听众多寡，以调式变化反复演奏同一曲目，且可以随时终乐之曲谱。朱载堉既是音乐家，也是经验丰富的作曲家。为了证明“新法密率”理论的正确，他分别制造了弦式和管式音高标准器，即朱载堉所谓的“均准”和“律管”。既似琴瑟又非琴瑟的均准，实际上是世界上第一具等程律拨弦乐器；由等程律律管编联而成的排箫，又是世界上第一具等程律吹管乐器。他还制造了等程律的龠（籥）、篴、篪、笙、埙，以及依等程律调音而成的琴、瑟、编钟和编磬。此时欧洲的音乐家和科学家，随着文艺复兴之后音乐的发展，正忙于寻找一种可以返宫和转调的调音体系——照此调音体系，音调固定的乐器可以变调演奏尽可能多的、最好是全部不同的曲调，而无需中断演奏去重新调音或调整琴码，种种努力却全无结果。而此时的朱载堉正单枪匹马，静悄悄地在中华大地进行着彻底的音乐革命。

为了创建新法密率理论原理，朱载堉不得不同时解决围绕着它的自然科学课题。首先，他必须找到计算十二等程律的数学方法。为此，他在世界上最早解答了在已知等比数列的首项、末项和项数条件下，如何求解其他各项的方法；最早找到了不同进位制的小数换算方法；最早以当时的商用数学工具，即算盘进行开平方计算，其计算数字精确到小数点后24位。他最早发现了管乐器的末端效应，提出了系统的管口校正方法和计算公式。为了找到历史上的音高标准，他多方面探讨了度量衡变迁问题，获得了律尺（音乐用尺）和度尺（日常用尺）的数量关系。他测定的水银密度几乎与当今的测定值完全一致。他研究度量衡史的方法一直影响到今天。按照中国的文化传统，他在研究乐律的同时又研究了明代历法，编制了“黄钟历”和“万年历”，精确地计算了回归年长度，推算了北京地理纬度，测定了洛阳地区的地磁偏角[1]。他的成就，使他当之无愧地成为明代最杰出的科学家之一。

在艺术领域，朱载堉是一位舞蹈艺术的理论家和舞谱的集大成者。他还擅长白描画，同时又是一位诗人。

朱载堉是我国古代社会后期和近代社会前夜的一颗科学和艺术巨星，是明代一位百科全书式的学者。倘若明末清初能继续营造科学发展的社会环境，他无疑是我国近代科学和艺术的创始人。

作为一个艺术家和科学家，朱载堉极具革新精神。对待文化遗产，他不是因循守旧，而是批判地继承；对待科学与自然知识，他不在心中“格物穷理”，而是注重实验，动手去做；对待艺术问题，他不是复古，而是创新。不畏权威，不羁古训，崇尚真知，追求真理，“唯求实理，不事文饰”[2]，是朱载堉有成就的奥秘真谛。

作为皇室子孙，朱载堉是一个叛逆者。他从15岁开始，“席藁独处”受难17年，又历经14年写作、11年雕版印书、15年让爵，这些经历构成了这位天潢真人华章著述的光辉一生。他箪食瓢饮，自称道人；他痛斥钱财“为富不仁”，诅咒权势“狗畜生”；让出国爵后，他幅巾策杖，隐居郊野，日与二三田畯灌桑、牧豕。他陶醉于“一琴、一缶、一吹、一歌”的音乐人生之中，与那种“两眼官势钱，一身奴才相”的人形成鲜明对比。

---

[1] 戴念祖曾误将朱载堉测量地磁偏角之地定在北京，特此更正，这是因为作为王子的朱载堉几无可能进京。《朱载堉：明代的科学和艺术巨星》，人民出版社，1986，第221页。

[2] 朱载堉:《进律书奏疏》，载《乐律全书·律吕精义·内篇》书首。

王子载堉首先是在欧洲学术界出名的。他的学术成就在明代被搁置于深宫之中，在清代又长期受到不公正对待。1950年前后的一段历史时期内，欧美学术界某些人抱着“西方的科学思想比东方的优越”的观点，拙劣地或狡猾地与朱载堉争优先权。在这方面，李约瑟博士的有关论述是公正的。他指出：“朱载堉虽然远离欧洲，却是一位文艺复兴时代的人。”[1]

钢琴是欧洲文明的产物，十二等程律是它的灵魂，没有后者就没有前者。有了十二等程律，才有现代活跃的音乐艺术和音乐舞台。迄今，人们仍受益于朱载堉几百年前对人类做出的贡献。

本书是《天潢真人朱载堉》的修订本。笔者愿以以下肤浅的论述，助人们了解朱载堉其人其事。

---

[1] Joseph Needham, *Science and Civilisation in China*, *Vol. 4*, *Part 1*, *Physics*（New York：Cambridge University Press，1962）p.221，notes a.

目录

CONTENTS

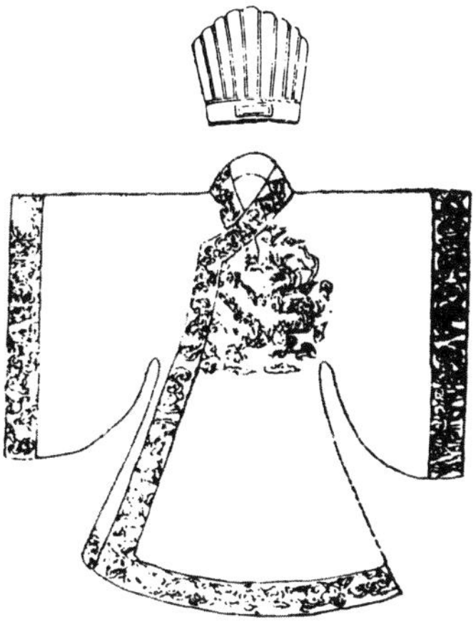

PRINCE

MUSICOLOGIST

SCIENTIST

ZHU ZAIYU

第一章

宗藩与分封

封建帝王将其子弟分别封至各地为王，受封的皇族称为宗藩，也作宗蕃。藩有屏卫之意，宗藩受封之地，又称藩国。帝王将其子弟分封出京、远赴藩国有两层意思：一是由子弟们保家卫国，尤其是护卫疆土，或谓“屏卫皇室”，在新朝刚立之时，边疆重镇，往往由皇族子弟防守，安全可靠；二是将子弟分别安排于各地屏蔽，免除子弟之间纷争闹事，更免除众多子弟对京城皇储之危，无夺宫谋逆之忧。受封的帝王子弟便是亲王。明代200余年间，为确保这双重作用，皇帝御制宗藩条例以严格约束、限制宗藩行止。亲王与皇帝间不仅有骨肉亲缘，在特定时候（例如，帝无嗣，或其嫡长子未成年而卒）还有皇位的传与承之缘。前者，虽说有骨肉之缘，但在严格的约束制度下，亲王不亲、骨肉无缘，尤其是三代之后更是如此；后者，终因事关皇位继承，往往从血肉之缘演变为残酷的血火之争。

笔者首先介绍明代宗藩分封之制和宗藩条例，以便读者了解朱载堉一家跌宕起伏的生活及促成其取得学术成就的诸多因素。

第一节　藩王与皇位

在明代的藩国分封中，出现了多起藩王夺位事件。而每次藩王夺位（或继位）成功后，中央又反过来更加严厉管束藩王，制定更为严格细密的宗藩管理条例。

明太祖初定天下，仿汉、晋及元之制，分封诸子为王，建藩于各地。初定条例中有：“皇嫡子正储位，众子封王爵，必十五岁选婚，出居京邸，至长始之国。”[1]考虑到边防要务，明太祖亦命众子习兵，因此，诸王中以边塞居者拥兵，“皆预军务，而晋、燕二王，尤被重寄，数命将兵出塞及筑城屯田”[2]。又，洪武六年(1373)，允准亲王每岁入京朝觐，但不得一时同至，而是一王朝觐毕、返国之后，另一王方许入朝。[3]明太祖于洪武三十一年（1398）驾崩，因太子朱标（1355—1392）先薨，故传位太孙朱允炆（建文）。

建文帝登基后，用兵部尚书齐泰和太常卿黄子澄之谋，调兵遣将，开始削夺诸王(即其众叔)手中兵权。齐王榑(太祖第七子)、代王桂（太祖第十三子）均以罪被废为庶人；周王橚（太祖第五子）被告有异谋，召入京，禁锢；湘王柏（太祖第十二子）自焚[4]。燕王棣（太祖第四子）于建文元年（1399）七月起兵，指责宫中齐泰、黄子澄为奸臣，史称“靖难之役”。拥兵北部边陲（北平）的燕王，迅速扩兵，经几年转战，于建文四年（1402）六月直指京都江南应天府(今南京)，拥兵入朝，火烧旧宫，建文帝失踪[5]。明永乐王朝由是兴。朱棣（永乐）登基后，复周王橚、齐王榑国爵，齐泰、黄子澄等50余位旧臣坐奸党死，罪系其族。而建文帝直至乾隆元年（1736）才由清高宗追谥“惠帝”。由此可见，宗藩之命运与皇帝

[1] 申时行等:《大明会典》卷五六《王国礼二·之国》，文海出版社，1985，第918页。以下引此书，不再注编纂者、版本及页码。

[2] 张廷玉等:《明史》卷一一六《列传第四·诸王》，中华书局，1974，第3562页。以下引此书，作者、版本与页码从略。

[3]《大明会典》卷五六《王国礼二·来朝》。

[4]《明史》卷四《本纪第四·恭闵帝》。

[5] 建文帝当时被火烧死与否，史论众说不一。据陈万鼐考，建文帝遁迹民间，改姓名为“让鍪”。见其著:《明惠帝出亡考证》，百城书局，1960。

是密切相关的。

靖难之役，不仅警醒永乐帝自己要严管宗藩，亦为后来诸帝所借鉴。永乐始严禁藩王拥有军政之权，“分封而不锡土，列爵而不临民，食禄而不治事”[1]。明初，皇子封亲王，“护卫甲士少者三千人，多者至万九千人”，但兵权“隶籍兵部”，不再由亲王掌管。[2]

明代初中期，宗藩谋反之事多次发生。宣德元年（1426）汉王朱高煦反；正德五年（1510），庆靖王朱㮵第四世孙、安化王朱寘鐇反；正德年间，藩国南昌的宁王朱权第四代孙、上高王朱宸濠反，更是诡谲。朱宸濠远离天子，为非作歹，养群盗，劫财江西、湖南，有司不敢问。他招募谋士，深结宫中左右，重金贿赂监臣，深藏谋逆之心却不为武宗所察。正德十四年（1519）七月，朱宸濠领兵出江西，从九江起兵直攻安徽安庆。历时43天，朱宸濠被擒获。[3] 燕王朱棣靖难而成，上高王朱宸濠谋反而败，皆出自宗藩。

鉴于“骨肉周亲屡谋僭逆”(建文帝语)[4]，明初中期宗藩即行护卫制，设王府护卫。“护卫，掌防御非常，护卫王邸”，其意有二：一是护卫宗藩王府，免奸人对王府掳掠劫杀；二是“防御非常”，防止宗室们谋逆造反。每个王府有“三护卫”，设左、右、前、后、中五个哨所，每所千户二人，百户十人。[5]“三护卫”究竟有多少将士？初封亲王赴藩，人多以壮声威，可能有成千上万。但年长日久，护卫人数当打折扣。况且管理护卫的兵权在兵部，王府或

---

[1]《明史》卷一二〇《列传第八·诸王五》。

[2]《明史》卷一一六《列传第四·诸王》前言。

[3]《明史》卷一一七《列传第五·诸王二》。

[4]《明史》卷四《本纪第四·恭闵帝》。

[5]《明史》卷七六《志第五十二·职官五》。

亲王无权调动。

更重要的是，对宗藩监管在于设立“王府长史司”，“长史掌王府之政令，辅相规讽以匡王失，率府僚各供乃事，而总其庶务焉”[1]。实际上，长史是朝廷派往亲王身边的密探，亲王与朝廷书谏奏文，皆由长史过问缄呈，长史还有密奏之权，如王“有窒碍难行者，当竭忠谏止”[2]。

“土木之变”和“英宗复辟”也是明朝大事。虽元朝被推翻，但蒙古军残余仍散布在北方边境，威胁到了明朝北边的疆域。正统十四年（1449），英宗朱祁镇统率大军与蒙古瓦剌部战于长城外怀来与宣城之间，史称“英宗北狩”。当时，天不适时（下雨）、地不利（泥泞山路）、人不和（英宗军内有图私利之奸臣），致使英宗被蒙古军包围于土木堡，终被俘，史称“土木之变”。在“国不能一日无君”之危难时刻，皇太后宣召英宗之弟郕王朱祁钰入京。未几，朱祁钰被皇室及诸大臣拥立为帝，是为代宗或景帝。但朱祁镇未驾崩，一年后被送回京师，为避嫌只好蛰居于南宫之中。7年之后，朱祁钰病危，又一班文武大臣暗中扶持朱祁镇入皇宫。弥留之际的朱祁钰听闻钟声，问侍从是谁，得知是英宗，说声“哥哥来做(皇帝)，好”。史称“英宗复辟”[3]。兄弟俩一上一下，又下又上，

[1]《明史》卷七五《志第五十一·职官四》。

[2]《大明会典》卷五七《王国礼三·过犯禁例》。

[3] 谷应泰:《明史纪事本末》卷三二《土木之变》，中华书局，1977；同书卷三三《景帝登极守御》；同书卷三五《南宫复辟》。以下引此书，版本、出版年代从略。又见郎瑛:《七修类稿》卷一三《国事类·英宗复位实录》，中华书局，1959。有关“土木之变”和“英宗复辟”的通俗历史著作，可参阅：崔瑞德、牟复礼编《剑桥中国明代史：1368—1644年》，张书生等译，中国社会科学出版社，第355—358页，373—375页。

且不言兄弟交失，又不知有多少大臣、宗藩或升迁或遭难。[1]

兄弟先后登基者，英宗（朱祁镇）、代宗（朱祁钰）是一例，武宗（朱厚照）、世宗（朱厚熜）又是一例。正德十六年（1521），武宗崩。武宗无嗣，由宫廷大臣拟诏，立安陆（今湖北天门等四地）兴献王朱祐杬之子朱厚熜为太子。武宗与世宗实乃从父兄弟（俗称叔伯兄弟）。朱厚熜登基（嘉靖）后，处心积虑为其生父母正名分（其父尊为睿宗献皇帝，其母尊为章圣皇太后），撰“献皇帝实录”，建庙于奉先殿西，祭祀礼仪如故皇帝之太庙。[2]此事曾引发朝廷内一场有关礼仪、权力和儒学传统的大争论。“国是愈淆，至今纷纷，未知适从也”[3]。其结果是180多名官员受刑责打，17名官员伤重致死，更多官员、太监被谪戍[4]。

有了这些事变，藩王进京，除奉诏之外，皆不得准。实际上，在英宗之后，仅襄王瞻墡一人进过京，他是代宗时作为监国受太后诏而入京的。自嘉靖后期起，宗室派人上京，不准久留京师。[5]也绝不允许藩王之间来往。宗藩条例，在明朝各代多少都有所修订[6]，而于嘉靖帝时修订为甚。嘉靖八年（1529）增修条例如下：“凡

[1] 沈德符：《万历野获编》卷一《复辟诛赏之滥》，中华书局，1959。以下引此书，版本、出版年代从略。

[2]《明史》卷一一五《列传第三·睿宗献皇帝献皇后》。

[3] 徐学谟：《世庙识余录》卷二，《续修四库全书》本。

[4] 牟复礼、崔瑞德编《剑桥中国明代史：1368—1644年》，张书生等译，中国社会科学出版社，1992，第483—490页。

[5] 谈迁：《国榷》卷六四嘉靖四十五年十二月戊子。

[6]《明史》卷九七《志第七十三·艺文二》，述及李春芳等辑《宗藩条例》二卷，《明实录》对相关修订、奏疏均有记载。

孙袭祖爵者，得追封其父母；曾孙袭曾祖爵者，得追封其祖父母、父母。旁支袭爵者，得追封其本生祖父母、父母。妻先故者，得追封为妃。”[1]

这是嘉靖帝为其生父母正名而延续到宗藩的一条家法。该法令也给朱载堉的曾祖父朱见濆被追封为郑王提供了便利。

宗藩条例经几代帝王修订，最终于万历十年（1582）删订划一。亲王、郡王及其后代，皆受其约束管制而不得越雷池半步。王子朱载堉及其父郑王朱厚烷可谓循规蹈矩之楷模。

第二节　宗藩条例

凡宗藩封爵、奏事、王府内朝见、亲王出入往来、庆祝、迎诏、来朝、婚丧娶嫁、衣着冠带、宗学、过犯、营建、礼乐以及王府官员、护卫等，都在宗藩条例中有明确规定。我们择其要叙述如下。

一、封爵

皇子封为亲王，授金册（相当于今日一份金质证书）、金宝（金质印章），岁禄米万石，府置官属，有隶属兵部的护卫甲士、冕服、邸第等。亲王金宝，龟纽，方五寸二分，厚一寸五分，文曰“某王之宝”。亲王嫡长子，年及10岁，授金册、金宝，立为王世子，

[1]《大明会典》卷五五《王国礼一·封爵》。

以嗣王爵，长孙立为王世孙。亲王嫡次子及庶子，年10岁，封郡王。亲王、郡王无嫡长子，以庶长子嗣封；若无嗣，又无亲弟、亲侄，则以伦序入旁支。郡王之子授镇国将军、孙授辅国将军、曾孙授奉国将军、五世孙授镇国中尉、六世孙授辅国中尉，七世孙及以下皆授奉国中尉。郡王之女封县主，镇国将军女封郡君，辅国将军女封县君，奉国将军女封乡君。[1]

二、请名

明设宗人府，“掌皇九族之属籍，以时修其玉牒，书宗室子女嫡庶、名封、嗣袭、生卒、婚嫁、谥葬之事。凡宗室陈请，为闻于上，达材能，录罪过”[2]。所谓“玉牒”，即皇家族谱。

洪武中，明太祖以子孙蕃众，恐拟名有重复，特为子孙们及其后裔各拟20字，一世取其中的一个字。子孙初生，宗人府依世次立双名，每一世顺序取20字之一，以为名字的上一字，下一字临时随意选择，但下一字俱需五行偏旁，以火、土、金、水、木为序。东宫并亲王世系，皆依此字辈取名。如燕王朱棣房系20字为：

高瞻祁见祐，厚载翊常由，

慈和怡伯仲，简靖迪先猷。[3]

这20字即是燕王以下各代人的名字之一个字。考明代世系，自成祖朱棣起，下届“高”(仁宗朱高炽)、“瞻”(宣宗朱瞻基)、“祁”

[1]《大明会典》卷五五《王国礼一·封爵》；龙文彬：《明会要》卷四《帝系四》；《明史》卷六八《志第四十四·舆服四》、卷一一六《列传第四·诸王》等。

[2]《明史》卷七二《志第四十八·职官一》。

[3]《明史》卷一〇〇《诸王世表》；《大明会典》卷一《文职衙门·宗人府》。

（英宗朱祁镇），至熹宗、思宗乃见“由”字，恰在10个字（10代）之内。加上太祖朱元璋、成祖朱棣，明朝不过12代。朱载堉之“载”在第七字，故其为明仁宗下第六世孙，明成祖下第七世孙，明太祖下第八世孙。若明太祖为一世，则成祖为二世（惠帝从东宫拟名，即属另一房）、仁宗为三世，朱载堉为九世。由上20字之字辈，即可明了明朝帝系或亲王（燕王一支）的世系先后。其余宗藩也皆如此。

“朱载堉”这一名字中，“朱”为姓氏，“载”为辈分，“堉”字的一半“土”旁乃宗人府所定。因此，名字中仅六分之一为其独有。“这种命名方法，在中国非常普遍，是宗法社会的特色。从名字中，很容易辨别其长幼伦序。”[1] 如武宗（正德）讳厚照，世宗（嘉靖）讳厚熜，载堉父讳厚烷；穆宗（隆庆）讳载垕，即载堉之昆弟；神宗（万历）讳翊钧，载堉长子讳翊锡。载堉历经嘉靖、隆庆、万历三朝，他比穆宗大1岁，比神宗大27岁，神宗称他为“宗伯”[2]。

亲王世系5岁请名。幼童5岁，一般皆可长大成人。但是，请名者是否为皇家血统、亲王所生，要有确凿无疑的出生证明。

据宗藩条例：“宗室新生子女，三日后，即具启各该亲郡王及管理府事者审实，取具收生亲识、宫眷人等保结明白，按季类奏……如有不依期奏报及未经保结明白、朦胧妄报者，俱候年终

[1] 陈万鼐：《朱载堉研究》，台北故宫博物院，1992，第2页。以下引此书，版本、出版年代从略。

[2] 王铎：《郑端清世子赐葬神道碑》，见本书附录。以下引此碑文，不再注“见本书附录”。

将长史、教授等官量罪重轻参治，所报子女日后不许请名请封。”[1]

奏报新生子女，不仅要求生父母（名、爵）、出生年月日、新生儿性别、嫡庶、排行等情况清楚明白，还要有收生妇（接生婆，今之助产士）和宫眷人等一并下保结书（今之保证书）。宗人府据此奏报，按其字辈及五行偏旁各取一字，登记玉牒。此后，新生儿女才有正名身份，并可领取禄米。如查有虚报，王府人等包括管理府事之官吏（长史、教授等）都将被问责治罪。

三、请封

凡亲郡王嫡长子10岁时，皆可请封。请封严于请名。请封奏本要由亲王、郡王及管理府事者审实，由本亲支（如无亲支，依次推及房族）宗室5位、长史和教授、左右邻居、收生妇等具保结。奏本送礼部，转宗人府核查玉牒无误，宗人府再将查核结果回报礼部。礼部收存玉牒文册，查对相合，方与题复。奏准，朝廷遣人行册命之礼。若有差错或虚报作假、冒名顶替者，亲王、郡王、府官、保结人都将以枉法论罪。[2]

亲王嫡长子年10岁，册封为世子。[3]王世子俱授金册、金宝。册由银作局造办，册文由翰林院撰作、中书科书写，宝由印绶监铸给。世子尚有冠服仪仗，由内官监造。如系旧府，先年曾请封世子者，金宝仪仗传用，俱不另给。[4]朱载堉5岁请名，10岁册封

[1]《大明会典》卷五五《王国礼一·封爵》。

[2]《大明会典》卷五五《王国礼一·封爵》。

[3]《明史》卷五四《志第三十·礼八》。

[4] 同 [1]。

为世子。他的大印“郑世子宝”曾加盖于《律历融通》(附《音义》)的献书年款上。因郑府曾立过世子，故朱载堉的金宝仪仗为传用之物，册文与冠服当册封时所给。请封准，则可领世子俸禄，且有世子府宅。

照宗藩条例，若亲王薨，世子应袭封。若薨而绝嗣，许亲弟亲侄进封为亲王。如无亲弟亲侄，依次推及伦序相应者进封。若亲王坐罪革爵，子孙弟侄及旁支疏族俱不准承袭王爵。是否可以让爵，大概谁也没考虑过此事，宗藩条例亦无此条。朱载堉让爵所激起的风波与惊讶即可想而知。

四、请婚

宗室子女，年15岁，均可选婚、请婚。

按祖训，必须选择良家子女，以礼聘娶。勿受大臣进送，恐有奸计；凡是娼妓，不许狎近。宗藩条例更详细地道明：王府选婚，务要会同长史、承奉、教授等官，与媒合人于本境内拣选家道清白、人物俊秀、年岁长成者，就行彼处按察司核勘明白，方许具奏。并不许伦理失序、于例有违。正德年间又重申，初选之日，长史、教授等官取具媒证人等甘结、重加保勘，申呈巡按御史转行布政司核勘无碍，照依类奏事例于每季仲月具奏一次。王府奏本与长史、教授等官取具媒证人等甘结，需同时呈达布政司，二者不同时，布政司当诘问。布政司核勘后送礼部查明，复勘属实，方许选婚。王府若滥收外人甚至宫内乳养者，或奸收乐女与不良之妇，一经查明，所选夫人革其爵职、封号、禄米，逐出府门，甚而发边卫充军。王府则将为子女另选婚并申报。[1]

朱载堉15岁时，其父非罪见系，发高墙禁锢，削国爵。载堉本人也被革除王子冠带，自然就谈不上选婚之事了。

宗藩子女（除嫡长子待继王位）经请名、请封、请婚之后，一般就要离开原府至其所属王国府第独立生活。

以下还要涉及与宗藩条例有关的内容。

第三节　王府管治

王府管治之事，除王府护卫司或仪卫司（仪仗司）以保王府安全、增王府之威仪外[2]，还设王府长史司：左、右长史各一人。王府政务由长史司主管，属下有典簿一人（掌王府记事），辖审理所（掌王府司法事）、典膳所（掌王府膳宴）、奉祠所（掌祭祀乐舞）、典宝所（掌玉宝符牒）、纪善所（掌讽导礼法）、良医所（掌医务）、典仪所（掌典礼仪式）、工正所（掌缮造修葺）以及伴读、教授、引礼、仓储使。[3]

长史，正五品，“掌王府之政令，辅相规讽以匡王失，率府僚各供乃事，而总其庶务”。实际上，长史是朝廷派进王府的真正当家人、监视人。在王府内，长史对亲王不称“臣”，他只对朝廷负责。“凡请名、请封、请婚、请恩泽，及陈谢、进献表启、书疏，

[1]《大明会典》卷五七《王国礼三 · 婚姻》。

[2]《明史》卷七六《志第五十二 · 职官五》。

[3]《明史》卷七五《志第五十一 · 职官四》。

长史为王奏上。若王有过，则诘长史。”

纪善所，纪善二人，正八品。“掌讽导礼法，开谕古谊，及国家恩义大节，以诏王善”，亦即以婉言隐语开导亲王或王子知书达理、感恩忠孝。

教授，无定员，从九品。“掌以德义迪王，校勘经籍”，即教亲王、王子读书，启迪并灌输伦理道德。“凡宗室年十岁以上，入宗学，教授与纪善为之师”[1]。亲王称教授为“先生”，教授虽官品极低，但地位甚高，且有西席意味。[2]

明中期起，因国库开支日益艰难，故各王府之长史、纪善、教授等官常常分别仅为一人而已。郑恭王朱厚烷府内长史不知何名。嘉靖二十七年七月辛巳（1548年8月11日）该长史为郑恭王进京呈奉奏疏，疏内规谏嘉靖帝崇尚道教、奢侈过度、大兴土木等事，嘉靖帝大怒之下，先罪其长史。[3]该长史可能忘了自己是朝廷命官，以监督王府为职责，或者与郑恭王有同感，对皇上迷恋道教痛恨有加，这才为郑恭王冒罪上疏。万历十四年（1586）八月，郑王府长史为毛似苏。他有虐害军民之行为，且敢修改王府治理决定。朱厚烷密奏皇上缉拿治问，神宗命抚按从公究问。[4]“因为郑恭王是严谨称著的贤王，才有这种反监视的力量。”[5]

朱载堉为世子时，郑王府左长史是谢廷训，右长史先是关志

---

[1]《明史》卷七五《志第五十一·职官四》。

[2] 陈万鼐:《朱载堉研究》，第5页。

[3] 张萱:《西园闻见录》卷二。

[4]《明神宗实录》卷一七七，万历十四年八月丙寅。

[5] 陈万鼐:《朱载堉研究》，第6页。

拯，后为李德。[1]纪善是刘润，也是朱载堉的启蒙老师。载堉年幼，聪敏好学、好问。当问及一些封建政治、伦理大事时，刘润时难为师，且屡屡引避。[2] 典宝是河内人萧瑀。[3]

明太祖死后，藩国亲王不常入京。更确切地说，亲王上京朝奉等事几乎停止。除非朝廷有宣召，并差仪宾或驸马、内官赍持御宝文书、金符前去，方许起程离国赴京。王府奏疏，非机密重情不得径奏，机密公文由长史转呈，地方抚按可以参奏。王府其他奏谏，如请名、选婚等事经长史办理，一年内春秋两季类奏。谢恩于每年春季类奏。以此禁宗藩整天上奏家长里短、没完没了之事。至于宗室奏，得经王府一级，尤限郡主、县君以姑嫂之情，走内线、索利益。王府差人还不得在京久留，王亲与王亲之间也不得见面，不能共同议事。一亲王从另一王府所在城外经过，或有新国之王子在旧王府城外经过，方许相见，礼节已到，随即回府。

亲王在王府内每日常朝，亲王发放言语称裔旨。同城三司府、州、县及守御卫，分等级，每月初一、十五到王府拜望。出使官员或路经宗藩之国的官员，有朝见亲王礼，但不许亲王赏赐物件，以免有拉拢腐蚀京官之嫌。

明初，亲王间以庆贺入朝。靖难之役后，亲王有出藩国府城之禁。凡遇万寿圣节（圣旦，天子生日）、正旦、冬至三大节，各宗藩只在其府内行遥祝礼。府内各官人等，按爵职尊卑，立班行

---

[1] 朱载堉：《进历书奏疏》，载《乐律全书》。

[2] 王铎：《郑端清世子赐葬神道碑》。

[3] 乔腾凤：《守拙先生墓表》，载清乾隆五十四年《怀庆府志》卷三一《艺文·碑刻》，焦作市地方史志编纂委员会、沁阳市地方史志编纂委员会影印本，2005。（以下引《怀庆府志》均同此版本）

礼。凡遇诏敕或庆贺等礼仪，亲王、郡王年老有疾、不能行礼者，先期奏请，由世子、长子代行，而府中诸务，仍自行管理，不许世子或长子干预，以防起衅端。如确不能管府事之亲王，必先奏行、勘明，待敕下世子代行方可。[1]

宗室为善者，皇上赐敕赐物，以示奖谕，但不许奏请建牌坊。敕建朱载堉"让国高风"牌坊，是明代宗藩条例之一特例。凡宗室有过犯，视轻重治罪，轻者治其党羽。重者高墙禁锢或闲宅禁之，子孙降为庶人。高墙、闲宅即今之监狱。除安徽凤阳有高墙、闲宅外，各省城也有闲宅。凡罪宗，其庶人只给口粮，男女婚嫁之事，一律免请。坐罪宗人，入高墙、闲宅，可携家眷，除给名粮外，担柴挑水、洗衣煮饭，一律自食其力。对于天潢贵胄，这可是相当重的处罚了。而关闭在省城闲宅者，也有相当自由的，甚而有出宅为非作歹、骗吓钱财诸恶者。[2]

亲王遇朝贺、纳妃、受册等大礼，服衮冕。在王府视朝、降香等礼仪，服皮弁（biàn，古代男子穿礼服时所戴的冠）之礼服。亲王衮冕，洪武与永乐年间所定不同，嘉靖年间定为"保和冠服"。保和冠制以燕弁为准，用九䙡（cuì，缝制时的游缝），无簪，后山一扇，分画为四；冕九旒（liú），即前后悬挂九串玉串；服，青质青缘，后方龙补，身用素地，边用云；衬用深衣，玉色；履用皂（黑色）绿结，白袜；用玉圭，长九寸二分五厘。世子衮冕，于嘉靖七年（1528）亦定为保和冠服，服与亲王同，燕弁为八䙡；冕八旒；革带佩白玉，并在其上悬挂由紫、黄、赤三彩织成的丝带。[3]

---

[1]《大明会典》卷五六《王国礼二》。

[2]《大明会典》卷五七《王国礼三》。

[3]《明史》卷六六《志第四十二·舆服四》。

朱载堉因其父获罪而被革为庶人，他被免除的冠带就是这些衣服、帽子和腰带。王府礼仪，可谓冠冕堂皇，繁文缛节甚多，而朱载堉晚年让出国爵后，幅巾策杖，萧然于城市之外，何等自由自在。

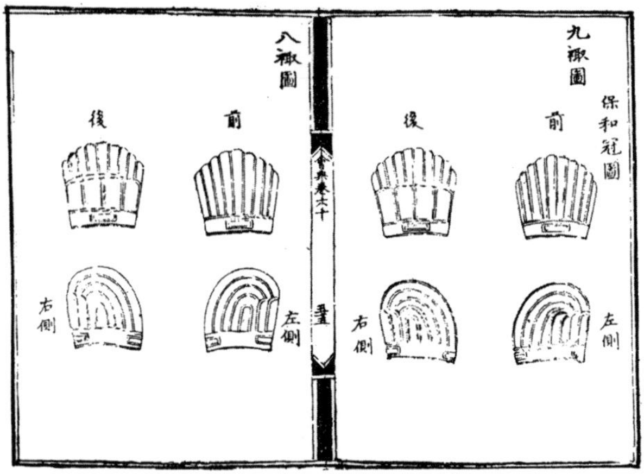

图1–1　亲王（右）和世子（左）冠冕图

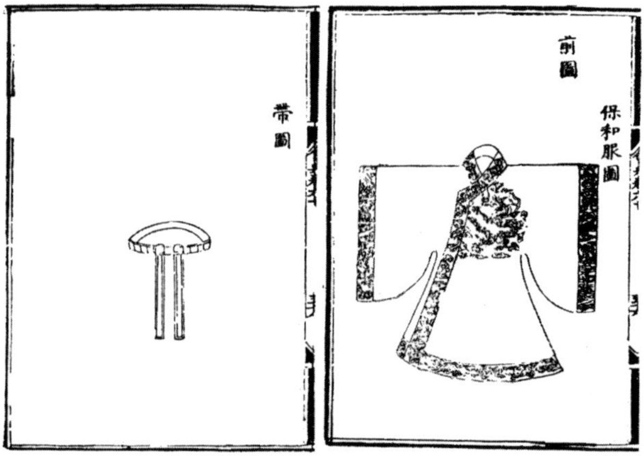

图1–2　保和服（右）和王子腰带（左）图

有趣的是，明末清初史玄作《旧京遗事》，叙述明代晚期北京典章制度、趣味遗事。他将明亲王、王子等冠戴称为“瓜拉冠”：“宫中小皇子，旧制戴玄青绉纱瓜瓣有顶圆帽，名瓜拉冠。烈皇时一概用金箔胡同冠也。”[1]

第四节　王府营建与乐制

洪武年间，定宗藩营建制度：亲王宫城周围三里三百九步五寸，东西长一百五十丈二寸五分，南北一百九十七丈二寸五分。王城高二丈九尺，城河宽十五丈。正殿基高六尺九寸。正门、前后殿、四门城楼，饰以青绿点金，廊房饰以青黛。四正门，以丹漆，金涂铜钉。宫殿窠栱攒顶，中画蟠螭，饰以金，边画八吉祥花。前后殿座，用红漆金蟠螭，帐用红销金蟠螭。座后壁画蟠螭彩云（后改为龙）。立山川、社稷、宗庙于王城内。亲王所居殿，前名承运、中名圜殿、后名存心。四城门按南、北、东、西分别名为端礼、广智、体仁、遵义，意为“礼智仁义”。

弘治八年（1495）定王府营建制：前门、端礼门、承运门、前殿、后殿、家庙、书堂、宫门、前寝宫、后寝宫、浆糨房、山川坛、社稷坛、宰牲亭、仪仗库、退殿、茶房、世子府、典膳所、马房、承奉歇房、厨房、禄米仓、收粮厅等，都是王府内主要建筑。每座除主体间外，尚有门房、廊房、穿堂、厢房以及办公场所，“凡

[1] 史玄：《旧京遗事》，北京古籍出版社，1986，第11页。

为宫殿室屋八百间有奇”[1]，大小门楼四十六座，墙门七十八处，水井十六口，寝宫等处周围砖墙通长一千八十九丈，里外蜈蚣木筑土墙共长一千三百一十五丈。[2]

王府营建经费由抚按司府等衙门赃罚及无碍官银内动支，不足者由地方均派，工力由本府州县分摊，整个工程由工部负责。

正统八年（1443），郑王府自凤翔迁怀庆。郑王府在怀庆府治东、河内县北，由永乐二十二年（1424年）所建的怀庆卫王府旧址改建而成。[3]郑王府是否如《明史》《大明会典》所载之宽大，经时事变迁，已不可考。

顺此，要涉及王府乐制。因为朱厚烷、朱载堉父子均对音乐有极大的兴趣，并在此领域颇有建树，王府乐制对其当有影响。

王国内宗庙乐生、乐工、乐器甚备。明初，定王国宗庙乐生三十六人，钟磬各一，瑟二，琴八，埙篪（chí）箫笛各二，笙四，柷（chù）敔（yǔ）各一，搏拊二，歌工八，舞生七十二人。后又定，王府乐工二十七户，由各王境内拨与供用。洪武十五年（1382）定朝贺用大乐，乐工二十七人，宴礼七奏乐、乐工八人。万历十年（1582）定，诏敕、朝贺、宴享合用乐工。或许王府内出现太多对乐工尤其对女乐美色不法事，故明初、嘉靖四十四年（1565）、万历十年（1582）一而再重敕诏示，有广置女乐、淫娱无度、私娶花生滥封等，遂行裁革，宗藩人员不得狎近女乐。[4]

---

[1]《明史》卷六八《志第四十四·舆服四》。

[2]《大明会典》卷一八一《营造一·亲王府志》。

[3]《怀庆府志》卷一《沿革·河内县》。

[4]《大明会典》卷五六《王国礼二·乐》。

第五节　宗藩窘境

《明史》卷一一六《列传第四·诸王》弁言就亲王之荣耀、富裕写道：

明制，皇子封亲王，授金册金宝，岁禄万石，府置官属。护卫甲士少者三千人，多者至万九千人，隶籍兵部。冕服车旗邸第，下天子一等。公侯大臣伏而拜谒，无敢钧礼。……禄之终身，丧葬予费，亲亲之谊笃矣。

且看受封亲王离宫赴藩国的大典仪式：

王之国之日，百官送至龙江关。后定，是日上御奉天门，早朝毕，文武百官稍退侍立。上降宝座后坐。王冕服，由左顺门内引入，二人朝服前导，由东第二桥上奉天门，至御前行五拜礼。上赐王酒，饮讫，叩头。礼毕，上起送王至东阶上，王叩头下。上目送出午门，王复叩头。阖门。上返宫。百官不送，惟先一日早赴王府行辞礼。[1]

由皇帝和文武百官出席的送别大典，看似隆重、庄严，却显得冷漠、无情。虽说“亲亲之谊笃矣”，但父与子、母与子、兄弟骨肉之间，从“关门”那一刻起，就难得相见了。宗藩条例如同一道道厚实大墙，将他们彼此隔开、孤立起来。

除继位之嫡长子外，明代每位帝王及其子女都经历过如此大礼的痛楚与悲伤。为了皇室的持续及共同利益，又不能不如此。

---

[1]《大明会典》卷五六《王国礼二·之国》。

明太祖共有26子，其中2子（朱杞和朱楠）夭殇，嫡长子朱标（懿文太子）早卒，其余23子皆得封王。已封亲王中，潭王朱梓于洪武二十三年（1390）因潭王妃家坐事，帝遣使慰谕，梓大惧，与妃俱焚死，无子，国除。建文帝朱允炆是明太祖长孙，朱标之嫡长子。建文帝在位时，封其3个弟弟为王。建文帝有2子，未及封而靖难之役起，时太子7岁，莫知所终；少子2岁，在幽禁中长大，直至英宗复辟之次年（天顺二年，1458）才被释，时年已57岁。成祖朱棣4子，长子朱高炽继位，第四子高爔（xī）不详何故未封，得封者二王。仁宗朱高炽10子，长子朱瞻基（宣宗）继位，第四子瞻垠早卒，得封者八王。其中有第二子郑靖王瞻埈，第三子越靖王瞻墉，第五子襄宪王瞻墡，第六子荆宪王瞻堈（gāng），第七子淮靖王瞻墺（ào），第八子滕怀王瞻垲（kǎi）（封而未就藩，卒），第九子梁庄王瞻垍（jì），第十子卫恭王瞻埏（shān）。其后，明代各帝王与诸藩均为成祖朱棣这一房族。200余年之王朝更迭，子孙繁衍不胜其数，支庶庞杂犹如枝蔓。

顺便说及“郑靖王”“襄宪王”等名称之含义。这些词的第一个字，如“郑靖王”之“郑”是封邑，“靖”是谥号，“王”是爵位；“襄宪王”之“襄”是封邑，“宪”是谥号，“王”是爵位。朱厚烷、朱载堉是郑靖王之后，朱厚烷称为“郑恭王”，朱载堉称为“郑端清世子”，其中，“郑”是封邑，“恭”与“端清”是谥号，“王”或“世子”是爵位。朱载堉生前为自己著作或奏疏落款为“郑世子（臣）载堉”。当他的名字传遍欧洲时，人们只知其为“王子载堉”，而不知其姓，也不知“郑”为何意。甚至有误以“郑”为其姓者。19世纪德国科学家亥姆霍兹（Hermann von Helmholtz，1821—1894）在其巨著《论作为音乐理论的生理基础的音的感觉》（以下简称《论音感》）中曾说“在中国人中，据说有个名叫载堉的王子”

云云[1]，竟不知其姓。

《明史》卷一二〇《列传第八·诸王五》载："有明诸藩，分封而不锡土，列爵而不临民，食禄而不治事。盖矫枉鉴复，所以杜汉、晋末大之祸，意固善矣。"然而，这些宗藩中亲王、郡王"徒拥虚名，坐縻（mí）厚禄"，而朝廷"防闲过峻，法制日增"。自明中叶起，"法网之繁"，已非明初建屏藩之衷。"亲亲之谊"只是史家之想象。如前所述，在关上皇宫大门送别新封亲王之后，父子、母子、兄弟就再难相见。

按宗藩条例，凡遇万寿圣节、正旦、冬至三大节，亲王不得进京庆贺，只在藩王府内行遥祝礼。如若送礼，差人不得过多，自备脚力回还，留京时间不宜长。天顺五年（1461）定，仅当"王从旧王府城经过，许出相见，随即回府"[2]，这是指藩王父子或兄弟相见之情况。王府差人至京奏事，正德十一年（1516）又定，只许膳宿于会同馆，不许在外潜住，事完即回，违者照例发问充军；若有容其住歇并指称打点等项，一经事发，问罪如律。嘉靖元年(1522)，规定王府差人役进京、带白条在京填写盖章者，从重治罪。

为防藩王"先后谋不轨，遂设为厉禁，所以钳制之者无不至。"[3]宗藩无诏，不得进京；宗藩之间，不得往来探视。甚而出城省墓，亦需奏请，二王不得相见。嘉靖四十五年（1566），禁宗室

[1] H. von Helmholtz，*On the Sensations of Tone as a Physiological Basis for the Theory of Music*，trans. A. J. Ellis（New York：Dover Pub. Inc.，1954），p. 548—549.

[2]《大明会典》卷五六《王国礼二·之国》。

[3] 赵翼：《廿二史劄记》卷三二《明分封宗藩之制》。

遣人久留京师。[1]弘治中，周太后思念其子崇王见泽，特召之。礼部尚书倪岳奏："自宣德以来，除襄王一人入朝外，无亲王朝见之事。"最后，还是不允许周太后召见。[2]万历中，潞王翊(yì)镠(liú)年少赴封地，他与神宗翊钧为亲兄弟，同为李太后所生。有一年，郑贵妃念其亲生儿子福王常洵，欲不使他赴藩，借口李太后将过寿节，待过节后再就藩。对此，李太后说："吾儿潞王可否来京为吾过寿节？"[3]

宣德四年（1429），梁王瞻垍就藩安陆。同年，襄王瞻墡就藩长沙，正统元年（1436）又徙襄阳。他们是异母兄弟。在襄王自长沙徙襄阳路中，过梁王封地安陆，兄弟相见，"留连不忍去。濒别，瞻垍恸曰：'兄弟不复更相见，奈何！'左右皆泣下"[4]。这次兄弟相见，大概瞒过了朝廷，而襄王瞻墡与郑王祁锳之相见就不同了。

正统十四年（1449），英宗北狩，太后召襄王瞻墡监国入京，路过郑王封地。时朱祁锳为郑王世子。当襄王"经新乡，祁锳不请命，遣长史往迎。英宗闻之不悦，赐书责让"[5]。

自宣宗（正德）以后，入京之藩王者唯襄王一人而已。太后、太妃欲见其子不得；国难、家难，亲王欲助者不能。明代宗藩之制，日久而弊日甚也。

以上所述本是人情常理在皇族内之景象，而诸亲王之后裔另有

[1] 谈迁：《国榷》卷六四，嘉靖四十五年十二月戊子。

[2] 赵翼：《廿二史劄记》卷三二《明分封宗藩之制》。

[3] 同[1]。

[4]《明史》卷一一九《列传第七·诸王四》。

[5] 同[4]。

一番惨景。只要看看宗藩人数之猛增及其贫富之状，就可想而知。

自明太祖封23子为王始，迄穆宗、神宗之际，之间200余年，此时天下所存者，大藩国（亲王级者）24位，郡王251位，镇国、辅国、奉国将军7100位，镇国、辅国、奉国中尉8951位；郡主、县君、郡君、乡君7073位，庶人620名。而未封、未名者，齐府之庶人，高墙、闲宅之庶人，尚未计入其中。曾官刑部主事、员外郎的王世贞（1526—1590）曾预计，再过20年，“其丽当不亿矣”[1]。

另一个统计数字是嘉靖二十八年（1549）宗人府玉牒所登记者，亲王至庶人尚在的有19893人，而阳曲、永和二府及南京齐庶人、建庶人未计在内，后者不下千人。郡主、县主、郡君、乡君等共9782人。[2]

又一个统计数字是嘉靖二十九年（1550）王世贞遇故修玉牒大臣言：“自亲王而下至庶人，已书名者几三万位。又二十年，可得五万位。周府已近四千位，韩府亦近千余位。”[3]

从明太祖之23子，至200余年后的近3万人，人数之增真成几何级数之势。且看，晋恭王第四子、庆成王济炫，有子100人，且皆长成，长子袭封外，其余99人并封镇国将军。每当全家聚会之时，个个都是高鼻梁，彼此竟不能相识。[4] 庆成王之曾孙、端顺

[1] 王世贞：《弇山堂别集》卷一《藩国之盛》《宗室之盛》，中华书局，1985年。

[2] 谈迁：《国榷》卷五九，嘉靖二十八年末。

[3] 龙文彬：《明会要》卷四《帝系四》。

[4] 王世贞：《弇山堂别集》卷一《庆成王百子》，中华书局，1985年；龙文彬：《明会要》卷四《帝系四》。

王奇溱（zhēn）至嘉靖初已有子70人。[1] 子孙繁衍之数，堪比葡萄串串。

宗藩子孙如此之多，除亲王及其嫡长子、长孙外，支系越远就越难度日。宗藩条例规定，这些人除领取岁禄粮米外，没有任何生活出路。他们不得考试入仕，不能从事农工商事，靠宗藩名分之俸禄，在奉国将军（第四代）以下，子孙越多便越穷困了。

且看明初情况。洪武九年（1376），初定亲王岁禄五万石，钞二万五千贯，绢、布、盐、茶、马草，各有支给。洪武二十八年（1395），更定亲王禄犹万石，郡王只二千石，镇国将军以下，以二百石、一百石递减。亲王初封出藩，皆帝王爱子，故岁禄外尚有别给，其后嫡子孙袭亲王爵者，即世传其产。至于亲王之支子孙，封为郡王，及镇国、奉国将军、中尉者，不能分此私产，仅以岁禄为衣食。[2]

嘉靖初，封国洛阳之伊王后代、伊敬王朱訏（xū）淳奏疏补先祖被取消的租税，户部回答“河南一省缺禄者八十余万”，需补给的人数太多，朝廷又无米可补，因而不同意补给。[3] 显然，朱訏淳已非常贫困，才不得已借理由向皇宫讨要粮食。然而，朝廷为支付宗亲禄米也几乎耗尽国力。嘉靖四十一年（1562），御史林润说：“天下财赋，岁供京师米四百万石，而各藩禄岁至八百五十三万石。山西、河南存留米二百三十六万三千石，而宗室禄米五百四万石。即无灾伤蠲免，岁输亦不足供禄米之半。年复一年，愈加藩衍，

[1]《明史》卷一一六《列传第四·诸王一》。

[2] 赵翼：《廿二史劄记》卷三二《明分封宗藩之制》。

[3]《明史》卷一一八《列传第六·诸王三》。

势穷弊极，将何以支。”[1]

国家财赋年收入不足供诸藩王年俸之半，唯有少支藩王禄米或另谋高招。嘉靖四十四年（1565），朝廷终于决定：郡王、将军之禄米七分折钞；中尉以下者，六分折钞；郡县主、仪宾等八分折钞。[2]折钞，朝廷实为节约开支，而宗支则度日维艰了。俗语云：“一代亲，二代表（堂），三代无人晓。”届至第三代的亲王子孙们或许凭初封之财产，尚可自存，而其支庶子孙则空乏尤甚。其中，还有多少支庶子孙，因贫穷连名字也没有。《明史》卷二五一《列传第一百三十九·何如宠》写道：“宗藩婚嫁命名，例请于朝。贫者为部所稽，自万历末至是，积疏累千，有白首不能完家室，骨朽而尚未名者。用如宠请，贫宗得嫁娶者六百余人。”

何如宠（？—1641），万历二十六年（1598）进士，崇祯元年（1628）为吏部右侍郎。该年上书为贫困皇宗请命。其疏仅统计从万历至崇祯元年贫困皇宗之状：请名请婚之上疏积件上千，有发白而无家室、骨朽而未有名者。真可谓白沾皇宗之名。何如宠的统计数还只是请名而未敕名的人，无名则无禄。另有许多人，虽是皇宗，但不敢请名或不能请名。山西巡抚吴士度在万历四十三年（1615）五月的奏疏中述及无禄而极贫的宗支，“或以擅婚私滥，妾之子不敢请名者，或以幼而无父不能请名者，或已请名而家贫不能封者，与孀妇身无所依者”[3]，如此之类也不在少数。

隆庆三年（1569），礼部郎中戚元佐在奏疏中道出了明宗藩惊

[1]《明史》卷一一六《列传第四·诸王一》。

[2] 赵翼：《廿二史劄记》卷三二《明分封宗藩之制》。

[3] 龙文彬：《明会要》卷四《帝系四》。

人的变化概况。朱元璋于1368年建立明朝，届隆庆元年（1567），恰200年。明初，亲王、郡王、将军共49位，女9位；而隆庆三年，宗支玉牒见存者28000余。其间之变化经历了三个阶段:（1）明太祖建诸王，拥重兵、据要地，以为国家屏障;（2）靖难之役之后，防范滋密，兵权尽解，朝堂无懿亲之迹，府僚无转补之阶;(3)人多禄寡，支用不敷，乃有共蓬而居，分饼而食，年四十而未婚，死数年而无以埋葬，身体强者到街上抢劫为生，体弱者混入车夫差役之中求活。[1]

实际上，朝廷和皇上也清楚宗藩中绝大多数人的困境。隆庆五年六月丁未(1571年7月8日)，礼部曾集议宗藩廪禄事，并认为，“在国家苦供给之无措，而意外可虞；在宗室苦禄粮之不给，而颠连可闵。公私两困，势不容不少变。为今长计，惟限服制以杀其禄给，听自便以开其生路，严法制以禁其为非。审时酌变，毋过于此”。对此奏议，帝从之而已。[2]

历史沧桑，时过境迁。朱厚烷父子经历的正是上述的第三阶段。因此，有朱厚烷于嘉靖二十六年（1547）奏“宗室犯法者，罚所统亲郡王禄米”；有朱载堉开仓救贫，并于万历二十二年（1594）奏请宗室于儒服就试，量才使用，以开宗室“四民”之业（士农工商）。显然，宗室犯法者，多为“奉国将军”（第四代）以下皇宗，他们只因无米度日才犯了法。若准允宗藩从“四民”之业，他们也不至于坐等微俸而度日维艰。

---

[1] 龙文彬:《明会要》卷四《帝系四》。

[2] 谈迁:《国榷》卷六七，穆宗隆庆五年六月丁未。

第六节　宗藩良莠

按明朝制度，藩王体统极尊。以极尊之体统，分处于京城之外甚而远离京城的边陲，藩王若不自重、律己，一旦作恶，则无人敢抗拒。如谷王朱橞，夺民田，侵公税，杀无罪人，藏匿亡命；[1] 伊王世子朱典楧，肆意鞭笞官吏，夺民舍而广其宫，大选民间女子700余人，留其美貌者90人，不中选者令其家属以金赎回[2]；伊厉王朱㰘[3]、鲁端王朱观𤆬[4]，或“髡（kūn）裸男女以为笑乐”，或“裸男女杂坐”。如此之类霸王、坏王，在明朝宗藩中并不鲜见。但是，并非某一王横行霸道，则其族支皆系劣质。父子不同道者亦多矣。如鲁荒王朱檀就藩兖州，其后裔鲁端王观𤆬狎典膳秦信等人，挟娼乐，游戏男女无度，左右有忤者，锥斧立毙之，或加以炮烙，秦信等亦乘势杀人。但观𤆬之子恭王颐坦，却有孝行，捐邸中田湖，赡养贫民，辞常禄、给贫宗，皇上曾七赐玺书嘉奖。[5]

出于史家隐恶扬善的传统，对那些坏王、劣王不必多费笔墨。本书重点关注那些贤王，或对人类文化史有所贡献、有所成就的

[1] 赵翼：《廿二史劄记》卷三二《明分封宗藩之制》。

[2]《明史》卷一一八《列传第六·诸王三》。

[3] 同 [2]。

[4]《明史》卷一一六《列传第四·诸王一》。

[5] 同 [4]。

宗藩人士。其中，《四库全书总目》所收录者18人，《中国丛书综录》所收录者19人。这一大略的统计数不包括各个皇帝所著之书。因为他们的著作很可能是“敕撰”，即由仕宦所作。

首先要说的贤王是周定王朱橚（？—1425），太祖第五子，洪武三年（1370）封吴王，十一年（1378）改封周王，十四年（1381）就藩开封，二十二年（1389）至二十四年（1391）因故离藩。建文初，因与燕王朱棣系同母兄弟，惠帝疑其有异谋，遂遣兵至汴，猝围王宫，朱橚逃至蒙化（今云南西部），后被召入京，遭禁锢。靖难之役后，复国爵。明成祖以汴梁河患为由，欲改周王封地为洛阳。朱橚答：“汴堤固，无重劳民力。”永乐十四年（1416），周王疏辞所赐在城税课。十八年（1420），成祖察其有“反意”，翌年二月召至京，周定王顿首谢死罪。帝怜弟，不再追问。周王返国，并献还三护卫。据称朱橚“好学，能词赋，尝作《元宫词》百章。以国土夷旷，庶草蕃庑，考核其可佐饥馑者四百余种，绘图疏之，名《救荒本草》”[1]。

朱橚有两次徙云南的经历，在逃难中或许亲身尝试过那些可佐饥饿、佐疗疾之草果菜蔬，因此纂成《保生余录》方书2卷、《袖珍方》4卷。后者含治病药方3000余种，总结历代医家经验，条方类别，详赡明备，便于应用。该书在明代被翻刻多次，对西南边陲医药发展贡献尤多[2]。在此基础上，周定王与王府教授滕硕、长史刘醇等编著《普济方》，取古今方剂，汇辑成篇，朱橚亲自订

[1]《明史》卷一一六《列传第四·诸王一》。本节以下涉及人物介绍，均见该传，不再列出其所在卷数。

[2] 罗桂环：《朱橚》，载杜石然主编《中国古代科学家传记》（下册），科学出版社，1993，第767页。

定。全书含方脉总论、运气、脏腑、身形、诸疾、妇人、婴孩、针灸、本草等，计100余门。所述病症，有论有方，全书凡1960论、2175类、778法、61739方、239图，“采摭繁富，编次详析，自古经方无更赅备于是者”[1]。该书收集、保存大量的明前散佚医药文献，为后来的研究者提供了丰富的资料。李时珍的《本草纲目》所附方采用此书者甚多。

朱橚所著《救荒本草》2卷，记述植物414种。由其书名而思其义，这是记载灾荒岁月可用以果腹的植物品种。其中，见之旧本草者138种，新增者276种。该书是记载食用野生植物的专著，是我国“本草学从药物学向应用植物学发展的标志之一”[2]。一生多次历难的周定王，以“保生”“普济”“救荒”为人生目标，正如他在永乐十三年（1415）重刊《袖珍方·序》中所言，“惟为善迹，有益于世，千载不磨”。

宁献王朱权（1378—1448），太祖第17子，洪武二十四年（1391）封王，就藩大宁（今河北平泉、辽宁朝阳、内蒙古赤峰之间地区），初拥重兵，燕王朱棣起兵，被胁迫参与靖难之役。永乐元年（1403）改封南昌。朱权韬晦于鼓琴读书之间，终日与文学之士相往还，托志翀（chōng）举，自号臞（qú）仙。著有《通鉴博论》《汉唐秘史》《文谱》《诗谱》等著作。朱权是明代词曲家、琴家，编纂的《神

[1] 永瑢等：《四库全书总目》卷一〇四《子部十四·普济方》，中华书局，1965（以下引此书，版本、出版年代、页码从略）；《明史》卷九八《志第七十四·艺文三》述及《普济方》68卷。

[2] 罗桂环：《朱橚》，载杜石然主编《中国古代科学家传记》（下册），科学出版社，1993，第767页。

奇秘谱》是中国最早的琴谱书。[1] 他尚有《宫词》《太和正音谱》等词曲著作。此外，注素书编《异域志》《地理正言》《臞仙神隐》，这些著作在军事科学、地理学和环境学、农学史上均有价值。[2]

镇国中尉朱睦㮮（1517—1586），字灌甫，号西亭，周定王六世孙。少时被服儒素，覃精经学，从河、洛间宿儒游。年二十通《五经》，尤邃于《易》《春秋》，访海内通儒，求购古书图籍。有弟五人，亲为教督，尽推遗产与之。万历五年（1577），为周藩宗正，领宗学。约宗生以三、六、九日午前讲《易》《诗》《书》，午后讲《春秋》《礼记》，虽盛寒暑不辍。有著述十余种，其中，《五经稽疑》、《圣典》（仿《贞观政要》之体，记明太祖开国事迹）、《镇平世系记》（永乐元年封周定王第八子朱有为镇平王，此书补明正德后玉牒缺略），以及《皇朝中州人物志》《中州文献志》《开封郡志》《河南通志》等，为地方文献的搜集、整理作出贡献。[3]

镇国中尉朱谋㙔，字郁仪。宁献王七世孙。端谨自好，好学敦行，贯通经籍，尤晓朝廷典故。万历二十二年（1594），朝廷增设石城、宜春两地行政，朱谋㙔以中尉理石城王府事。其典藩政三十年，劾治不法者，宗人咸就约束。暇则闭户读书，著作百余种，皆亲手缮写。其中，以《周易象通》《诗故》《骈雅》称善。《四库全书总目》称"谋㙔博极群书，学有根柢"，其书"异乎剽窃陈言"，"深居朱邸，不藉进取于名场，乃得以研究遗文，发挥古义也"。其《骈雅》"依《尔雅》体例，分章训释，自《释诂》《释训》

[1] 杨荫浏：《中国古代音乐史稿》（下册），人民音乐出版社，1981，第998页；薛宗明：《中国音乐史·乐谱篇》，台湾商务印书馆，1983，第140页。

[2]《明史》卷一一七《列传第五·诸王二》。

[3]《明史》卷一一六《列传第四·诸王》。

以至《虫鱼》《鸟》《兽》，凡二十篇，其说以为联二为一，骈异为同，故名《骈雅》，谋㙔通典籍，其《一斋书目》所载，往往为诸家所未窥，故征引详博，颇具条理，非乡塾陋儒捃拾残剩者可比……奇文僻字，搜辑良多，撷其膏腴，于词章要不为无补也”。

朱谋㙔有子八人，皆贤而好学。其从弟谋晋，躬耕赋诗以终。[1]

宁献王五世孙、奉国将军朱拱榣，于嘉靖九年（1530）请建宗学，令宗室设坛墠（shàn），行耕桑礼，谨祀典，加意恤刑，并将自家田产部分捐白鹿洞书院，以供养学生。其子亦多善词赋。[2]

鲁荒王五世孙、镇国将军朱当濆（fén），慷慨有志节。嘉靖三年（1524）多次上书请停郡县主和县君俸禄，以缓民困；七年（1528）又疏停禄，以佐疏运河；八年（1529）又上书停禄佐赈灾，劝帝法祖宗、重国本，裁不急之费，息土木之工。[3]

代简王之子、灵丘王朱逊烇（quǎn），好学工诗，尤善医，尝施药治瘟疫，救活无数人。[4]

鲁荒王六世孙、镇国中尉朱观熰（ōu）以诗画著名。荆宪王玄孙朱厚熿亦能诗善画。明宗室中最闻名的画家乃入清后号“八大山人”的朱耷（dā）（1626—1705），他是封邑南昌的宁王之后裔。还有宁藩支裔朱谋垔（yīn，同“堙”），著《画史会要》，书成于崇祯四年（1631）。

---

[1]《明史》卷一一七《列传第五·诸王二》。

[2] 同 [1]。

[3]《明史》卷一一六《列传第四·诸王》。

[4] 同 [3]。

周定王之子、周宪王朱有燉（？—1439）博学善书，是明代著名词曲和琴谱作家，著作40余种，如《元宫词》《吕洞宾花月神仙会》《诚斋乐府》，以及《新编甄月娥春风庆朔堂》《新编美姻缘风月桃源景》《新编洛阳风月牡丹仙》等，其中，《吕洞宾花月神仙会》被看作南北曲合流趋势的代表作[1]。

明宗室中以诗文传世流芳者，有荆宪王瞻堈之六世孙、樊山王朱翊铽，字匡鼎，自号隐真子。他与两个弟弟皆好为诗，兄弟三人共处一楼，号“花萼社”。朱翊铽著《广宴堂集》24卷，秦愍王樉之八世孙朱敬鑑著《梅雪轩诗稿》4卷，蜀献王椿之八世孙朱宣墡编著《诗心珠会》8卷，唐定王桱之孙朱弥钳著《谦光堂诗集》8卷，沈简王模之七世孙朱珵堦著《沧海披沙集》13卷，就藩宁夏的庆靖王朱栴（zhān）著《文章类选》40卷。诸如此类，尚有不少宗室人才。

明宗藩中有所成就的宗室子弟，本书不能一一列举。然而，在自然科学和艺术科学这两大领域中做出了划时代成就并为世界所推崇者，唯朱载堉一人而已。

[1] 杨荫浏：《中国古代音乐史稿》(下册)，人民音乐出版社，1981，第642页、第857页。

PRINCE

MUSICOLOGIST

SCIENTIST

ZHU ZAIYU

第二章

朱厚烷直谏罹祸

朱厚烷是明嘉靖至万历年间颇有声望的亲王，因上疏规谏世宗皇帝切勿迷信道教、不理朝政事，竟被革爵、禁锢，罪系其子朱载堉。复爵返国后，其教诲对朱载堉影响颇深。

第一节　郑王承嗣

朱厚烷是明仁宗朱高炽（1378—1425）的五世孙。仁宗这一房族相当庞大。

仁宗有10子。长子朱瞻基（1399—1435）继位，庙号宣宗。庶次子瞻埈（？—1466），永乐二十二年（1424）十月封为郑王，宣德四年（1429）就藩凤翔府（今陕西凤翔）；正统九年（1444）迁怀庆府（今河南沁阳）[1]。嫡五子瞻墡（？—1478）封襄王，宣德四年（1429）就藩长沙府，正统元年（1436）徙襄阳。英宗北狩之时，瞻墡在诸王中属嫡系长者且贤，众望所归，太后命其入宫监国，但最终没有召见他。在“土木之变”“景泰新立”和“英宗复辟”一系列事件中，朱瞻墡起到了一定作用。仁宗10子中封8王。

郑靖王瞻埈薨，王位传于世子简王祁锳（？—1495）。祁锳嗣王，多不法，且待世子见滋寡恩，见滋母也不为祁锳礼遇，僖王见滋（？—1479）因之悒悒先卒。祁锳卒，郑王位传于世孙康王祐枔（？—1507）。祐枔无子继位，郑王爵便按宗藩条例由嫡传庶了。

[1]《明史》卷一〇三《诸王世表》。

按《明史》卷一一九《列传第七·诸王四》载，简王祁锳有10子，而《明史》卷一〇三《诸王世表》载，祁锳有12子。除嫡长子见滋外，次子（或早卒）未列入表，余10子皆封郡王。

祁锳之庶三子见濍（？—1491），成化十年（1474）封盟津郡王，十年后（1484）罪降为庶人，发高墙禁锢，弘治元年（1488）释回，其子孙俱为庶人，直到见濍的重孙载壐因朱载堉让爵，才获封郑王国爵。

祁锳之庶四子，即东垣郡王见湏（？—1503）。见湏嫡长子祐檡（？—1521）与郑康王祐枔、见濍之子庶人祐橏皆为叔伯兄弟。祐枔属大房族，祐橏属三房族，祐檡为四房族。当祁锳嫡系绝，国爵依长幼次序当属三房族承嗣，但三房盟津王因罪降为庶人并罪系子孙，按宗藩条例不得嗣爵位。因而，郑王爵就自然落到四房东垣郡王见湏的子孙上。见湏子祐檡在祐枔卒后嗣郑王国爵。祐檡乃朱厚烷之父、朱载堉之祖父。郑王王爵就这样从嫡系传到庶四房系。祐檡，初袭东垣王，正德四年（1509）嗣封郑王。（见图2-1）

至此，稍回述一下三房，即盟津王见濍犯何罪而被剥夺嗣封权。这里涉及他们家族内争王夺嫡的激烈矛盾。据《明史》载：

初……见濍母有宠于祁锳，规夺嫡，不得，窃世子金册以去。祁锳索之急，因怨不复朝，所为益不法。祁锳言之宪宗，革为庶人。及康王薨，无子，见濍子祐橏应及，以前罪废，乃立东垣王子祐檡[1]。

可见，见濍的母亲受其夫祁锳宠爱之时，妄想夺嫡，甚至把家谱偷出，企图更改伦序、妃妾。此事不一定是见濍唆使其母干

[1]《明史》卷一一九《列传第七·诸王四》。

的愚蠢行为，见潞或因其母所累。最后宪宗将见潞革为庶人，见潞子孙此后也就成为庶人后代了。另一方面，当见潞得宠之时，见滋母自然被冷遇。见滋目睹亲母“韩妃不为祁锳所礼，见滋悒悒先卒”[1]。见滋之子康王祐枔嗣位不久，也于正德二年(1507)卒。祐枔无后，郑王爵位就这样落到祐橏身上。

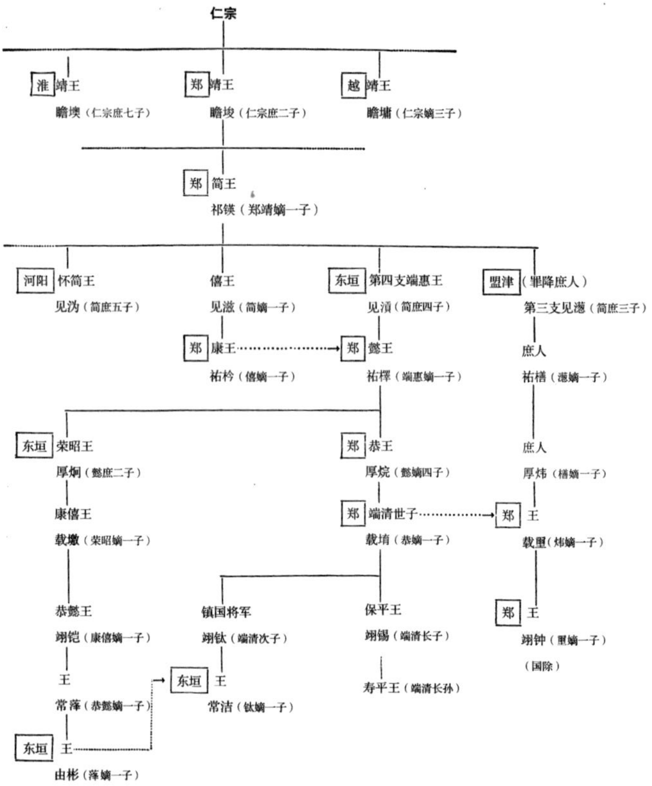

图2-1 朱载堉世系

---

[1]《明史》卷一一九《列传第七 · 诸王四》。

朱祐橏卒，朱厚烷于嘉靖六年(1527)九月袭封郑王[1]，而东垣郡王爵传给祐橏之庶二子厚炯。

朱厚烷卒，郑王爵按宗藩条例应传其嫡长子载堉。然载堉固辞王爵，让位给盟津王四代孙载壐（1570—1640），载壐于万历三十四年（1606）册封郑王。载堉及其子孙按世子、世孙禄终其身。东垣郡王在厚炯房族直传至朱常蓬、由彬父子，朱由彬卒，又回到载堉之孙常洁名下。郑王载壐卒，其嫡长子翊钟嗣。崇祯十三年（1640），翊钟坐罪赐死，国除。郑王爵从靖王瞻埈于永乐二十二年（1424）封始，传至翊钟，共7代，计216年。《明史》卷一〇三《诸王世表四》不是按血缘关系排列家谱，而是按王爵的继承次序排列。懿王祐橏嗣康王祐枔之郑王后，祐橏就列进郑王嫡系；当载堉让爵于载壐后，载壐也列进郑王嫡系之中。

郑靖王瞻埈薨前二十二年（1444）迁怀庆府，怀庆为郑王藩国或封地。从此，瞻埈及其后代子孙就以怀庆为故乡，不再称其祖籍钟离太平乡（今安徽凤阳东北）为家乡了。

明代怀庆府在今河南西北，府境包括河内（今河南沁阳）、济源、修武、武陟、孟县、温县共6县[2]，府城和府署均在河内县。除府北山区外，皆为平原之地。资源有竹、地黄、山药、牛膝、皂角、瓷、天门冬、煤、铁、石绿、硝等。人民好性理、崇礼义，受元代大儒许衡（1209—1281）的影响颇深，在县文庙西有许文正公祠，奉祀许衡。府城东南有学院，南有府学，城中有覃怀书院[3]，知书达理、务求实事成为当地人的一种文化境界。

---

[1]《明史》卷一〇三《诸王世表四》。

[2]《明史》卷四二《志第十八·地理三》。

[3]《怀庆府志·图经》。

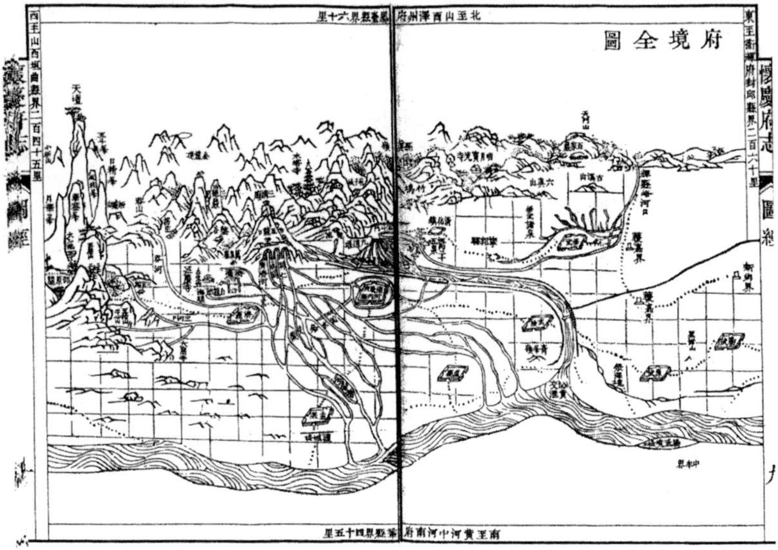

图2–2 乾隆五十四年（1789）重修《怀庆府志》绘怀庆府全境图

郑王府在怀庆府治东。万历二十五年（1597）王所用纂修《河内县志》，在其城池图中标出“郑府基”所在地。康熙三十二年（1693）修《河内县志》，其城池图标出“废郑府，今作营房”。自郑王瞻埈于正统九年（1444）迁怀庆，直到明末（1644），郑王府在怀庆历200年之久。再经战乱和朝代更迭，明亡后14年，郑王府仅存地基；又过35年，王府旧址已成清军之“营房”。至乾隆年间，清范照藜〔乾隆五十八年（1793）进士〕在其诗集中写道：“营房民户半渔家，瓦砾堆中一径斜。红日半竿人早起，满街罾（zēng）罟（gǔ）卖鱼虾。”

又有注曰：“营房，故明郑藩宫址也。兵火后，拆毁一空，大半成瓦砾场矣。居其地者，皆业渔，从丹沁两河网之，每于日出时成市，经年不断。”[1]

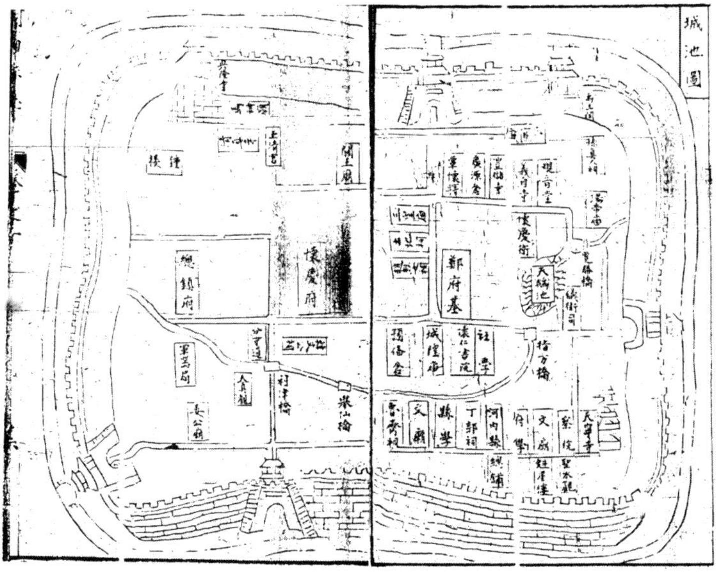

图2–3　顺治十五年（1658）修《河内县志》绘河内（今沁阳）县志图。图内“郑府基”即明代郑王府址

据齐天昌先生考证，郑王府所在地即今河南沁阳市时代广场位置，该广场南，一条称为“老府门”的南北街，正是当年郑王府正门。[2]

在述及郑恭王朱厚烷生平之前，务先了解明嘉靖皇帝之喜好，因为其喜好决定了厚烷载堉父子之坎坷命运。

---

[1] 范照藜：《匀漏山房诗》卷下，沁阳市文物管理委员会印清嘉庆年间河内刻印本，1992年10月沁阳市文物管理委员会重刻本，第68—69页。

[2] 齐天昌：《寻访朱载堉故居》，《沁园春》2006年第2期。

第二节　世宗与道教

正德十六年（1521）三月，明武宗朱厚照驾崩。武宗无子，遗诏兴献王长子嗣位。兴献王朱祐杬（？—1519）是宪宗庶四子，藩国在安陆（今属湖北）。朱祐杬长子厚熜（1507—1567）即帝位，年15岁，年号嘉靖，庙号世宗。武宗与世宗是同祖父、不同祖母的堂兄弟。

世宗即位之初，锐意进取，力革时弊。但不久，便为其生父母追封帝后位、庙号并立庙以祀，令其跻于武宗之上，招致官民议论纷纭。又，世宗崇尚道教，祈长生、盼成仙，因而括毁佛金、烧除佛骨之余，心存道党，享祀弗经，营建繁兴。致使国库府藏告匮，百余年富庶治平之业，因此渐替。[1]世宗崇道抑佛为明代帝王之最。

道士邵元节（1459—1539），贵溪（今属江西）人（一说兴安人，即今江西横峰县），原是一山林道士，有师传其篆簿（道教秘文、符咒之术文）并做醮事（设坛祈祷之仪式）。嘉靖三年（1524），征召入京，在便殿答嘉靖帝，以“立教主静”说而获宠信，遂居显灵宫，专司祷祀，祷雨雪应验（纯属欺骗，稍有气象知识者皆能预告雨雪天气），封“清微妙济守静修真凝元衍范志默秉诚致一真人”，统辖朝天、显灵、灵济三宫，总领道教，并赐金、玉、银、象牙印各一。邵元节入朝，敕赠其父、母、孙、曾孙官职，赠其

[1]《明史》卷一八《本纪第十八·世宗二》。

山林之师为“真人”；赐邵元节紫衣玉带，于城西敕建真人府，岁禄百石，以校尉40人供洒扫，赐庄田30顷并免其租。至是，邵元节宠待益隆，甚至其喜恶可决定官员的升迁或贬谪。

嘉靖帝亦盼子心切，叹无后为大。因而数命邵元节建醮、登坛祈祷，文武大臣日上二香火。后皇子迭生，阎贵妃生哀冲太子载基，王贵妃生庄敬太子载壡，杜太后生穆宗载垕，卢靖妃生景王载圳，等等。嘉靖帝大喜，屡次加恩于邵元节，拜礼部尚书，赐一品服俸，并赐白金、文绮、宝冠、法服、貂裘，甚而其众徒亦一一封赏。嘉靖十八年（1539）邵元节死，帝令安葬厚礼有加，乃至赠谥，躬视显陵。[1]

邵元节死，其友陶仲文入宫代之。陶仲文（约1481—1560），初名典真，黄冈（今属湖北）人。嘉靖中，宫中见黑眚（shěng，所谓妖怪灾异现象），邵元节年老无力敌之，遂荐陶仲文入宫。陶仲文以符水噀剑，绝宫中妖。后又值庄敬太子载壡出痘，陶仲文又以醮祷而愈。由是嘉靖帝深宠爱之。嘉靖十八年，帝南巡至某地，陶仲文预言当夜有火灾。至当夜，火灾果起，宫人死者甚众。自是，帝益异之，授陶仲文为“神霄保国宣教高士”，不久又封其“秉一真人”（全称为“神霄保国弘烈宣教振法通真忠孝秉一真人”），岁禄一千二百石。帝有疾，赖仲文祈祷之功而愈，特授其少保、礼部尚书，后又加少傅。陶仲文之子、婿、从孙均入京为官。其恩宠在邵元节之上。其后，宫内有变而被识，宫外有叛而被破，或有冤狱灾异而被解，均归功于陶仲文建醮祈祷，又加其

[1]《明史》卷三〇七《列传第一九五·佞幸·邵元节》；谷应泰：《明史纪事本末》卷五二《世宗崇道教》。

少师之职。少保、少傅、少师三孤集一身者，在明代除陶仲文外，无二人矣。

自嘉靖二十四年（1545）起，帝益求长生、成仙，特建祈年醮朝天宫，天下竞相献瑞祥异物，有白鹿、瑞龟、嘉禾等，四方所献灵芝达1864株，帝诏更求广径尺以上者。嘉靖二十九年（1550）又加封陶仲文为恭诚伯。三十五年（1556），嘉靖帝不仅为其亲生父母上道号，还自号“灵霄上清统雷元阳妙一飞元真君”，后又加号“九天弘教普济生灵掌阴阳功过大道思仁紫极仙翁一阳真人元虚圆应开化伏魔忠孝帝君”。嘉靖帝自以为仍不够伟大，遂又再加号“……总掌五雷大真人元都境万寿帝君”共34字[1]，几近囊括道教所有法术、神仙之名称，这样嘉靖帝就成为当时的道教总教主了。

陶仲文得宠20年，位极人臣。嘉靖三十九年（1560）死，帝闻之痛悼，特加谥号。其后，嘉靖帝又遣使臣往天下访求仙术异人及符箓秘方诸书。

明眼人不难看出，邵元节、陶仲文或其徒子徒孙们的法术，无非是作假、欺骗或魔术罢了。稍有气象知识者，皆能预见雨雪天气；皇子迭生归于邵元节师徒之功，也很滑稽。其实，嘉靖帝有8子。长子载基，生二月而夭；二子载壡，不足14岁而早卒；三子载垕承嗣皇位；四子载圳封景王就藩德安，赴国后四年而卒。第五至第八子，皆不足岁而亡。难道这些道士只祈祷这些皇子生，而不祈祷其长？生当有功，死则无过乎？至于陶仲文在宫中以符水喷火之术治鬼，只不过是道士耍的把戏罢了。陶仲文能以醮祷

[1]《明史》卷三〇七《列传第一九五·佞幸·陶仲文》；谷应泰：《明史纪事本末》卷五二《世宗崇道教》。

为太子载壑治痘，何以又不能保其长生？帝南巡夜火得救，而宫人死者甚众，不排除道士暗中纵火的嫌疑。

清代赵翼（1727—1814）曾指出嘉靖帝授官方技之滥，皆因其“专求长生，是以信之笃而护之深”“皆贪生之一念中之也”[1]。

嘉靖帝在位的前30年间，在宫内修斋醮多达10处。嘉靖十年（1531）建祈嗣醮于钦安殿；十五年（1536）大修金箓醮于玄极殿；十七年（1538）建金箓大斋于内皇坛；十九年（1540）上疾不朝，建宫祈禳三日；二十四年（1545）建祈年醮于朝天宫；三十年（1551）设立符镇卤法坛；三十一年（1552）建醮于永寿宫；等等。[2] 建斋醮之奢侈，令人触目惊心。

《明史》卷八二《志第五十八·食货六》载，世宗“中年以后，营建斋醮，采木采香，采珠玉宝石，吏民奔命不暇，用黄白蜡至三十余万斤”“沉香、降香、海漆诸香至十余万斤。又分道购龙涎香，十余年未获，使者因请海舶入澳，久乃得之。方泽、朝日坛，爵用红黄玉，求不得，购之陕西边境，遣使觅于阿丹，去土鲁番西南二千里。太仓之银，颇取入承运库，办金宝珍珠。于是猫儿睛、祖母碌、石绿、撒孛尼石、红刺石、北河洗石、金刚钻、朱蓝石、紫英石、甘黄玉，无所不购”。如此耗费，以致“边供费繁，加以土木、祷祀，月无虚日，帑藏匮竭。司农百计生财，甚至变卖寺田，收赎军罪，犹不能给”[3]。

其间，尚有贤臣提议停斋醮、驱道士、罢黄白之术。嘉靖

---

[1] 赵翼：《廿二史劄记》卷三四《成化嘉靖中方技授官之滥》。

[2] 谷应泰：《明史纪事本末》卷五二《世宗崇道教》。

[3]《明史》卷七八《志第五十四·食货二》。

二十七年（1548），郑王朱厚烷上书规劝，即是一例。嘉靖帝贯以“顺我者昌，逆我者亡”处置之。四十四年（1565）十月，户部主事海瑞（1514—1587）上疏，切中嘉靖帝崇尚道教的心脉。疏曰：“陛下之误多矣，大端在玄修。”[1]

谬谓长生可得，一意玄修，土木兴作。二十余年不视朝政，法纪弛矣。数行推广采例，名器滥矣。……今愚民之言曰：“嘉者，家也。靖者，尽也。”谓“民穷财尽，靡有孑遗也”。然而内外臣工，修斋建醮，相率进香；天桃天药，相率表贺。陛下误为之，群臣误顺之。臣愚为陛下之误多矣，大端在玄修。夫玄修所以求长生也。尧、舜、禹、汤、文、武之为君，圣之至也，未能久世不终。下之方外士，亦未见有历汉、唐、宋至今存者。陛下师事陶仲文，仲文则既死矣。仲文不能长生，而陛下独何求之？至谓天赐仙桃、药丸，怪妄尤甚。……桃必采乃得，药必捣乃成。兹无因而至，有胫（jìng）行耶？云天赐之，有手授耶？然则玄修之无益可知矣。陛下玄修多年，靡有一获。左右奸人，揣逆圣意，投桃设药，以谩长生，理之所无，断可见已。陛下诚幡然悟悔……此天下第一事也。[2]

海瑞上此疏时，自知触忤当死，因而买好棺木、告别妻儿、遣散童仆，准备获罪处死。嘉靖帝阅此疏，果大怒，掷之地，又思虑再三，最终命逮海瑞下锦衣卫狱，待处死。越几月，帝崩，

---

[1] 谷应泰:《明史纪事本末》卷五《世宗崇道教》。

[2] 谷应泰:《明史纪事本末》卷五二《世宗崇道教》;《明史》卷二二六《列传第一十四·海瑞》所载文字及上疏年月与此稍有不同，但与海瑞上疏之要旨无异。

穆宗立，海瑞获释。[1]

清代史学家谷应泰就嘉靖帝崇尚道教事评述道："爰考（嘉靖帝）初政，即设斋宫。及其末年，犹饵丹药。盖游仙之志，久而弥笃，未有若斯之甚者也。"他怀疑嘉靖帝乃服道士之丹丸而死，故其言："服食求神仙，多为药所误。又云：'君以此始，必以此终。'吁！可慨也夫。"[2]

第三节　朱厚烷生平

朱厚烷（1518—1591）乃郑简王（祁锳）庶第四支东垣端惠王之孙。从开基祖算起，是明太祖高皇帝之八世孙。明仁宗封少子郑靖王于陕西凤翔，后迁河内。郑靖王之后依伦序为简王、僖王（见滋）、康王（祐枔）。康王无子嗣爵，又简王第三支罪降庶人，故而郑王国爵就落到第四支、东垣端惠王之子祐檡（？—1521）身上（见图2–1）。郑懿王祐檡是朱厚烷之父。祐檡于正德四年（1509）嗣封，十六年（1521）薨。厚烷是郑懿王嫡四子。据《明神宗实录》载，厚烷于嘉靖六年（1527）九月袭封郑王，万历十九年正月辛酉（1591年2月17日）薨，卒年七十三。[3]由此推知其生于正德十三年（1518）。其薨，上辍朝三日。可见其品行与名声为人所尊崇。谈迁《国榷》载，郑王厚烷薨"年七十一，谥曰恭，享国五十五

[1] 海瑞上疏文亦见谈迁：《国榷》卷六四"世宗嘉靖四十五年二月癸亥"；历史学家吴晗曾编撰剧本《海瑞罢官》，部分内容取材于此。

[2] 谷应泰：《明史纪事本末》卷五二《世宗崇道教》。

[3]《明神宗实录》卷二三一，万历十九年正月辛酉。

年”[1]。比《明神宗实录》所载，少了2岁，本书以《明神宗实录》为据。

朱厚烷嗣郑王爵时，刚虚岁10岁。因其父祐橏早卒（1521年），厚烷未经过先册封王子，后册封为王的二次升爵过程。然而虽虚岁10岁，直封为王，但直到嘉靖十二年（1533）正月三日，世宗帝才诏允厚烷郑王冠服，此时厚烷虚岁16岁。为此，藩国人士等称颂庆贺。曾任南京右都御史、武陟人何瑭曾撰“郑王加冠序”，文中称颂郑王朱厚烷：“贤王殿下天性聪明，读书尚礼，童幼之时已有人君之度，国人盖久已归心矣。故今兹之冠无不忭（biàn）蹈称贺。”所谓“忭蹈”，即欢喜雀跃也。文后还述及朱厚烷作为“人君之道，庶几备矣，此固国人之所望也”[2]。

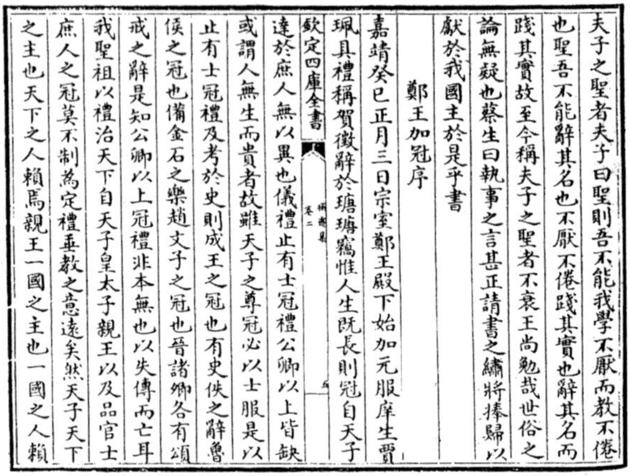
夫子之聖者夫子曰聖則吾不能我學不厭而教不倦
也聖吾不能辭其名也不厭不倦踐其實也辭其名而
踐其實故至今稱夫子之聖者不衰王尚勉哉世俗之
論無疑也蔡生曰執事之言甚正請書之繡將捧歸以
獻於我國主於是乎書
鄭王加冠序
嘉靖癸巳正月三日宗室鄭王殿下始加元服庠生賈
珮具禮稱賀徵辭於瑭瑭竊惟人生既長則冠自天子
欽定四庫全書　柏齋集　卷二
達於庶人無以異也儀禮止有士冠禮公卿以上皆缺
或謂人無生而貴者故雖天子之尊冠必以士服是以
止有士冠禮及考於史則成王之冠也有史佚之辭魯
侯之冠也備金石之樂趙文子之冠也晉諸卿各有頌
戒之辭是知公卿以上冠禮非本無也以失傳而亡耳
我聖祖以禮治天下自天子皇太子親王以及品官士
庶人之冠莫不制為定禮垂教之意遠矣然天子天下
之主也天下之人賴焉親王一國之主也一國之人賴

图2-4　何瑭为郑王朱厚烷撰“郑王加冠序”文（《柏斋集》书影）

[1] 谈迁:《国榷》卷七五,万历十九年正月辛酉。

[2] 何瑭:《柏斋集》卷二《郑王加冠序》。

何瑭撰“郑王加冠序”后10余天，即正月十五日，又撰“追封郑定王碑铭”。郑定王即厚烷之祖父，东垣端惠王见滇。正德四年（1509），郑王从第二支即康王祐柃转到第四支即懿王祐檡（厚烷之父）。厚烷之父与母阎太妃等，祈皇上追封见滇为郑王。初，礼部不报。祐檡卒后，阎太妃于嘉靖七年（1528）援唐府事例再奏，上允准追封见滇为郑王，并改谥号曰“定”。为了能让这一曲折过程留下一个记录，朱厚烷于嘉靖十二年（1533）正月十五日请何瑭撰碑铭，“瑭拜受命”为之[1]。

事实上，追封见滇为郑王的曲折过程是与宗藩条例几经修改相关的。阎太妃的想法恰与世宗欲追封其父母帝后名号不谋而合。嘉靖八年（1529），世宗终于在宗藩条例中增加了袭爵者可追封祖上品爵封号之规定。

何瑭在半月之内为厚烷撰写了两篇鸿文。朱厚烷与何瑭从此情谊永结。朱厚烷“壮年师友于瑭”[2]。何瑭辞职归里，家徒壁立。其间，当有郑王之助也。何瑭卒后六年，即嘉靖二十八年（1549），郑王出资，雕版印刷何瑭著作《柏斋集》11卷[3]。次年底，朱厚烷因直谏而被禁锢高墙。然，朱、何二家情深如旧。朱厚烷出狱后，遂决定以何瑭之孙女为儿媳妇。

厚烷母亲阎太妃，在厚烷禁锢高墙时（1550—1567），“守公宫”，即留在郑王府内。当其长孙载堉35岁（1570）成婚后，“又

[1] 何瑭：《柏斋集》卷十《追封郑定王碑铭》。

[2] 朱载堉：《进历书奏疏》，载《乐律全书》。

[3] 永瑢等：《四库全书总目·柏斋集提要》。

九年”薨[1]，可见其卒于万历七年（1579）。厚烷至孝其母妃。嘉靖十八年（1539），上幸承天[2]，路过新乡，厚烷迎谒于新乡之时，也不忘“奏母阎太妃贞孝事迹”[3]。当朱厚烷禁锢释而返国后，“太妃年逼桑榆，绕膝嬉戏如儿时，每献食辄戴首以进，博太妃一笑”[4]。足见郑王府内一家至亲至爱，其乐融融。《河南通志》还记述了朱厚烷孝顺其母阎太妃的事迹：“郑恭王母阎太妃遘疾，王七十余岁，吁天祷神，亲尝药饵以疗疾，将革业就正寝，王握母手跪其侧，昼夜不离。”[5]阎太妃薨，他披麻戴孝于奠前后，棺椁四周画有花纹，一切都遵古训行之。

郑恭王妃高氏乃朱载堉母亲。生载堉二年（1538年），高氏卒。继妃王氏，卒于厚烷复国之年，即隆庆元年（1567）[6]。继妃王氏生子三，长子载玺（即载堉二弟）于嘉靖二十九年十二月癸未（1550年1月30日）封德庆郡王[7]，府第在河内县北。厚烷禁锢高墙之日，载玺于嘉靖四十一年（1562）奉敕管理郑王府事[8]。5年后，厚烷获

---

[1] 王铎：《郑端清世子赐葬神道碑》。

[2] “承天”，指承天府，原湖北安陆州（相当于今日钟祥、京山、天门、潜江四县地）。嘉靖十年（1531）改安陆州为承天府。安陆，世宗朱厚熜出生地，其父兴献王朱祐杬之国。厚熜入京为帝，遂改地名。

[3]《明史》卷一一九《列传第七 · 诸王四》。

[4]《怀庆府志》卷二二《人物 · 孝义》。

[5] 清康熙三十四年《河南通志》卷二九。

[6] 同[4]；王铎：《郑端清世子赐葬神道碑》。

[7] 谈迁：《国榷》卷五九，嘉靖二十九年十二月癸未。

[8] 清康熙三十四年《河南通志》卷一〇《封建》；明万历二十五年《河内县志》卷一《藩封》，记载玺奉敕管理府事为嘉靖三十三年，不知孰是。

赦返国，载塄返其郡王府，于万历十六年（1588）卒，谥恭惠。[1]载塄次子未满5岁而殇。三子载陞于隆庆二年（1568）封崇德郡王，隆庆五年（1571）卒，谥恭简。[2]三子仅14岁，未出府而卒。“出府”相当于离开父母赴藩地独立生活。

继妃王氏贤惠厚德，乃武陟人王天叔之女。厚烷于嘉靖二十九年（1550）建言获罪，禁锢凤阳长达17年，继妃王氏伴随其身旁，悉心照料。隆庆元年（1567）郑王复爵，归道经武陟，厚烷令王妃顺路拜其家祠。王妃曰：“未谒慈姑，先私父母，非礼也。”王妃陪王爷于高墙，多年劳累、焦虑，复爵返国仅三个月积病而卒。厚烷痛念之，疏请赠为继妃，章凡七上报可。[3]

继妃王氏卒之年，朱厚烷50岁。据《怀庆府志》载，厚烷又娶刘氏为妃。刘氏初无爵位，后受郑世子让国之誉的影响，册封为王妃。册文曰：“靖共妇仪，克勤内助。”府内人士深以为然。[4]

史载，朱厚烷“好学下士”[5]，“自少至老，布衣蔬食”[6]。他还是一个精通音乐的乐律家。朱载堉在《进律书奏疏》中说：“臣父恭王厚烷存日，颇好吕律，其悟性所自得，虽与先儒不无异同，而臣愚以为，其义或可补先儒所未发。”他即使在高墙禁锢

---

[1]《明史》卷一〇三《诸王世表四》。

[2] 同[1]。

[3]《怀庆府志》卷二四《人物·烈女》；清道光九年《武陟县志》卷一九《古迹志》及卷三十三《烈士传》。

[4]《怀庆府志》卷二四《人物·烈女》。

[5] 谈迁：《国榷》卷七五，万历十九年正月辛酉。

[6]《明史》卷一一九《列传第七·诸王四》。

的凤阳，也在“惩艾之余，琴书自适”[1]。朱厚烷指导其子载堉撰写了《琴瑟》《操缦》《旋宫》等谱。据载堉说，甚至于“《律吕精义》乃臣父遗志，而臣愚所述也”[2]。可见，朱载堉完成十二等程律的创见，亦有其家传因素。

第四节　郑恭王献瑞异

天上出祥瑞，如云彩、光气，地上呈瑞异，如多穗麦、三足鸟或白鹿之类，历代都将其视为国泰民安、帝业兴旺、帝王善政之象征。实际上，彩色云、霓虹、日晕、极光等现象，都是大气光学现象，是具有一定气象条件或太阳喷射大量荷电粒子就有可能产生的自然现象。至于瑞异，多是染色体变异或基因突变所致。

郑恭王厚烷是一个典型的忠孝双全之人。嘉靖初，嘉靖帝迷信道教尚未构成国之大害时，他曾数次献瑞异。嘉靖九年（1530）八月，河南怀庆府产瑞麦、瑞瓜、嘉禾，郑王厚烷上奏，此知府王德明善政所召。[3]

嘉靖十年（1531）七月，郑王厚烷献白鹊二于朝，上大喜，命献之宗庙，荐之两宫，传示百僚。庶职廷臣多献赋以彰圣德，时太常卿管国子祭酒许论，上《白鹊论》；司业陈震，上《圣德感灵

---

[1] 朱载堉：《进律书奏疏》，载《乐律全书》。

[2] 朱载堉：《律吕精义·序》。

[3] 沈德符：《万历野获编》卷四《郑王直谏》。

鹊颂》，尤为上所嘉纳。[1] 朱厚烷或许不曾想过，他的这一献举开辟了世宗时代献瑞禽之始，也与世宗后来贪恋异物、以求长生之志相吻合。继而，十二年（1533）正月，湖南巡抚都御史吴山献白鹿，群臣表贺。自此之后，诸瑞异表贺以为常。[2]

嘉靖十八年（1539），厚烷又奏其郑藩境内温县产瑞麟。[3]

初，兴献王朱祐杬封于安陆（今属湖北），待其子朱厚熜入继帝位，于嘉靖十年（1531）诏改安陆州为承天府。十八年（1539）二月，上幸承天[4]，路过河南卫辉府新乡县，即郑王封地怀庆府东境临界之地。厚烷迎谒新乡，获嘉靖帝恩宠，岁加禄米三百石。[5]

由上可见厚烷忠君之践行。然而，当嘉靖帝崇尚道教以致不理政务，国库空虚时，耿直的厚烷挺身而出，直言上疏，建言治国大计。

第五节　上疏直谏

上疏或奏疏，是封建社会中臣子向君主分条陈述事情的文字。

嘉靖二十六年（1547）、二十七年（1548）朱厚烷曾两次上疏，陈述国事。前一次，朱厚烷因看到宗族子女愈多愈穷，因而宗室

---

[1] 沈德符:《万历野获编》卷四《郑王直谏》。

[2]《明史》卷一七《世宗本纪》。

[3] 同 [1]。

[4] 同 [2]。

[5]《明史》卷一一九《列传第七·诸王四》。

打破宗藩条例中不许封藩宗族入京之禁令，纷纷进京请名、请封，甚至不惜贿赂官吏的现象，提出进京者量罚其所统亲郡王禄米，以示惩戒，而不必加于重刑。谈迁《国榷》对此事略述如下：

嘉靖二十六年六月戊申（1547年7月15日），郑王厚烷言：宗室赴京奏事，亦非得已，皆亲郡王规利阻尼。有十岁未名、终身不嫁娶者，宗子日盛，支子日穷。其宗室犯法者，罚所统亲郡王禄米。命下礼部，遍谕诸王。[1]

《明世宗实录》对此有较为详细的记录：

郑王厚烷言，各宗室赴京事，非得已，皆由亲王郡王多方规利、沮（jǔ）泥不行。故有十岁未名、终身未嫁娶者，弃德不顾、惟利是图。宗子之家益盛，支子之家愈穷。且宗室犯罪，祖宗定制，纵有大过，亦不加刑。至于各府有棰（chuí）楚惨酷者，请先敕各府，一体遵守，毋得妄为。及宗室有犯，不必参究辅导，禁戒下人，就将所统亲王或郡王量罚禄米，以示惩创。

下礼部议：如其奏。

上曰：宗室越关赴诉，禁例已详。比以迁发太重，又虑有情，非得已，每从宽处，乃往往玩法不悛，自今如此者。巡按御史勒限勘奏，干碍亲郡王，朝廷一体究治。礼部将各行勘、未报者查催，限三月中具报。仍通行各王府知之。[2]

如前一章所述，宗藩繁衍，庶支贫困，又无钱贿赂亲王或官吏，只有冒死进京申述或求名求封而得微薄之禄米。朱厚烷申明亲郡王对此已有所规劝、阻止，同时向皇上报告尚有鞭打贫困宗

---

[1] 谈迁：《国榷》卷五九，嘉靖二十六年戊申。

[2]《明世宗实录》卷三二四，嘉靖二十六年六月戊申。

族子孙的残酷的亲郡王，陈述事情之严重性。前者使皇帝敕下“非得已每从宽处”，并通报各王府知之。这一疏，也敦请皇上敕礼部，催查那些无衣无着的支庶子孙人数。朱厚烷这一奏疏充分流露出其仁爱与守法之矛盾心情。他既同情那些贫困宗室子孙，又不能不表示劝阻他们进京之意；他既反对鞭笞他们，又不能违背宗室不许进京的宗藩条例。

顺此要指出，大凡皇朝实录所载时间，未必就是事件发生的时间，一般都是礼部复奏或皇上批示奏文的时间。只不过研究者无法查考事件发生之时间，就以后者代之了。如郑厚烷此奏，我们不知其奏文写于何时，而《明世宗实录》载“嘉靖二十六年六月戊申”。这是“礼部议”或更确切的是“上曰”（皇帝下诏或御批）的时间，这个时间可能与朱厚烷书写奏文或递呈奏文只差三五天，但不至于相差上月。

翌年，朱厚烷确切地获悉嘉靖帝在皇宫斋醮奢侈、大兴土木之事，耿直的他终于呈上一份非同寻常的奏本，以致后来矛盾交织，让自己受高墙禁锢之惩罚。

在涉及朱厚烷上书之前，需交代另一件与此相关的事。

嘉靖二十七年六月庚戌（1548年7月11日），周定王朱橚后裔、镇国中尉朱勤熨上书规劝嘉靖帝。《明史》卷一一六《列传第四·诸王一》载，勤熨上书曰：

陛下躬上圣之资，不法古帝王兢业万人，择政任人，乃溺意长生，屡修斋醮，兴作频仍。数年来朝仪久旷，委任非人，遂至贿赂公行，刑罚倒置，奔竞成风，公私殚竭，脱有意外变，臣不知所终。

勤熨书中言词，确属嘉靖帝宫廷政治之现状，亦实是不足前古帝王圣贤竞业的万分之几。嘉靖帝阅览后，大怒，指责朱勤熨诽谤圣上，将其降为庶人，并幽于凤阳。勤熨因罪系子孙，其“子朝埍（mào）已赐名，以罪人子无敢为请封者，上书请释父罪，且陈中兴四事，诏并禁锢”[1]。

谈迁《国榷》中的有关记载可作为《明史》记录之补充：

勤熨前奏禄粮，夺岁禄，复潜至京，言臣建言得罪，资身无策，陛下厌弃万几，斋醮兴作，引秦皇、汉武、宋徽为比。上大怒，幽之凤阳。[2]

可见，朱勤熨名为镇国中尉，实亦无禄粮度日，乃暗中进入京城，索性奏上一本，羞辱世宗，至少出一口恶气。他述及世宗厌弃几万宗亲，而自己却斋醮奢侈，大兴土木。世宗不及秦始皇、汉武帝之万分之几，却可以与那个被金国俘虏的宋徽宗相比。《明世宗实录》与《国榷》难有全文记录各种奏本，但两相联系看，勤熨奏文的大要基本清楚了。

朱厚烷是笃信儒家学说之人。他和好道教、奢侈至极的嘉靖帝在观念上有极大分歧。因而，出现了朱勤熨激于前，朱厚烷波于后的直谏之事。在朱勤熨上书后一个月，即嘉靖二十七年七月辛巳（1548年8月11日）郑恭王厚烷上书。《明史》对此记载道：

帝修斋醮，诸王争遣使进香，厚烷独不遣。嘉靖二十七年七月上书，请帝修德讲学，进《居敬》《穷理》《克己》《存诚》四箴，《演连珠》十章，以神仙、土木为规谏。语切直。帝怒，下其使者于狱。诏曰：“前宗室有谤讪者置不治，兹复效尤。王，今之西伯

---

[1]《明史》卷一一六《列传第四·诸王一》。

[2] 谈迁：《国榷》卷五九，嘉靖二十七年六月庚戌。

也，欲为为之。”[1]

明代张萱的《西园闻见录》这样写道：

厚烷……请上修德讲学，并进《居敬》《穷理》《克己》《存诚》诸箴，复《演连珠》十章。以简礼、怠政、饰非、恶谏、神仙、土木为规讽，词语切直。上手诏曰：“汝觇知宗室有谤讪者，故兹效尤。汝真今之西伯也。”罪其长史。[2]

《明世宗实录》中记道：

郑王厚烷疏，请上修德讲学，并进《居敬》《穷理》《克己》《存诚》四箴及《演连珠》十首，以简礼、怠政、饰非、恶谏、神仙、土木为规。上手批其疏曰：“尔探知宗室有谤讪者，故兹效尤。彼勤熨细物，一无赖子耳。尔真今时之西伯也。请欲为为之。”[3]

这三种记载，因对朱厚烷奏本之取舍不同，故有所区别。我们先弄清楚“箴”和“连珠”为何意。箴是劝诫之意，也是古文体之一种，以规劝、告诫为主，也称箴言，相当于先秦之“宥坐”或今日之座右铭，以简单几个字勉励或激励他人。箴言文体多用于下级对上级，故而也称敬言。唐代李德裕（787—850）累官御史中丞和兵部尚书，曾给唐宪宗（805—820年在位）上《丹扆（yǐ）六箴》，创箴言文体之首。《丹扆六箴》意在规劝昏荒简忽的唐宪宗。[4]“演连珠”也是一种文体，西晋官平原内史的陆机（261—

[1]《明史》卷一一九《列传第四·诸王四》。

[2] 张萱：《西园闻见录》卷二。

[3]《明世宗实录》卷三三八，嘉靖二十七年七月辛巳。

[4]《新唐书》卷一八〇《列传第一〇五·李德裕》。

303）作《演连珠》50首，列于其文集的杂著之中[1]。这种文体，每首文字不多，一首一事，全篇有一个总的意图，或针对某人，或针对某事而提出建议。

厚烷上疏，并四箴和《演连珠》，语言切直，规谏皇上不再兴“神仙、土木”之事，直言皇上简礼、怠政、饰非、恶谏，难怪皇上大怒。嘉靖帝在厚烷疏中御批之意是：勤熨这小子（“细物”）是一无赖，而你厚烷倒成了今日之“西伯”，请好自为之；厚烷及其前有“探知宗室”、诽谤、讥讽朝廷者，暂不处置，姑且活之，但为厚烷送奏疏入宫者，即郑王府长史先依罪惩治，以儆效尤。“汝真今之西伯”是一句反语，含讽刺之义。“西伯”即周文王，商代末帝纣王命其为西方诸侯之长，得专征伐。嘉靖帝以西伯喻厚烷，因厚烷疏亦专征伐嘉靖帝也。

朱厚烷上书四箴共八个字，如前引《明史》等所载，他的《演连珠》十首为何内容？他的奏本全文是否有更多文字披露并留存于世？谈迁的《国榷》留下了较多记载。我们按照今天分段的形式抄录如下：

嘉靖二十七年七月，郑王厚烷上言：

皇上御制心箴，注四箴，碑豳风，书无逸，揭洪范篇大学衍义，下询疾苦，身先农桑。臣所亲见。何及迩年，罢讲有日，美政亡闻，使四方学士，利欲纷拏，莫知所从。守藩下臣，愿皇上讲学勤政，求祖宗之初治，问百姓之安危，臣不胜拳拳。

效李德裕《丹扆》之箴，仿陆机《连珠》之体四箴（进四箴及《连珠》十首——作者注）。曰《居敬》，曰《穷理》，曰《克己》，曰《存诚》。

---

[1] 陆机：《陆士衡集·杂著》。

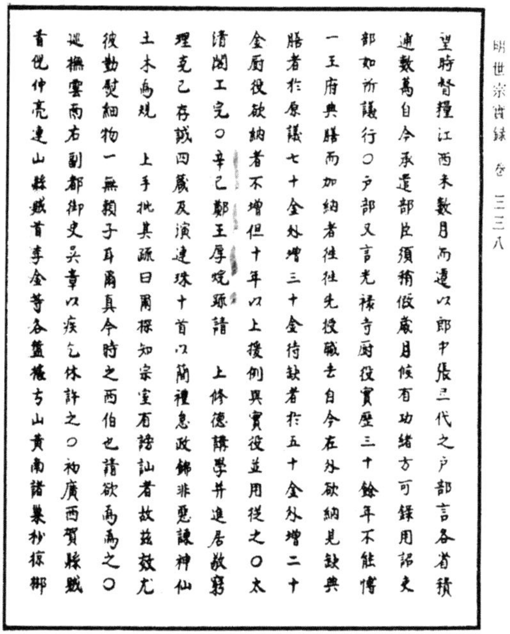

明世宗實録　卷三三八

望時督糧江西未數月而遷以郎中張弖代之戶部言各省積
逋數萬自今承遷部臣須稍假歲月候有功緒方可錄用詔吏
部如所議行○戶部又言光祿寺廚役實歷三十餘年不能傳
一王府典膳而加納者往往先授職去自今在外欲納見缺典
膳者於原議七十金外增三十金待缺者於五十金外增二十
金廚役欲納者不增但十年以上撥例與實役並用從之○太
清閣工完○辛巳鄭王厚烷疏請　上修德講學并進居敬窮
理克己存誠四箴及演連珠十首以簡禮息政錮非惡諫神仙
土木爲規　上手批其疏曰爾探知宗室有諂訕者故茲效尤
彼勤騃細物一無賴子耳爾真今時之西伯也請欲爲爲之○
巡撫雲南右副都御史吴章以疾乞休許之○初廣西賀縣賊
首倪仲亮連山縣賊首李金等各盤據于山貴南諸巢抄掠鄉

图2–5　《明世宗实录》载嘉靖二十七年七月郑王朱厚烷上四箴和《演连珠》疏

又连珠十首：

（一）臣闻连城之壁，不付于拙工；千里之骥，必托之善御。是以修身者以损德为忧，保国者以失贤为虑。

（二）臣闻如砥之途，人以为邪径；弥天之语，人以为上乘。是以孔孟之门无人，而异端杂起；尧舜之世既远，而治道难兴。

（三）臣闻衣食足而民富，礼文衰而训靡。是以农桑必盛于风俗之始，彝伦必明于教学之时。

（四）臣闻百口言善，所以尊侈；一心询过，所以希天。然则谀舌易巽，苦口难便。是以尧畴咨而裕，纣拒谏而骞。

（五）臣闻水满易溢，月盈易亏。是以守谦者不挟德而侮，去患者不俟祸而追。

（六）臣闻竭民脂而作亡益者，世不知惜；长国家而损下利者，士谓非忠。然则民饥而君无独富，农足而国不能凶。是以爱民则锡福于邦趾，虐下则祸起于舟中。

（七）臣闻文公简礼，春秋加贬；邹衍系狱，夏月飞霜。然则不诚获戾，罔察罹殃。是以畏威者克谨天戒，敬祖者率由旧章。

（八）臣闻商鞅尚法，秦旋踵以亡；仲尼行仁，鲁三月而治。是以万类取足，得众尚于用宽；百姓亡匮，求仁先于近譬。

（九）臣闻临春于阁，陈祸于盈；步虚于城，宋室将废。是以成汤宽仁，不声色是亲；放勋功让，不茅茨为耻。

（十）臣闻被衣寒体，充食馁腹；民日惟忧，耕田南亩；凿井西邻，人日惟择。然则与以惠者欲其知，乐以利者忘其力。是以熙皞而王者之为，驩虞而霸者之策。

上大怒。手诏曰："日者勤熨谤讪，朕姑活之。厚烷敢效尤。彼小竖子耳，尔今西伯也。请欲为为之。"[1]

朱厚烷《演连珠》十首（章），以历史、典故、民俗、自然或常识为引子，从而得出一个实在、有益的处世做事之普适原则。十首之思想针对性异常明确，无异于针砭嘉靖帝时政。这一切在旁人看来，都是讥讽行为，故而嘉靖帝阅后大怒。从封建伦理的角度看来，更为严重的是，厚烷不仅直谏斋醮，且在不日后的上《万寿表》中，竟然"失称臣"[2]，"偶误称弟不称臣"[3]，将君臣与宗亲混为一谈。这在"君君臣臣"的封建政治生活中，岂但是大不

---

[1] 谈迁：《国榷》卷五九，嘉靖二十七年七月辛巳。

[2] 谈迁：《国榷》卷五九，嘉靖二十九年九月壬子。

[3] 沈德符：《万历野获编》卷四《郑世子让国》。

敬，而是有忤逆行为。因此厚烷招致大祸。

谈迁在整理其著《国榷》史籍时，对此感叹道：

谏术有五，讽其一焉。人臣进说，宁婉毋戆，宁详毋径。况天斋笃密，嫌构易生者哉。勤熨激于前，厚烷波于后。言出祸随，非宸听之独高也，毋亦有失词焉。合而论之，恭王之所见粹矣。

从《国榷》记载的朱厚烷奏疏中，第一段文字先说嘉靖帝好话，然后以“不胜拳拳之心”道出近年来帝之荒政，并说出自己的祈望，奏文确亦相当婉转。然其继之四箴与《演连珠》十首却锋利非常。由此，某些史家评论厚烷“好为诡故不情之事，欲以钓奇取誉，以是大为诸宗所忌”[1]，或责厚烷“贡谀于先，而切谏于后，似乎市名钓奇，史称其好为诡激不情之事，非诬也”[2]。这些评论有失公允。评论者自己不为，又怨为者之方法，实乃庸夫也。

第六节　禁锢高墙

郑恭王朱厚烷直谏之后将近二年，才被废为庶人，并禁锢于凤阳高墙。事涉盟津王长子、已被废为庶人的朱祐橏讦奏郑恭王。

盟津王与东垣王作为郑简王的第三、第四支族子孙，大概早有宗族之隙。嘉靖六年（1527），河南灵宝县境内黄河水清50里，已是庶人的朱祐橏献《河清颂》，帝览疏文而悦，赐敕褒奖。郑王朱厚烷似乎并未听闻黄河水清之事，无动于衷。于是，祐橏又

---

[1]《明世宗实录》卷三六五，嘉靖二十九年九月壬子。

[2] 沈德符：《万历野获编》卷四《郑世子让国》。

上疏，诉告厚烷匿情不报。上命厚烷速报，但厚烷仍吝惜不献诗文。嘉靖帝怒，写下了严厉的谕旨。[1]这是祐橏与厚烷叔侄间结下的一大怨恨。此事或许是促使厚烷在其后多年连续向上献瑞异的原因。

盟津王罪降庶人、俸禄削减，但并不迁出王府、不夺其国，由子孙管理府事。上命其长子祐橏管理，祐橏以为帝宠，遂上疏请复父爵，上不允。祐橏又恨厚烷不为之报。待至厚烷直谏，趁皇上余怒未消之时，祐橏乘机呈上其诬告厚烷的奏章，随即导致朱厚烷被削爵禁锢。

史载，祐橏求复郡王爵，怨厚烷不为奏，乘帝怒于嘉靖二十九年五月癸巳（1550年6月14日），摭厚烷四十罪，以叛逆告。[2]祐橏告厚烷“招集亡命，私造兵甲，及与妖人宋刚等通谋为不轨”[3]，罗列厚烷“诽谤、悖逆诸不法事”[4]“讦王跛扈、诅咒、煽惑诸不法事”[5]。罪名之大，足以砍头。皇上大怒，即遣驸马谢诏等会同其他官吏勘察实情。[6]尔来我往，厚烷也不示弱，告发祐橏“擅称长子，僭系玉带及逼杀良民等事，词连厚炯、祐榜”[7]。上又诏遣官会勘。

---

[1] 沈德符:《万历野获编》卷四《郑王直谏》。

[2]《明史》卷一一九《列传第七·诸王四》。

[3]《明世宗实录》卷三六五，嘉靖二十九年九月壬子。

[4]《明世宗实录》卷三六〇，嘉靖二十九年五月癸巳。

[5] 张萱:《西园闻见录》卷二。

[6] 同 [4]。

[7] 同 [3]。

经过近4个月的调查，驸马谢诏等上报调查结果：“厚烷谋反无验。然信惑群小，多为不法，所创有二仙庙、育才等馆，皆上僭无状，而方掉弄章句、规切至尊，法当首论。祐橏纵恶殃民，厚烱等偏党乱法，宜以差治罪。”[1]

“二仙庙”为一道观，位于沁阳市郊约50里的神农山上，乃唐初所建，非郑王朱厚烷所创始。朱厚烷曾捐资助修，遂成罪名。今尚存残垣断壁、残碑。“育才馆”应是一所幼童、少年读书之馆舍，今不存，也无从考。从今日看，育才馆乃为明王朝培养人才之学校，当有功才是。且此“庙”“馆”均不在郑王府内。然而，郑王却由此招致“法当首论”之大罪，被定为“治宫室名号拟乘舆则有之”[2]的罪名。欲加之罪，何愁无名。只要将这庙和馆说成郑王府内所建，则罪莫大矣。在明朝廷看来，这“庙”“馆”二项，在当时是严重违犯宗藩条例的。当时宗藩条例规定，“王府不许僧尼女冠出入宫禁及私自建立寺观”“王国内除额设诸职事外，并不许延揽交结奔竞佞巧智谋之士”。这等事都属“过犯”“禁例”。“凡过有重轻……重者本身发高墙或闲宅，子孙降为庶人，或俱禁住”。[3]厚烷的二仙庙、育才馆正是这样的干禁之事。更何况他此前曾直言上疏，“方掉弄章句、规切至尊”呢。

嘉靖帝阅过勘察结案报告之后，怒曰：“厚烷讪朕躬，在国骄傲无礼，大不道。”[4]事实上还是怨恨厚烷两年前的直言上谏。嘉靖

---

[1]《明世宗实录》卷三六五，嘉靖二十九年九月壬子。

[2]《明史》卷一一九《列传第七·诸王四》。

[3]《大明会典》卷五七《王国礼三·过犯》。

[4]《明史》卷一一九《列传第七·诸王四》。

帝又命法司再勘。至二十九年九月壬子（1550年10月31日），嘉靖帝降诏曰："数厚烷骄淫、欺慢、不臣、无亲等罪，降发高墙。仍暴其罪恶于各王府。祐橏等各削罪有差。"按圣旨，处罚如下："降郑王厚烷为庶人，禁住高墙，褫管理盟津王府事。庶人祐橏，冠带闲住；夺东垣王厚炯、繁昌王祐榜禄米三之一。"[1]

祐橏纵恶殃民，削冠带闲住。今日观之，乃重罪轻判。厚烷获重判，原因在于直谏而惹恼皇上，"二仙庙"与"育才馆"只是借口罢了。郑王藩国内，一府六县，怎能无此庙馆乎？清代夏燮在其著《明通鉴》中对此言之极明。嘉靖帝修斋醮，诸王争先遣使进香，而厚烷独不遣。其后又直谏上书，加上祐橏攻讦，虽驸马谢诏等一批京官出京查勘无验，但最后"乃附会其所建宫室名号拟乘舆为大不敬，遂削爵，锢之凤阳高墙"[2]。

厚烷获罪，罪系郑世子载堉。按宗藩条例，凡过犯重者，其子孙并降为庶人。[3] 载堉被褫去王子冠带。

厚烷直谏而被禁高墙，徐学谟有简要、清晰的记述。徐学谟（1522—1593），字叔明，官资政大夫、太子少保和礼部尚书。万历十一年（1583）归田，始汇集其平日笔记而成《世庙识余录》一书。他在该书"序"中自称："臣为郎，实当嘉靖中。猥备[4]侍祠[5]

[1]《明世宗实录》卷三六五，嘉靖二十九年九月壬子。

[2] 夏燮：《明通鉴》卷五九，嘉靖二十九年九月壬子。

[3]《大明会典》卷五七《王国礼三 · 过犯》。

[4] 猥备：众多、杂滥、烦琐之意。

[5] 侍祠：陪从祭祀。

之役，每从丙夜[1]后，随尚书奏对西内[2]，故闻上起居颇悉。而通籍以前，则因故老口授，尤多采摭，辄加劄记，匪属传疑。”他所记述的嘉靖一朝事迹是可信的第一手资料。就郑王厚烷直谏事之过程，他写道：

（嘉靖戊申七月）辛巳，郑王厚烷疏，请上修德讲学，并进《居敬》《穷理》《克己》《存诚》四箴，及《演连珠》十首。以简理、怠政、饰非、恶谏、神仙、土木为规。上手批其疏曰：“尔探知宗室有讪谤者，故兹效尤。彼勤嬖细物一无赖子耳。尔真今时之西伯也。请欲为为之。”下其使者于狱。居无何[3]，会[4]盟津王子祐橏以请复父爵不行，尤恨之。已[5]进《万寿表》，烷失称臣。陶仲文建醮天坛，祐橏独遣使进香，而厚烷不与。上益怒。祐橏乃乘间遂讦奏厚烷招集亡命，私造兵甲，及与妖人宋刚等通谋为不轨。厚烷亦讦祐橏擅称长子、僭系玉带，及逼杀良民等事，词连厚炯、祐榜[6]。有诏遣官会勘。至是复言：厚烷谋反无验，然信惑群小，多为不法，所创有“二仙庙”“育才”等馆，皆上僭无状，而方掉弄章句，规切至尊，法当首论。祐橏纵恶殃民，厚炯等偏党乱法，宜以差治罪。上命法司再勘。乃降诏：数厚烷骄淫、欺慢、不臣、无亲等罪，降发高墙，仍暴其罪于各王府。祐橏等各削爵有差。

---

[1] 丙夜：三更。

[2] 西内：指内宫。

[3] 居无何：无几何时，不久。

[4] 会：恰值。

[5] 已：随即，已而。

[6] 祐榜：原作“祐樱”。据《明世宗实录》，“嘉靖二十九年九月壬子”一条改。

按：厚烷读书、能文，折节下士，可称贤王。然性腐，好为诡故不情之事，欲以钓奇取誉，为诸宗所忌。故及于祸。隆庆初始遇赦复国。[1]

如前所述，所谓厚烷“好为诡故不情之事，欲以钓奇取誉”之评论，实在有失公允。说他“性腐”，若指其脾性迂腐、守旧，不知“语境”与对象而呈奏文，倒也属实。

亲王、郡王犯罪入高墙，将军、中尉入闲宅，虽有大罪，但不加刑。“闲宅”是临时性禁闭场所。“高墙”在凤阳，相当于皇家所设的模范监狱。[2]实际上都是软禁。宗室犯罪，不许支带财产入高墙、闲宅。在闲宅之犯人比高墙自由，名为拘禁，却常有宗室犯人逍遥放荡、外出生事。[3]在闲宅、高墙内，衣食温饱不至太难，只是起居衣食皆由自己动手，甚或有惩戒训导之事。朱厚烷入高墙，其继妃王氏随同，以照料厚烷衣食。挑水背薪、缝衣做饭，均王氏所为，厚烷却能在“惩艾之余，瑟书自适”[4]。只是高墙围隔，不闻外界，父母子女无以相见，天长日久，便是一种残忍的精神折磨。朱厚烷从嘉靖二十九年（1550）入高墙，至隆庆元年（1567年）赦释归国，17年之监禁，非史称19年之久。

亲王、郡王有罪或入高墙禁锢，并不夺其国。子孙仍受其封地，居住原府宅，但不能管理府事。厚烷之母阎太妃在厚烷于高墙之日守于府内，世子载堉因愤懑其父无罪入狱，遂筑土室宫门

---

[1] 徐学谟：《世庙识余录》卷一一，《续修四库全书》本。

[2] 陈万鼐：《朱载堉研究》，第11页。

[3]《明神宗实录》卷三〇，万历二年十月乙巳，王宗沐条议凤阳高墙宗室数款。

[4] 朱载堉：《进律书奏疏》，载《乐律全书》。

外。于厚烷入高墙二年后，即嘉靖三十一年（1552）十二月才诏命庐江荣缪王祐棉摄府事，祐棉是厚烷堂叔；四十一年（1562）由载堉之弟载堻接管。

嘉靖四十五年十二月庚子（1567年1月23日），世宗驾崩。遗诏曰：

朕以宗人入继大统，获奉宗庙四十五年。……只缘多病，过求长生，遂致奸人乘机诳惑。祷祠日举，土木岁兴，郊庙不亲，朝讲久废，既违成宪，亦负初心。天启朕衷，方图改辙，遽婴疾病，补过无缘。每一追思，惟增愧恨。……自即位至今，建言得罪诸臣，存者召用，没者恤录。在系者即先释放复职。方士人等，论厥情罪，各正典刑。斋醮工作、采办诸劳民事，即行停止……诏告中外，咸使闻知。[1]

接着，新皇穆宗朱载垕登基。在先皇遗诏下，朱厚烷有了平反获释之机。隆庆元年正月戊辰（1567年2月20日），复郑王厚烷国爵，并岁加禄米四百石。同性质获罪的鄢陵王镇国中尉朱勤熨及其子朝埍也释归其本府。[2]

获释归国之后，朱厚烷因直谏事备受朝廷和民间尊重。万历二年（1574），因病奏请朝廷赐药，神宗赐予琥珀、龙脑、犀角等物。[3]七年(1579)，奏更定家庙并后寝，因其规模超过《大明会典》

[1] 谈迁：《国榷》卷六四，嘉靖四十五年十二月辛丑。

[2]《明穆宗实录》卷二，隆庆元年正月戊辰。

[3]《明神宗实录》卷二八，万历二年八月丙寅。

条例，上未允准。[1] 九年（1581），厚烷有疾[2]，此后未有好转，连朝祭行礼均由世孙翊锡代行。十年（1582），奏修王邸拨款[3]，因朝廷财政困难而未允准。万历十四年八月，厚烷上疏，称郑府长史毛似苏“改其决治，虐害军民”等罪，请缉拿治问。神宗帝命抚按从公究问。[4] 十五年（1587），赐厚烷书院名“景贤”[5]。十八年二月乙酉（1590年3月18日），礼部奏，“郑王厚烷忠孝兼全，善行表著”，请“遣官旌将报可”。[6] 万历十九年正月辛酉（1591年2月17日），郑王厚烷薨，享年73岁。神宗闻讣，辍朝三日致哀，按亲王礼治丧殡葬，并赐谥“恭”。[7]

---

[1] 谈迁:《国榷》卷七〇，万历七年四月丁酉。

[2]《明神宗实录》卷一一七，万历九年十月己未。

[3]《明神宗实录》卷一二四，万历十年五月甲戌。

[4]《明神宗实录》，卷一七七，万历十四年八月丙寅。

[5] 谈迁:《国榷》卷七四，万历十五年四月癸亥。

[6]《明神宗实录》卷二二〇，万历十八年二月乙酉。

[7]《明神宗实录》卷二三一；谈迁:《国榷》卷七五，万历十九年正月辛酉。

PRINCE

MUSICOLOGIST

SCIENTIST

ZHU ZAIYU

第三章

朱载堉生平与著作

朱载堉生于嘉靖十五年（1536），卒于万历三十九年（1611），享年76岁。

朱载堉生年有许多史料可印证。在《郑端清世子赐葬神道碑》中记述了他的卒年、月、日及岁数："岁辛亥四月，哉明后疾，子侄请曰：'勿杀生'，距既魄止九日乃薨，年七十有六。"[1]

"辛亥"即万历三十九年。"哉明"和"既魄"都是西周时期月相名称，只是缺一"生"或"死"字。"子侄请曰：'勿杀生'"，应是一句隐语，表明在"哉明"和"既魄"二词之间都有一个"生"字。因此，"哉明"即"哉生明"，"既魄"即"既生魄"。在朱载堉看来，朔后二日，即初三，"月始出也，故又曰'哉生明'"。十五为望，十六为既望，"既望则偏，（日光）所不照者而渐生矣，故曰哉生魄"。[2]"哉生魄"就是既生魄。在朱载堉看来，"既望"这天就是"哉生魄"之时。

朱载堉对西周月相术语的解释，撰写神道碑的书法家王铎对此当无疑义。由此，我们就容易确定朱载堉的卒月日了。他卒于四月"哉生明"之后，距"既生魄"九日的一天，也就是四月初七，即1611年5月18日[3]。

---

[1] 田中华：《〈神道碑〉与朱载堉生平考述》，《中国科技史料》2004年第4期。

[2] 朱载堉：《律历融通》卷四《黄钟历议·交道》。

[3] 最早推出朱载堉卒日为5月19日的是：L. Carrington Goodrich and Chaoying Fang（eds.），*Dictionary of Ming Biography*（New York and London，Columbia University Press，1976）. 本书作者推为5月18日。见《朱载堉卒日考》，《自然科学史研究》1987年第3期。二者差一日，差别仅在于如何计算"距哉生魄止九日"，是初八起算还是初七起算。

第一节　席藁独处十七年

按明代宗藩条例，宗室子弟5岁请名，10岁请封。嘉靖十八年（1539），世宗皇帝赐“载堉”之名[1]。事实上，赐朱载堉之名时，载堉虚岁为4岁。提前赐名与郑藩在藩国中的名望极有关系。据《明实录》载，嘉靖二十四年十二月二十六日（1545年1月22日），朱载堉虚岁10岁，册封为郑世子。[2]据《郑端清世子赐葬神道碑》载，嘉靖二十五年（1546），世宗皇帝令翰林学士高拱（1512—1578）赴郑藩宣诏册封郑世子事。

朱载堉，字伯勤，号句曲山人、狂生、山阳酒狂仙客。

载堉幼年聪慧，慢条斯理。保母张氏，启蒙老师是郑府纪善刘润。一次，保母口授千字文，读到“推位让国，有虞陶唐”句，载堉问：“谁能推位让国？”张氏颇为惊骇，答：“这是古人之事，你问什么？”载堉说：“你何必惊吓，我就很容易做到。”张氏惶恐得急掩其口，说：“这么重大的事，不要随便乱说。”随之张氏偷偷地看了载堉一眼。[3]刘润亦时感难为其师，每遇载堉问及类似事情时，总是回避。载堉不喜轻率浮薄，性格恭敬敏捷、温文尔雅，勤劳不懈，其父郑王厚烷甚喜悦。七八岁时，载堉学吟诗、作诗。厚烷得悉后，喜盼载堉整日咏诗。朱载堉在少年时代，无疑熟读

---

[1] 王铎：《郑端清世子赐葬神道碑》。

[2]《明世宗实录》卷三〇六，嘉靖二十四年十二月己酉。

[3] 同[1]。

了《诗经》《乐府》等诗词，这影响了他一生的歌词创作，并促使他留下了续补《诗经》中“亡诗”6篇25首[1]。这些诗表现了他少年时期忠孝双全、文雅敦厚的风貌。

据地方志载，“载堉儿时即悟先天学。稍长，无师授，辄能累黍辨黄钟，演为象法、算经、审律、制器，音叶节和，妙有神解”。[2]他聪明过人，从小喜欢音乐、数学。他自述：“余少嗜音律，长而益得其趣，是以乐学之说颇异于众。”[3]又云“弱冠之时，读《性理大全》，见宋儒邵雍《皇极经世书》，朱熹《易学启蒙》，蔡元定父子《律吕新书》《洪范皇极内篇》等而悦之，口不绝诵，手不停披，研究既久，数学之旨颇得其要”。[4]

嘉靖二十九年（1550），朱载堉刚满15岁，本当于此年选婚。然而，其父郑恭王厚烷于二十七年（1548）上疏直谏，惹恼了嘉靖帝；又二十九年（1550）祐橏讦奏厚烷40条叛逆罪，朱厚烷遂被高墙禁锢。朱载堉不仅选婚一事化为泡影，而且受父牵连，被革除世子冠带。《明史》称：“世子载堉笃学有至性，痛父非罪见系，筑土室宫门外，席藁独处者十九年。”[5]实际上，从嘉靖二十九年九月厚烷入高墙至隆庆元年（1567）四月载堉复冠带，前后17年，或前后跨度为18年，而不是19年。《西园闻见录》说朱载堉在此期间“不

---

[1] 朱彝尊：《明诗综》卷二《郑世子载堉补亡诗二十五首》。

[2]《怀庆府志》卷二一《人物·列传》。

[3] 朱载堉：《瑟谱》卷二《辨先儒释清庙之瑟误》。

[4] 朱载堉：《进历书奏疏》，载《乐律全书》。

[5]《明史》卷一一九《列传第七·诸王四》。

敢安寝，筑一室王宫门外”[1]。虽居土屋，睡草茎，但他却专心攻读。他关上土屋房门，“益肆力于玉策鸿宝”[2]。除“十三经”“二十一史”等前代书籍外，明代乐学、律学、算学著作亦为载堉所研读。[3] 厚烷入高墙10年之后，即嘉靖三十九（1560），朱载堉在音乐学上的大型处女作《瑟谱》一书写成，并在“庚申季夏十有三日”（1560年7月6日）为该书作序。在《瑟谱·小序》中，自称“狂生”，署名“山阳酒狂仙客”。

在家庭受如此重大打击的岁月里，少年朱载堉心中的痛苦、愁闷可想而知。他借酒消愁，甚至做出一些在常人看来与“世子”身份不相宜之事。筑土室于宫门外，实则也是他的一种无声抗议。史书虽未留下更多相关文字，反述及他“笃学有至性”，但其自号“狂生”“山阳酒狂仙客”已显露出他的人格脾性。

据《郑端清世子赐葬神道碑》记载，朱载堉年18岁之时，有人议婚。朱载堉回答不可，表明自己天天都处在坠落深渊的恐惧中，哪敢谈论家室。有时，他心中想到要为父亲朱厚烷申冤。他说自己已长大成人，为何要受如此愁闷、痛苦之折磨。要冒死为父求清白，然，朝廷不予理睬，父亲就是不被释放，又将如何办？[4] 可见，在这17年间，朱载堉内心是何等的痛苦。

幽居于土屋、醉心于读书，是朱载堉的一种精神寄托方式。

---

[1] 张萱：《西园闻见录》卷二。

[2] 王铎：《郑端清世子赐葬神道碑》。

[3] 朱载堉：《律吕精义·内篇》。所列参考书目，明代著作近70种，而在朱载堉笔下，“十三经”及“二十一史”等前代著作是必读无疑的。

[4] 同[2]。

前途未卜，祸福难测，朱载堉曾经常到登封少林寺向小山宗师和僧人松谷学佛学[1]，祈以佛学滋润自己的心灵。开始习佛的时间或在其《瑟谱》成书前后。而朱载堉的《金刚心经注》抑或是此时参禅之习作。

松谷（1538—1590），名如迁，字大方，“松谷”乃其法号，比朱载堉小2岁。载堉与松谷年龄相仿，志趣相投，遂成为至交好友。松谷本是陕西凤翔府岐山县落星里人，16岁出家为僧，入河南登封少林寺后，“参少林小山宗师，依楼七载，大有超悟，遂嗣曹洞正宗为第二十五代，已复游两都，与诸大法师讲性相二宗，走伏牛，全段炼身心，梵行日高，名倾震旦”[2]。曹洞宗，为我国佛教禅宗五家之一。小山宗师，既是松谷之师，也当是朱载堉之师。朱载堉与松谷二人，交往甚密，讨论佛经（或称“贝经”“贝典”）尤笃。《松谷迁公碑记》写道：朱载堉“博综古今，而贝典犹所笃嗜，即乾竺[3]诸戒律不啻心佩躬行也”。松谷与朱载堉研讨经典，二人“箭锋触而针芥投”，意思是二者研习，不免针锋相对，但亦性情契合，贯穿融洽，如磁石吸针、琥珀拾芥一样彼此相投。“同建四十八个道场，延之龙岗者九年”。“龙岗者”即龙岗寺，在怀庆府西北三里。万历三年（1575），松谷应邀入京，“开堂传演宗乘”。不久，返怀庆。“万历戊子（1588），奉旨再次入都，于千佛、

---

[1] 王铎：《郑端清世子赐葬神道碑》。该碑文在述及朱载堉及其父复爵之前，言及“时与关西名僧松谷者，阐于内典”。

[2]《敕赐龙岗寺传法宗师兼住京瑞云寺赐紫沙门松谷迁公碑记》（简称《松谷迁公碑记》），该碑现藏于沁阳市博物馆。本书转引自田中华：《〈神道碑〉与朱载堉生平考述》，《中国科技史料》2004年第4期。

[3]“乾竺”，即天竺，指古印度。

万佛、慈寿、慈云等寺讲宗教诸法。大宗伯给传法劄付[1]，住持瑞云（寺）”。两年后，“钦赐藏经、紫衣、金环”。再返怀庆，悬钵龙岗寺直至终年。朱载堉为其墓塔题铭。

朱载堉的《金刚心经注》当是与松谷研讨佛法之心得。“金刚心经”原指《金刚经》与《心经》二佛典，是佛家修佛入德之经典。《金刚经》全名《金刚般若波罗蜜经》，专述一切佛法无我之理，繁简适中。《心经》是《般若波罗蜜多心经》的简称，全文200余字。“心”是精华之意，“般若波罗蜜”的汉语意义是“智慧登彼岸”。[2]可惜，朱载堉的《金刚心经注》未流传后世。

登封少林寺至今留有朱载堉当时在此地特殊的石刻墨宝，即“混元三教九流图赞”碑。他以漫画形式将释、道、儒三家合为一体。这幅漫画被当今美术界誉为“中国漫画的鼻祖”[3]。碑文中指出，“三教一体，九流一源，百家一理，万法一门”，不仅揭示了朱载堉的佛学思想，也暗含了他的《金刚心经注》的精髓要略。该图右下角有朱载堉的“酒狂仙客”和“三教九流中人”的玺刻各一。可见朱载堉尚有“三教九流中人”之自号。该图左下角刻有“嘉靖乙丑（1565年）三月吉日寓南赡部洲狂仙书”。“南赡部洲”是朱载堉在少林寺寓居屋名或域名。“赡部”是寺庙为信众提供的膳宿之地。

---

[1]“劄付”，原指官府上行下的文书，多指手谕，此为讲经“札记”。

[2] 陈万鼐：《朱载堉研究》，第13页。

[3] 齐天昌：《纪念朱载堉》，《沁园春》2006年第2期。

图3–1 朱载堉绘“混元三教九流图赞”碑

朱载堉生母高氏早卒，继母王氏陪同其父厚烷入高墙，以服侍厚烷，唯祖母阎太妃尚在王府内。先是敕厚烷堂叔祐㮮管理府事，从嘉靖四十一年（1562）起，由载堉同父异母之弟、德庆王载堻奉敕管理郑府。而载堉作为庶人，按宗藩条例，不得随意与祖母、弟弟相见或叙谈，时间长至17年，非有坚毅之心，则难以亲历如此残酷之环境。由此可见《明史·列传第七·诸王四》称此时朱载堉“笃学有至性”几字的深刻含义。

在世宗崩、穆宗立之后，隆庆元年（1567）正月戊辰，复郑王厚烷国爵，同年四月壬子（1567年6月4日）“复郑世子载堉冠带”[1]。此时，朱载堉32岁。朱厚烷复爵返国后，郑王府内其乐融融之状可想而知。在学术上，朱厚烷、朱载堉父子此时打开了音乐世界的一个新天地。

第二节　婚姻与“外舅祖”

如前所述，朱载堉因其父郑恭王厚烷革爵入高墙而推延议婚两次。隆庆元年（1567），虽然郑恭王厚烷复爵返国，然载堉继母妃王氏因多年劳累、积病而卒。“服阕”[2]之后，朱载堉才同意谈婚娶之事。时年（1570），朱载堉35岁，娶江西抚州通判何谘之妹为妃。

何谘出身怀庆府武陟县世家，其祖父何瑭。朱载堉在《律吕精义·序》中写道：“臣外舅祖都御史何瑭。”又在《进历书奏疏》中说：“何瑭乃臣外舅、江西抚州府通判何谘之祖也。”按《辞海》和《辞源》之说，“外舅”即妻之父，俗称岳父，则何谘是朱载堉的岳父，何瑭是其岳曾祖父。笔者曾持此说[3]。但是，《郑端清世子赐葬神道碑》却写为：朱载堉娶“何文定公瑭之孙女”为妃，何谘则成为朱载堉之内兄了。朱载堉与何瑭的关系，据朱载堉自己所言与《郑端清世子赐葬神道碑》所记，似乎有矛盾。后读河南

[1]《明穆宗实录》卷七，隆庆元年四月壬子。

[2] 王铎：《郑端清世子赐葬神道碑》。“服阕”：父母死后守丧三年，期满除孝服，“阕”即终了之意。

[3] 戴念祖：《朱载堉：明代的科学和艺术巨星》，人民出版社，1986，第23页。

沁阳市齐天昌先生一文，乃知沁阳地区所谓“外舅”不是“岳父”，而是今日之谓“大舅子”“内兄”[1]。这样，朱载堉所书与《郑端清世子赐葬神道碑》所述就一致了。1986年拙著及近年其他著作涉此而误者[2]，均当正之。清代以来，不少著作或文章，或误认何瑭为朱载堉的舅舅[3]，或误云“载堉即瑭之甥”[4]，此处“甥”即女婿。如此等等，读者亦当留意也。

何瑭卒时，朱载堉虚岁8岁。载堉与何瑭“虽未获面觌（dí），而亦幸私淑焉”[5]。这就是说，虽载堉与何瑭未见过面，但何瑭是载堉所敬仰而不得从学的前辈。朱载堉就自己与何瑭的喜好写道：“瑭亦尝著阴阳律吕之说，名曰《管见》。臣性愚钝，嗜好颇同。忝居桑梓，复与瓜葛，静居多暇，读其书而悦之。探索既久，偶有所得。”[6] 载堉为自己不曾亲聆何瑭之教而以为至憾，他说：“慨生之既晚，不获与前辈同游，虽有一得之愚，无凭质问。”[7]

何瑭，字粹夫，号虚舟，亦号柏斋，人称柏斋先生。卒谥文定。弘治十五年（1502）登进士、选翰林庶吉士，后改为编修。正德年间（1506—1521），曾两度任修撰；嘉靖初年起，历任浙江提

[1] 齐天昌：《关于朱载堉与何瑭的一点考证》，《沁园春》2006年第2期。

[2] 冯文慈：《律学新说及其作者》，载朱载堉《律学新说》，冯文慈点注，人民音乐出版社，1986，第2页。

[3] 阮元：《畴人传》卷三一《朱载堉》，商务印书馆，1935。以下引此书，版本、出版年代、页码从略。

[4] 永瑢等：《四库全书总目·柏斋集提要》。

[5] 朱载堉：《进历书奏疏》，载《乐律全书》。

[6] 同 [5]。

[7] 朱载堉：《律学新说》卷一《前言》。

学，南京太常少卿，工、户、礼三部侍郎，南京都察院右都御史。不久，辞职归里，致力于儒学。[1]

何瑭于正德初任修撰时，正值宦官刘瑾窃政。他不畏权势、为人正直。据《明史》载：某日，刘瑾意欲收买文士，特选购川扇分赠翰林院各庶吉士，授赠者入而面跪，何瑭独长揖而已。刘瑾含怒，不赠扇与何瑭。赠讫，诸人又跪谢。何瑭在旁正色曰："为何跪而又跪?"刘瑾怒问："你是什么人?"何瑭向前直答："修撰何瑭。"[2]

在邪恶强权面前，有如此气概者鲜矣。何瑭知道自己必不为刘瑾所容，因而谢病致仕。后刘瑾伏诛，何瑭再出。

正德十年（1515），何瑭官东昌府（今山东聊城）同知。久之，拘于职守，道不可行，再疏乞归。据南京光禄卿马理（？—1555）撰《何文定公神道碑》所记，此时何瑭"归舍于南村茅庐，不入城市，庐陋甚。先生蔬食水饮，其中泰然。缙绅有访者，即乡服以见，不拜其门。有未同及权力人来，则避而不见。故士夫以得见为荣。有乞言者，则示以道而不誉以时。四方之学者云集其门，先生因才造就而教不远人。"[3]何瑭的高尚情操对朱厚烷、朱载堉父子都有着极大影响。

除了秉性刚直外，史籍还留下了许多对何瑭为人品性的赞誉：他辞南京都察院右都御史而归里后，"里居十余年，教子姓以孝悌忠信，一介必严"[4]。"修经授徒，不间寒暑；家徒壁立，乃怡然自

[1]《明史》卷二八二《列传第一百七十·儒林一·何瑭》。

[2] 同 [1]。

[3]《怀庆府志》卷三一《艺文》。

[4] 同 [1]。

乐”[1]。“直率怡淡，励志躬行，外无仆从，内无媵妾”，“教人切近精实，为文浩瀚畅达”。[2]

与何瑭同时代的王守仁（1472—1529），以理学名于世；与何瑭同乡的元代许衡（字仲平，号鲁斋，谥文正，1209—1281），亦以理学闻名。何瑭道德文章，为世所宗，却独默然。然许衡理学从朱熹（1130—1200），以格物为要，又与郭守敬（1231—1316）同订《授时历》、造仪象圭表，善教育人[3]，为何瑭所赞。何瑭撰有《许文正公祠碑记》，表彰许衡兴怀庆文教之风尚。[4]从学术道统上，许衡、何瑭、朱载堉乃一脉相承。[5]

何瑭的著作颇多。据《明史》载，有《乐律管见》一卷（该书又名《律吕管见》）、《家训》一卷、《阴阳管见》一卷、《何瑭文集》十一卷等。[6]又载，何瑭所著有《阴阳》《律吕》《儒学管见》《柏斋集》十二卷”。[7]清道光年间编的《武陟县志》中还写到他著有《医学管见》。《柏斋集》十二卷拟指《何瑭文集》十一卷和《医学管见》一卷。清顺治年间编的《河南通志》说他有“《柏斋三书》及《文集》数卷行于世”。这“三书”当指《阴阳管见》《乐律管见》《儒学管见》。今何瑭著作的传本有《柏斋集》，包括文十卷、诗一卷，

---

[1] 清康熙三十四年《河南通志》卷二六《人物》。

[2] 清道光九年《武陟县志》卷二三《文词》。

[3]《元史》卷一五八《列传第四十五·许衡》。

[4]《怀庆府志》卷三〇《艺文·记序》。

[5] 乔腾凤:《改建何文定公祠记》，载《怀庆府志》卷三〇《艺文·记序》。

[6]《明史》卷九六《志第七十二·艺文一》至卷九九《志第七十五·艺文四》。

[7]《明史》卷二八二《列传第一百七十·儒林一·何瑭》。

共十一卷，并《医学管见》《柏斋三书》，《四库全书》一并采录。还有一些后人辑本，如《柏斋先生乐府》。

《四库全书总目·柏斋集提要》记载："瑭笃行励志，其论学一以格致为宗。"其学留心世务……皆能深中时弊。尤非空谈三代、迂疏无用者比。虽其文体朴实，不斤斤于格律法度之间，而有体有用、不支不蔓，与雕章绘句之学固当别论矣。何瑭家贫，故《柏斋集》十一卷"为嘉靖己酉郑王所刻"。郑世子载堉律数之学，受益于瑭者多也，甚至于载堉的文体也与何瑭极的为相似。

载堉娶何氏（何瑭之孙女）为妻，当年四月乙丑（1570年6月1日）册封郑世子妃。[1] 何氏生一男，即长子翊锡。万历九年郑王厚烷疾，世子载堉亦久病，世孙翊锡代行府礼。[2] 翊锡已成为郑府顺位继承人，在载堉让爵之后封为保平王[3]。何氏卒后，载堉又娶王氏为妃。[4] 王氏生一子一女：子即次子翊钛，人称"宗侯"，他于天启四年（1624）特地请书法家王铎撰写《郑端清世子赐葬神道碑》一文，也是个孝子；女儿是郡主，下嫁当地廪生孙克肖。[5] 孙克肖后为温县县学训导。孙克肖之子孙印裕曾官刑部主事。[6]

郑世孙保平王翊锡之妃为申氏，河内人申蛟女，万历十三年（1585）以贤获选修妇仪，后曾对其姑说："祖为贤王，让国若敝屣，

---

[1]《明穆宗实录》卷四四，隆庆四年四月乙丑。

[2]《明神宗实录》卷一一七，万历九年十月己未。

[3] 清康熙三十四年《河南通志》卷一〇《封建》。

[4] 王铎：《郑端清世子赐葬神道碑》。

[5] 同 [4]。

[6]《怀庆府志》卷一九《选举·封赠》；清道光九年《武陟县志》卷三三《烈女》。

而吾身服珠玉，玷祖风矣。概屏不用，时颂淑妃。”[1]申妃卒，继妃杜氏。杜氏为吏员宪实女，崇祯元年（1628）选为郑世孙继妃，性贞静，不善华靡，虽居藩室，服用宛若寒素，国人贤之。[2]翊锡长子封寿平王，兄弟五人中寿平王“躯干甚伟，其弟四人则短小”[3]。

按明代宗藩条例，翊钛应为镇国将军，其嫡长子常洁，初封辅国将军；崇祯八年（1635），东垣王由彬卒，常洁袭封东垣郡王。天启至崇祯年间，翊钛治府不善，以至府内护军校尉（“府校”）“黠者，虎而冠，僇辱、破坏富室”[4]，妄图侵占富户田产。崇祯帝亡，翊钛府衰败，富户惊恐之心才得以消除。

第三节　上疏宗室子弟入学应试

朱载堉极富同情心。万历十六年（1588），载堉二弟载壂卒，“其仲弟之侄”甚感悲伤孤独。载堉不仅担负起养育他的责任，还代他“偿金千余”。[5]汉代高祖之弟楚元王三世孙刘德（字路叔），即刘向（约公元前77—公元前6年）之父，家境丰厚，却不忘赈济贫困饥饿者。[6]朱载堉说：“刘德尚且如此，我们不这么做，已逝

---

[1]《怀庆府志》卷二四《人物·烈女》。

[2] 同[1]。

[3] 王士禛：《池北偶谈》卷二《郑端清世子》；清康熙三十四《河南通志》卷二六《人物》。

[4] 乔腾凤：《守拙先生墓表》，载《怀庆府志》卷三一《艺文·碑刻》。

[5] 王铎：《郑端清世子赐葬神道碑》。

[6]《汉书》卷三六《楚元王传》。

之皇族会在九泉之下笑我等无义。”万历十五年（1587），怀庆地震，饥荒席卷河南，七月，黄河以北，民食草木。[1] 载堉遂决定，打开王府内圆仓数百个，赈济几万衣食无着者。[2] 有如此社会功德之王爷，实令人敬佩。

按明代宗藩之制，“分封而不锡土，列爵而不临民，食禄而不治事”。宗藩中诸多封国王爵，按等级伦序，国家拨给禄米世代养之，而宗藩子弟终生无所事事，于国于民无有贡献。“徒拥虚名，坐縻厚禄，贤才不克自见，知勇无所设施”[3]。如前述宗藩窘境所言，几代之后，人数猛增，少数亲王、郡王按岁禄尚可富庶，但绝大多数支系子孙却度日维艰，因而出现了“白首不能完家室，骨朽而尚未名者”[4]。支族中，为了生活，“强者劫夺于通衢，弱者浸入于舆皂”[5]。“通衢”即大路，“舆皂”指车夫一类社会地位低下的群体。对于大多数支系宗室子孙，唯一出路是放弃微薄俸禄，勿视虚荣爵位，从事士农工商，即“四民”之业，凭自己本事生活。然而，这种想法尚需获得皇上恩准方可。皇上又必须破除其“帝室贵胄”之观念才会下旨。王世贞曾就此写道：“地力有限，生育无穷，将奈之何哉。以有限之财，填无穷之浪费，非也；以帝室之胄，而锢之一城之内，坐视其贫贱而不为之所，亦非也。然则

[1]《明史》卷三〇《志第六·五行三·年饥》；谈迁：《国榷》卷七四，万历十五年。

[2] 王铎：《郑端清世子赐葬神道碑》。

[3]《明史》卷一二〇《列传第八·诸王五》。

[4]《明史》卷二五一《列传第一百三十九·何如宠》。

[5] 龙文彬：《明会要》卷四《帝系四》。

将军而上，仍贯乎中尉，可勿爵也。量亲疏，给赀使徙箸[1]，从事于四民，拔其贤者能者而同升诸官，庶可耳。”[2]

至世宗嘉靖朝，明开国已200年之久，宗支繁衍之数，令人惊愕，国力不足以支付宗藩俸禄。此时已有一些皇室宗族提出种种改革方案，但均未获准，直到神宗万历朝，朱载堉上书，条奏七事，方得允准。从此，多少可解决宗藩众多支系子孙贫困窘态，也为宗室人才培养、献身社会立了一功。

嘉靖中，枣阳王朱祐楒曾上书，“请除宗人禄，使以四民业自为生，贤者用射策应科第”[3]。这是较早的一本有关宗藩子弟出路的奏疏，然而不被朝廷采纳。

嘉靖四十二年（1563），南陵王朱睦楧条上七议：“请立宗学以崇德教，设科选以励人才，严保勘以杜冒滥，革冗职以除素餐，戒奔竞以息饕贪，制拜扫以广孝思，立忧制以省禄费。”[4]这七议中，虽言及“设科选”，但未言“入仕”，其余六议解决的正是当时困扰朝廷且朝廷希图解决之宗藩中存在的问题。因此，帝下诏廷臣，参酌采用。此后，颁布宗藩条例，这七议也多被采纳。

嘉靖四十三年（1564），武冈王朱显槐又上书条奏藩政，请设宗学，督课亲郡王以下子弟，并据其考绩而给禄，“五试不中课则黜之，给以本禄三之二，其庶人暨妻女，月饩六石，庶女勿加

---

[1]“徙箸”：移动筷子，喻为往别处觅食。

[2] 谈迁：《国榷》卷五九，明嘉靖二十八年末，引王世贞言。

[3]《明史》卷一一九《列传第七·诸王四》。

[4]《明史》卷一一六《列传第四·诸王一》。

恩”。[1]建言裁减禄米，无论出于什么借口，都可能受朝廷重视，朱显槐的这一建言也不例外。

隆庆二年（1568），尚书王世贞奏：

臣窃以为，国家待宗室之意，往往伤于用恩，其法又伤于用义。夫族属至于奉国将军，亦可已矣；又复推而三其中尉，以至世世不绝，所谓伤于用恩者也。虽其疏者，皆高帝及列圣后也；无罪而困之于一城，而绝其仕进之路，所谓伤以用义者也。乞下礼部会议，于奉国将军诸子免其禄秩，分居附近州县，废著之日给与房价，量复徭役终身，使得毕力农贾。其有志科目者，照常肄学应试，听为南京及司、府、州、县等官。[2]

王世贞为宗藩，尤其为贫困支族设想的出路，同样得不到朝廷采纳。鉴于宗藩的经济与社会问题愈来愈严重，朱载堉于万历二十一年(1593)条奏七事[3]，次年正月“诏允行”[4]，并由礼部回复。《明神宗实录》记载如下：

万历二十二年正月甲辰（1594年3月16日），礼部复郑世子载堉条奏七事：

一、宗室子弟自奉国中尉以下，有不愿受封者，许同民俊考送泮学。

二、宗生旧制虽有考验换授之文，弟辅国中尉以上诚难更授，请如近议，应举者照旧宗学作养，无得杂青衿就试督学。

---

[1]《明史》卷一一六《列传第四·诸王一》。

[2] 龙文彬：《明会要》卷四《帝系四》。

[3] 张萱：《西园闻见录》卷二。

[4]《明史》卷一一九《列传第七·诸王四》。

三、宗藩子弟入学者，如生员衣冠。

四、奉国中尉等即以赐名应试，若无名禄者，从便起名，不混同玉牒，中试榜录，皆著国姓，下书宗室封爵。

五、镇国、辅国等兼官署事之例，请自上裁。

六、铨除考课，向来宗生未闻中式，候临期奏请。

七、宗室入学，自世子、郡王以至庶宗，但视名以别齿。

上令即行各藩，大破拘挛，从公用舍，以称朝廷激励贤宗之意。[1]

这七条奏文之意，就是“请宗室皆得儒服就试，毋论中外职，中试者视才品器使”[2]。在明朝礼仪中，凡宗室终生给禄，不得应举入学并兼官。朱载堉的奏疏，打破了明朝礼仪法规，为那些有真才实学的皇家子弟为国效忠开辟了一条道路。

明代沈德符在其著《万历野获编》中就此评论道：自嘉靖初年襄府枣阳王祐楒疏请开四民业，以安贫穷宗支以来，至朱载堉上疏，“上始决意下令，一切宗人，俱得充诸生应举，为中外官，天潢二百余年抑郁之气始吐矣”[3]。

这七条奏文，也反映了朱载堉的“伟大教育思想”[4]：既获得神宗皇帝准许，也让许多宗亲从而获得出路。崇祯初，帝“思广罗贤才，下诏援祖训：郡王子孙文武堪任用者，得考验授职”[5]。这

[1]《明神宗实录》卷二六九，万历二十二年正月甲辰。

[2]《明史》卷一一九《列传第七·诸王四》。

[3] 沈德符：《万历野获编》卷四《宗藩·二郡王建白》。

[4] 陈万鼐：《朱载堉研究》，第25页。

[5]《明史》卷二七八《列传第一百六十六·陈子壮》。

"祖训"中的宗藩入仕之例，即是载堉条奏及神宗帝诏允。崇祯中，中部（今陕西黄陵）知县朱新堞、云南通判朱寿琳、巩昌（今属甘肃）通判朱廷璋，皆以宗室贡生入仕；[1]又宝丰（今属河南）知县朱由械、密县（今属河南）知县朱敏汀，也以宗室贡生入仕。[2]而且，这些人都在抗击明末农民起义军时殉难，成为朱家豪杰烈士。他们都受惠于朱载堉条奏七事及其教育思想的成功。朱载堉本人亦力行于这些条奏中的思想。他淡化门阀观念，送次子翊钛入泮为秀才，将女儿下嫁于一个廪生。[3]

然而，作为朝廷，采纳类似朱载堉的建言，实在是太晚了。清代赵翼写道：

向使早如唐制，宗人各有进身之路，则平时既无坐食廪禄之费，一旦有事，或亦如虢王、吴王之为国立功，未尝不可收藩维之助。乃直至末造，始开入仕之途，而已无及矣，岂非立法之最不善者哉！[4]

---

[1] 赵翼：《廿二史劄记》卷三二《明分封宗藩之制》。

[2]《明史》卷二九三《武大烈》。

[3] 王铎：《郑端清世子赐葬神道碑》。

[4] 同 [1]。

第四节　七疏让国

幼年朱载堉就曾与其保母谈论推位让国之事。幼年立志，古稀之年得以实现，也可谓人生佳话。

据史载，周代有贤者推位让国。周太王长子、吴国始祖泰伯（一作“太伯”），让国于其弟季历。季历子昌，是为周文王。让国过程中，泰伯与其弟仲雍“二人乃奔荆蛮，文身断发，示不可用”[1]。《论语》子曰:“泰伯，其可谓至德也已矣。三以天下让，民无得而称焉。”商末孤竹君的两个儿子，一名伯夷，一名叔齐，孤竹君欲立叔齐。及孤竹君死，叔齐让于伯夷，伯夷闻悉而走，叔齐亦逃。兄弟二人听闻姬昌善养老，于是去周朝。到时姬昌已卒。周武王平殷之后，天下宗周，兄弟二人备感耻辱，不食周粟，隐居首阳山，最后饿死。[2]史称其兄弟为“夷齐”。春秋时，吴王寿梦欲立其季子季札为王，季札不受，让国其长兄诸樊。[3]寿梦卒，诸樊摄事当国。待丧除，诸樊又让位季札。季札欲立子臧，子臧去而不受。吴人坚持立季札，季札亦离家，耕种于田野。[4]季札多次推让君位，被后人称为贤者。泰伯、夷齐、季札、子臧，在历

[1] 司马迁:《史记》卷三一《吴太伯世家》，中华书局，1982。

[2] 司马迁:《史记》卷六一《伯夷列传》，中华书局，1982。

[3] 左丘明:《左传》卷十二《襄公十四年》，“十三经注疏”本，中华书局，1980。

[4] 左丘明:《左传》卷二十七《成公十五年》，“十三经注疏”本，中华书局，1980；司马迁:《史记》卷三十一《吴太伯世家》，中华书局，1982。

代封建王朝中均被看作高尚守节的典型人物，他们在朱载堉幼年的心灵留下了极深的印象。

万历十九年（1591）六月，载堉父亲谢世不足半年，载堉即以疾病为由，疏请辞却管理王府事。经河南巡抚、按察使查勘，载堉微恙而已。当年六月戊戌（1591年7月24日），礼部复，“载堉以微恙辞管府事，志诚可尚，法实难从。况世孙代行礼仪，世子卧理无妨。合令钤束宗人，不得再辞”[1]。实际上，这是朱载堉辞却王爵、准备让国的第一步：先辞管理王府事，再辞国爵。身体抱恙是托辞，让出国爵是真，但载堉未料到迈出这第一步就相当不顺人意。因为宗藩条例中就没有原爵健在而由后人代行之条款。他的上疏只引来“钤束宗人，不得再辞”的结果。

自此始至万历二十一年（1593），载堉每思让出国爵事。他说，祖辈如同树木分枝，自己这一支族以旁系入继郑王爵，数次上疏而毫不眷恋，也无任何延搁之因。虽然承嗣爵位并无咎吝之罪感，但是按宗藩条例，旁支入继有“庶且长”之则，盟津王这支比载堉祖上东垣王长，况且盟津恭懿王之曾孙载壐在，应当将爵位归返于载壐。季札、子臧何许人焉，让出国爵对载堉而言是很容易的事。[2] 于是，郑世子朱载堉推位让国事传遍怀庆府地，劝阻者日至，载堉皆以回绝。疏请让国载垕，以承正系，这是自郑王厚烷卒后载堉之当务急事。

至万历二十一年（1593）底，朱载堉已数次上疏让爵事。先，他自以郑简王第四支不宜越第三支进封为由；后，又力辞继承爵

[1]《明神宗实录》卷二三七，万历十九年六月戊戌。

[2] 王铎：《郑端清世子赐葬神道碑》。

位事，推由第三支载壐承嗣。当年十一月己未（12月1日），礼部议下："成宪难易如世子坚子臧之节，听以世子号终，而封其子翊锡以继其统。下该抚按议。"[1]

《明史》对此记述道：

万历十九年，厚烷薨。载堉曰："郑宗之序，盟津为长。前王见濍，既锡谥复爵矣，爵宜归盟津。"后累疏恳辞。礼臣言："载堉虽深执让节，然嗣郑王已三世，无中更理，宜以载堉子翊锡嗣。"[2]

朱载堉此次上疏，震撼朝廷内外。宗藩条例中没有"让国"一条，无"让国"之朝廷王法。几天后，就宗藩条例提出奏议，包括王爵追封、请婚奏期、婚配允准条件、禄粮等事。[3] 借此机会，礼科给事中张贞观又奏"宗藩事宜"[4]，时为山西巡抚的吕坤（1536—1618）条陈"宗藩二要"[5]。表彰贤王、惩办劣宗之声，似乎要传遍京城。

朱载堉这几次上疏，并未达到其让爵目的。若以其子翊锡嗣爵，在载堉看来，仍未能正伦序。因之，朱载堉执奏如初。他认

---

[1]《明神宗实录》卷二六六，万历二十一年十一月己未。

[2]《明史》卷一一九《列传第七·诸王四》。

[3]《明神宗实录》卷二六六，万历二十一年十一月辛酉："礼部题宗藩条议一书，法至明备，顾于中摘一二可议者，下部科议。议得：追封郡王，惟世长子追封亲郡王，次子以下仍遵条例，不准加封……亲同论齿，齿同论贤。一脉中皆阘茸狼狈，方准别支贤能，庶不生争兢。至婚礼奏请期限……其擅婚子女、各府婚配不经奏请、不请封号、径自成婚者，尽以私婚目之……"

[4]《明神宗实录》卷二六六，万历二十一年十一月甲戌："礼科给事中张贞观题宗藩事宜。"

[5]《明神宗实录》卷二六六，万历二十一年十一月戊寅："山西巡抚吕坤条陈宗藩二要：曰严骗吓之禁，曰重辅导之臣。"

为，立嗣以嫡，立庶以长，盟津王见濍这一系乃庶且长，让爵，归盟津这支，乃辞顺理正。载堉之祖父、懿王祐檡封郑王时，盟津王见濍尚在世，但他已被废为庶人；待厚烷嗣郑王爵时，见濍已故，且未复爵，后裔仍为庶人。而今日，见濍在名义上已复盟津王爵，其后裔贤良，因之，岂敢淹没伦义，自我颠坠。必督促自勉、隐居于世，才不致损害前人之荣光。今年载堉几近七十，又疾病缠身，宁可窜匿岩穴，以期望最终不负让爵之心矣[1]。

万历十九年（1591）至三十三年（1605）的15年，朱载堉前后七次上疏让爵。万历三十三年（1605）十一月的上疏中，朱载堉写道：

臣自万历十九年至今十五年间，凡七疏乞正伦序。蒙礼部复议，令臣以世子本爵终身，以成臣忠，臣男翊锡代臣管理府事，以继亲藩之统。此所谓朝四暮三，虽以悦臣，未见其成臣也。“庶子袭封，不许越次”乃皇上钦颁要例之语。皇上重万世之纲常，以有此书。臣愚禀皇上之宪章，以有此举。令臣男继统，则伦序安在？臣今年七十，衰病之人，死在旦夕，亦抱遗憾之地下。乞令载壐袭盟津王，代臣管理府事，听继亲藩之统。臣及臣男悉照庶子袭封例，从公改正，以成臣忠。[2]

从这一次上疏中可见朱载堉铁骨铮铮之气概。他明言礼部决议是“朝四暮三”，并要求其“从公改正”。还可以看出他让爵的巧妙与智慧。虽然神宗帝颁布的宗藩条例没有让爵之说，但他举起“庶子袭封，不许越次”的圣旨，颂扬皇上“重万世之纲常”，

[1] 王铎：《郑端清世子赐葬神道碑》。

[2]《明神宗实录》卷四一五，万历三十三年十一月癸巳。

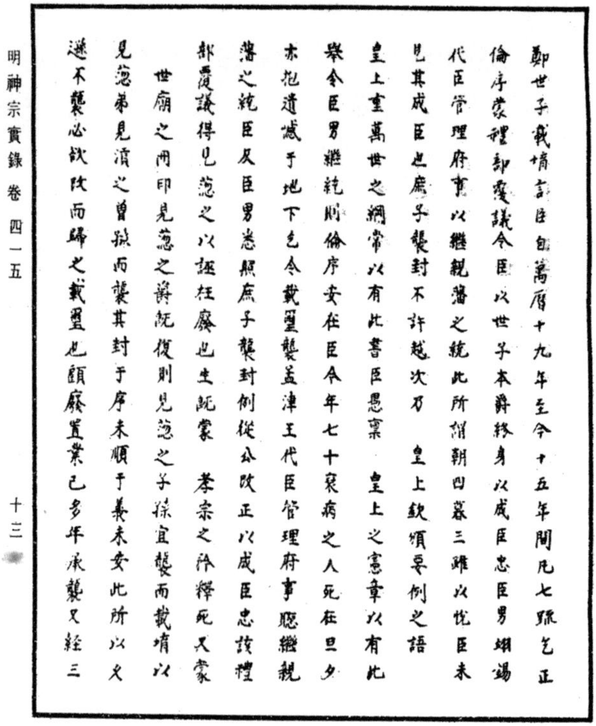

明神宗實録 卷四一五

鄭世子載堉言臣自萬曆十九年至今十五年間凡七疏乞正倫序蒙禮部覆議令臣以世子本爵終身以成臣忠臣男翊鍚代臣管理府事以繼親藩之統此所謂朝四暮三雖以悦臣未見其成臣也庶子襲封不許越次乃 皇上欽頒要例之語 皇上垂萬世之綱常以有此書臣愚稟 皇上之憲章以有此舉令臣男繼統則倫序安在臣今年七十衰病之人死在旦夕未抱遺憾于地下乞令載璽襲盖津王代臣管理府事聽繼親藩之統臣及臣男恙照庶子襲封例從公改正以成臣忠孝禮部覆議得見𣴪之以誣枉廢也生既蒙 孝宗之矜釋死又蒙 世廟之用印見𣴪之爵既復則見𣴪之子孫宜襲而載堉以見𣴪弟見濆之曾孫而襲其封于序未順于義未安此所以久遜不襲必欲改而歸之載璽也顧廢置業已多年承襲又經三

十三

图3-2 《明神宗实录》载，万历三十三年十一月癸巳（1606年1月1日）朱载堉让爵疏

以此证明让爵是“禀皇上之宪章”。这样，载堉的让爵就成为堂皇而不可遏阻之举。这次上疏，果如其愿。礼部不仅同意其让爵，且对载堉父子的爵位、俸禄做出精心安排；神宗下诏奖谕。毕竟，让出王爵意味着要失去大批财产。

礼部在万历三十三年十一月癸巳（1606年1月1日）复议中，首先表彰载堉累辞固让，老而弥坚，不私其身，不顾其子，直欲与泰伯、夷齐、季札、子臧后先媲节。“此殆祖宗积德累仁之所孕毓，皇上孝友亲睦之所感动。宗藩之中有贤如此，安可不成其志，遂其高哉。”[1]

以“庶子袭封，不许越次”之名改正伦序，朱载堉让爵于三支载壐。同样，东垣郡王的爵位也就应从庶支厚炯转到嫡支载堉子孙。这一来一去，牵动几大家系名义及财产的重新分配，确也非易事。但是，在朱载堉的感动下，礼部决定“一举而改正之”。具体言之，“若亲王改还载壐，则东垣当改还载堉，而翊铠之子应当另封一郡。特载堉父子既受世子、世孙之封，无降封郡爵之义，合无[2]令载堉仍以世子、其子翊锡仍以世孙、翊铠仍以东垣王各终身。俟翊锡身后，其子袭封东垣王以接见湞之统，翊铠身后其子另封一郡，以接厚炯之统”。至于俸禄，“查世子、世孙例不支禄，若载堉父子合无给与郡王之禄，以示优贤之义。仍赐敕褒嘉，树坊表宅”。礼部还对载壐提出要求：袭王后，“不宜责世子世孙以常礼。况载堉年高德劭，博物洽闻，草履布袍，萧然尘外，载壐当以夷齐之尊事之”。载堉让爵之举，被礼部称颂为“亦昭代天潢一胜事，千秋万代一美谈，可以丹青治化、照耀简编者也”。[3]

神宗皇帝阅载堉上疏暨礼部决议，不无感慨地说：“宗伯，汝核我宗，老显德行，毋蔽朕志。”[4]神宗小载堉一辈，故称载堉为“宗伯”。

著名史学家谈迁（1594—1658）在其《国榷》中写到此亦称颂道：

---

[1]《明神宗实录》卷四一五，万历三十三年十一月癸巳；谈迁：《国榷》卷八〇，万历三十三年十一月壬辰。《国榷》记述比《明神宗实录》早一日。

[2]“合无”：“不如”之意。

[3]《明神宗实录》卷四一五，万历三十三年十一月癸巳。

[4] 王铎：《郑端清世子赐葬神道碑》。

好名之人，能让千乘之国，孟氏有激而言之也。如郑世子，庸好名者哉。博该载籍，尤笃礼乐之事，被服仁义，身有儒行，其脱履千乘，盖忠信笃敬之效也。时以泰伯、夷齐、季札、子臧比，洵哉无愧色矣。[1]

载堉将王爵让给载壐，即祐橏之孙。虽说是此举以正伦序，然祐橏正是当年诬告载堉之父有叛逆罪、致使厚烷禁锢高墙17年的祸魁。人们未曾料到，在事过50年之后，载堉却将王爵让给祐橏之孙。这确实是千古罕见、难能可贵之举。

正当天下无不知郑世子让国并普遍赞誉之时，载堉侄孙、东垣王厚炯之后裔常澤却因为难以割舍东垣郡王的爵位而于万历三十四年（1606）上疏，诋毁载堉为大奸，希望朝廷更行载堉让爵决定。[2]礼部侍郎李廷机（？—1616）批驳常澤之误有六，诸如：载堉经15年七疏，奉旨后才有正式让爵之举；郑藩诸王诸宗皆以为然，而常澤一人独以为否；载堉清苦行，薄海共知，而常澤诬夷为跖；等等。常澤之私见，乃是虑及郑王爵位归载壐，王府府第与资产必全归载壐，而他将一无所得；东垣郡王府第与资产将来归载堉子孙，郡王资产他亦一无所剩；若为常澤另封一郡，又不知新造之邦，将在何地并有多少田产，均不可测知。李廷机识透常澤之心，并断定，载壐无国而有国，拨分原郑王府之资产，因常澤在，载壐不能全部吞并。而载堉俭而易足，并已表示，东垣王所有，尽让常澤。[3]

---

[1] 谈迁:《国榷》卷八〇,万历三十三年十一月壬辰。"孟氏有激而言之也"句，指《孟子·万章下》赞夷齐事。

[2]《明神宗实录》卷四二一,万历三十四年五月乙酉；谈迁:《国榷》卷八〇。

[3]《明神等实录》卷四二一,万历三十四年五月乙酉。

载堉让爵，常藻掀起的一场风波，再一次因载堉的高风亮节而得以平息。神宗皇帝在阅常藻疏和李廷机驳议之后，敕下："常藻挟私逞臆，不畏公论如此。念以宗亲，姑不究。"又对载堉下旨："载堉恳辞王爵，让国高风，千古载见，朕嘉尚不已。业有旨赐敕建坊，彰天潢之美。"[1]

同年五月己丑（1606年6月26日），"命武安侯郑惟孝、礼科都给事中曾六德册封郑王载壐并妃"[2]。同时，遣礼部主事潘士达奖世子、世孙，赐"让国高风"坊[3]。至此，朱载堉终于如愿以偿。

神宗皇帝敕建玉音坊之建筑已不存于人世，但其图样却在朱载堉的《乐律全书·操缦古乐谱》中的个别书中留下来了。笔者在主编《中国科学技术典籍通汇·物理卷》中[4]，将此图放在《乐律全书》的扉页。

神宗赐敕建坊，其敕曰：

世子载堉，尔克义是循，固逊王爵，克振纲常，朕心汝康、汝嘉，汝爵原爵，汝禄岁千石。有司羊一、酒一，为诸藩式。尔益永令誉。

该敕文引自《郑端清世子赐葬神道碑》，似有省略。地方志中抄录的敕文如下：

敕郑世子载堉：尔能非道不处，惟义是循，固逊王爵，至勤屡疏，敦复伦序，克振纲常，朕心喜悦。兹特敕旌奖，给禄建坊，

---

[1]《明神宗实录》卷四二一，万历三十四年五月乙酉。

[2] 同[1]。

[3] 王铎：《郑端清世子赐葬神道碑》。

[4] 戴念祖主编《中国科学技术典籍通汇·物理卷（第二分册）》，河南教育出版社，1993。

以示优贤之义。仍令有司办送彩、币、羊、酒，以为诸藩矜式。尔宜益懋素修，以永令誉，钦哉故敕。[1]

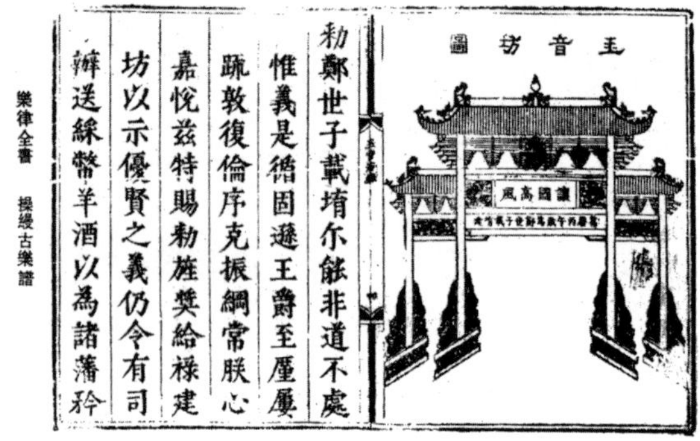

图3–3　明神宗敕建 “让国高风” 玉音坊图及敕文
（国家图书馆藏《乐律全书》郑藩刻本书影。该页图文见《操缦古乐谱》扉页、正文之前，但敕文不全，缺“式·尔宜益懋素修，以永令誉，钦哉故敕”字。由于插入该页，《操缦古乐谱·序》的该馆藏本又缺了一页）

载堉让出国爵以及圣旨下至覃怀（怀庆府），覃怀民众以崇敬之心纷纷来祝贺。载堉感到奇怪且一一拒绝。他说：“我不是南方疆吏举行出守之典，引来如此众多乡亲，速去为我谢乡人，警吾志矣。”[2]

万历三十五年正月初三（1607年1月30日），朱载堉将自制乐器和《乐律全书》呈送郑王载壐（1570—1640）。[3]

---

[1] 清顺治修《河南通志》卷三五《艺文》;《怀庆府志》卷二九《艺文·制诏·神宗旌奖郑世子载堉敕》。

[2] 王铎:《郑端清世子赐葬神道碑》。

[3] 朱载堉:《进律书奏疏》，载《乐律全书》。

从天上掉下一顶“王帽”，落在朱载壐头上。朱载壐当然心满意足。然而，此郑王载壐并非彼载壐（即衡府新乐王载壐）。有人在著述中将此二人混而为一了。

如前所述，宗藩子孙多达3万人，宗人府宗支簿籍中不免有重名的。因此，万历二年（1574）礼部奏题，各王府报生、请名等事，务必“比对相同”方以题请。[1] 重名事例，不仅见于郑王载壐和衡府新乐王载壐，也见于郑王载壐之父厚炜与孝宗次子蔚悼王厚炜，后者三岁而卒[2]。

郑王载壐在史志中记载无多。《明史·诸王世表》载：“王载壐，恭再从弟、庶人厚炜嫡一子，盟津王见濍曾孙也。以载堉让爵，万历三十四年受封”；“王翊钟，载壐嫡一子。万历三十五年封世子，既而袭封。崇祯十三年以罪赐死，国除”。[3] 郑王国爵，传到载壐后，颓败如此之快，定与其家教不严、家风不正相关。

新乐王载壐，是宪宗朱见深第七子、衡恭王祐楎之孙。衡恭王于弘治十二年（1499）封藩青州（今属山东）。[4] 此载壐于嘉靖三十六年（1557）封为新乐王，同时受封者有益王厚炫等25人。[5] 而彼载壐，即后来郑王载壐，此时尚为庶人。新乐王载壐“博雅

---

[1]《明神宗实录》卷三〇，万历二年十月辛亥。

[2]《明史》卷一一九《列传第七·诸王四》。

[3]《明史》卷一〇三《诸王世表》。据《河南通志》(清康熙三十四年修）卷一〇《封建》载：载谥为“敬王。长子以罪废，仲子考城王翊铎嗣位。崇祯末，闯逆破城被掠”。此记载与《明史》“国除”说法有出入，但亦难断其孰是孰非。

[4]《明史》卷一一九《列传第七·诸王四》；焦竑著：《国朝献徵录》卷二《新乐王载》，“中国史学丛书”，台湾学生书局，1965。

[5]《明世宗实录》卷四四九，嘉靖三十六年七月庚午。《国榷》卷八〇有类似记载，但谈迁将“新乐王”写为“新安王”，误。

善文辞”，撰《洪武圣政颂》《皇明政要》《丁巳同封录》等，且“索诸藩所纂述，得数十种，梓而行之”[1]。其才气在宗藩中与泌水王珵堦、德平王允梃、周宗人睦㮮等齐名。[2]

郑王载壐与新乐王载壐虽名相同，但其才艺、志趣、家教、家风实大相径庭，二者不可不辨矣。

朱载堉自幼有让国之志，晚年实现让国之实，其正道高风，无不令人敬仰。然而，明代沈德符（1578—1642）曾提出一种新见。他认为，朱祐橏与朱厚烷彼此结怨，深恨难消，“两宗仇隙，积有岁年。载堉自度一受国封，传袭年久，则前衅逾结难解。既不忍明言先王互讦受祸之状，又不欲再讼盟津父子革爵之由，但以宗法世次，自请避位，而以郑国还之祐橏之子孙，既盖乃父生前忿竞之愆，又杜载壐他日报复之念。其虑深，其谋远，真仁人孝子用心也”。在沈德符看来，朱载堉七疏让国，“乞正伦序”仅是表面理由，唯恐两支子孙日后仇怨衅发，才是目的。无论朱载堉让爵的内心世界如何，冤家宜解不宜结。因此，沈德符对朱载堉的评价是：况且厚烷禁锢之时，“载堉遂结庵于宫门外，席藁饭蔬，孑居者十九年，迨厚烷归国，始回府。又奉事其父者二十五年，终于辞国，连章上控，又十五年而始得请。真天潢中异人也”。[3]沈德符的评价结论也算客观，入情入理。

[1]《明史》卷一一九《列传第七·诸王四》。

[2]《明史》卷一一八《列传第六·诸王三》。

[3] 沈德符：《万历野获编》卷四《宗藩·郑世子让国》。

第五节　晚年

当朱载堉于万历三十四年（1606）获准让爵时，已是71岁高龄了。他17年受难，15年让爵，可谓克勤克己，矢志不移。步入古稀之年，让出了国爵，迁出王府，居城郭之外，过着与世无争、自由自在的清闲生活。

清代王士禛（1634—1711）在其著作中写道："郑端清世子让国，自称道人，造精舍怀庆郭外居之。每出，坐竹兜，四人舁之。"[1]

所谓"怀庆郭外"，即今沁阳市山王庄镇张坡村。此地位于九峰山下，丹河西岸，当年依山傍水，山林幽深。此地离沁阳市中心（当初怀庆府城）20公里左右。因此，朱载堉外出或进城，以"四人抬"的简便竹轿（似为2人抬竹轿之误）为交通工具。言其在城外乡村"造精舍"，和现代人的"精舍"概念未必符合，不过是乡村中的小宅院罢了。不过，朱载堉给它起了个典雅的名字：东复卜园。《郑端清世子赐葬神道碑》对此写道：

乃髦（máo）[2]，逊于丹水，成室水浒，与二三田畯[3]灌桑、牧豕，隐居东复卜园。凿池，理花竹，客至命酒，径酣。[4]

这段文字极精练地描述了朱载堉隐居乡间的生活。他在二三

[1] 王士禛：《池北偶谈》卷二五《郑端清世子》。

[2] "乃髦"：指白发之年，或泛指老年。"髦"也与"耄耋"之耄通用。

[3] "畯"：据《资治通鉴》卷二一六，唐天宝六载注曰："尝有事农耕者也。"

[4] 王铎：《郑端清世子赐葬神道碑》。

垄农田间耕作，种桑树、养猪，或挖池蓄水以灌溉，理花竹。此时，他幅巾策杖，与农夫无异。有客至，请酒自斟，已不像王府内世子的身份，有人在酒桌旁服侍、倒酒，而是自斟自酌，无约束而自在地生活。从其年轻时写下《瑟谱》，署名“山阳酒狂仙客”，到晚年还“径酣”，可见他终生喜杯中物。至今怀庆本地人喜酒，遗风犹存。其宅院称“东复卜园”：“东”是方向；“复”繁体字为“復”，是卦名，“震下坤上”为“復”，《易》经文复卦曰“復，亨。出入无疾，朋来无咎”，“复”是通达顺利、无疾无灾之象。朱载堉的宅院在九峰山下村东头，取名“东复”是图吉利罢了。也许，这可能还与他健康状况长期不佳有关。万历九年（1581）郑恭王厚烷疾，“载堉亦久病”，因此，乞请以世孙翊锡代理王府事。“卜园”，也作“卜宅”“卜宇”，是择地定居的泛称。唐杜甫在其《杜工部草堂诗笺》十八《为农》中言：“卜宅从兹老，为农去国赊。”大概此时朱载堉与杜甫有过类似情感，故将其宅院称为“卜园”。

值得注意的是，朱载堉在《嘉量算经》下卷后序中写下了一段至关重要的话：

余著《乐律全书》，八音备矣。此篇惟用一人吹律，一人弹琴，一人击缶而歌。余亦自歌，互相倡和，而乐在其中矣。语曰：“子与人歌而善，必使反之，而后和之。”此之谓也。子于是日哭，则不歌；其非哭之日，盖无日不歌。歌之义大矣哉。夫八音备而近于奢，以其用人多也。曷若一琴、一缶、一吹、一歌，足以自乐？呜呼！此趣惟达者能知之。

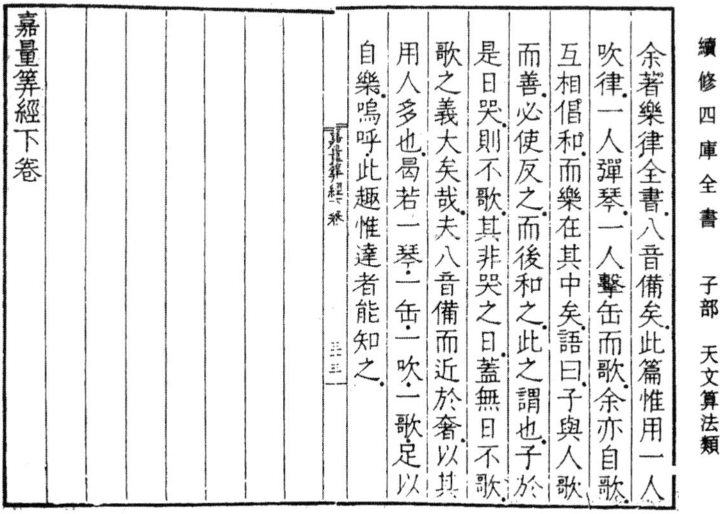
續修四庫全書　子部　天文算法類

余著樂律全書八音備矣此篇惟用一人
吹律一人彈琴一人擊缶而歌余亦自歌
互相倡和而樂在其中矣語曰子與人歌
而善必使反之而後和之此之謂也子於
是日哭則不歌其非哭之日蓋無日不歌
歌之義大矣哉夫八音備而近於奢以其
用人多也曷若一琴一缶一吹一歌足以
自樂嗚呼此趣惟達者能知之

嘉量算經下卷

图3–4　朱载堉自述音乐生活（《嘉量算经》下卷书影）

这又是朱载堉晚年生活的一个写照。《嘉量算经》下卷，有操缦谱《南风》一曲，所谓“此篇”即指《南风》曲。朱载堉晚年喜欢三四人一起，分别吹管、弹琴、击缶（碗、碟之类陶瓷器皿）、唱歌而和之。他自己怀着极大的兴趣参与，或亦“自歌，互相倡和，而乐在其中”。这种自娱自乐，“惟达者能知之”。今日城镇公园之一角，几位老人清晨相聚，一拉一唱之情趣及参与者之乐，大概与当年朱载堉类同也。由此可以判定，朱载堉晚年写下一些便于传诵、朗朗上口的歌词，甚而民间传说他参与婚丧喜事之鼓吹，看来并非捕风捉影、向壁虚构之说。据《郑端清世子赐葬神道碑》载，他在“慨古乐失传，折衷音律”之时，还在王府内或九峰山下“教习雅颂文武舞”，这又是常人难以想象的事。

《郑端清世子赐葬神道碑》除了叙述朱载堉晚年以吹、弹、击、唱为乐外，还描述了他性格的另一面：“公慧悟绝人，俭恬淑均，以杀生为禁，视不义若猛火，采真眦㓕（miè）[1]，萧萧尘世之外。"

这就是说，朱载堉虽已到晚年，但悟性与智慧仍然过人；视俭朴、平静、无忧之生活为美好；禁杀生，嫉恨不仁不义之事；顺应自然，常闭目养神以休老；超然于人世间名禄红粉之外。这些，或许正是他"自称道人"之本意。

然而，朱载堉晚年"务益著书"[2]，还为官至陕西按察使副使邢云路的《古今律历考》作序。朱载堉在其著《圆方勾股图解》[3]卷终写道：

万历庚戌，余年七十五，自三月至七月，信手握笔著此三书，以成一家之言。其一曰《律吕正论》，其二曰《嘉量算经》，其三曰《圆方图解》，皆乐律书所未载者。

万历庚戌为万历三十八年（1610），该年闰三月。可见朱载堉在6个月内撰写成3种书。时年朱载堉75岁，已是其卒前一年之事。纵使这3种书的内容在《乐律全书》中已有所述及，但要在如此之短时间内一一单独成书，对于一个老人而言绝非容易之事。何况每种书内确有其前所未发者，这就更加令人敬佩了。他在70岁之后写成的著作，当不止这3种。《古周髀算经图解》和《律吕质疑辨惑》也是其时之作。自从万历三十四年（1606）获准让爵、进献《乐律全书》之后，他在著作署名上有很大改变，由先前的"郑世子臣载堉"改为"后学载堉"或"句曲山人伯勤"了。一个年过七十的老人称自己为"后学"，可谓虚怀若谷也。

---

[1] "采真眦㓕"句，"采真"是顺应自然、任性天真之意；"眦㓕"，原指按摩眼眶，此指闭目养神以休老之意。

[2] 清顺治年间《河南通志》卷三五《艺文》。

[3]《圆方勾股图解》（或称《圆方图解》），该书收在《古周髀算经》之中。

图3-5　朱载堉塑像
（河南沁阳市朱载堉纪念馆藏）

邢云路是朱载堉60岁后的至交好友。《郑端清世子赐葬神道碑》说，载堉“与佥事邢云路谭（谈）星历”。邢云路，字士登[1]，号泽宇[2]，安肃（今河北徐水）人，万历八年（1580）进士，历任河南等处提刑按察司分巡河北道佥事，辽东按察使副使、陕西按察使副使。万历三十八年（1610）致仕，归故里。[3]

万历二十三年（1595），朱载堉虚岁60岁，上进历书3种，并“进历书奏疏”，提出了当时明朝行用大统历之错误，以及祈修改历法之必要，一时惊动了朝廷。时任分巡河北道佥事的邢云路闻悉此事而心喜，并书信于朱载堉。信文递交到怀庆府，又“转行（郑府）长史司。求余（载堉）历书全稿。余以全稿呈览，兼请教益。俄而

[1] 永瑢等：《四库全书总目·古今律历考提要》。

[2] 朱载堉：《律吕正论·自序》。

[3] 孙承宗：《陕西按察使邢公墓志》，载田易等纂、唐执玉等监修《畿辅通志》卷一〇九，《四库全书》本。

公（云路）出巡，至敝邑。政务余暇，与余面讲古今历事。夜深忘倦，乃摘历中紧要处问难焉。余以灯下，步算以答，咸蒙印可。公携余手，散步中庭，仰窥玄象”[1]。这段文字给人们留下非常深刻的印象，眼前的二人仿佛不是王子与朝廷命官在谈话，而是两位饱学挚友在深夜探究学问，孜孜不倦。

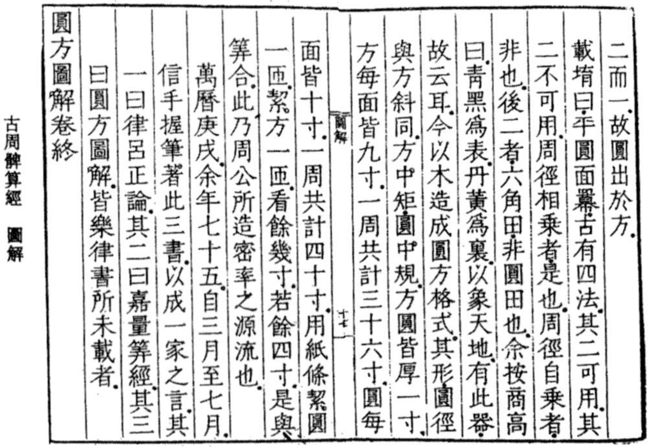
二而一故圓出於方
載堉曰平圓面冪古有四法其二可用其
二不可用周徑相乘者是也周徑自乘者
非也後二者六角田非圓田也余按商高
曰青黑爲表丹黃爲裏以象天地有此器
故云耳今以木造成圓方格式其形圓徑
與方斜同方中矩圓中規方圓皆厚一寸
方每面皆九寸一周共計三十六寸圓每
面皆十寸一周共計四十寸用紙條絜圓
一匝絜方一匝看餘幾寸若餘四寸是與
筭合此乃周公所造密率之源流也
萬曆庚戌余年七十五自三月至七月
信手握筆著此三書以成一家之言其
一曰律呂正論其二曰嘉量筭經其三
曰圓方圖解皆樂律書所未載者
圓方圖解卷終

古周髀算經　圖解

图3–6　朱载堉75岁之年著的《圆方勾股图解》书影

一年之后，即万历二十四年十二月辛巳（1597年2月5日），邢云路以分巡河北道佥事身份上疏，请修大统历。这对于朱载堉一年前的进历书并上疏是极大的支持，而邢云路本人是冒着被杀

[1] 朱载堉：《古今律历考·序》。该序文不载于邢云路《古今律历考》一书，而刊于朱载堉《律吕正论》之前。此序文不载于《四库全书存目丛书》中《律吕正论》(该书据北京师范大学图书馆藏明万历刻本影印)，而载于《续修四库全书》中《律吕正论》之前（该书据中国艺术研究院音乐研究所资料馆藏明万历刻本影印，原书版框高260毫米、宽286毫米）。

头的危险上疏的。因为，据明代律禁，私自研习或编修历法均为死罪，更何况载堉与邢云路除通信外又曾彼此一起商讨历法。显然，邢云路的上疏中隐瞒了他们两人曾经有过的学术会面。万历帝对于这两部奏疏的态度分明有别：对朱载堉奏疏御批是“礼部知道”，对邢云路奏疏御批为“礼部看了来说”。[1] 至于这两部相隔一年的奏疏在朝廷礼部和司天监引起的强烈反响、争论，甚而危及邢云路生命、波及欧洲等情况，我们将在本书以下有关章节中再详细讨论。

总之，朱载堉“进历书奏疏”鼓舞了邢云路上疏直言大统历之失误，而邢云路上疏又支持并保护了朱载堉。正因为如此，朱载堉才在《律吕正论·自序》中说，“盖公（邢云路）与余（载堉），虽非同门之朋，实乃同志之友”。邢云路疏，虽“科部皆称许，竟为历官所阻”[2]。其后，邢云路官辽左、陇右，与朱载堉阔别十余年。直至万历三十八年（1610），邢云路辞官归里，才二次途经怀庆，与世子载堉见面。恰值仲春雨雪，邢云路为赶赴归程而不敢多停留。为此，载堉写道：“今岁公致仕，还故里，道经敝邑。欲留数刻请教，复为风雪所阻，时仲春也。雪亦异事，岂鬼神不欲漏泄玄机耶？”[3] 邢云路归里后，即将其著《古今律历考》寄送朱载堉，并请后者为之作序。朱载堉除了写下《古今律历考·序》外，又执笔写了《律吕正论》一书，“著此书以答，聊伸投桃报李之意”[4]。

---

[1] 见朱载堉的《乐律全书》中《万年历备考》后附邢云路等四人疏文。

[2] 朱载堉：《古今律历考·序》。

[3] 同 [2]。

[4] 朱载堉：《律吕正论·自序》。

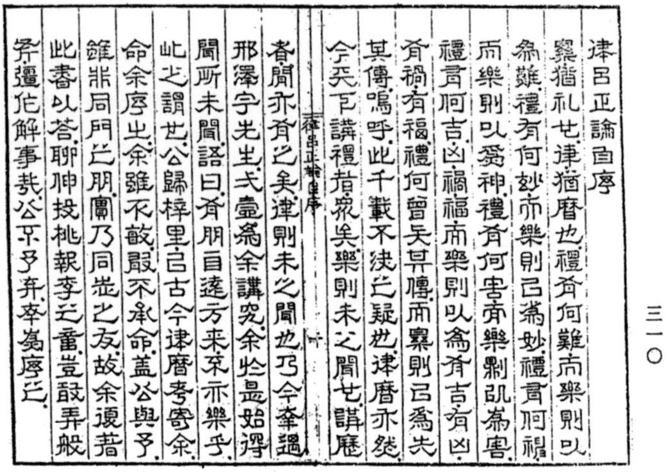
律呂正論自序
樂猶禮也律猶曆也禮有何難而樂則以
爲難禮有何妙而樂則以爲妙禮有何禍
而樂則以爲神禮有何害而樂則亂爲害
禮有何吉凶禍福而樂則以爲有吉有凶
有禍有福禮何曾失其傳而樂則以爲失
其傳嗚呼此千載不決之疑也律曆亦然
今天下講禮者衆矣樂則未之聞也講曆
者聞亦有之矣律則未之聞也乃今幸遇
邢澤宇先生式臺爲余講究余於是始得
聞所未聞語曰有朋自遠方來不亦樂乎
此之謂也公歸梓里以古今律曆考寄余
命余序之余雖不敏敢不承命蓋公與予
雖非同門之朋實乃同志之友故余還着
此書以答聊伸投桃報李之意豈敢弄般
斧還佗解事哉公示予弁率爲序之

图3–7 朱载堉《律吕正论·自序》（书影）

从邢云路于万历八年（1580）中进士算来，他绝不比朱载堉年长。而后者致前者的书信中，总是尊称前者为“公”，自谦为“忝友”。一个世子老人的谦恭之态跃然纸上。

除邢云路外，朱载堉晚年的学术朋友中还有怀庆人王所用、蒋崇德，二人为载堉校《律吕正论》并为之作序。王所用，字宾吾，曾在郑府当幕宾[1]，其人以“孝友”闻于世[2]；隆庆五年（1571）生，18岁中举，万历三十八年（1610）进士，历官兵部武库职方郎中、山西参政，旋进秩方伯。[3] 不过，他和蒋崇德二人所书的《律

[1] 陈万鼐：《朱载堉研究》。

[2] 张慎言：《王所用墓铭》，载《怀庆府志》卷三一《艺文·碑铭》。

[3] 清康熙九年《河南通志》卷二六《人物·怀庆府》。

吕正论·序》，在装订时却被误置于《律吕质疑辨惑》的书前了[1]。《律吕质疑辨惑》一书的作者署名为“句曲山人伯勤甫著”，是王、蒋二人代书的，“甫”是对男性他人的尊称，朱载堉绝不可能称自己为“甫”。

一年以后，即万历三十九年四月初七（1611年5月18日），朱载堉薨。“神庙闻讣，辍朝去龠”，朝廷“令有司治丧”。[2]按《大明会典》世子丧礼如下：闻丧、御祭一坛，东宫祭一坛，七七、百日、下葬、周年、二周年、除服、御祭各一坛。翰林院撰祭文、谥册、圹志文；工部造铭旌；国子监取监生报讣各王府；布政司委官造坟安葬，转属买办祭物、冥器、丧仪等，布政司各衙门承造。[3]万历三十九年十二月己卯(1612年1月16日)，赐谥“端清”。[4]万历四十年（壬子）三月二十六日（1612年4月26日），葬九峰山之原。[5]一代科学和艺术巨星就此陨落。估计其墓内不会有什么值钱随葬品，但其留给后世的文化和精神遗产将永久闪亮在中华大地。

天启四年（1624），载堉次子、宗侯翊钛请大书法家王铎为朱载堉墓撰写神道碑文。[6]所谓神道碑，即立于死者墓前道路上的碑刻，其碑文记载死者生前事迹。《郑端清世子赐葬神道碑》留下了有关朱载堉的极为珍贵的生平史料。可惜该碑刻而未立，且命运

[1]《四库全书·律吕质疑辨惑提要》的作者们指出了这种误置的情况。

[2] 王铎:《郑端清世子赐葬神道碑》。

[3]《大明会典》卷九八《世子丧礼》。

[4]《明神宗实录》卷四九〇,万历三十九年十二月己卯。

[5] 同 [2]。

[6] 碑文全文见清乾隆五十四年《怀庆府志》、清道光五年《河内县志》。

坎坷。撰写《郑端清世子赐葬神道碑》的王铎（1592—1652）是河南孟津人，字觉斯，号嵩樵。天启二年（1622）进士，官翰林院庶吉士、检讨，崇祯朝累官南京礼部尚书，弘光朝东阁大学士。清顺治二年（1645）降清，仍授礼部尚书。卒谥“文安”[1]。其书法以行草为最，擅长碑帖。[2]

图3–8　本书作者于1986年在朱载堉墓前留影

当天启四年（1624）翊钛请王铎撰神道碑时，其长兄翊锡或重病在身，或已不在人世。翊锡长子册封寿平王。崇祯七年（1634）起，李自成起义军在河南、山西、陕西与明朝军队作战，或败或胜，双方辗转交战于河南西部和北部地区。时值河南大旱，又发生蝗灾，人相食，遂为李自成军提供了众多兵源。南阳唐王朱聿

[1] 清康熙九年《河南通志》卷二七《人物》。

[2] 田中华：《神道碑与朱载堉生平考述》，《中国科技史料》2004年第4期。

键将家积金银用于修筑南阳城，其弟聿鏌于崇祯十四年（1641）被起义军破城而杀。[1] 洛阳福王朱常洵富敌大内，终日饮酒女乐，崇祯十四年春李自成军攻城，杀朱常洵，且火烧其宫城，三日不绝。[2] 朱常洵为非作歹，理当该杀。史家曾如此评论：起义军“在洛阳抓到的俘虏中，有一个臭名昭彰的放荡王子，他被处死、肢解，并被象征性地吃掉，以表示造反者对那些生活穷奢极欲、不顾百姓死活的人的憎恨”[3]。朱常洵成为李自成鼓动民众起义的活教材。然而，宗藩之多，并非都是欺压百姓的坏人，凡藩王必杀将造成滥杀无辜的后果。崇祯十七年（1644）二月，李自成军攻怀庆，郑靖王后裔庐江王朱载堙亦遇害。[4] 那么，朱载堉的子孙呢？

如前所述，朱载堉长子翊锡，封保平王，长孙封寿平王，并兄弟五人；次子翊钛，孙常洁袭封东垣郡王。据载，朱载堉“生时以秘箧贻子孙，云‘俟有急难，启视之’。甲申（1644）闯寇遣伪将军刘方亮陷郡城，五世孙开箧，有‘借问将军谁姓刘’之句，盖前知云”[5]。清初王士禛写道：

（朱载堉）精邵康节[6]之学。宫中有一柜，手自缄鐍，每岁辄益一封，遗令遇急乃开。及其孙寿平王，值河北流寇之乱，发柜，

---

[1]《明史》卷一一八《列传第六·诸王三》。

[2]《明史》卷一二〇《列传第八·诸王五》。

[3] 崔瑞德、牟复礼编《剑桥中国明代史：1368—1644年》，张书生等译，中国社会科学出版社，1992，第682页。

[4]《明史》卷一一九《列传第七·诸王四》。

[5] 清康熙九年《河南通志》卷二六《人物·怀庆府》。

[6] 邵康节，即宋代邵雍（1011—1077），好易理、象数之学，著《皇极经世》等书。

得破布衫五，一阔大，四稍窄小。王躯干甚伟，其弟四人则短小也，遂衣而逃。某年乱定，归王府。一旧人忽遇端清于山中云："传语诸孙，当速去，故里不可居也。"寿平兄弟以为妄，不听，未几及难。[1]

由此推测，寿平王兄弟五人未曾躲过甲申之劫难，而翊钛（若此前未卒）及其子常洁的命运也在预料之中。他们都未能躲过起义军和清兵南下的双重大劫。据《武陟县志》载，清兵下河南，郑恭王后裔"复遇祸，家人散亡"，以致厚烷继妃王氏墓地也由王氏娘家人迁回武陟二铺营。[2]

至于神宗敕建"让国高风"坊和神道碑的命运，也略述如下。

清乾隆五十八年（1793）进士、河内人范照藜（嘉庆年间曾官直隶定州府定县知县）[3]，于嘉庆十六年（1811）撰《怀怀诗》（一名《勾漏山房诗》）200首。其中之一首写道：

让位从来酿祸殃，贤如世子让无妨。

高风百世留河朔，老府门前让国坊。

诗注曰："饬建让国高风坊于郡城，在郑藩府之南，俗称老府门。"[4]

今沁阳市内仍有条称"老府门"的南北街道，"让国高风"坊曾立于此。该坊四柱三间，石座木构，琉璃瓦顶，飞檐斗拱，端

---

[1] 王士禛：《池北偶谈》卷二五《郑端清世子》，《四库全书》本。

[2] 清道光九年《武陟县志》卷一九《古迹志·王妃墓》。

[3] 清道光五年《河内县志》卷七《选举》。

[4] 范照藜：《勾漏山房诗》卷上，沁阳市文物管理委员会印清嘉庆年间河内刻印本，1992年10月沁阳市文物管理委员会重刻本。

庄雄伟。清道光四年（1824），温县儒生王茂先为民间流传的朱载堉《醒世词》(301首本）作序，其中言及“小子尝游郡，仰让国之坊”[1]。该坊在老府门街上矗立了300余年，于20世纪30年代完全毁坏。[2]

图3-9　明神宗敕建“让国高风”坊

范照藜的伯父范泰恒于清乾隆二十二年(1757)脱稿《燕川集》一书。范泰恒，字无崖，自号燕川居士，乾隆十年（1745）进士，选翰林院庶吉士，乾隆十九年（1754）官崇义县（今属江西）知县。其著《燕川集》中有《重立郑世子神道碑记》《修复郑端清世子坟墓记》《书郑端清世子神道碑记后》3篇。[3]言及他于乾隆六年

[1]《朱载堉词》，载闫永仁1928年重编《醒世词》王茂先旧序，中州古籍出版社，1992。

[2] 齐天昌:《寻访朱载堉故居》,《沁园春》2006年第2期。

[3] 范泰恒:《燕川集》卷一、二、五，“四库全书存目丛书补编”第10册，齐鲁书社。

（1741）进士及第之前，在距郑世子墓二里的翠筠观读书，因而去拜望九峰山世子墓。及第后，为官从淯川调河内，偕河内长史钮君同上九峰寺。在九峰寺见神道碑“横卧殿阶”，不仅“牧童樵夫秽其上”，而且“其墓基，耕者侵且尽，铲削丘陇，仅存其半。前太守竖二石，亦倒其一，草间矮碑，小书浅刻”。范泰恒极为感慨，有心要修复其墓，树碑于前，并言郑世子“其言也，其功也与其德，如日月并明”。可见，神道碑自王铎撰书并刻石之后，放置于朱载堉墓地东南200多米处的九峰寺内，至乾隆年间未立于朱载堉墓前。

其后，范照藜也述及神道碑“至今犹在九峰寺东廊间。乾隆初，先大父（即范泰恒）与刘翁（范泰恒在《重立郑世子神道碑记》中写为‘刘子’，似是九峰寺乡间一儒生）所然，欲立之而未果。后人无复过问者矣”[1]。

直到1938年，日本侵略军占领沁阳，烧九峰寺，神道碑终被毁，烧裂成碎块。其后，当地百姓将碎碑原地掩埋。1986年，在九峰寺旧址、今张坡村小学发掘出原碑残片343块。原碑高166.5厘米，宽133.2厘米。[2]残碑之大块者，今藏于沁阳市朱载堉纪念馆。

[1] 范照藜：《勾漏山房诗》卷上，沁阳市文物管理委员会印清嘉庆年间河内刻印本，1992年10月沁阳市文物管理委员会重刻本，第21页。

[2] 张红军：《河南沁阳发现王铎撰书郑端清世子神道碑残片》，《文物》1995年第2期。

图 3–10　王铎撰《郑端清世子赐葬神道碑》残片

第六节　著作与版本述略

著书立说，雕版印书，是朱载堉一生中最为重要的生活内容。他自幼喜欢音乐、乐律和算学。少年时，“益肆力于玉策鸿宝”[1]。爵位得失、族内是非，无论怎样的风浪，其对音乐、乐律和算学之迷恋都矢志不移、痴心不改。

朱厚烷复爵返国后，即指导朱载堉撰写《操缦》《旋宫》曲谱。在此基础上，朱载堉的创作欲望如江河奔流之势，不可遏阻。至万历九年（1581），已完成《律历融通》《律学四物谱》等著作。万历十二年（1584），为《律学新说》作序。《律学新说》乃《律学四物谱》修订而成。至此，朱载堉的乐学和律学著作，即其《乐律全书》的乐律学初稿已全部完成。

---

[1] 王铎：《郑端清世子赐葬神道碑》。

在中国的传统文化中，乐律与历法是彼此融通的。大约万历二十年(1592)，朱载堉复读“历代诸史志”，发现“历者五十余家。考其异同，辨其疏密”，从而编写了《圣寿万年历》和《万年历备考》二书。在朱载堉看来，建言朝廷修正历法是为国效忠的大事。万历二十三年(1595)六月，他上进历书手写本3种，即《圣寿万年历》、《万年历备考》和昔年所撰《律历融通》，并附《音义》。这一献书举动打破了明朝历禁，惊动朝野，并为中西合作研究历法开辟了道路。

进历书月余，朱载堉获悉朝廷开修国史、征各藩王和地方进献图书牒文。他立即着手雕刻自己所撰写的乐书、历书。翌年正月，在进历书纷扰之际又忙于为《律吕精义》作序，以便及时雕版。经过整整8年之后，于万历三十一年(1603)八月，以《算学新说》一书雕版完毕作为《乐律全书》刻完的标志。此后忙于印刷、分册装订，又过3年，于万历三十四年(1606)七月，终将雕刻本(即郑藩刻本)《律书》上进朝廷。整整11年的雕刻、装帧劳动与辞国让爵的纷扰是非纠结在一起，使得朱载堉的体力、精力都已不支。

朱载堉所进律书，即《律吕精义》(又名《律书》)、《律学新说》和《乐舞全谱》(《乐律全书》中所有乐谱和舞谱书籍总称)3种。也就是说，除已进呈过的《历书》外，今传本《乐律全书》中其余书籍的雕刻本全部进献朝廷。进书后，朱载堉才将其《历书》和《律书》装成一函，统称《乐律全书》。就是这一套《乐律全书》，为世界音乐舞台创新立说，奠定了今日音乐文化繁荣的理论基础。

17年受难，14年写作，11年雕版印书，15年让爵，构成了朱载堉这位天潢真人华章著述的光辉一生。

明末清初诗人吴伟业(1609—1672)以一首五言诗《读端清郑

世子传》赞朱载堉一生的业绩和美德：

昭代无遗憾，万事光史册。惜哉金川门，神圣有惭德。天诱其子孙，救之以让国。贤如郑世子，宗盟堪表率。当壁辞真王，累疏诚恳恻。天子诏勿许，流涕守所执。敝屣视千乘，谢之以长揖。洒埽覃怀宫，躬迎新王入。夷齐既死后，旷代仍间出。筑屋苏门山，深心事经术。明兴二百年，庙乐犹得失。以之辑群书，十载成卷帙。候气推黄钟，考风定六律。嶰谷当南山，伐竹制琴瑟。为图献太常，作之文世室。遂使溱洧[1]间，一洗万古习。我行漳河南，怀古思遗泽。好学汉东平[2]，高风吴泰伯[3]。道傍立丰碑，让爵存月日。彼为一卷书，能轻万家邑。大雅钦遗风，诚哉不可及。[4]

吴伟业，字骏公，号梅村，江苏太仓人。崇祯辛未（1631）进士，官翰林院编修。入清后，官至国子监祭酒，可谓清初儒学领军人物。他的这首赞朱载堉诗，唯“候气推黄钟，考风定六律”不确，朱载堉恰好反对“候气”“考风”荒唐事。

继吴伟业之后，又一位博学儒士朱彝尊（1629—1709）在读完朱载堉的《乐律全书》之后，写下了《郑世子乐律全书跋》一文，称颂朱载堉“河间献王之后，言礼乐者莫有过焉者也”。[5]

“河间献王”是汉孝景帝之子刘德（？—前130），其于景帝前元二年（前155）立为河间王，修学好古，通礼乐，曾向汉武帝献

[1]“溱洧”：指溱水、洧水二河，均在河南境内。

[2]“汉东平”：指东汉东平宪王刘苍，事见《后汉书》卷四二《光武十三列传》。

[3]“吴泰伯”：见本章第四节。

[4] 吴伟业：《读端清郑世子传》，载《梅村家藏稿》卷一，“四部丛刊”本。

[5] 朱彝尊：《曝书亭集》卷四三，“四部丛刊”本。

雅乐。[1]

此后，清道光年间大学士阮元（1764—1849）最早将朱载堉作为历算家写入其著《畴人传》之中。[2] 对朱载堉在音乐、乐律上的成就如实客观评价，尚待时日。

下面就朱载堉的著作及其版本作一简介。

一、乐律全书

朱载堉著作甚丰，尤以卷帙浩繁的《乐律全书》闻名。该书以万历二十三年（1595）至三十四年（1606）间郑藩刻本为最早，包括14种书共48卷（不分卷的1种书算1卷；《律历融通》4卷并附《音义》1卷，合为5卷）[3]。14种书以下再一一涉及。

书目文献出版社（现“国家图书馆出版社”）出版了由北京图书馆古籍出版编辑组于1988年所编的“北京图书馆古籍珍本丛刊”。朱载堉的《乐律全书》收入该丛刊第4册“经部”中。编辑者在扉页注明，“乐律全书十五种四十八卷”。卷数统计无误，书的“种”

---

[1]《汉书》卷五三《景十三王传》。

[2] 阮元：《畴人传》卷三一《朱载堉·何瑭》，商务印书馆，1935。

[3] 藏于中国科学院自然科学史研究所郑藩刻本《乐律全书》共19册。其中，《律学新说》2册，《律吕精义》（内、外篇）6册，《乐学新说》《算学新说》合1册，《操缦古乐谱》1册，《旋宫合乐谱》1册，《六代小舞谱》1册，《乡饮诗乐谱》2册，《灵星小舞谱》2册，《小舞乡乐谱》《二佾缀兆图》合1册，《历学新说》（含《圣寿万年历》、《万年历备考》和《律历融通》3种）2册。《圣寿万年历》前附《进历书奏疏》和《上进表文》；《万年历备考》后附郑府左、右长史疏，邢云路、李应策、张应侯和礼部尚书范谦各疏一，以及朱载堉“总跋附录四疏”；《律历融通》后附上进书册数、纸张数以及朱载堉的世子宝印和签署日期；《律吕精义》内篇前附《进律书奏疏》。该书无“让国高风”玉音坊图。

类有误。该编辑组无疑是将《律吕精义·内篇》和《律吕精义·外篇》看成两种书了。北京图书馆（今更名为中国国家图书馆）的这一分法不合朱载堉本意。原因有二：其一，朱载堉只写了“律吕精义序”，而未对内篇、外篇分别作序；其二，朱载堉在《进律书奏疏》中分明写道：“为此具本谨以所撰《律吕精义》壹部计陆册、《律学新说》壹部计陆册[1]、《乐舞全谱》壹部计捌册，装潢成帙共叁函。”进献云云。此奏疏[2]中也未曾将《律吕精义》分为内篇、外篇两种书，而在书的中缝又称它们为“律学”。鉴于国家图书馆的声望，本书特明言以告知读者。

14种书如下：

《律学新说》，4卷[3]。书前有“万历十二年（1584）岁次甲申春正月吉日”自序，书后有“附录：律学四物谱序”。《律学新说》旧稿名《律学四物谱》，后者之序“旧稿原有，正本则无。今依原本续增附于此卷之末”。

《律吕精义》，又名《律书》，分内篇10卷、外篇10卷。“内篇”前有“万历丙申（万历二十四年，1596）正月”自序，列出明代及其前代之参考书目69种。内篇主旨为“总论造律得失”，外篇主旨为“古今乐律杂说并附录”。书前还附有朱载堉于万历三十四年

[1]《律学新说》“陆册”的统计数原文如此，似是朱载堉笔误，应为3册，即《律学新说》2册，《乐学新说》和《算学新说》合1册。

[2]“北京图书馆古籍珍本丛刊”的一版《乐律全书》缺少朱载堉《进律书奏疏》一文。却有“让国高风”玉音坊图和明神宗建玉音坊敕文（此敕文不全），又漏失了《操缦古乐谱·序》一文的第一页。

[3]《律学新说》及以下所述各书的大致章节内容，参阅戴念祖：《朱载堉：明代的科学和艺术巨星》，表2，人民出版社，1986，第38—46页。该表已被他人多次转载，此不赘述。

七月初九日（1606年8月12日）进律书疏等文字。

《乐学新说》，不分卷。无序。书前有简短弁言。

《算学新说》，不分卷。无序。书前有简短弁言，书末特注“万历三十一年八月初三日（1603年9月7日）刻完”。这是《乐律全书》中最后雕版完毕的一种书。

《圣寿万年历》，2卷。无序。

《万年历备考》，3卷。无序。

《律历融通》，4卷，附《音义》1卷，共5卷。序作于万历九年（1581）正月。以上3种历书统称为《历书》或《历学新说》。《圣寿万年历》前附朱载堉于万历二十三年六月十九日（1595年7月25日）的《进历书奏疏》及《上进表文》。《音义》后附进历书册数、字数和纸张数（今页数），并有“郑世子宝”之印章。特别留心此页末附句“原稿张数如此，新增附”。在《万年历备考》后附郑府左、右长史关于进历书之疏，附邢云路《议正历元奏疏》以及刑科、钦天监和礼部尚书奏疏各一，附朱载堉为后四疏写下的“总跋附录”。这些附录是研究朱载堉、明代科学史和政治史的重要素材。

朱载堉于万历二十三年（1595）所进《历书》是手稿本，其所附纸张数一页可佐证。此后才雕版印书，并将《历书》收入《乐律全书》之中。

《操缦古乐谱》，不分卷。前有“总论乐以人声为主”大字序文，未署写作时间。

该书叙述琴瑟演奏方法，兼论操缦学习法，内有操缦谱多种。该书初稿为朱厚烷禁锢凤阳时所写的《操缦谱》。朱厚烷返国后，训示载堉润色。因此，落款为“郑世子臣载堉编述”，“述”即指朱厚烷所言。因此，该书是他们父子合作的成果。这一合作影响了朱载堉一生，并及于音乐和乐律学方方面面，孕育出创建十二等程律的划时代成果。

万历三十四年七月初九（1606年8月12日），朱载堉上进印刷本《律书》。此前约2个月，即五月己丑（6月26日），朱载堉如愿让爵，获神宗皇帝敕建“让国高风”坊。为使这种重大且令载堉欣慰之至的事件在《乐律全书》中有所反映，他立即雕版“让国高风”坊图，将此图之印刷页插入《操缦古乐谱》一书前。所用时间较短，仅50天，因此仅部分（或少部分）《操缦古乐谱》插入了“让国高风”坊图。之所以要将此图插入该书，自然是朱载堉认为，这荣誉当属于他们父子俩。

由于仅部分版本的《乐律全书》有“让国高风”坊图或玉音坊图，因此研究后来版本的学者产生了断论版本之歧见。或内府本，或明刊本，或郑藩本，各持一说。本书一律称此为郑藩本。刘半农在其《十二等律的发明者朱载堉》一文中，言及玉音坊图插于《操缦古乐谱》之后[1]，并且该文有书影一页。这书影是这样做成的：将郑藩本的两面分别照相并对接在一起，从而将原本折缝（或称中缝）中的书名和页码删去。它并非一种别的版本。[2]

《旋宫合乐谱》，不分卷。前有大号字“总论复古乐以节奏为先”的序文，未署写作时间。

《乡饮诗乐谱》，6卷。有“总论乡饮有磬无钟”大字序文，未署写作时间。

《六代小舞谱》，不分卷。有“总论学古歌舞以永转二字为众妙之门”大字序文，未署写作时间。

---

[1] 刘半农：《十二等律的发明者朱载堉》，载《庆祝蔡元培先生六十五岁论文集》，国立中央研究院历史语言研究所集刊外编第一种，上册，1933，第279—310页。

[2] 陈万鼐断其为“不同于郑藩本的版本”，见其《朱载堉研究》。

《小舞乡乐谱》，不分卷。前有“总论学乐学舞孰先”“总论小舞乡乐名义”大字序文2篇，未署写作时间。

《二佾缀兆图》，不分卷。前有“宋儒朱熹论舞大略”之序文，未署写作时间。

《灵星小舞谱》，不分卷。有序文，未署写作时间。“小舞”为“凡教小儿舞者”谓之。

《乐律全书》的以上14种书包括了律学、乐学、算学、历法、舞蹈等多学科内容，既有自然科学，也有艺术科学，还有经学、史学、计量学等知识。它是朱载堉自撰、自刻的多学科综合丛书，或可称之为古代音乐与乐律大百科全书。

值得指出的是，这套《乐律全书》郑藩本的刻版一直保存在朱载堉女婿孙克肖家族内。清乾隆初年范泰恒说：“版则吾怀孙氏守之。”[1]其后，范照藜说：“版存郡城北马道街孙氏。”[2]如此之多的刻印木版一直保存到20世纪50年代初期，此后不幸遭毁坏，散失殆尽。[3]郑藩本各书作者落款均为“郑世子臣载堉谨撰（或述）”。

据郑藩本《乐律全书》影印的版本是1931年上海商务印书馆“万有文库”本（第1集735号），共36册。1968年台湾商务印书馆“国学基本丛书”版的《乐律全书》，也是36册，可能是1931年商务“万有文库”本的翻版。

《乐律全书》版尚有《钦定四库全书》文渊阁42卷32册本，

---

[1] 范泰恒：《燕川集》卷五《书端清世子神道碑记后》，“四库全书存目丛书补编”第10册，齐鲁书社。

[2] 范照藜：《匀漏山房诗》，沁阳市文物管理委员会印清嘉庆年间河内刻印本，1992年10月沁阳市文物管理委员会重刻本，第5页。

[3] 齐天昌：《寻访朱载堉故居》，《沁园春》2006年第2期。

现藏于台北故宫博物院。[1] 其书名及卷数为:《律吕精义》内外篇各10卷,《律学新说》4卷,《乐学新说》与《算学新说》均不分卷,《操缦古乐谱》2卷(郑藩本不分卷),《旋宫合乐谱》2卷(郑藩本不分卷),《乡饮诗乐谱》6卷,《六代小舞谱》2卷(郑藩本不分卷),《小舞乡乐谱》2卷(郑藩本不分卷),《灵星小舞谱》2卷(郑藩本不分卷)。还值得注意的是，这个四库版缺少《二佾缀兆图》和朱载堉的《进律书奏疏》，而历书3种10卷由四库编者们另编成书。因此，严格地说，它不是今日所见《乐律全书》版。所佚《二佾缀兆图》一书也可能为四库编者所遗漏了。该版前附有：清代王杰、董诰和彭元瑞诸大臣奉旨写下的“辟识”6篇。所谓“辟识”，即对朱载堉的批评；由永瑢(多罗质郡王)、德保(礼部尚书)等大臣奉旨写下的“较核”条例，计42款约7000字。《四库全书》的编者们就是在这种无知、自傲和恶意贬斥下，才将朱载堉的《乐律全书》纳入其中的。当然，该版本中《乐律全书》各书之作者落款均为“明朱载堉撰”。

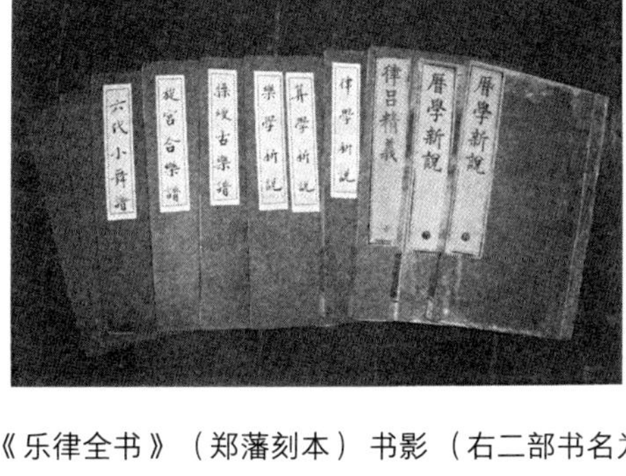

图3–11　《乐律全书》(郑藩刻本)书影(右二部书名为原版样)

[1] 陈万鼐:《朱载堉研究》，第215页。

朱载堉的历书3种，有2种也收入《四库全书》之中，但不与《乐律全书》放在一起。这2种书分别是《圣寿万年历》和《律历融通》(附《音义》)。朱载堉的《进历书奏疏》以及由此而引起的其他四疏和朱载堉的“总跋附录”是作为《圣寿万年历》的“卷首”和“附录”刊出的。

清代《古今图书集成》将朱载堉《乐律全书》之“乐”与“历”分别抄录于该集成之《经济汇编·乐律典》和《历象汇编·乾象典》。显然，这不能算是《乐律全书》的一种版本。

近年，除了冯文慈点注的《律学新说》[1]和《律吕精义》[2]外，朱载堉《乐律全书》郑藩本全部被收入任继愈主编的《中国科学技术典籍通汇·物理卷》之中。该卷的主编为戴念祖，全卷含2册。《乐律全书》在第2册内。[3]这一版的《乐律全书》之唯一变动是将“让国高风”坊图置于全书之卷首页。如前所述，“北京图书馆古籍珍本丛刊”也收编《乐律全书》，但此版除可见“让国高风”玉音坊图和神宗皇帝敕文这一珍贵页面外，遗漏了多页，并且内中多页模糊不清，令人惋惜。

二、其他存书

据《明史·艺文志》《千顷堂书目》《中国丛书综录》《四库全书

---

[1] 朱载堉:《律学新说》，冯文慈点注，“中国古代音乐文献丛刊”，人民音乐出版社，1986。

[2] 朱载堉:《律吕精义》，冯文慈点注，“中国古代音乐文献丛刊”，人民音乐出版社，1998。

[3] 任继愈编《中国科学技术典籍通汇·物理卷》第2册，河南教育出版社，1993。

总目》《郑端清世子赐葬神道碑》以及一些地方志等著录，朱载堉著作颇丰。但是，它们著录的朱载堉书目多有重叠[1]，异名同书者也不少，还有一些佚书。至今所存者，大约按时间顺序分述如下。

《补亡诗》，6篇25首。无单本存世，由清代朱彝尊辑录其《明诗综》卷二之中，见《四库全书》本及摛藻堂《四库全书荟要》本。从诗的风格看，似是朱载堉青少年时期作品。

《瑟谱》，10卷，序作于嘉靖三十九年六月十三日（1560年7月6日）。署名狂生或山阳酒狂仙客。书成之日，距朱厚烷被革爵禁锢、朱载堉被削除世子冠带已10年，书当写成于朱载堉席藁独处之土屋中。有汲古阁藏明毛子晋转抄本，1927年曾据此版影印；“百川书屋丛书”本。2002年，花大气力组织编修的《续修四库全书》等大工程，却未将该书列入，令人遗憾。

《律吕正论》，4卷，书成于万历三十八年清明节（1610年4月4日）。前有自序，为答谢邢云路所寄赠《古今律历考》而作，“聊伸投桃报李之意”。因此，书落款为“后学载堉著”。邢云路寄其大作，祈朱载堉为之作序。朱载堉撰其书时写下了《古今律历考·序》。该书为郑藩刻本，或称明万历本。近年，又有《续修四库全书》本和“四库全书存目丛书”本，均为明郑藩本之影印本。但是，后者之版本无《古今律历考·序》一文，唯前者之版本方有之。而今流行的邢云路《古今律历考》版并未刊朱载堉之序文。

《律吕质疑辨惑》，1卷，书成于万历三十八年（1610）《律吕正论》之后。落款由友人王所用和蒋崇德代书，署名为“句曲山人伯勤甫著”。他们二人为《律吕正论》作的序却被误置于《律吕质

---

[1] 陈万鼐：《朱载堉研究》，第213—214页。

疑辨惑》书前了。序说："自宋以来，谈律学者大率宗蔡元定。吾友伯勤甫著《律吕正论》，不独明斥蔡氏之谬，抑亦深讥管仲以来凡言三分损益、隔八相生者皆非是。"这个"斥"与"讥"的内容尤见于《律吕正论》卷一末的一大段文字中。二书写作时间相距较近，以致将序错置。该书有郑藩本，近年又有《续修四库全书》本和"四库全书存目丛书"本。后二者均是前者之影印本。

《嘉量算经》，3卷，并附《嘉量算经问答》1卷，目录1卷，序作于万历庚戌（三十八年，1610）闰三月初十日（5月2日）。署名"后学载堉"。该书有郑藩刻本、《续修四库全书》本（据郑藩本影印）、宛委别藏抄本，以及商务印书馆1930年影印本。

《圆方勾股图解》，1卷。

《古周髀算经图解》，1卷。

以上二书合一册之中，卷目颇乱，依次为：①圆方勾股图解序，署"后学载堉著"；②方圆密率算术周径幂积相求；③圆方图解凡例；④周髀序，后汉赵君卿撰；⑤古周髀算经，署"后汉赵君卿注，后学载堉图解"；⑥古周髀算经图解，署名与前同；⑦周髀算经后序，署"宋鲍浣之撰"；⑧勾股图解跋，署"句曲山人跋"。从这次序看，①、②、③、⑧当属《圆方勾股图解》一书；④、⑤、⑥、⑦当属《古周髀算经图解》一书。此二书合一册，且目录互掺，可能的原因是朱载堉年事已高，且二者均以图解形式涉及勾股问题。该二书有郑藩本，《续修四库全书》本（影印郑藩本）。

《醒世词》。笔者在30余年之前言及此书[1]，此后受陈万鼐先生

---

[1] 戴念祖:《朱载堉：明代的科学和艺术巨星》，人民出版社，1986，第237页。

批评，其著《朱载堉研究》中有言："我想该作者对于朱载堉了解有限，不足以为定论。况且这本书是从未见到著录的，以目录学观点而论，属于'疑伪'之作。"[1] 为此，简述如下：

且不说"未见著录"的典籍以"疑伪"待之不当（因为中国古代典籍，未列入著录而被近世发现者很多），就以《醒世词》而言，早在清嘉庆十六年（1811），范照藜诗道：

训俗歌谣半俚词，俚词都近古风诗。

里闾传得遗篇在，妇妪于今颂老师。

注曰："世子尝采郡邑土风俗语，衍为各种歌词，以训世。其词愈俚愈工，愈浅愈妙，诚训俗之至言也，妇孺至今都能诵之。当时咸称之曰'老师父'，今犹相沿不改。"[2]

范照藜作此诗时距朱载堉卒已有200年，距今已有200余年。朱载堉撰写过类似保留至今的《醒世词》中的歌词，当无疑义。

清道光元年（1821）河内县儒生贺汝田搜集朱载堉歌词73首，并雕版成书，作序曰：

前明怀庆府郑藩端清世子，因书理奥，愚夫难晓，顺口作为歌词，无非教人父子慈孝，兄弟和睦，贫守其贫，富守其富，以及处世接物，不奸不诈，守分安命，各尽其道焉。虽近诙谐，然词浅易晓，人人得而知之。其醒世之意，实与圣贤训世之典毫无背谬。但此书流布人间，俱系抄本。传写既久，不无添字、去字、

[1] 陈万鼐：《朱载堉研究》，第234—235页。

[2] 范照藜：《勾漏山房诗》卷下，沁阳市文物管理委员会印清嘉庆年间河内刻印本，1992年10月沁阳市文物管理委员会重刻本。顺此指出，范照藜之该诗集仅在怀庆流传，沁阳市文物管理委员会所藏该书，抑或为孤本。该书同未见目录著述之，难道也判为伪书吗？

差字、讹字处，观者每为憾之。余搜寻数本，考校选择，只刻此七十三条，以公同好。傥有□□□□□[1]高明者改正焉。[2]

清道光四年（1824），温县儒生王茂先又编《醒世词》，搜集了301首。1918年、1933年、1935年益智堂据此重刻，并加以分类。1992年河南中州古籍出版社据1935年本又影印出版。

从73首扩展到301首，问题在于，究竟朱载堉作了几首醒世词，哪些属其所作，哪些是好事之儒添加并冒用朱载堉之名任其流布？这倒需要深入研究。从这一角度说，301首的朱载堉《醒世词》确有“疑伪”之成分，73首应当比较真实，301首中可能有不少他人之作，应该加以分辨。

原北京图书馆版本学者路工先生于1956年发现朱载堉《醒世词》，在其73首中选出21首，编入其收集的《明代歌曲选》之中。[3]

三、佚书并辨证

《瑟铭解疏》，王铎撰《郑端清世子赐葬神道碑》著录。疑该书即《瑟谱》是也。

《金刚心经注》，王铎撰《郑端清世子赐葬神道碑》著录。陈万鼐认为其为二书:《金刚经注》和《心经注》[4]，非常正确。此二书乃朱载堉与僧松谷在登封少林寺笃嗜贝典所撰，抑或该书尚在

[1] 此五字模糊不能辨。

[2] 贺汝田:《朱载堉词》(清道光元年)，载阎永仁重编《醒世词》，中州古籍出版社，1992。

[3] 路工编《明代歌曲选》，上海古典文学出版社，1956，第73—79页。

[4] 陈万鼐:《朱载堉研究》，第234页。

少林寺藏经处。其内容大致为阐扬释、道、儒三教一体。少林寺迄今尚存朱载堉绘图撰书的“混元三教九流图赞”碑，碑中不仅绘有三人一体图，而且在该图上方还题写道：

佛教见性，道教保命，儒教明伦，纲常是正。农流务本，墨流备世。名流责实，法流辅制。纵横应对，小说咨询。阴阳顺天，医流原人。杂流兼通，述而不作。博者难精，精者未传。日月三光，金玉五谷。心身皮肤，鼻口耳目。为善殊途，咸归于治。曲士偏执，党同排异。毋患多歧，各有所施。要在圆融，一以贯之。三教一体，九流一源。百家一理，万法一门。

以上文字中的思想，当与《金刚心经注》一致。

《算经》，王铎撰《郑端清世子赐葬神道碑》著录。此书当指《嘉量算经》或《古周髀算经图解》，或为该二书之泛称。

《秬秠详考》，王铎撰《郑端清世子赐葬神道碑》著录。“秬”（jù）和“秠”（pī）均指黑黍。《汉书》卷二十一《律历志》载，以黍定度量衡。朱载堉更发扬为从种黍、采黍、选黍到排黍、容黍之操作，从黍粒排法以定“横黍”“纵黍”之尺，等等。其文字见于《乐律全书》《嘉量算经》《律吕正论》等书。《秬秠详考》当是从这些书中择出的单一论题之作，抑或有朝一日该书将显露于世。

《古乐图谱》，20卷，见《江苏采辑遗书目录简目》[1]，已佚。此书可能是朱载堉所进《律书》之一，即《乐舞全谱》的翻版，有好事者辑之并署“明郑世子朱载堉著”。

《先天图正误》，王铎撰《郑端清世子赐葬神道碑》《千顷堂书目》《河南通志》等著录。“先天图”即河图洛书。朱载堉求取圆周

[1]《四库采进书目》，吴慰祖校订，商务印书馆，1960。

率方法源自河图洛书，在《律学新说》《律吕精义》等书中多处言及。该书内容当与此相关。

《韵学新说》，王铎撰《郑端清世子赐葬神道碑》《千顷堂书目》《河南通志》等著录。韵学为朱载堉研究乐学、谱写歌词之羽翼。他说："臣所撰新说凡四种：一曰律学，二曰乐学，三曰算学，四曰韵学。前二者其书之本原，后二者其书之支脉，所以羽翼其书者也。"朱载堉之韵学文字虽在《乐律全书》中有所阐述，但其新说4种中唯该书散佚。

《古今韵学得失论》，《千顷堂书目》著录。似与《韵学新说》同书，或为后者之一篇（卷）也。

《切韵指南》，《河南通志》与《河内县志》著录。

《毛诗韵府》，王铎撰《郑端清世子赐葬神道碑》著录。

以上二书属经部小学类之作，讲声韵平仄，更求诗词乐歌之美。朱载堉青少年时作毛诗《补亡诗》多首，此二书当其延伸也。

《礼记类编》，王铎撰《郑端清世子赐葬神道碑》著录。

《乐和声大成乐舞图说》，已有人著录曰："明史艺文志经部乐类著录。疑此书与《乐学新说》《六代小舞谱》等书相关。"[1] 查《明史》，证明此说有误。[2] 此书与朱载堉毫不相干，乃为名叫"乐和声"的人所撰《大成乐舞图说》是也。乐和声，乃宋代忠武王岳飞（1103—1142）之后裔，官职极微，为"候补礼部精膳司员外"（宫廷美食候补参事）。万历三十三年十一月曾奏乞复姓氏事[3]。

---

[1] 陈万鼐：《朱载堉研究》，第213页、第232页。

[2]《明史》卷九十六《志第七十二·艺文一》。

[3]《明神宗实录》卷四一五，万历三十三年十一月庚子。

PRINCE

MUSICOLOGIST

SCIENTIST

ZHU ZAIYU

第四章

十二等程律的理论创建

从本章开始，我们要叙述朱载堉的学术成就。他最大的贡献是创建了十二等程律。

音乐上的十二等程律是一种数学调音体系，它以严格的相等音程来配置八度内12个半音。具体说，十二等程律首先是精确定义八度音程比为2，再将八度分成12个相等的半音，使任意相邻的两个半音的音程比值为2的12次方根，即$\sqrt[12]{2}$。这种调音体系当然是人为的，但它不会使习惯于该体系的耳朵产生不悦之音感；它的优点是能够旋宫转调，特别是在琴键乐器中，可以根据需要任意使用所有的键。因此，人们常把十二等程律看作当代音乐演奏艺术的理论基础。十二等程律在当今的西方普遍被看作“标准调音”“标准的西方音律”，但它的数学理论首创之功是属于朱载堉的。

或许，人们会感到惊讶，音乐与数学竟有如此密切的关系。事实上，以数学来总结或归纳音乐上乐音的高低法则，是人类历史上最早发现的一个自然规律。古希腊毕达哥拉斯（Pythagoras，前580至570之间—约前500）发现五度音程的弦长比为2/3，从而奠定了西方“五度律”的数学基础；先秦时期管仲（？—前645）发现高五度或低五度音程的弦长比为2/3和$2\times\frac{2}{3}$，从而确立了中国传统的“三分损益律”的数学基础。16世纪时，朱载堉将音乐学明确地定义为“乐学”和“律学”两大分支学科之总称。他提出：“乐也者，声音之学也；律也者，数度之学也。”[1] 这里的“数度”

[1] 朱载堉：《律吕精义·序》。

就是指数学和计量学。古代中国人或有将“乐学”与“律学”合称为“乐律学”者。就现在的学术观点看，“乐学”即音乐中歌唱和演奏的艺术，包括和声学、对位法、曲式学、配器法、作曲法，甚而包括记谱和读谱等内容；而“律学”就是要用数学手段和简便仪具（如定律器）来总结已有音乐体系的乐音高低的规律或法则，或者用数学手段和实验仪器创建一种新的音乐体系的学科。因此，“律学”在西方学术界又被称为“数理音乐学”“音乐声学”或“音乐物理学”[1]。

和朱载堉几乎同时或稍后，西方学者也曾把音乐和数学的关系说明白。1570年，欧几里得《几何原本》第一部英译本出版，英国炼金术士、占星家和数学家约翰·迪伊（John Dee，1527—1608）在为该英译本所作的“序”中指出，“音乐是一门数学科学”[2]。此后，1636年，法国数学家、自然哲学家和宗教学家梅森（Marin Mersenne，1588—1648）出版了《和声学通论》一书，他在其中曾主张“音乐不外就是发出声音的代数”[3]。博学多才的耶稣会士基歇尔（Athanasius Kircher，1601/1602—1680），也是欧洲科学文化情报的重要“中介人”之一，于1650年在罗马出版了《音乐学通论》10卷本著作，他认为“音乐的操作模式是算术”，并将

---

[1] 有关律学，见缪天瑞：《律学》，人民音乐出版社，1983。

[2] John Dee，*Introduction to The Elements*；*or*，*The Mathematical Prefaceto Elements of Geometry of Euclid of Megara*（*1570*），by Allen G.Debus（ed.）（New York：Science History Publication，1975）.

[3] Marin Mersenne, *Harmonie Universelle*. 1635. 该书尚有1963年巴黎法文版以及1957年由 Roger E. Chapman 翻译的英文译本。本书引自 Siegfried Zielinski，*Deep time of the Media*（Cambridge：The MIT Press，2006），p.143。

音乐理解为"从属的学科，即从属于数学的学科"。[1] 和朱载堉相比较，西方学者对音乐学的定义就显得有所偏颇了。本章所叙述的正是这种与数学相结合的律学内容。在朱载堉看来，算学是创建一种新的乐律体系的有力的翅膀，"所以羽翼其书者也"[2]。

第一节　传统律学概述

在朱载堉之前，中国传统律学已相当发达：三分损益律发展到完善阶段；钟律和琴律也早已应用了纯律音程；平均律虽尚无严格的理论计算，但在实践和理论上作了多方探讨。

中国传统律名、音阶等称谓与西方近代相应名称如表4–1所示。表4–1所示的中国古代七声音阶称为古音阶，其中"变徵"音级与蕤宾同位。若"变徵"与仲吕同位，则称为新音阶。其实，"古音阶"不古，"新音阶"不新，它们是近代学者的一种命名，并无时代差别的意义。表4–1中所列西洋七声音阶，也称为古希

[1] Athanasius Kircheri，*Musurgia universalis*：*Sive Ars magna consoni et dissoni in X libros digesta*，2 vols（Rome：Francesco Corbelletti，1650）. Reprint，with a foreword and indexes by Ulf Scharlau，vol.1（Hildesheim：Olms，1970），p. 268. 本书引自 S. Zielinski，*Deep time of the Media*（Cambridge：The MIT Press, 2006），p. 122。以上三篇文献和引文也见：S. Zielinski，*Archäologie der Medien*（Hamburg：Rowohlt Verlag GmbH，2002），p. 148，170，147 and 157。该书中译本《媒体考古学》，荣震华译，商务印书馆，2006，第121—122，140，130页。但中译本不少段落文句译得晦涩难懂。感谢 Zielinski 教授，赠送笔者其大作英文本，即 *Deep Time of the Media* 一书。

[2] 朱载堉：《算学新说·前言》。

腊毕达哥拉斯音阶。中国的“新音阶”与毕氏音阶相同。[1]

表4–1　中国古代及西洋音乐中的律与音阶名称

西洋	十二律名	C	$^{\#}$C	D	$^{\#}$D	E	F	$^{\#}$F	G	$^{\#}$G	A	$^{\#}$A	B	C^1
	七声音阶	C		D		E	F		G		A		B	C^1
	音级唱名	do		re		mi	fa		sol		la		si	do^1
中国古代	十二律名	黄钟	大吕	太簇	夹钟	姑洗	仲吕	蕤宾	林钟	夷则	南吕	无射	应钟	清黄钟
	七声音阶	宫		商		角		变徵	徵		羽		变宫	清宫
	工尺谱阶名	上		尺		工		凡	六		五		乙	仩

古代中国人如何从数学上算出十二律的音高比率呢？最早的计算方法称为“三分损益”法。它是以2/3（损一）和4/3（益一）作为生律因子而产生的十二律。假定起始音黄钟的弦长为1份，再将其连续分别乘以2/3和4/3（称谓“先下后上”），只要在计算到第7次（蕤宾）音位时，将蕤宾律的长度再乘4/3（称为“蕤宾重上”），就可以得到一个约略八度内的十二律的弦长比值（见表4–2）。

[1] 本节相关内容，可参阅戴念祖：《中国物理学史大系·声学史》，湖南教育出版社，2001;《中国声学史》，河北教育出版社，1994；黄翔鹏：《溯流探源：中国传统音乐研究》，人民音乐出版社，1993；缪天瑞：《律学》，人民音乐出版社，1983；李纯一：《先秦音乐史》，人民音乐出版社，1994；杨荫浏：《中国古代音乐史稿》，人民音乐出版社，1981。

表4-2　三分损益十二律

律名	黄钟	大吕	太簇	夹钟	姑洗	仲吕	蕤宾	林钟	夷则	南吕	无射	应钟	清黄钟
相生次序	1	8	3	10	5	12	7	2	9	4	11	6	（13）
今日音名	C	#C	D	#D	E	F	#F	G	#G	A	B	#B	C^1
七声音阶	宫		商		角		变徵	徵		羽	变宫		清宫
律长	9.00	8.42	8.00	7.49	7.11	6.66	6.32	6.00	5.62	5.33	4.99	4.74	4.50
比率（生钟分）	1	$\frac{2048}{2187}$	$\frac{8}{9}$	$\frac{16384}{19683}$	$\frac{64}{81}$	$\frac{131072}{177147}$	$\frac{512}{729}$	$\frac{2}{3}$	$\frac{4096}{6561}$	$\frac{16}{27}$	$\frac{32768}{59049}$	$\frac{128}{243}$	$\frac{1}{2}$
音分值	0	114	204	318	408	522	612	702	816	906	1020	1110	1120
两相邻律的音分值		114	90	114	90	114	90	90	114	90	114	90	90

中国古代的三分损益律和西方五度律在本质上完全相同，而在计算方法和程序结构上，前者比后者优越。三分损益律的最大优点是它的生律因素是简单分数比，且与人耳生理声学的音感要求极为符合，使人感到悦耳。这是三分损益律长久不衰的原因。

关于三分损益法和三分损益律的最早文献见于《管子·地员》。近几十年考古发现的许多先秦编钟，如铸于春秋中叶（约公元前6世纪）的山西侯马编钟，铸于楚成王初年（约公元前7世纪中叶）的河南淅川下寺一号楚墓的9件纽形编钟，以及众所周知的曾侯乙编钟（铸于楚惠王五十六年即公元前433年）等，都含有三分损益律或与《管子·地员》记载相同音程的音级。令人惊讶的是，1986年在甘肃天水放马滩一号战国秦晚期墓中出土了秦简《律书》，该墓下葬年代为秦王嬴政八年（前239）冬或九年（前238）初。[1]秦简《律书》记载了五声音阶、三分损益十二律的计算方法和计算数值，具体计算中用了两种数值：律数和“大数”（设黄钟值为177147）。计算顺序和结果正确无误。[2] $177147=3^{11}$，用它做乐律计算，可省略繁杂的除法运算。秦简《律书》，可能是上承《管子·地员》，下启《吕氏春秋·季夏纪·音律》的重要乐律史文献。以黄钟“大数”（177147）做计算的方法比《史记·律书》《淮南子·天文训》中有关数值计算要早百余年。

由表4–2可见，尽管五度相生律或三分损益律有许多优点，但它的相邻两律间音程值有2种：114音分和90音分。由它们构成的

---

[1] 甘肃省文物考古研究所，天水市北道区文化馆：《甘肃天水放马滩战国秦汉墓群的发掘》，《文物》1989年第2期；何双全：《天水放马滩秦简综述》，《文物》1989年第2期。

[2] 戴念祖：《试析秦简〈律书〉的乐律与占卜》，《中国音乐学》2001年第2期。

相邻两音级间的音分值也有2种：204音分的大全音，90音分的五度律小半音。如果这样的乐律结构用来演奏，就不可能实现转调。再则，因为2/3、4/3都是除不尽的，因此，无论作多少反复计算，最后都不能获得八度的整数比值，这就是不能“返宫”之意。

除三分损益律（简称“三分律”“毕达哥拉斯律”）外，在乐律上还有平均律（mean-tone temperament）、等程律（equal temperament）等乐律制度。

三分损益律的五度为$\frac{3}{2}$=1.5。从黄钟出发，经过11次的三分律计算，第12次的律位不能与其出发点黄钟相重合，在乐律学上称为三分损益律不能返宫（见图4–1）。为了“返宫”，只有稍微缩小五度值，即令五度为$\frac{300-1}{200}$=1.495。这样，五度图成了一个完满的圆。但其间的第9音与第10音的音程出现了狼音（wolf tone）（见图4–2a），这是一个很难听的音。这个五度图又称为“平均律的五度图”。等程律的五度，其值为（$\sqrt[12]{2}$）^{7}=$2^{7/12}$=1.4983……，它能随意旋宫转调，无狼音，其五度图是个完美的圆（见图4–2b）。其

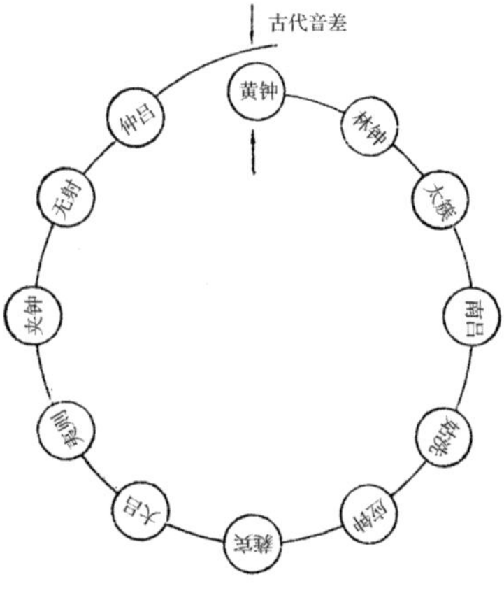

图4–1　三分损益律五度图

缺点是，初听以等程律调出的音阶，会感觉其音不准。但习惯了，就无此感觉了。

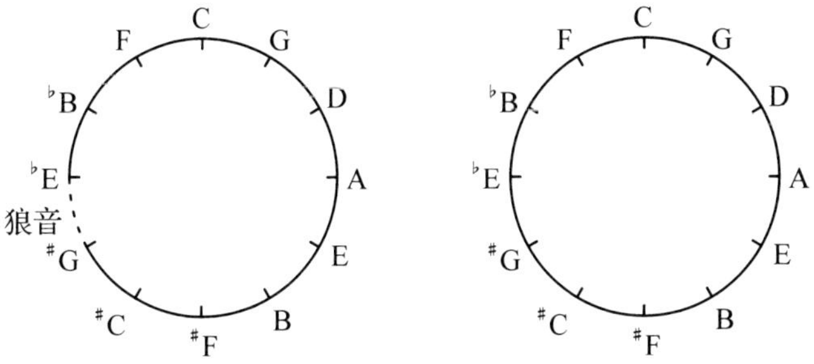

a 平均律的五度图　　　　b 等程律的五度图

图4–2　2种律制的五度图

十二等程律是一种人为的律制。人们为了达到旋宫转调的愿望，以自己的智慧构思出一种律制：它以一个完全八度为基础，以某种数学方法将八度音程分为相等的12份，这样，在八度内的12个律，每个律与相邻律之间的音程都相等。迄今为止，人们为等程律所找到的最好的数学方法就是将八度值开12次方，使十二律构成以$\sqrt[12]{2}$为公比的等比数列。以这个方法产生的十二等程律各参数见表4–3。

从表4–3“频率倍数”栏可见，当假定起始律黄钟频率为1个单位时，其他各律的频率倍数就是“产生法”栏里各个相应幂的数值；从“音分值”栏可见，“相邻两律间的音程”都是100音分，这是十二等程律的表征性特点。这时的各个律都相当于半音，一个八度中的12个律就是12个半音。因为十二等程律有以上特点，所以在这种律制下以黄钟为宫还是以其他任一律为宫，其声音效果都相同。也就是说，以任一律为宫时，其他各律的音程都是100

表4–3　十二等程律各参数

序号	1	2	3	4	5	6	7	8	9	10	11	12	13
中国古代律名	黄钟	大吕	太簇	夹钟	姑洗	仲吕	蕤宾	林钟	夷则	南吕	无射	应钟	清黄钟
今日音名	C	$^{\#}C$	D	$^{\#}D$	E	F	$^{\#}F$	G	$^{\#}G$	A	$^{\#}A$	B	C^{1}
产生法	1	$2^{1/12}$	$2^{2/12}$	$2^{3/12}$	$2^{4/12}$	$2^{5/12}$	$2^{6/12}$	$2^{7/12}$	$2^{8/12}$	$2^{9/12}$	$2^{10/12}$	$2^{11/12}$	2
频率倍数	1	1.05946	1.12246	1.18920	1.25992	1.33483	1.41421	1.49830	1.58740	1.68179	1.78179	1.88774	2
与主音的频率比	1	$\frac{89}{84}$	$\frac{449}{440}$	$\frac{44}{37}$	$\frac{63}{50}$	$\frac{303}{227}$	$\frac{140}{90}$	$\frac{433}{289}$	$\frac{100}{63}$	$\frac{37}{22}$	$\frac{98}{55}$	$\frac{168}{89}$	$\frac{2}{1}$
音分值	0	100	200	300	400	500	600	700	800	900	1000	1100	1200
相邻两律间的音和		100	100	100	100	100	100	100	100	100	100	100	100
频率	261.63	277.18	293.66	311.13	329.63	349.23	369.99	392.00	415.30	440.00	466.16	493.88	523.26

音分，人耳不能辨别其音高距离（即音程）相等的发声情况。因此，它可以随意旋宫转调。同时，我们也应当看到，十二等程律虽然有其他律制无法比拟的优点，但它也有不足之处：由它产生的音，使人感到不十分纯正、自然；和弦时所能达到的和谐性也稍有生硬之感。然而，声音的生理感觉还有个习惯问题，十二等程律并不会使习惯于该体系的耳朵感到不悦。它的优点远胜于它的缺点。因此，十二等程律从诞生以来，越来越普遍地被人们所采用。回顾近300年来的音乐发展，人们很难想象如果没有十二等程律，今天的音乐艺术和音乐生活会是怎样的。而这一切，正是朱载堉的创造，也是他对全世界乐律学的伟大贡献。

古代中国人在音乐实践和理论上孜孜不倦地追求旋宫转调，实际上就是在不断地探讨等程律。

第二节　明代之前等程律的实践及其理论探讨

在我国古代音乐史上有3种律制：三分损益律、纯律和近似的等程律。在音乐实践中，三律并存，且有同时并用的情况。中国音乐史家杨荫浏（1899—1984）曾对此做过透彻的分析。[1]

在中国古代乐器中，秦汉时期出现的弦鼗、卧箜篌直颈琵琶，魏晋时期的阮咸（简称阮，由琵琶演变而成），以及月琴、秦琴、双清、柳琴等弹拨乐器，它们有2个共同特点：有不同音高的诸根弦线；有节制振动弦长的品柱，且每一品同时节制诸弦，而品形

[1] 杨荫浏：《三律考》，《音乐研究》1982年第1期；杨荫浏：《中国古代音乐史稿》（下册），人民音乐出版社，1981，第1014—1016页。

平直，这就使得发不同音高的各弦长度相等。也就是说，品柱势必将各弦音程加大或缩小，从而使某乐器的发音趋近等程律。

图4-3　阮咸（晋“竹林七贤”之一）弹阮（南京四善桥南朝墓砖画）

五代周文矩《宫中图》，描绘了琴、阮合奏的情景。琴即古琴，使用三分损益律和纯律的复合律制；阮，带品柱弹拨乐器，使用近似等程律的律制。琴、阮合奏，正是3种律制的同时并用。

对三分损益律旋宫转调的企盼，以及近似等程律的实践和应用，都促使人们去探讨等程律的数理法则。要突破三分损益律而走向等程律，势必要满足2个条件：①要选定准确的八度音程比值，即1∶2；②在八度的12个律内，相邻两音的音程都必须相等。迈出这两步之一都有利于等程律的创建。如果同时完成这两步，并做出数学的理论概括，而且这个概括又符合科学创造的简单性原则，那就意味着完成了十二等程律。在中国古代律学史上，有不少人为迈出这两步作出了努力。

图4-4　五代周文矩绘《宫中图》（部分摹本）

在梁朝沈约（441—513）编撰的《宋书·律历志》中有一张十二律弦长计算表，表中"旧律度"是按三分损益律计算的结果，"新律度"是何承天（370—447）创造的律制。虽然表中未注明是何承天的计算结果，但在《宋书·律历志》前言中已作了交代：

元嘉(424—453)中，东海何承天受诏纂《宋书》，其志十五篇，

以续马彪《汉志》，其证因该博者，即而因之。[1]

唐代魏徵（580—643）等人撰《隋书·律历志》也明确写道：

承天更设新率，则从中吕还得黄钟，十二旋宫，声韵无失。黄钟长九寸，太簇长八寸二厘，林钟长六寸一厘，应钟长四寸七分九厘强。其中吕上生所益之分，还得十七万七千一百四十七，复十二辰参之数。[2]

《隋书》所列的何承天的计算值与《宋书》完全相同。我们将它列于表4–4之中。

何承天的新律制，实际上是将三分损益律的古代音差平均分为12份，然后将这平均数（0.01）累加到12个律上，使十二律在音差部分形成一个等差数列。这样，他在长度计算音律方面实现了旋宫的愿望，其效果很接近十二等程律，一般人几乎不能依靠听觉辨别其间的差别。[3]他的平均累加古代音差的方法，可以作为后人创建十二等程律的借鉴。

表4–4　三分损益律和何承天新律比较

律名	三分损益律弦长（旧律）单位：寸	何承天律弦长（新律）单位：寸	新旧律差数 单位：寸
黄钟	9.00	9.00	0
林钟	6.00	6.01	0.01
太簇	8.00	8.02	0.02
南吕	5.33	5.36	0.03

[1]《宋书》卷一一《志第一·律历上》。

[2]《隋书》卷一六《志第十一·律历》。

[3] 缪天瑞：《律学》，人民音乐出版社，1983，第123页。

续表

律名	三分损益律弦长（旧律）单位：寸	何承天律弦长（新律）单位：寸	新旧律差数单位：寸
姑洗	7.11	7.15	0.04
应钟	4.74	4.79	0.05
蕤宾	6.32	6.38	0.06
大吕	8.42	8.49	0.07
夷则	5.62*	5.70	0.08
夹钟	7.49	7.58	0.09
无射	4.99	5.09	0.10
中吕	6.66	6.77	0.11
清黄钟	8.88	9.00	0.12
古代音差	0.12	0	

*夷则，按《宋书·律历志》载，旧律度为“五寸六分一厘大强”，新律度为“五寸七分弱”。笔者计算旧律度为5.61865寸，按四舍五入作5.62寸。

在何承天之后，隋代的刘焯（544—610）于仁寿四年（604）提出一种律制。据《隋书》载：

仁寿四年，刘焯上启于东宫……其黄钟管六十三为实，以次每律减三分，以七为寸法，约之，得黄钟长九寸，太簇长八寸一分四厘，林钟长六寸，应钟长四寸二分八厘七分之四。[1]

刘焯是以等式 $L_n=\frac{63-3n}{7}=9-\frac{3}{7}n$ 求十二律的管长。式中L为振动体，n=0，1，2……11。n 的数值由小到大相应地为黄钟、大吕、太簇……应钟。这样一来，刘焯可算是打破了三分损益的

[1]《隋书》卷一六《志第十一·律历》。

传统，他以系数$\frac{3}{7}n$构成振动体长度的等差数列，企图以此达到旋宫的目的。实际上，这样做不仅不能旋宫，而且十二律的音高也混乱了。虽然如此，他大胆地违背三分损益的定律法却是个创举，他为后人创建等程律提供了一个可贵的失败例子：以等差数列的方法不能完成等程律。

五代时，王朴（905—959）在后周世宗显德六年（959）提出一种律制。他认为："黄帝吹九寸之管，得黄钟之声，为乐之端也；半之，清声也；倍之，缓声也。"[1]他以倍、正、半关系作为定律法的基本出发点，即以完全八度作为他的计算基础，然后在三分损益法的基础上适当地调整十二律的数值。《旧五代史》载：

（王朴）以为众管互吹，用声不便，乃作律准，十三弦宣声，长九尺张弦，各如黄钟之声。以第八弦六尺，设柱为林钟；第三弦八尺，设柱为太簇；第十弦五尺三寸四分，设柱为南吕；第五弦七尺一寸三分，设柱为姑洗；第十二弦四尺七寸五分，设柱为应钟；第七弦六尺三寸三分，设柱为蕤宾；第二弦八尺四寸四分，设柱为大吕；第九弦五尺六寸三分，设柱为夷则；第四弦七尺五寸一分，设柱为夹钟；第十一弦五尺一分，设柱为无射；第六弦六尺六寸八分，设柱为中吕；第十三弦四尺五寸，设柱为黄钟之清声。十二律中，旋用七声为均，为均之主者，宫也，徵、商、羽、角、变宫、变徵次焉。发其均主之声，归乎本音之律，七声迭应而不乱，乃成其调。[2]

我们将以上数据列为表4–5：

---

[1]《旧五代史》卷一四五《志七·乐志下》。

[2] 同 [1]。

表4–5　王朴新律弦长数值

律名	黄钟	大吕	太簇	夹钟	姑洗	仲吕	蕤宾	林钟	夷则	南吕	无射	应钟	清黄钟
弦长（单位：尺）	9.00	8.44	8.00	7.51	7.13	6.68	6.33	6.00	5.63	5.34	5.01	4.75	4.50
音分值	0	111	204	313	403	516	609	702	812	904	1014	1106	1200

从表4–5中可见，黄钟长9.00尺，清黄钟长4.50尺，二者正好是八度；将表4–5中各律的弦长数值和表4–4中三分损益律的弦长相比，差数在1到2分之间，王朴调整的数值并不大。尤其是王朴认识到管不便于定律，而改用弦，这是他在改进律制中获得准确性的一个基本原因。因为用管定律要做到准确，就必须加管口校正。从音分值中可见，王朴的定律数据和十二等程律极为相似，其中差数最大的为16音分。因此，我们可以说，王朴虽然没有找到解决等程律的办法，但他很可能是有意识地在探索等程律。

在等程律的探索史中，我们要特别指出这样一种思考方式：三分损益法，即2/3、4/3，人们可以将这两个分数改写为50/75、100/75，或者500/750、1000/750，因为它们都是等效的。如果将后两个分数中的分母做适当的调整，即将其分母减去1，使之成为500/749、1000/749，三分损益律就倾向于等程律了。我们暂且把这种定律法称之为“749定律法”。《淮南子·天文训》中定黄钟数81，计算中取整数值，它所计算得到的十二律数值与三分损益法稍有不同。[1] 朱载堉对此做了详细验证，其结论是，《淮南子》或者采用了四舍五入的简便方法，或者采用了“749定律法”。因此，

[1] 郭树群：《谈朱载堉的律学思维》，《音乐研究》1985年第2期。

朱载堉指出，等程律的定律思想，“非自古所未有，疑古有之，失其传也”[1]。这一有关等程律的起源问题，是朱载堉最早发现的。但是，朱载堉本人决非遵循“749定律法”这条思维线路而创建了十二等程律，他选取了一条完全崭新的数学道路。等程律在我国得到彻底、完满地解决，其间经历了千余年时间。

第三节　朱载堉的新法密率

在谈及本节主题之前，我们先了解朱载堉的律学著作。

《律吕精义》《律学新说》《算学新说》是朱载堉创建等程律理论的代表作。其晚年撰写的《律吕正论》《律吕质疑辨惑》《嘉量算经》是围绕等程律而展开的对某一特定问题的讨论之作。冯文慈先生在点注《律学新说 · 弁言》中曾说，《律学新说》的“主要特点在于首倡新说”，《律吕精义》的“主要特点在于数理精详”。[2]此说甚是。前者概述等程律特点、定义及其与三分损益律的比较，后者详述等程律的数学计算方法和计算数值。而《算学新说》一书，以一种普适的求解等比数列的公式（在四项构成的等比数列中，已知首项、末项，直接求解第二、第三项的方法）来计算十二等程律中各律的音高数值。在朱载堉的计算数值中，《律学新说》为7位数，《律吕精义》分别为25位数、18位数或9位数，《算学新说》为25位数。

---

[1] 朱载堉：《律吕精义 · 内篇》卷四《新旧法参校第六》。

[2] 冯文慈：《律学新说及其作者》，载朱载堉《律学新说 · 弁言》，冯文慈点注，人民音乐出版社，1986，第4—5页。

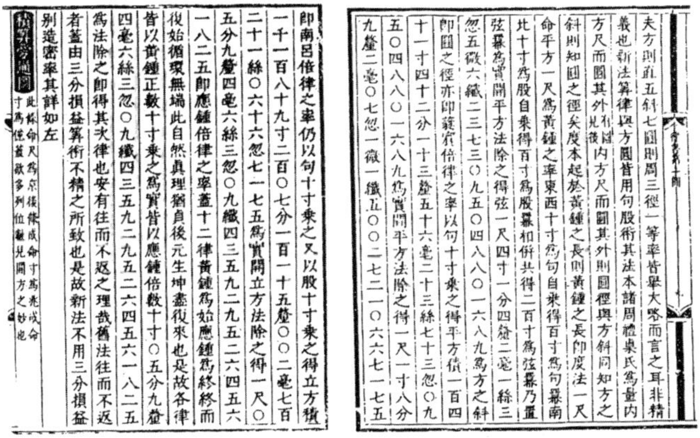
夫方則直五斜七圓則周三徑一等率皆舉大略而言之耳非精
義也新法算律與方圓皆用句股術其法本諸周禮㮚氏爲量內
方尺而圓其外凡在圓後內方尺而圓其外則圓徑與方斜同知方之
斜則知圓之徑矣度本起於黃鍾之長則黃鍾之長即度法一尺
命平方一尺爲黃鍾之率東西十寸爲句自乘得百寸爲句羃南
北十寸爲股自乘得百寸爲股羃相併共得二百寸爲弦羃乃置
弦羃爲實開平方法除之得弦一尺四寸一分四釐二毫一絲三
忽五微六纖二三七三〇九五〇四八八〇一六八九爲方之斜
即圓之徑亦即蕤賓倍律之率以句十寸乘之得平方積一百四
十一寸四十二分一十三釐五十六毫二十三絲七十三忽〇九
五〇四八八〇一六八九爲實開平方法除之得一尺一寸八分
九釐二毫〇七忽一微一纖五〇〇二七二一〇六六七一七五
即南呂倍律之率仍以句十寸乘之又以股十寸乘之得立方積
一千一百八十九寸二百〇七分一百一十五釐〇〇二毫七百
二十一絲〇六十六忽七一七五爲實開立方法除之得一尺〇
五分九釐四毫六絲三忽〇九纖四三五九二九五二六四五六
一八二五即應鍾倍律之率蓋十二律黃鍾爲始應鍾爲終終而
復始循環無端此自然真理猶貞後元生坤盡復來也是故各律
皆以黃鍾正數十寸乘之爲實皆以應鍾倍數十寸〇五分九釐
四毫六絲三忽〇九纖四三五九二九五二六四五六一八二五
爲法除之即得其次律也安有往而不返之理哉舊法往而不返
者蓋由三分損益算術不精之所致也是故新法不用三分損益
別造密率其詳如左
此條命尺爲京後律成命寸爲兆或命寸爲億蓋欲多列位數見開方之妙也

图4–5　《律吕精义》关于十二等程律数理方法的文字记述

朱载堉晚年的律学著作是其早年相关著作的专题论述。如《律吕正论》乃“专主纵黍八寸一分之律”，《嘉量算经》是“专主横黍十寸之律”[1]，《律吕质疑辨惑》仅计算“倍、正、半”三十六律的律长及其内外径之数，而不涉及内外周及容积等数。所得数据，大部分算到5位数（以尺为单位小数点下4位数，即至“毫”为止）或7位数（至“忽”为止）。在他看来，《律吕精义·内篇》中“庶几自毫以下数得全备。但凡截断毫以下数，只名大约而已”[2]。实际上，在单位“毫”以下，目力已不能辨[3]。晚年的朱载堉更为注重工艺之可能及实用之方便了。

《四库全书提要》的作者们不明底细，乱加评点，以为《律吕

[1] 朱载堉：《嘉量算经·问答·三种律同异第二十三》。

[2] 朱载堉：《律吕正论》卷二《律管说下第六》。

[3] 朱载堉：《律吕精义·内篇》卷四《新旧法参校第六》：“凡算法归除有不尽之数，然人目力所察至毫而止，丝忽虽有数，非目所及也。”

正论》等书先出,《律吕精义》后出，载堉“算术与年俱进，故得数不同也”[1]。实则正好相反。从现在的学科划分来看，朱载堉的这些律学著作都以大量篇幅涉及所谓“度、量、衡”的问题。这不仅是因为传统文化中，有“同律度量衡”之说，将“律”与“度量衡”紧密关联；还因为朱载堉追求历代不变的黄钟音高，就不能不去探讨历代度量衡的变迁。

在朱载堉的乐学或律学著作中，言及“新法密率”者，就是今日所谓十二等程律。十二等程律的生律数值，朱载堉称为“密率律度”。同样，他把三分损益律及其生律数值称为“约率”和“约率律度”。朱载堉创建的新法密率是他在声学、律学、音乐和文化上获得的最伟大的成就。

在《律学新说》卷一第二、第三节中分别列有“约率律度相求”和“密率律度相求”的方法。在“密率律度相求”中他写道:

夫音生于数者也，数真则音无不合矣。若音或有不合，是数之未真也。达音数之理者变而通之，不可执于一也。是故不用三分损益之法。创立新法：置一尺为实，以密率除之，凡十二遍，所求律吕真数比古四种术尤简捷而精密。数与琴音互相校正，最为吻合。惟博学明理之儒、知音善算之士，详味此术，必有取焉者矣，岂庸俗所能识哉！

这段文字是朱载堉创建新法密率的宣言。其中提出了音与数的辩证关系，提出了“新法密率”的定义，并对知音博学之儒士寄予厚望。

这段文字中的“古四种术”是什么？根据《律吕精义·内篇》

[1] 永瑢等:《四库全书总目·律吕正论提要》。

记述，这“古四种术”就是在三分损益基础上的4种“黄钟起始音”的律长。它们分别是：

其一，以黄钟为十寸，每寸十分，共计百分；其二，以黄钟为九寸，每寸十分，共计九十分；其三，以黄钟为八寸一分，不作九寸；其四，以黄钟为九寸，每寸九分，共计八十一分。[1]

朱载堉宣告自己的新法密率是“不宗黄钟九寸”“不用三分损益”“不拘隔八相生”，而是“以密率除之，凡十二遍”。[2]“密率”是什么？《律吕精义》对此清楚地写道：

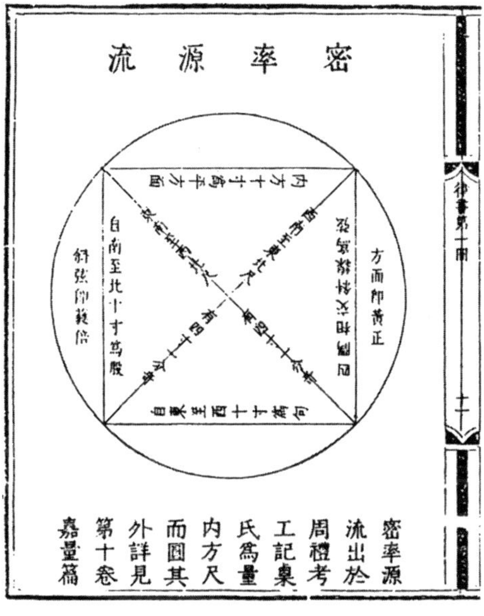

图4–6　《律吕精义》绘密率源流图

[1] 朱载堉：《律吕精义·内篇》卷四《新旧法参校第六》。

[2] 朱载堉：《律吕精义·内篇》卷一。

度本起于黄钟之长，即度法一尺。命平方一尺为黄钟之率。东西十寸为句，自乘得百寸为句幂；南北十寸为股，自乘得百寸为股幂；相并共得二百寸为弦幂。乃置弦幂为实，开平方法除之，得弦一尺四寸一分四厘二毫一丝三忽五微六纤二三七三〇九五〇四八八〇一六八九，为方之斜，即圆之径，亦即蕤宾倍律之率；以句十寸乘之，得平方积一百四十一寸四十二分一十三厘五十六毫二十三丝七十三忽〇九五〇四八八〇一六八九为实，开平方法除之，得一尺一寸八分九厘二毫〇七忽一微一纤五〇〇二七二一〇六六七一七五，即南吕倍律之率；仍以句十寸乘之，以又股十寸乘之，得立方积一千一百八十九寸二百〇七分一百一十五厘〇〇二毫七百二十一丝〇六十六忽七一七五为实，开立方法除之，得一尺〇五分九厘四毫六丝三忽〇九纤四三五九二九五二六四五六一八二五，即应钟倍律之率。盖十二律黄钟为始，应钟为终，终而复始，循环无端。此自然真理，犹贞后元生、坤尽复来也。是故各律皆以黄钟正数十寸乘之为实，皆以应钟倍数十寸〇五分九厘四毫六丝三忽〇九纤四三五九二九五二六四五六一八二五为法除之，即得其次律也。安有往而不返之理哉。[1]

---

[1] 朱载堉:《律吕精义·内篇》卷一《不用三分损益第三》。关于这段文字的注解，可参阅戴念祖:《朱载堉：明代的科学和艺术巨星》，人民出版社，1986，第66—69页。

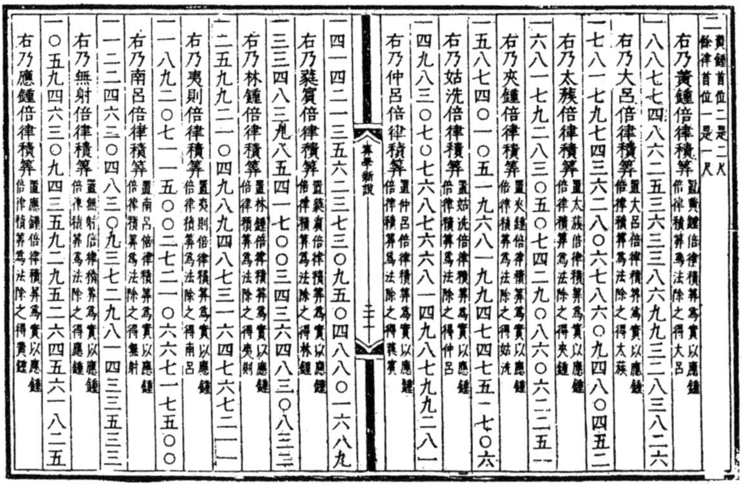

二 黃鍾首位二是二尺 餘律首位一是一尺

右乃黃鍾倍律積筭 置黃鍾倍律積筭為實以應鍾倍律積筭為法除之得大呂

一八八七七四八六二五三六三三八六九九三二八三八二六

右乃大呂倍律積筭 置大呂倍律積筭為實以應鍾倍律積筭為法除之得太蔟

一七八一七九七四三六二八〇六七八六〇九四八〇四五二

右乃太蔟倍律積筭 置太蔟倍律積筭為實以應鍾倍律積筭為法除之得夾鍾

一六八一七九二八三〇五〇七四二九〇八六〇六二二五一

右乃夾鍾倍律積筭 置夾鍾倍律積筭為實以應鍾倍律積筭為法除之得姑洗

一五八七四〇一〇五一九六八一九九四七四七五一七〇六

右乃姑洗倍律積筭 置姑洗倍律積筭為實以應鍾倍律積筭為法除之得仲呂

一四九八三〇七〇七六八七六六八一四九八七九九二八一

右乃仲呂倍律積筭 置仲呂倍律積筭為實以應鍾倍律積筭為法除之得蕤賓

算學新說

一四一四二一三五六二三七三〇九五〇四八八〇一六八九

右乃蕤賓倍律積筭 置蕤賓倍律積筭為實以應鍾倍律積筭為法除之得林鍾

一三三四八三九八五四一七〇〇三四三六四八三〇八三三

右乃林鍾倍律積筭 置林鍾倍律積筭為實以應鍾倍律積筭為法除之得夷則

一二五九九二一〇四九八九四八七三一六四七六七二一一

右乃夷則倍律積筭 置夷則倍律積筭為實以應鍾倍律積筭為法除之得南呂

一一八九二〇七一一五〇〇二七二一〇六六七一七五〇〇

右乃南呂倍律積筭 置南呂倍律積筭為實以應鍾倍律積筭為法除之得無射

一一二二四六二〇四八三〇九三七二九八一四三三五三三

右乃無射倍律積筭 置無射倍律積筭為實以應鍾倍律積筭為法除之得應鍾

一〇五九四六三〇九四三五九二九五二六四五六一八二五

右乃應鍾倍律積筭 置應鍾倍律積筭為實以應鍾倍律積筭為法除之得黃鍾

图4-7　《算学新说》载十二等程律倍律数据，该数据亦见《律吕精义·内篇》卷一

朱载堉的目的是要找到一种数学方法，使十二律计算能够“返宫”。吸取历代乐律家有关的经验教训之后，他断然认定：①必须确定八度比值为2；②选取适当公比数，采用等比数列方法计算。照他自己的话说，“潜思有年，用力既久，豁然不用三分损益之法”[1]；他称三分损益之法为“旧法”“约率”，并认为“旧法往而不返者，盖由三分损益算术不精所致。是故新法不用三分损益，别造密率”[2]。这段关于新法密率的文字，除了古代算术和算盘运算的一些术语和概念之外，主要是在叙述如何找到公比数或密率。其

[1] 朱载堉：《进律书奏疏》，载《乐律全书》。

[2] 朱载堉：《律吕精义·内篇》卷一《不用三分损益第三》。关于这段文字的注解，可参阅戴念祖：《朱载堉：明代的科学和艺术巨星》，人民出版社，1986，第66—69页。

中，几个关键数字如下：

$\sqrt{2}$ =1.4142 1356 2373 0950 4880 1689（蕤宾）

$\sqrt[4]{2}$ =1.1892 0711 5002 7210 6671 7500（南吕）

$\sqrt[12]{2}$ =1.0594 6309 4359 2952 6456 1825（应钟）

预先确立八度音程比值为2，将2作两次开平方运算，再开立方，即得$\sqrt[12]{2}$。朱载堉将这一数值（即$\sqrt[12]{2}$的具体数字）称为“应钟律数”，也称为“密率”，在《嘉量算经》中又称“应钟为诸率母”。

朱载堉的这些数值运算都达25位数。他是用81档大算盘进行开方运算的，其细心认真之精神令人敬佩。据悉，美国某大学的华人教授沈柏宏在20世纪80年代曾用计算机验证了朱载堉的计算数字，并感到惊讶：“这的确是个谜，四百年前的人，怎么能算得这么精确！”[1] 而朱载堉的这段文字叙述，也正如陈万鼐先生所言：“聊聊四百七十二字，却震撼了世界乐坛，改变了人类音乐的前途与景观。”

朱载堉所谓的“密率”或“应钟律数”，实际上就是一组等比数列的公比数。有了这一数值，无论起始音黄钟的弦长（或频率）为何，只要将其累除（或累乘）以这“密率”12次，就可以得到八度内12个律的音程数，也就是获得了十二等程律。我们将朱载堉的计算结果列出如下：

倍黄钟 =2. 0000 0000 0000 0000 0000 0000　　C

大吕 =1. 8877 4862 5363 3869 9928 3826　　#C

---

[1] 沈柏宏：《用高速电脑证明中国人最早发明十二平均律》，转引自陈万鼐：《朱载堉研究》，第109页。20世纪80年代，旅美华裔物理学家任之恭（1906—1995）先生曾回国做中美学术交流，其讲演集中有沈柏宏的文章介绍。遗憾的是，任老当年送我的这本演讲集（由清华大学印制），此后我再也找不到了，本书写作时只好以第二、三手材料作文献列出。

太簇 =1. 7817 9743 6280 6786 0932 8326　　D

夹钟 =1. 6817 9283 0507 4290 8606 2251　　#D

姑洗 =1. 5874 0105 1968 1994 7475 1706　　E

仲吕 =1. 4983 0707 6876 6814 9879 9281　　F

蕤宾 =1. 4142 1356 2373 0950 4880 1689　　#F

林钟 =1. 3348 3985 4170 0343 6483 0832　　G

夷则 =1. 2599 2104 9894 8731 6476 7211　　#G

南吕 =1. 1892 0711 5002 7210 6671 7500　　A

无射 =1. 1224 6304 8309 3729 8143 3533　　#A

应钟 =1. 0594 6309 4359 2952 6456 1825　　B

正黄钟 =1. 0000 0000 0000 0000 0000 0000　　c

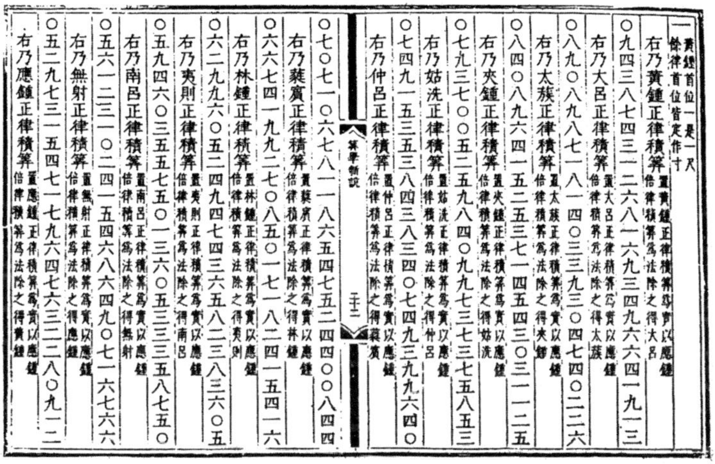

一黄鍾首位一是一尺餘律首位皆定作寸
右乃黄鍾正律積筭 置黄鍾正律積筭爲實以應鍾倍律積筭爲法除之得大呂
○九四三八七四三一二六八一六九三四九六六四一九一三
右乃大呂正律積筭 置大呂正律積筭爲實以應鍾倍律積筭爲法除之得太蔟
○八九○八九八七一八一四○三三九三○四七四○二二六
右乃太蔟正律積筭 置太蔟正律積筭爲實以應鍾倍律積筭爲法除之得夾鍾
○八四○八九六四一五二五三七一四五四三○三一一二五
右乃夾鍾正律積筭 置夾鍾正律積筭爲實以應鍾倍律積筭爲法除之得姑洗
○七九三七○○五二五九八四○九九七三七三七五八五三
右乃姑洗正律積筭 置姑洗正律積筭爲實以應鍾倍律積筭爲法除之得仲呂
○七四九一五三五三八四三八三四○七四九三九九六四○
右乃仲呂正律積筭 置仲呂正律積筭爲實以應鍾倍律積筭爲法除之得蕤賓
算學新説　三十二
○七○七一○六七八一一八六五四七五二四四○○八四四
右乃蕤賓正律積筭 置蕤賓正律積筭爲實以應鍾倍律積筭爲法除之得林鍾
○六六七四一九九二七○八五○一七一八二四一五四一六
右乃林鍾正律積筭 置林鍾正律積筭爲實以應鍾倍律積筭爲法除之得夷則
○六二九九六○五二四九四七四三六五八二三八三六○五
右乃夷則正律積筭 置夷則正律積筭爲實以應鍾倍律積筭爲法除之得南呂
○五九四六○三五五七五○一三六○五三三三五八七五○
右乃南呂正律積筭 置南呂正律積筭爲實以應鍾倍律積筭爲法除之得無射
○五六一二三一○二四一五四六八六四九○七一六七六六
右乃無射正律積筭 置無射正律積筭爲實以應鍾倍律積筭爲法除之得應鍾
○五二九七三一五四七一七九六四七六三二二八○九一二
右乃應鍾正律積筭 置應鍾正律積筭爲實以應鍾倍律積筭爲法除之得黄鍾

图4–8　《算学新说》所载十二等程律正律数据

根据八度倍半关系，将以上各数除以2，就可以得出正律各律数值，而不必再做除法运算了。得出这些数值的计算方法，如表

4–6中的倍律栏。

表4–6 新法密率的计算方法(倍律折半为正律)

律名	正律(弦长)(单位:寸)	倍律(弦长)(单位:寸)		
		计算结果	计算方法	今日音名
黄钟	1	2	$2^{12/12}$	C
大吕	0.9438743	1.8877486	$\frac{2}{\sqrt[12]{2}}=2^{11/12}$	#C
太簇	0.8908987	1.7817974	$\frac{2^{11/12}}{\sqrt[12]{2}}=2^{5/6}$	D
夹钟	0.8408964	1.6817928	$\frac{2^{10/12}}{\sqrt[12]{2}}=2^{3/4}$	#D
姑洗	0.7937005	1.5874010	$\frac{2^{9/12}}{\sqrt[12]{2}}=2^{2/3}$	E
仲吕	0.7491535	1.4983070	$\frac{2^{8/12}}{\sqrt[12]{2}}=2^{7/12}$	F
蕤宾	0.7071067	1.4142135	$\frac{2^{7/12}}{\sqrt[12]{2}}=2^{1/2}$	#F
林钟	0.6674199	1.3348398	$\frac{2^{6/12}}{\sqrt[12]{2}}=2^{5/12}$	G
夷则	0.6299605	1.2599210	$\frac{2^{5/12}}{\sqrt[12]{2}}=2^{1/3}$	#G
南吕	0.5946035	1.1892071	$\frac{2^{4/12}}{\sqrt[12]{2}}=2^{1/4}$	A
无射	0.5612310	1.1224620	$\frac{2^{3/12}}{\sqrt[12]{2}}=2^{1/6}$	#A
应钟	0.5297315	1.0594630	$\frac{2^{2/12}}{\sqrt[12]{2}}=2^{1/12}$	B
清黄钟	0.5000000	1.0000000	$\frac{2^{1/12}}{\sqrt[12]{2}}=2^{1}$	c

了解《律吕精义》中有关十二等程律的求解法之后，我们就容易理解《律学新说》中“以密率除之，凡十二遍”这句话。实际上，它就是以下的计算公式：

$$\frac{T_n}{T_{n+1}}=\sqrt[12]{2} \text{ 或 } \frac{T_n}{\sqrt[12]{2}}=T_{n+1} \quad (n=0，1，2，\cdots，12)$$

当 $n=0$，T_1为黄钟值；当 $n=1$，T_2为大吕值；当 $n=12$，T_{13}为清黄钟值。这个公式也就是十二等程律最简单、科学的数学公式。朱载堉虽然没有写出这个公式，但他以定义性文字明白无误地表述了这个公式。虽然《律学新说》只列出了计算结果，也没有指出“密率”是什么样的比例因子，但人们不难看出其中的奥妙。现在，人们只要利用他的方法，甚至搬用他的数据结果，就可以在任一弦乐器上（如钢琴）调音，调出等程律的律音，也就可以随意旋宫转调。

上述十二等程律的计算公式，实际上在《算学新说》一书中明明白白地写出来了。朱载堉在该书“第十问”后写道：黄钟倍律积算为2，应钟倍律积算为$\sqrt[12]{2}$。“置黄钟倍律积算为实，以应钟倍律积算为法，除之得大吕”“置大吕倍律积算为实，以应钟倍律积算为法，除之得太簇”“置太簇倍律积算为实，以应钟倍律积算为法，除之得夹钟”“置应钟倍律积算为实，以应钟倍律积算为法，除之得黄钟（正律）”“置黄钟正律积算为实，以应钟倍律积算为法，除之得大吕（正律）”“置黄钟半律积算为实，以应钟倍律积算为法，除之得大吕（半律）”等等。在《律吕精义・内篇》卷一中，朱载堉在“积算旁通图”下的注释文字中，对起始音为2的八度中的各律作了同样的描述。

他以文字叙述的方式，将上述公式从倍黄钟到半应钟的三十六律一一详尽地做了表述。由于当时条件的限制，数学符号和数学概括能力缺乏，要求朱载堉直接写出上述公式是不可能的。但是，这段文字毫无疑问充分表达了上述数学公式。

朱载堉在《律吕精义》中对十二等程律做了许多重复的计算，他不仅将黄钟定为2尺、1尺、0.5尺，而且还将它定为20寸、20兆或10寸、10亿等，实际上也即将八度定义为2∶1，同时还将数字计算到25位。可能有人认为，这只不过是一种数学游戏。因此，现代人读他的书，感到冗长乏味。实际上，正如朱载堉自己所说："或问二十五位主意何也？答曰：河图中数五，五自乘得二十五；易曰天数二十有五。……故以二十五位为极数耳。"[1] 由此可见他对《河图洛书》《易经》教条笃信之深。而他在八度内改换各种具体数值，不厌其烦地计算，更重要的是因为十二等程律刚刚诞生，他不得不改变许多单位（即改变构成八度的高低二律的具体数值），列出许多带有一长串数字的计算结果，以便证明它们在数值上都是一致的，并向人们确凿地表明，新法密率是对任何度量单位都适用的普适性法则。

有些人对朱载堉的理论建树感到不可思议。他们认为，那时的中国人不懂得怎样解如 $\sqrt[12]{2}$ 一样的高次方根。这种疑问是多余的。因为，古代中国人很早就熟练驾驭开平方、开立方的方法，汉初人们已通晓勾股求弦术，中国最古老的数学经典《九章算术》中又总结了有关的计算方法。[2] 从宋代开始，贾宪在11世纪，秦九韶、朱世杰在13世纪，已做出了关于开平方、开立方和以增乘

---

[1] 朱载堉：《算学新说·第六问结语》。

[2] 钱宗琮：《中国数学史》，科学出版社，1964，第29—31页。

开方求高次方根的简便方法[1]，因此对于明代的朱载堉而言，直接地进行高次方根运算也是不成问题的。但遗憾的是，求高次方根的简便方法在14世纪初年以后失传了。因此，朱载堉是用《九章算术》中“置积为实”的开方术，即先求平方积或立方积，再求平方根或立方根的老方法解方根的数学问题。显然，两次开平方根的运算后，再开立方，就是12次方根。朱载堉不仅解决了开高次方根的问题，其敏锐的科学眼光还在于把数学中的开方运算和乐律学中的音高关系紧密地联系在一起：$\sqrt{2}$ 恰好是八度音程2的一半，即居十二等程律之中的蕤宾律；$\sqrt[4]{2}$ 是八度的1/4，即居蕤宾和清黄钟之中的南吕律；而 $\sqrt[12]{2}$，为八度的1/12，也即十二等程律中半音的音程。一旦求得半音的音程，十二等程律立即可得。

事实上，朱载堉在求解十二等程律的正确答案时，直接运用了由四项构成的等比数列的求解方法。关于这一点，我们留待第九章中再讨论。

有人认为，朱载堉只是列出了计算结果，而没有讲出十二等程律的学理。这是不公正的评判。试比较朱载堉和现代对十二等程律的定义，就会知道他的学理是深刻的、无懈可击的。

创立新法：置一尺为实，以密率除之，凡十二遍。[2]

这个最简单的方法是要为半音选择一个正确的比例，然后把

[1] 钱宝琮：《钱宝琮科学史论文选集·增乘开方法的历史发展》，科学出版社，1983，第404—430页。

[2] 朱载堉：《律学新说》卷一《密率律度相求第三》。

它运用十二次。[1]

前者是朱载堉对十二等程律计算方法做出的概括；后者是在一本被称为当代研究音律史的“透彻的专论”[2]中做出的概括，这个概括也被著名的《新格罗夫音乐和音乐家辞典》所采用。[3]

等程律的半音音阶在一个八度中有十三个音，任何相邻两音之间的音程是$\sqrt[12]{2}$。[4]

盖十二律黄钟为始，应钟为终，终而复始，循环无端。……是故各律皆以黄钟……为实，皆以应钟倍数1. 059463为法除之，即得其次律也。[5]

前者是一本人们常用的《物理学辞典》写下的定义；后者是朱载堉在400多年前写下的定义。前者在一个八度中从黄钟算到清黄钟，故为十三个音；后者从黄钟算到应钟，故为十二律。

请看，朱载堉在400多年前对等程律的定义、计算方法的概括和今天的观点何其相似！怎么能说朱载堉没有提出十二等程律的数学表示呢？

---

[1] J. M. Barbour，*Tuning and Temperament*：*a Historical Survey*；or, *The New Grove Dictionary of Music and Musicians*, Vol.18（London：Macmillan Publishers，1980），p.664。

[2] Alexander Wood，*The Physics of Music*，Rev. J. M. Bowsher，7th ed.（London：Hal-sted Press 1975），p.195.

[3] Stanley Sadie（ed.），*The New Grove Dictionary of Music and Musicians*, *Vol.16*（London：Macmillan Publishers，1980），p. 218.

[4] H. J. Gray and A. lsaacs，A *New Dictionary of Physics*（London：Longman，1975），p.190.

[5] 朱载堉：《律吕精义·内篇》卷一，《不用三分损益第三》。笔者在此未按原文的数字汉字照抄，也删略了单位，目的是便于比较，因为$\sqrt[12]{2}=1.059463$。

朱载堉在创建十二等程律时，曾大声呼喊“四不”的观点：不宗黄钟九寸之说，不用三分损益之法，不拘隔八相生之序，不取围径皆同之论。这“四不”是他在《律吕精义·内篇》中以章节题目形式说出的，并对每一个观点作了阐述。“四不”的观点是他创建新法密率的纲要，是他和旧的定律法决裂的旗帜。唯有如此，他才能走出传统三分损益律的藩篱，并进入一个创新律制的境界。

所谓“不宗黄钟九寸”，表面上看，是他在考据历代尺度变化，实际上，他是在为建立最简单的八度音程的比值概念下功夫。他宣称，“黄钟无所改，而尺有不同”，“起度之法，十寸为尺”。[1] 这样，他就为自己选择黄钟正律1尺、倍律2尺、半律0.5尺找到了计量理论的根据。在具体运算的时候，他就不必再去追问历代尺寸的内涵，不必做那种繁杂的尺寸单位转换工作；同时也再明显不过地使构成八度关系的正律与倍律、半律与正律之比为1∶2。而这个八度的表述方式一旦确立，他的十二等程律的创建工作就已经胜利地迈出了第一步！遗憾的是，朱载堉所处的时代，“音程”这个极为重要的概念在我国尚未诞生，而朱载堉自己也不能明确地表述这个概念，因此，他在尺度和计算精度方面花费了巨大精力。最终他只能选取弦长比值的概念加以表述。为了使他自己创造的新法密率为众人所接受，他花费的劳动是何等艰苦！关于十二等程律，今天用几百字甚至几句话就可以讲清楚，而他当时不得不用几本书、几百万字来叙述他的第一次伟大的发现。为了这个新律法的诞生，特别是为了给他采用这个关键数字正名，他错误地搬用了《周礼·考工记》中“栗氏为量”的经典记载作为

[1] 朱载堉：《律吕精义·内篇》卷一《不宗黄钟九寸第二》。

合法外衣，希求众人特别是皇帝的恩准。但事与愿违，朱载堉费尽心血套上的这件外衣，后来却成了清高宗弘历（1736—1795年在位）攻击他的把柄。关于这一点，我们在后面几章中再详细论述。

○五 黄鐘首位五是五寸 餘律首位皆定作寸
右乃黄鐘半律積筭 置黄鐘半律積筭爲實以應鐘倍律積筭爲法除之得大呂
○四七一九三七一五六三四○八四六七四八三二○九五六
右乃大呂半律積筭 置大呂半律積筭爲實以應鐘倍律積筭爲法除之得太蔟
○四四五四四九三五九○七○一六九六五二三七○一一三
右乃太蔟半律積筭 置太蔟半律積筭爲實以應鐘倍律積筭爲法除之得夾鐘
○四二○四四八二○七六二六八五七二七一五一五五六二
右乃夾鐘半律積筭 置夾鐘半律積筭爲實以應鐘倍律積筭爲法除之得姑洗
○三九六八五○二六二九九二○四九八六八六八七九二六
右乃姑洗半律積筭 置姑洗半律積筭爲實以應鐘倍律積筭爲法除之得仲呂
○三七四五七七六九二一九一七○三七四六九九八二○
右乃仲呂半律積筭 置仲呂半律積筭爲實以應鐘倍律積筭爲法除之得蕤賓
算學新說
○三五三五五三三九○五九三二七三七六二二○○四二二
右乃蕤賓半律積筭 置蕤賓半律積筭爲實以應鐘倍律積筭爲法除之得林鐘
○三三三七○九九六三五四二五○八五九一二○七七○八
右乃林鐘半律積筭 置林鐘半律積筭爲實以應鐘倍律積筭爲法除之得夷則
○三一四九八○二六二四七三七一八二九一一九一八○二
右乃夷則半律積筭 置夷則半律積筭爲實以應鐘倍律積筭爲法除之得南呂
○二九七三○一七七八七五○六八○二六六六七九三七五
右乃南呂半律積筭 置南呂半律積筭爲實以應鐘倍律積筭爲法除之得無射
○二八○六一五五一二○七七三四三二四五三五八三八三
右乃無射半律積筭 置無射半律積筭爲實以應鐘倍律積筭爲法除之得應鐘
○二六四八六五七七三五八九八二三八一六一四○四五六
右乃應鐘半律積筭 置應鐘半律積筭爲實以應鐘倍律積筭爲法除之得黄鐘

图4–9　《算学新说》所载十二等程律半律数据

至于他不用三分损益的观点是容易理解的。“不取围径皆同”的看法，留待后面有关管口校正一章中叙述。下面我们要着重讨论他的“不拘隔八相生”的观点。

第四节　新法密率的灵活运用

所谓隔八相生，实际上就是三分损一的相生法。它的基本方法是，从某一起始音（设黄钟）起，每隔八律定准一音，连续相生12次后，可大略回到黄钟音位，如图4–10、图4–11。

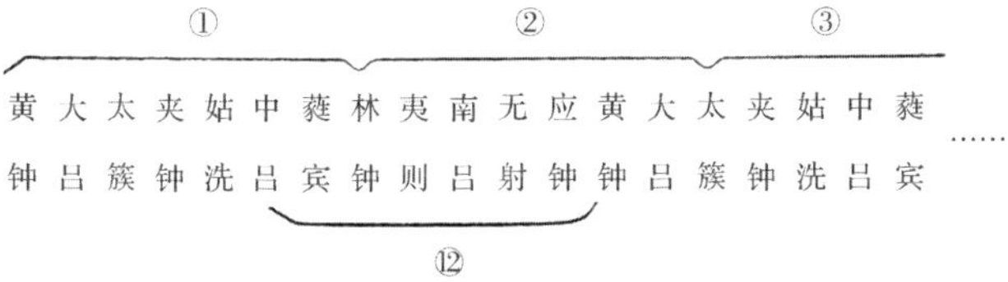

图4–10　隔八相生示例之一

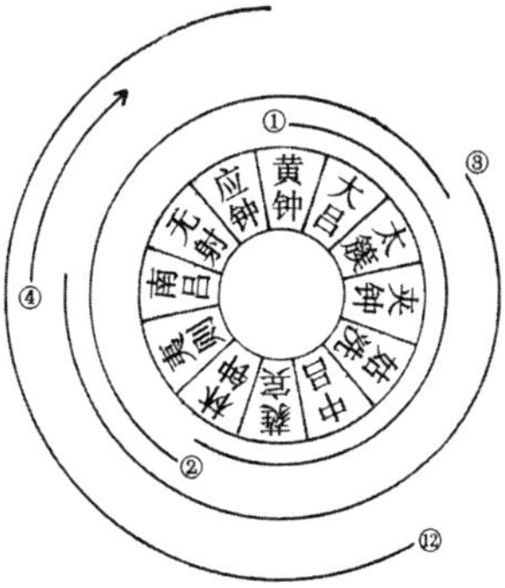

图4–11　隔八相生示例之二

但是，由隔八相生12次，再下降6个八度后得到的清黄钟的音分值为：

$$\frac{1200}{\lg 2}\lg\frac{\left(\frac{3}{2}\right)^{12}}{2^{6}}=1223.460$$

这个清黄钟的音分值比十二等程律的清黄钟（1200音分）高出约24音分。[1] 这就是人们常说的古代音差（Ancient Comma）。隔八相生法实际上不能旋宫。因此，朱载堉写道：

[1] 有关音律计算法，可参阅缪天瑞：《律学》第二章，人民音乐出版社，1983。

新法不拘隔八相生，而相生有四法，或左旋或右旋，皆循环无端也，以证三分损益往而不返之误。[1]

朱载堉的四种方法是：

其一，黄钟生林钟，林钟生太簇，太簇生南吕，南吕生姑洗，姑洗生应钟，应钟生蕤宾，蕤宾生大吕，大吕生夷则，夷则生夹钟，夹钟生无射，无射生仲吕，仲吕生黄钟。长生短，五亿乘之；短生长，十亿乘之；皆以七亿四千九百一十五万三千五百三十八除之。

其二，黄钟生仲吕，仲吕生无射，无射生夹钟，夹钟生夷则，夷则生大吕，大吕生蕤宾，蕤宾生应钟，应钟生姑洗，姑洗生南吕，南吕生太簇，太簇生林钟，林钟生黄钟。长生短，五亿乘之；短生长，十亿乘之；皆以六亿六千七百四十一万九千九百二十七除之。

其三，黄钟生大吕，大吕生太簇，太簇生夹钟，夹钟生姑洗，姑洗生仲吕，仲吕生蕤宾，蕤宾生林钟，林钟生夷则，夷则生南吕，南吕生无射，无射生应钟，应钟生黄钟半律。此系长生短，皆以五亿乘之；皆以五亿二千九百七十三万一千五百四十七除之。

其四，黄钟半律生应钟，应钟生无射，无射生南吕，南吕生夷则，夷则生林钟，林钟生蕤宾，蕤宾生仲吕，仲吕生姑洗，姑洗生夹钟，夹钟生太簇，太簇生大吕，大吕生黄钟。此系短生长，皆以十亿乘之，皆以九亿四千三百八十七万四千三百一十二除之。[2]

---

[1] 朱载堉：《律吕精义·内篇》卷一《不拘隔八相生第四》。

[2] 同 [1]。

在这一长段文字中，“长生短”即弦线较长的律生弦线较短的律；反之即“短生长”。换句话说，“长生短”即由低音往高音方向生，反之则“短生长”。但是，“短生长”可以看作是“长生短”升高八度。我们假设，以英文大小字母 K 和 k 分别表示长律和短律，以箭号“→”表示相生某律，则可以用现代语言和数学式将上段文字表述如下：

其一，黄钟 → 林钟 → 太簇 →……仲吕 → 黄钟，则

$$K\times\frac{5\times10^{8}}{749153538}=k$$

$$k\times\frac{2\times5\times10^{8}}{749153538}=K$$

其二，黄钟 → 仲吕 → 无射 →……林钟 → 黄钟，则

$$K\times\frac{5\times10^{8}}{667419927}=k$$

$$k\times\frac{2\times5\times10^{8}}{667419927}=K$$

其三，黄钟 → 大吕 → 太簇 →……应钟 → 黄钟半律，则

$$K\times\frac{5\times10^{8}}{529731547}=k$$

其四，黄钟半律 → 应钟 → 无射 →……大吕 → 黄钟，则

$$k\times\frac{2\times5\times10^{8}}{943874312}=K$$

这四种方法的含义是什么？

不难看出，其一是等程律五度相生，其二是等程律四度相生，其三是等程律半音顺生，其四是等程律半音逆生。关键是，这4式中的比例因子是如何产生的？

其一，等程律五度比为（以下计算数字均见本章表4–6）：

$$\frac{\text{正林钟}}{\text{正黄钟}}=\frac{1/2^{7/12}}{1}=\frac{1}{2^{7/12}}=\frac{1}{1.498307076}=\frac{10^9}{1498307076}$$

$$=\frac{2\times5\times10^8}{1498307076}=\frac{5\times10^8}{749153538}$$

这个比值适用于长律生短律；若是短律生长律，将此比值乘以2即可。

其二，等程律四度比为：

$$\frac{\text{正仲吕}}{\text{正黄钟}}=\frac{1/2^{5/12}}{1}=\frac{1}{2^{5/12}}=\frac{1}{1.334839854}=\frac{10^9}{1334839854}$$

$$=\frac{2\times5\times10^8}{1334839854}=\frac{5\times10^8}{667419927}$$

这个比值也只适用于长律生短律；若是短律生长律，将此比值乘以2。

其三，等程律半音顺生之比为：

$$\frac{\text{正大吕}}{\text{正黄钟}}=\frac{1/2^{1/12}}{1}=\frac{1}{2^{1/12}}=\frac{1}{1.059463094}=\frac{10^9}{1059463094}$$

$$=\frac{2\times5\times10^8}{1059463094}=\frac{5\times10^8}{529731547}$$

其四，等程律半音逆生之比为：

$$\frac{\text{正应钟}}{\text{正黄钟}}=\frac{1/2^{11/12}}{1}=\frac{2}{2^{11/12}}=\frac{2}{1.887748624}=\frac{1}{0.943874312}$$

$$=\frac{10^9}{943874312}=\frac{10\times10^8}{943874312}$$

我们说，这四种方法是朱载堉对新法密率的灵活运用。因为，只有对十二等程律做出明晰的定义和精确的计算之后，如表4–6所示，才能知道那些多达9位或10位的数字，它们绝不可能是从2/3或50/75的比数中推导出来的。朱载堉在《律历融通・音义》中公布了上述“其一”和“其二”的两个算式，这就告诉我们，他早已完整无误地创建了十二等程律。

我们重温一下三分损益法。在三分损益法中：

$$\frac{2}{3}=\frac{50}{75}=\frac{5\times10^8}{750000000}$$

$$\frac{4}{3}=\frac{2\times2}{3}=\frac{2\times5\times10^8}{750000000}$$

由此可见，上述等程律的第一种生律法与三分损益法极为类似，二者比例因子相差甚微。朱载堉作比较后说：

夫三分损益者以七五为法也。七五者何？四分之三也。实弱法强，往而不返，是以疏也。约率所谓七百四十九，即密率所谓七亿四千九百万有奇。有奇是以密，无奇是以疏。此自然之理耳。[1]

然而，在相差甚微的比例因子中却引出两种不同律制。按朱载堉说："三分损益法往而不返，其弊端盖由七五为法，法太过而实不及也。"[2]这就是说，三分损益法的分母太大，分子太小，因此不能旋宫。如果将三分损益法的定律系数的分母减去1，则使其成为500/749和1000/749，或者写为（5×10^8）/749000000和（$2\times5\times10^8$）/749000000。采用这个定律系数，律制显然具有等程律倾向，但是它仍然不能达到旋宫要求。所以，减去1以后的比例系数可以看作是旧法的修改，但仍是属于旧法的"约率"。

在"749"这一数值之后是零还是仍有除零以外的数，这是三分损益律与等程律的分界线。美国音乐家库特纳（Fritz A. Kuttner）教授曾撰文，极为赞赏"749"定律法，并认为朱载堉创建的十二

---

[1] 朱载堉：《律学新说》卷二《审度篇第一之上·纵黍横黍约率密率算法·今按》。

[2] 朱载堉：《律吕精义·内篇》卷四。

等程律就是由"749"计算中获得的，从而又贬低朱载堉的数学之功。[1] 看来，他完全没看懂朱载堉的乐律著作。

在等程律的律制内，除了以上所述四种生律外，朱载堉在《算学新说》中还述及多种方法。《算学新说》第十问写道：

大吕倍律自乘，所得折半，即是太簇倍律。太簇倍律自乘，所得折半，即是姑洗倍律。夹钟倍律自乘，所得折半，即是蕤宾倍律。姑洗倍律自乘，所得折半，即是夷则倍律。仲吕倍律自乘，所得折半，即是无射倍律。蕤宾倍律自乘，所得折半，即是黄钟正律。以上六条，系长律生短律，故需折半乃得。

应钟倍律自乘所得，即是无射倍律；无射倍律自乘所得，即是夷则倍律。南吕倍律自乘所得，即是蕤宾倍律。夷则倍律自乘所得，即是姑洗倍律。林钟倍律自乘所得，即是太簇倍律。蕤宾倍律自乘所得，即是黄钟倍律。以上六条，系短律生长律，不需折半，即得诸律各长几何。

这又是一个极为简便的生律法。如长律生短律，大吕倍律为 $2^{11/12}$，按引文所述，则 $2^{11/12} \cdot 2^{11/12}/2=2^{5/6}$。

从表4–6中，可检测其为太簇倍律。又如蕤宾倍律为 $2^{1/2}$，按引文所述，则 $2^{1/2} \cdot 2^{1/2}/2=1$，是为黄钟正律。又如短律生长律，应钟倍律为 $2^{1/12}$，按上引文所述，则 $2^{1/12} \cdot 2^{1/12}/2=2^{1/6}$，是为无射倍律。又如蕤宾倍律自乘，则为 $2^{1/2} \cdot 2^{1/2}=2$，是为黄钟倍律。

传统乐律中，将十二律按音高顺序排列后，其奇数顺序之律

---

[1] F. A. Kuttenr, "Prince Chu Tsai-Yü's Life and Work: A Re-evaluation of His Contribution to Equal Temperament Theory," *Ethnomusicology* XIX, no.2 (1975): 163—205. 部分译文和评论见戴念祖：《朱载堉：明代的科学和艺术巨星》，人民出版社，1986，第310—321页。

称为“六律”，其偶数顺序之律称为“六吕”。[1]朱载堉《算学新说》第十一问写道：“六律六吕，两两乘除，皆得所求。”例如：

置黄钟为实，以蕤宾乘之，得蕤宾；或置黄钟为实，以蕤宾除之，亦得蕤宾。

置大吕为实，以蕤宾乘之，得林钟；或置大吕为实，以蕤宾除之，亦得林钟……

在表4–6倍律计算方法栏里，很容易验证以上引文。朱载堉由是说：“十二律吕，参伍以变，错综其数，交互相求，反复皆得。若守旧法，隔八求之，其术浅矣。”[2]

第五节　新法密率的思想来源

朱载堉创建“新法密律”即十二等程律，有什么内在因素？受到什么思想启发？许多学者提出了这样的问题。我们不妨将论题说得远一些。

先叙述通晓律吕之学所需个人条件或知识储备。朱载堉晚年曾这样说：

律吕之学，其要有三：一日明理；二日善算；三日知音。三者备而后可与言矣。然而全才难得。苟有一得之长，聚而与之谋焉，亦可以兼济也。譬如朝中欲为此事，则翰林、国学明理之儒，灵台、钦天善算之官，太常、教坊知音之工，此三种人中择其优

[1] 戴念祖：《中国声学史》，河北教育出版社，1994，第139—140页。

[2] 朱载堉：《算学新说·第十一问之答》。

者，使之协议；假如林下欲讲此理，则儒生、算手、乐艺之人，亦可访询。先民有言，询于刍荛，此之谓也。[1]

朱载堉不仅是“礼失求诸野”“询于刍荛”的身体力行者，而且是明理、善算、知音三者兼备的学问家。他对音乐、算术的爱好是从少年时代开始的。他“儿时即悟先天学。稍长，无师授，辄能累黍定黄钟”[2]。他自述，“余少嗜音律，长而益得其趣”[3]“弱冠之时”，因读书勤奋，“口不绝诵，手不停披，研究既久，数学之旨颇得其要”[4]。他在《律学四物谱·序》中也写道：“余为人所长，惟算术是好。因其所好，而益穷之，以求至乎其极。”[5]直到晚年，他还如此评价自己。[6]除了天赋和勤奋之外，他的父亲——郑恭王朱厚烷，以及他的外舅祖何瑭的著作曾给他很大启发。

朱载堉是幸运者，家庭环境给他创建新律制以极大帮助。何瑭著《乐律管见》一书，郑王为何瑭雕版印刷的《柏斋文集》等书，皆是其家藏。在音乐上，何瑭以为，古代律吕声音并未全失，“犹存于俗乐之制作”[7]中；对于历代黄钟尺寸变化，他认为“黄钟之长，固非人能所为”，而“所谓长九寸，长八寸十分一之类，盖算

---

[1] 朱载堉：《律吕下诊》卷一《律管说上第五》。

[2]《怀庆府志》卷二一《人物·列传》。

[3] 朱载堉：《瑟谱》卷二。

[4] 朱载堉：《进历书奏疏》。

[5] 朱载堉：《律学新说·附录》。

[6] 朱载堉：《嘉量算经·序》。

[7] 朱载堉：《瑟谱》卷一〇《古今乐论下》。

家立率耳”[1]。其影响见于朱载堉《进历书奏疏》之首语:

南京都察院右都御史何瑭乃臣外舅江西抚州府通判何谘之祖也。臣父恭王壮年盖尝师友于瑭。臣虽未获面觌，而亦幸私淑[2]也。……瑭亦尝著阴阳律吕之说，名曰《管见》。臣性愚钝，嗜好颇同。忝居桑梓，复与瓜葛，静居多暇，读其书而悦之。探索既久，偶有所得。

至于朱载堉受其父亲的影响与教诲，其在著作中屡有述及。他在《进律书奏疏》中说:

臣父恭王厚烷存日，颇好律吕。其悟性所自得，虽与先儒不无异同，而臣愚以为，其义或可补先儒所未发。……臣父昔年居凤阳时，惩艾之余，琴书自适。……彼时亲写《操缦谱》稿，藏诸箧笥，返国出以示臣。且谕臣曰:“尔宜再润色之，为我著成一书，以便观览。”及有口授，指示甚详。臣既受教，乃于暇日采古今传记及先儒旧说，续以新闻，附以愚见，著成《琴瑟》《操缦》《旋宫》等谱启进。臣父览之，颇以为然。复谕臣曰:“乐以造律为本，律以累黍为先，损益难凭，纵横未定。……”令臣详考，编辑成书。

[1] 朱载堉:《律学新说》卷一《律吕本源第一》。

[2] 私淑：未得身受其教而宗仰其人，则称为“私淑”。

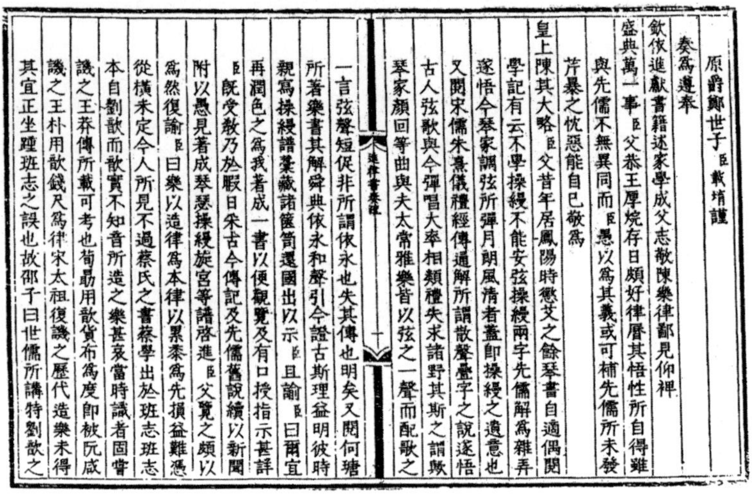
原爵鄭世子臣載堉謹
奏爲遵奉
欽依進獻書籍述家學成父志徹陳樂律鄙見仰裨
盛典萬一事臣父恭王厚烷存日頗好律曆其悟性所自得雖
與先儒不無異同而臣愚以爲其義或可補先儒所未發
芹暴之忱惡能自已敬爲
皇上陳其大略臣父昔年居鳳陽時懲艾之餘琴書自適偶閱
學記有云不學操縵不能安弦操縵兩字先儒解爲雜弄
遂悟今琴家調弦所彈月朗風清者蓋即操縵之遺意也
又閱宋儒朱熹儀禮經傳通解所謂散聲疊字之說遂悟
古人弦歌與今彈唱大率相類禮失求諸野其斯之謂歟
琴家顏回等曲與夫太常雅樂皆以弦之一聲而配歌之
進律書奏疏　十
一言弦聲短促非所謂依永也失其傳也明矣又閱何瑭
所著樂書其解舜典依永和聲引今證古斯理益明彼時
親寫操縵譜藁藏諸篋笥還國出以示臣且諭臣曰爾宜
再潤色之爲我著成一書以便觀覽及有口授指示甚詳
臣既受教乃於暇日采古今傳記及先儒舊說續以新聞
附以愚見著成琴瑟操縵旋宮等譜啓進臣父覽之頗以
爲然復諭臣曰樂以造律爲本律以累黍爲先損益難憑
從橫未定今人所見不過蔡氏之書蔡學出於班志班志
本自劉歆而歆實不知音所造之樂甚衰當時識者固嘗
譏之王莽傳所載可考也荀勗用歆貨布爲度即被阮咸
譏之王朴用歆錢尺爲律宋太祖復譏之歷代造樂未得
其宜正坐踵班志之誤也故邵子曰世儒所講特劉歆之

图4–12　朱载堉《进律书奏疏》部分书影

这里所言《操缦》《旋宫》等谱，即《律吕精义 · 外篇》卷八的《操缦》谱及有关文字，另有《乐律全书》中《操缦古乐谱》《旋宫合乐谱》等书。由此可见，朱载堉的家族中有着非同寻常的音乐与律学文化底蕴。

然而，摆在人们面前的疑难是，三分损益法为何不能从计算理论上返宫并达到转调可能？要实现千余年旋宫愿望，应当用一种什么样的数学方法和数学理论？这是一个困扰世界上所有音乐家千余年的难题。诚然，在音乐演奏实践中，返宫问题仅是手指的稍稍移动，但在理论计算中，要像以2/3准确地表示五度一样，找到一种数学式使八度毫无音差却并非易事。一旦在数学上实现了旋宫可能，那这种数学式必定是十二等程律的结果。这个结果，若建立在三分损益基础上，无论定起始音黄钟长度为何（如9寸，8寸1分或81分，甚至于定为3^{11}=177147），都是不可能实现的。千余年来，人们曾做出种种尝试，如本章第二节所述，均未能如愿以偿。一种创新的思想曙光终出现于朱载堉父子眼前，“不宗黄钟九寸”“不用三分损益”“不拘隔八相生”“别造密率”，即新造一种律制，以实现数理旋宫之可能。

朱厚烷对载堉说的以下一番话应当是朱载堉创建十二等程律的指导纲领：

六经有听律之文，无算律之说。律由声制，非由度出。黄钟之声既定，则何必拘九寸？执守九寸为说，误矣。况又执守王莽尺与斛铭，不亦误甚乎！盖律家所谓三分损其一者，犹历家所谓四分度之一也，皆大略之率耳。自汉刘洪以来千有余载，疑四分度之一者，疑之转深而转密；信三分损其一者，信之弥久而弥疏。何律历二家愚智相较，霄壤相悬也！夫数以理为本，而人心之灵又理数之本也。惟于理有未穷，故其知有不尽。先儒岂欺我哉，彼于冥冥之中固有昭昭者存，但患学者不下苦功夫以求至当耳。援笙证琴，昭然易晓；援琴证律，显然甚明。仲吕顺生黄钟，返本还元；黄钟逆生仲吕，循环无端。实无往而不返之理。笙琴互证，则知三分损益之法非精义也。[1]

朱厚烷对朱载堉的这番教诲，让朱载堉明白“律由声制，非由度出”的道理，故拘守历代黄钟尺寸，大可不必。同时也使朱载堉懂得“理有未穷，故其知有不尽”的内涵，促使朱载堉越过三分损益法的阻碍去探求新知。在这里，更值得我们注意的是朱厚烷这句“仲吕顺生黄钟，返本还元；黄钟逆生仲吕，循环无端”的分量。仲吕也即中吕。“仲吕顺生黄钟”并不困难，以三分损益

---

[1] 朱载堉:《律吕精义·序》。

法或隔八相生法就可以办到，但是这种方法不能返本还元；而“黄钟逆生仲吕”，三分损益法或隔八相生法根本不能办到，这种方法只能是黄钟逆生林钟，何况它也不能循环无端。朱厚烷这句话的律学意义正是我们在上一节已述及的十二等程律灵活应用的第一种和第二种方法的理论概括，它们属于十二等程律的范畴。这就表明，朱厚烷可能初步发现了可以达到旋宫的调律法，或者已经有了十二等程律的某种表示式，只不过未曾加以简洁的数学表述罢了。因此，朱载堉才把《律吕精义》一书的写作归为完成“臣父遗志”。朱载堉听完其父上述教诲之后写道：

臣闻此语，潜思有年，用力既久，豁然遂悟不用三分损益之法，其义益精。律历皆赖臣父所诲，岂敢忘父之志而不为芹曝之献乎。[1]

还值得注意的是，在朱厚烷的上述言语中有“援笙证琴”“援琴证律”之句。所谓援笙证琴，即“吹笙定琴”[2]，或是在古人“吹律定弦”方法中，今人用“以笙定律”的快捷方法代之[3]。那么，“援琴证律”是何意？

本章第一节，我们述及琴律是三分损益律和纯律的复合律制。也就是说，并非琴上所有的音都与三分损益律一致，它的某些音，如5分弦徽位、6分弦徽位上的音是纯律。然而，朱载堉在他的《律学新说》阐述“密率”产生的文字中，明白无误地告诉我们，新法密率的悟性源自琴。他写道：

---

[1] 朱载堉：《律吕精义·内篇》卷五《新旧律实验第七》。

[2] 同 [1]。

[3] 朱载堉：《律吕精义·内篇》卷六《旋宫琴谱第九之上》。

臣尝宗朱熹之说，依古三分损益之法以求琴之律位。见律位与琴音不相协而疑之，昼夜思索，穷究此理。一旦豁然有悟，始知“古四种律”皆近似之音耳。此乃二千年间言律学者之所未觉。惟琴家按徽，其法四折去一、三折去一，俗工口传，莫知从来。疑必古人遗法如此，特记载于文字耳。[1]

朱载堉如果从古琴直接悟出“新法密率”当为似是而非。那么，他在古琴上有何顿悟？

朱载堉在创建新法密率过程中，考虑的焦点是如何达到旋宫转调。三分损益法行不通，对三分损益法做适当修正或增加律数也行不通，在数学上采取平均弦长或使弦长依十二律构成等差数列还是行不通。但他知道，要有旋宫的可能，必须在两个相距为八度的律之间以某种数学方法对十二个律进行定位。是什么数学方法呢？研究历史切忌以今套古。应当说，在当时的中国并没有“八度”等音程概念和术语。今天的音乐家，一说十二等程律就联想到把八度音程开十二次方；朱载堉虽然也明白，十二个律数不能变，黄钟与清黄钟的弦长比为2，但要他立即想到开方运算，谈何容易！俗工口传的琴家按徽法，可能就在他创建新法密率之时给了他最关键的启示。

按照通常的理解，琴家将弦“四折去一、三折去一”就是琴弦的折叠等分法。前面谈到，琴家将弦8等分、6等分，就包括了4等分、3等分，也即四折、三折。但是，我国古代的数学家在开

[1] 朱载堉:《律学新说》卷一《密率相求第三》。引文中所谓“古四种律”，按朱载堉说，是指《史记·律书·生钟分》《汉书·律历志上》《淮南子·天文训》等书，以及《后汉书·志第一·律历上》所记载的黄钟律数，它们都属三分损益律。见《律吕精义·内篇》卷四《新旧法参校第六》。

方运算的过程中说的也是“折”。《九章算术 · 少广章》写道：“开方术曰：置积为实。……其复除，折法而下。……复除，折法如前。”“开立方术曰：置积为实。……复除，折而下。……复除，折法如前。”在经过昼夜思索之后，精通算术的朱载堉突然灵感来临，他悟出琴家的“折去”可理解为数学家的开方运算。于是，他把正律与倍律的弦长比2作被开方数，将3和4作根指数并进行连续两次开方运算；开4次方之后再开3次方，也就是“四折去一，三折去一”。悟性使伟大的发现终于迈出了关键的一步，新法密率就这样成功了。

果真如此，那确实值得朱载堉“特记载于文字耳”。然而，琴弦“折去”的本意当为折叠，朱载堉将此词误解了。但是，在科学史上，从模糊的概念、错误的想象、似是而非的判断中突破了难点、作出了发现，这样的事不乏其例。何况，科学的道路从来就不是平坦笔直的。

在对琴弦“折去”的悟理过程中，朱载堉也一定做了许多尝试。八折、六折、五折、二折，相应地，都分别作开方运算，然后根据数学结果做调音实验，结果无疑是失败的。唯有“四折去一、三折去一”成功，因此，朱载堉特别记下了这一点，而其他的“折去”法就不必再去提及了。

然而朱载堉又在其著作的多处提及，其新法密率来源于先秦著作《周礼 · 考工记 · 栗氏为量》。《律学新说》写道：“今造密率，出于勾股求弦之术，契天地自然之妙，无人为附会之私，其法简而易，其数精而密。”[1]

[1] 朱载堉：《律学新说》卷四《嘉量篇第二》。

《律吕精义·内篇》更明确地写道："新法算律与方圆皆用勾股术。其法本诸《周礼·栗氏为量》：'内方尺而圆其外。'"[1]

众所周知，据现代知识水平，勾股术可作为开平方运算之理论或缘由，也可以作方圆求圆径之术，但绝不能用作开立方的缘由依据。在求取十二项等比数列的公比数过程中，除两次开平方运算外，尚有一次开立方。朱载堉在此瞒天过海，企图高举儒家经典之大旗为其创新立说张目，也便于在皇帝与民众之中打出一纸正统牌。显然，这一来源之说，是在创造出新法密率之后"苦心制造"的借口罢了。

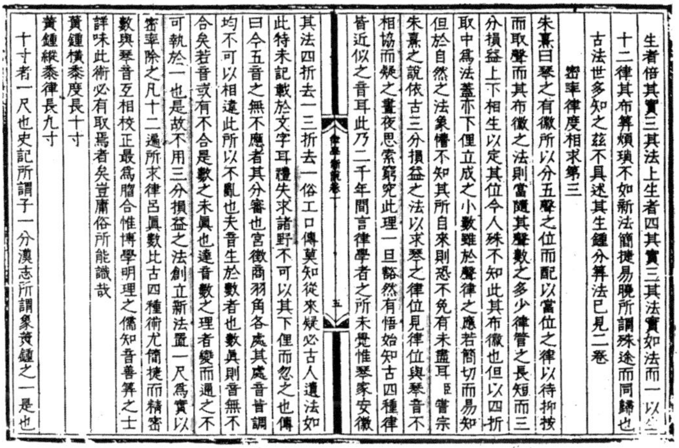
生者倍其實三其法上生者四其實三其法實如法而一以今
十二律其布算煩瑣不如新法簡捷易曉所謂殊途而同歸也
古法世多知之茲不具述其生鍾分算法已見二卷

密率律度相求第三
朱熹曰琴之有徽所以分五聲之位而配以當位之律以待抑按
而取聲而其布徽之法則當隨其聲數之多少律管之長短而三
分損益上下相生以定其位今人殊不知此其布徽也但以四折
取中為法蓋亦下俚立成之小數雖於聲律之應若簡切而易知
但於自然之法象懵不知其所自來則恐不免有未盡耳 臣嘗宗
朱熹之說依古三分損益之法以求琴之律位見律位與琴音不
相協而疑之晝夜思索窮究此理一旦豁然有悟始知古四種律
皆近似之音耳此乃二千年間言律學者之所未覺惟琴家安徽
律學新說卷一 五
其法四折去一三折去一俗工口傳莫知從來疑必古人遺法如
此特未記載於文字耳禮失求諸野不可以其下俚而忽之也傳
曰今五音之無不應者其分審也宮徵商羽角各處其處音皆調
均不可以相違此所以不亂也夫音生於數者也數真則音無不
合矣若音或有不合是數之未真也達音數之理者變而通之不
可執於一也是故不用三分損益之法創立新法置一尺為實以
密率除之凡十二遍所求律呂真數比古四種術尤簡捷而精密
數與琴音互相校正最為脗合惟博學明理之儒知音善算之士
詳味此術必有取焉者矣豈庸俗所能識哉
黃鍾橫黍度長十寸
黃鍾縱黍律長九寸
十寸者一尺也史記所謂子一分漢志所謂象黃鍾之一是也

图4–13 《律学新说》有关十二等程律思想渊源及其定义的文字记述

为何说这是朱载堉"苦心制造"的借口呢？众所周知，《律历

[1] 朱载堉：《律吕精义·内篇》卷一《不用三分损益第三》。

融通》一书是他较早成文的作品。该书所附的《音义》一篇，旨在对《律历融通》所涉及的历法名词、术语做出解释。此时他已解决了数学上旋宫转调的问题，抑或止不住内心创立了新说的喜悦，于是在借着谈历法数字时公布了等程律的计算捷径，包括用这种快捷方法计算的数字（详见上一节的四式中前二式）。然后他写道：

乘除十二遍，亦返本还元。以上一节与前贤之说虽异，而得律吕精微之理。大抵不用三分损益，而用勾股之术及开立方之法求之所得也。是以隔八隔六，循环无端，上下相生，首尾一贯，以证往而不返之说为非。是盖二千余年所未有，实自我朝始耳。恐后世儒者疑，故略释之。其详则见。诸《律吕精义》云。

这段文字对于科学史家和音乐史家而言极为重要，它不仅表明朱载堉创建新法密率、撰成《律吕精义》一书的时间，而且还表明他此时曾忠实地说出，新法密率之术在以“用勾股之术及开立方之法”。此时朱载堉尚未考虑到举《周礼》之大旗以为其新说开道。而“盖二千余年所未有”之最后三句话，是一个科学家完成一项大发明内心激动和忧虑之情的表现。此时，他尚存“恐后世儒者疑”的大发明家心理。或许不久，或在按其父之旨意将此发明撰写成书稿时，才在儒家经典中找到《周礼》。作为其创造发明的由来，以便他人尤其是朝廷更易接受罢了。

朱载堉在《律吕精义》中，也曾不无自豪地针对其发现写道：

是以新法不用三分损益，不拘隔八相生，然而相生有序，循环无端，十二律吕，一以贯之。此盖二千余年之所未有，自我圣朝始也，学者宜尽心焉。[1]

---

[1] 朱载堉：《律吕精义·内篇》卷一《不拘隔八相生第四》。

这段文字符合历史事实，饱含真情实意。朱载堉确实为世界音乐文化创造出一种划时代的新律制和新景观，也值得包括今天的历史学家等“学者宜尽心焉”。

然而，这种律制为何先诞生于中国而不是欧洲?

我们知道，在我国古代，纯律只在古琴中得到较好的应用，但它全然没有理论。西方的情形恰好相反。在西方，有各种述及纯律的理论，但基本上没有纯律的实践。可以说，从纯律迈向十二等程律，比从三分损益律迈向十二等程律在计算上所遇的困难要大得多。朱载堉所处时代仍然是一个无纯律理论的时代，此时的音乐仍然是传统的以三分损益律为基础的单音音乐。而在同时期的西方，音乐是处于和声初期阶段的复音音乐，纯律开始被应用到多声部的结合上。纯律与三分损益律的不同在于，纯律大三度5/4，小三度6/5，小六度8/5，大六度5/3，都是协和音程;而三分损益律的这几个音程的频率比为81/64，32/27，128/81，27/16，它们都是不协和音程。从纯律转向等程律要抛弃令人感兴趣的和声效果，而且复音音乐的曲调既有横向的又有纵向的联系，构成这些音程的纯律在转调方面具有比三分损益律更复杂的矛盾。以三分损益律为基础的单音音乐只有横向联系。如果将三分损益律、纯律、十二等程律这三种律制的音阶做比较，我们会发现，纯律与十二等程律的差距比三分损益律与十二等程律的差距要大。这样，从三分损益律转向十二等程律就要比从纯律转向十二等程律容易些。因此，朱载堉没有纯律带给他的麻烦，也没有纯律的各种观念束缚，在创建等程律的过程中，他只要从三分损益律出发，达到旋宫转调的要求就心满意足了。这种律学发展本身的内部逻辑及其在东西方之间的不同，可以解释为什么中国人比西方更早地完成了十二等程律的理论创建。

朱载堉创制新法，旋宫转调，自由自在。然而，他对三分损益的贬斥却有失偏颇。他说以三分损益为主的“律吕之学，乖谬久矣”[1];“信三分损其一者，信之弥久而弥疏”[2]；至于所谓“三分损益，算术不精”[3]更成为他的桌案警语，提出“新旧律孰是孰非，皆可知也”[4]。直到晚年，他还说:“岂知三分损益所生之律，乃仅得其声之近似而未真耶。盖非师旷之聪，则耳不能齐其声。而声之近似者，足以惑人之听。”[5]

事实上，三分损益律和等程律各有千秋。三分律或五度律有其自身的生命力，既不乖谬，也非算术不精。三分损益的五度和纯律的五度要比等程律五度简单、纯正，就是一个明证。众所周知，老虎和鳄鱼在其各自的领域都是霸主。当然，我们也很理解朱载堉当时的心情。因为，正当他意气风发、对历史上一切生律法进行重新审查和评判性研究之时，三分损益法从吕不韦（？一前235）编《吕氏春秋》以来，已被人们推崇到神圣的主宰统治地位。此时，非有扭转乾坤的巨大魄力而不能跨越一两千年的传统藩篱。朱载堉既明白总结传统经验的道理，又敢于背叛传统观念，这种思想境界正是他之所以能够成功创建十二等程律的根本原因所在。

---

[1] 朱载堉:《进律书奏疏》。

[2] 朱载堉:《律吕精义·序》。

[3] 朱载堉:《律吕精义·内篇》卷一《不用三分损益第三》。

[4] 朱载堉:《律吕精义·内篇》卷五《新旧律实验第七》。

[5] 朱载堉:《律吕正论》卷一《律管说第五》。

第六节　新法密率的创建年代

朱载堉的新法密率到底创建于何时？这是国内外音乐史家和科学史家们极为关注的问题。几十年前，一般都把这个年代定在朱载堉为《律学新说》作序的1584年。1980年，李纯一先生发表了《朱载堉十二平均律发明年代辨证》一文，以事实断言，十二等程律当创建于1581年之前。[1] 笔者赞赏李先生的观点，并对此做些补充考证。

我们曾在第三章“朱载堉生平与著作”中提到，自1560年《瑟谱》成书起的20余年间，朱载堉完成了《律历融通》《律学新说》《律吕精义》的初稿。这里，我们要稍加讨论。

《律学新说》作序于1584年，并不等于成书于1584年。在《律学新说》书末有一《附录》，它原是为《律学四物谱》一书作的序。朱载堉在《律学四物谱·序》中写道：

尝撰《黍谱》《度谱》《量谱》《权谱》，各卷帙不等，总若干万言，今摘其要合为一书，名曰《律学新说》，而以所问所答冠其篇云。《四物谱》原稿文烦而考据详密，后乃删烦摘要，更名曰《律学新说》，成书以进。校其原稿，特十分之一耳。兹因暇日重校原稿，见此序文，不忍弃去，是故续刊附于简末，使览者知作者初意。

读完此段文字，令人顿觉开朗。朱载堉似乎已先预测到，后世要为十二等程律的优先权发生一场世界性争论，故特地留下了

[1] 李纯一：《朱载堉十二平均律发明年代辨证》，《音乐研究》1980年第3期。

《律学四物谱·序》和以上文字。原来，《律学新说》是早已成书的《律学四物谱》一书的精练压缩本。在《律学新说》中朱载堉还留下了许多关于《律学四物谱》的篇章名。李纯一文中已有论述，兹不赘言。

《律学新说》的四卷篇章和《律学四物谱》大致相应：前者卷一，无篇名，实为律学，其基本方法是“夫黄钟之律生于尺，而尺乃生于黍者也”，“古者由律累黍以生尺，今则由黍累尺以求律”。前者卷二、卷三为《审度篇》，卷四为《嘉量篇》《权衡篇》。它们分别与后者的《黍谱》《度谱》《量谱》《权谱》对应。由此可知，《黍谱》应当具有新法密率的内容。这样，十二等程律的创建年代绝不是在1584年，而应当是在它之前的《律学四物谱》成书的时候。

冯文慈先生在其点注的《律学新说》前言中对《律学四物谱》和《律学新说》的关系做了一番颇有见地的解说，认为从前书名到后书名，表明朱载堉的“律学思想可能经历过一番变化”，并以原稿的“黍谱”“增益加强”为律学进行了论述。[1]

还可以把十二等程律的创建时间定得更确切些。《律历融通》一书的作序时间是在万历九年正月吉日，即1581年2月6日，该书末的附录《音义》一卷中写道：

先置黄钟长十寸在位。下生者五亿乘之为实，七亿四千九百一十五万三千五百三十八为法，除之得林钟；就置所得全数在位，上生者十亿乘之为实，仍以前法除之，得太簇；余律放（仿）此，

[1] 冯文慈:《律学新说及其作者》，载朱载堉《律学新说》，冯文慈点注，人民音乐出版社，1986。

乘除十二遍，则返本还元。此系新法，与古不同。

置黄钟十寸在位，下生者五亿乘之为实，六亿六千七百四十一万九千九百二十七为法，除之得仲吕；就置所得全数在位，下生者五亿乘之为实，仍以前法除之得无射。余律仿此。乘除十二遍，亦返本还元。

朱载堉在此指出，这些几亿的数字是“用勾股之术及开立方之法求之所得也”。欲知其详，“则见《律吕精义》云”。

读过前几节文字之后，人们自然会想到，这正是《律吕精义·内篇》卷一《不用三分损益第三》中关于新法密率的一大段文字的概述。而“七亿”和“五亿”的多达九位数的数字也见于《律吕精义·内篇》卷一《不拘隔八相生第四》之中，也就是前述“新法密率的灵活运用”一节中的一式和二式。倘若朱载堉此时未曾对十二等程律做出正确的全部计算，他决不可能写出749153538和667419927这样准确无误的九位数字。它们是等程律的五度相生和四度相生的生律因子。由此可见，十二等程律至迟创建于1581年之前的几年至十几年间。

还值得我们注意的是，朱载堉在《音义》中写道：

大抵不用三分损益，而用勾股之术及开立方之法求之所得也。是以隔八隔六、循环无端，上下相生，首尾一贯，以证往而不返之说为非。是盖二千余年所未有，实自我朝始耳。恐后世儒者疑，故略释之，其详则见诸《律吕精义》云。

《律吕精义》一书曾详细阐述了新法密率，该书作序于万历丙申正月朔日，即1596年1月29日。既然朱载堉在《律历融通》中已指出新法密率之内容详见《律吕精义》一书，可见，《律吕精义》一书也应在1581年2月6日之前已成书。成书在前，作序在后，而雕版印刷又在其后，这大概是当时中国人著书的基本时间表。这个时间表是不能用现代技术眼光来衡量的。现代印刷水平，尤其是印刷西方文字书籍，尽可以写好一章印一章，写成书和出版书可以基本同步。因此，衡量中国古代人发明创造的时间应以写成书的时间为准。

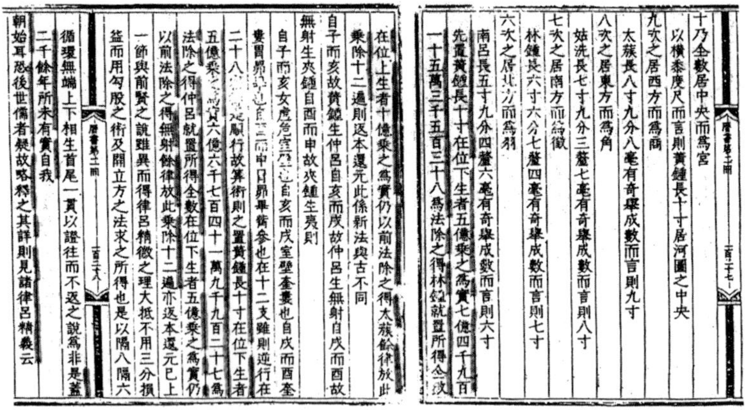
十乃全數居中央而爲宮
以横黍度尺而言則黄鍾長十寸居河圖之中央
九次之居西方而爲商
太蔟長八寸九分八毫有奇舉成數而言則九寸
八次之居東方而爲角
姑洗長七寸九分三釐七毫有奇舉成數而言則八寸
七次之居南方而爲徵
林鍾長六寸六分七釐四毫有奇舉成數而言則七寸
六次之居北方而爲羽
南呂長五寸九分四釐六毫有奇舉成數而言則六寸
先置黄鍾長十寸在位下生者五億乘之爲實七億四千九百
一十五萬三千五百三十八爲法除之得林鍾就置所得全數
在位上生者十億乘之爲實仍以前法除之得太蔟餘律放此
乘除十二遍則返本還元此係新法與古不同
自子而亥故黄鍾生仲呂自亥而戌故仲呂生無射自戌而酉故
無射生夾鍾自酉而申故夾鍾生夷則
自子而亥女虛危室壁奎婁也自戌而酉奎
婁胃昴[illegible]中日昴畢觜參也在十二支雖則逆行在
二十八[illegible]順行故算術則之置黄鍾長十寸在位下生者
五億乘之[illegible]六億六千七百四十一萬九千九百二十七爲
法除之得仲呂就置所得全數在位下生者五億乘之爲實仍
以前法除之得無射餘律放此乘除十二遍亦返本還元已上
一節與前賢之說雖異而得律呂精微之理大抵不用三分損
益而用勾股之術及開立方之法求之所得也是以隔八隔六
循環無端上下相生首尾一貫以證往而不返之說爲非是蓋
二千餘年所未有實自我
朝始耳恐後世儒者疑故略釋之其詳則見諸律呂精義云

图4–14 《律历融通》附《音义》载等程律五度和四度定律法

如果把1596年《律吕精义》作序的时间列为成书时间，就很难理解该书“序”中以下的一段话：“兹奉明诏征取律书，谨将旧稿删润以献，愚见浅陋，理有未然，伏候圣裁，不胜幸甚。万历丙申正月朔日郑世子臣载堉稽首顿首谨序。”

在这里，明白指出《律吕精义》是“将旧稿删润”而成。引文中“奉明诏征取律书”一事，发生在万历二十三年八月（即1595年9月4日—10月2日）期间，此事已在本书第三章中作了交代。当皇帝关于要开书局、纂修明朝历史的指令性文件，通过都察院巡按河南6691号文抵达朱载堉手中时，朱载堉立即拿出自己书柜中的《律书》，经过校对，于1596年1月29日作序。《律书》是朱载堉《律吕精义》一书的另一名称。可见，《律吕精义》不知在他柜中放了多久了。既然在《律历融通》附录中已提及《律吕精义》，由此推知，该书已完成至少有15年时间了（1581年至1596年）。

仔细阅读《律学新说》一书，发现朱载堉在其中注明“谨按”“今按”“又按”3种按语性质的评论文字。然而，不难断定，前两种按语评述是在撰写书稿时写成的；后一“又按”是在雕版印刷书稿前增补的。《律学新说》卷二审度篇第一之上“证之以尺步”节中就出现了两个“今按”与“又按”。其中一个“又按”中写下了“自唐武德四年（621）至今九百八十余年”一句。由此推知“今”当在1601年，即明万历二十九年。认真的冯文慈先生在点注《律学新说》时发现了这句文字，由是断定：“《律学新说》的补充修改工作，可能一直延至将近进献（《律书》）之时。”[1] 这“补充修改”四字易使人误为“补修”新法密率的计算方法、数据或原理。其实，新法密率的相关数理或数据并未在《律学新说》或其他著作雕版中做任何修改，正如朱载堉本人在《律吕精义·序》中所言，是“将旧稿删润以献”[2]，或又加进了某些按语罢了。“又按”中出现的时间抵牾由此而来。读者绝不能将此抵牾的“万历二十九年”当作《律学新说》成书或新法密率完成创建的时间。

笔者对本节论题再作一点补充论述。朱厚烷复爵返国在隆庆元年（1567）。返国后，将其亲写的《操缦谱》稿交朱载堉润色成书。载堉按父教诲，“著成《琴瑟》《操缦》《旋宫》等谱”呈于父

---

[1] 冯文慈：《律学新说及其作者》，载朱载堉《律学新说》，冯文慈点注，人民音乐出版社，1986。

[2] 朱载堉：《律吕精义·序》。

王。"臣父览之，颇以为然"。然后，朱厚烷又教导载堉"乐以造律为本，律以累黍为先"[1]；载堉还聆听其父有关"援琴证律"及"仲吕顺生黄钟，返本还元；黄钟逆生仲吕，循环无端"等指教[2]，朱厚烷于是令载堉"详考，编辑成书"，载堉也"素志颇好此事"[3]。经多年努力，朱载堉完成《律吕精义》的撰写工作。原本准备进献朝廷，朱厚烷"恐有缺误，未敢遽行"，仍付载堉订正之。[4]不料，值载堉"宿疾举发，连年未疗，由是迁延，未曾进献"[5]。因此，朱载堉生病之时，新法密率已经完成了几个年头了。那么，朱载堉是哪年生病的呢？据《明神宗实录》载：

万历九年十月己未（1581年11月24日），郑王厚烷有疾，世子载堉亦久病，朝祭行礼不便，请以世孙翊锡代行。因乞赐翼善冠服，如鲁世孙健杙例。礼部谓：鲁世子已故，今载堉尚在，似难比例，但朝祭大典使世孙以常服行礼，非为观瞻不便，抑且恭敬未伸，相应给与。允之。[6]

这是郑恭王厚烷上疏。疏中言及其子即"世子载堉亦久病"，以致载堉不能代父王在郑府内朝祭行礼。可见，朱载堉"宿疾举发，连年未疗"，正是在万历九年（1581）及其之前的几年内。由此推断，新法密率的发明及有关律学著作当完成于1580年之前。

---

[1] 朱载堉：《进律书奏疏》。

[2] 朱载堉：《律吕精义·序》。

[3] 同[1]。

[4] 同[1]。

[5] 同[1]。

[6]《明神宗实录》卷一一七，万历九年十月己未。

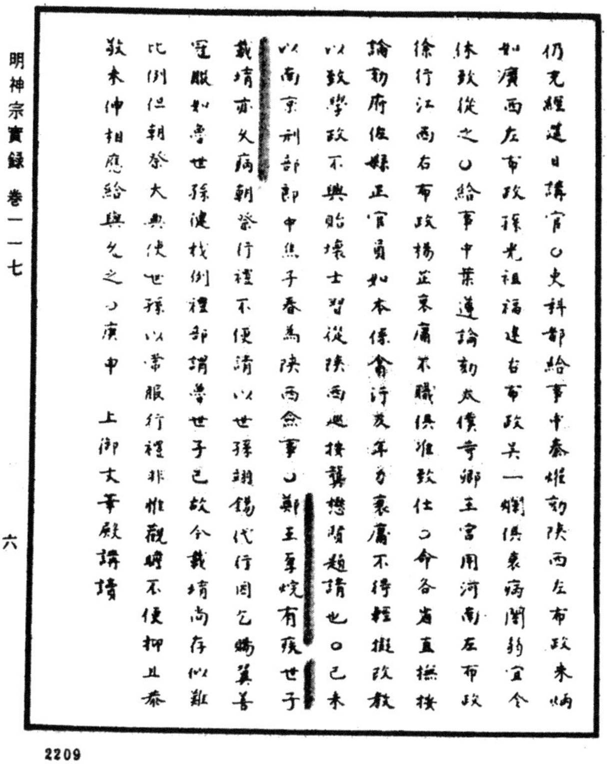

明神宗實錄　卷一一七

六

仍充經筵日講官○吏科都給事中秦燿劾陝西左布政朱炳如濟南左布政孫光祖福建右布政吳一鵬俱衰病闒茸宜令休致從之○給事中葉遵論劾太僕寺卿王宮用河南左布政徐行江西右布政楊芷衰庸不職俱准致仕○命各省直撫按論劾府佐縣正官員如本條會行及年力衰庸不得輕擬改教以致學政不興貽壞士習從陝西巡按龔懋賢題請也○己未以南京刑部郎中焦子春為陝西僉事○鄭王厚烷有疾世子載堉亦久病朝參行禮不便請以世孫翊錫代行因乞暫著冠服如魯世孫健杙例禮部謂魯世子已故今載堉尚存似難比例但朝參大典使世孫以常服行禮非惟觀瞻不便抑且恭敬未伸相應給與允之○庚申　上御文華殿講讀

2209

图4–15　《明神宗实录》载万历九年十月己未朱厚烷、载堉父子有疾之事

可以为等程律发明于1580年之前作证的另一个例子是：为了确定黄钟尺度并统一历代律尺，朱载堉反复多次做了累黍定尺、积黍定黄钟律管的容积及其所容黍重的实验。较早成书的《律学四物谱》和《律历融通》对此有大量记述。耄耋之年的朱载堉在其著作中写道：

万历八年庚辰之岁（1580），余尝遣人采取三者（河内、上党羊头山、宜阳金门山）单粒之秬、双粒之秠、长节之竹，不止数万。亦自种之，黍成顷，竹成林。至今田园所收黍竹，皆彼处之种也。[1]

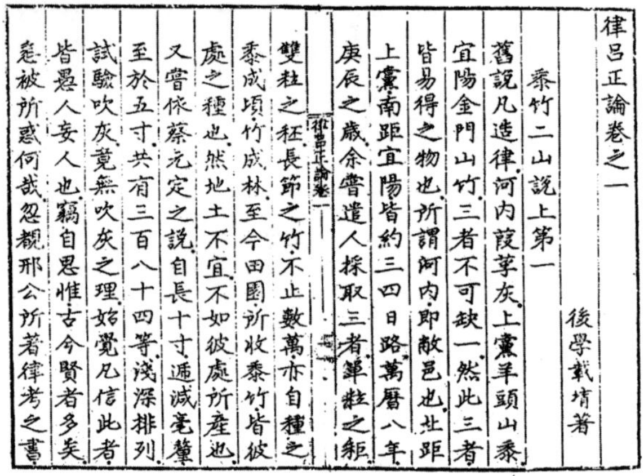
律呂正論卷之一
後學載堉著
黍竹二山說上第一
舊說凡造律河內葭莩灰上黨羊頭山黍宜陽金門山竹三者不可缺一然此三者皆易得之物也所謂河內即敝邑也北距上黨南距宜陽皆約三四日路萬曆八年庚辰之歲余嘗遣人採取三者單秠之秬
律呂正論卷一
雙秬之秠長節之竹不止數萬亦自種之黍成頃竹成林至今田園所收黍竹皆彼處之種也然地土不宜不如彼處所產也又嘗依蔡元定之說自長十寸通減毫釐至於五寸共有三百八十四等淺深排列試驗吹灰竟無吹灰之理始覺凡信此者皆愚人妄人也竊自思惟古今賢者多矣悉被所惑何哉忽覩邢公所著律考之書

三一

图4–16 《律吕正论》 载万历八年朱载堉遣人上山采黍与竹之事

这是累黍实验中所采黍与竹最多的一次，以至于朱载堉晚年记忆犹新，并将此事撰入其著作之中。由此可见，在1580年或之前数年，建立等程律的理论工作已初步完成了。之所以采集数万以上的大量黍竹，是为了按他自己的理念做一次精确的实验检验黄钟标准尺罢了。

我们对以上年代考小结如下：从1567年2月（朱厚烷复爵还国）到1580年或至晚到1581年2月6日（《律历融通》作序时间）的整十三四年的时间里，朱载堉完成了十二等程律的理论及计算方法的全部工作。在这十三四年中，先后完成《律历融通》《律学新说》《算学新说》《乐学新说》《律吕精义》。在这些书的初稿完成

[1] 朱载堉：《律吕正论》卷一《黍竹二山说上第一》。

后，朱载堉又反复推敲，反复修改、精练和压缩，并以《律吕精义》一书作为他阐述自己的新法密率及其他发现的最重要的作品，最早写成了《律吕精义》修订本，因此，在其他各书中出现了“详见《律吕精义》”的文字。这个成书次序的推测，大约符合一个重大发明的创作过程。

这里，需要特别强调，以上的时间是指朱载堉完成十二等程律的数理原理及计算方法的时间；如果仅仅说“提出”新法密率或十二等程律的思想观念，那这个功劳应归之于朱厚烷。因为是他给朱载堉讲“仲吕顺生黄钟，返本还元；黄钟逆生仲吕，循环无端”。朱厚烷的十二等程律的思想可能产生于他被禁锢高墙的时期，即1550—1567年。在此时期，朱厚烷“惩艾之余，琴书自适”，并著《操缦谱》一书。[1] 朱厚烷给了朱载堉十二等程律的思想，促使朱载堉完成了十二等程律的数理方法及全部理论。因此，朱载堉在《律吕精义·序》中开宗明义地说：“《律吕精义》乃臣父遗志，而臣愚所述也。”

朱载堉的著作在1595—1606年间雕版成刊本。因此，某些外国学者以为他的书只能在此期间或以后才能为世人所知。在这里，我们要强调指出，这个看法是不符合中国古代书籍流通情形的。在1595年之前，朱载堉的书虽未有刊本，但它们都以写本形式在民间各地流传。在中国古代，书籍的传播不仅有刊本，而且有更多的写本，即手稿本或手抄本。朱载堉的《历学新说》，就曾经先以写本形式在各地流传，因而发生了这样一件有趣的事：河北灵寿县有一个叫朱仲福（生卒不详）的隐士，是朱载堉的同时代人，

[1] 朱载堉：《进律书奏疏》，载《乐律全书》。

著《折中历法》一书，其实它是朱载堉《历学新说》的传抄删节本。1690年（清康熙二十九年），灵寿知县陆陇其（1630—1692，字稼书，浙江平湖人）请数学家梅文鼎（1633—1721）校订其搜集所得的《折中历法》，并说："念仲福农家子，好学力行，自甘隐约……思有以表章之，求得是书，录而藏诸箧衍，将为雕版流通。"梅文鼎阅后，说："摘录郑端清世子朱载堉书也。……当正其名《历学新说抄》。"梅文鼎的根据是，此书"所言历法，一字未尝增易，其所刊落，皆兼言律吕中语"。此书仅将朱载堉的"臣谨按"全改为"余以为"罢了。但梅文鼎也很想表彰朱仲福，认为绝不是他要剽窃载堉的书，而是"其时郑书初出，而仲福能博涉摘录以自怡，如中郎之宝《论衡》，其后人不察，遂以为仲福所撰"[1]。可见，朱载堉的书在未有刊本之前已流传于世。

至于朱载堉有关十二等程律的理论及思想，或许早在未成写本之前已为某些人所知，并有可能通过这些人再传播出去。朱载堉自己在《进律书奏疏》中写道，当他将自己有关十二等程律的发现告知世人时，"闻臣此言而不以臣为大谬者，盖亦几希。是以臣愚虽得之以心，而缄之于口，韫藏有年，不敢形于纸笔"。可见，关于十二等程律的理论内容在朱载堉写书之前的不知多少年月里，已经在民间传播开了。虽然那些听其述说人中，赞赏者非常之少，但是，将这种新理论、新方法当成"谬误"或真理再向他人讲述的过程，都属于传播之列。在一个特定的时候，往往"谬误"会比真理传播得更快。

---

[1] 梅文鼎：《绩学堂文钞》卷二、卷五。引文中"中郎之宝《论衡》"句，"中郎"指东汉晚年曾官"左中郎将"的蔡邕（132—192），《论衡》是王充（27—约97）的著作。《论衡》书成未久就在中原失传，至蔡邕入吴，始见之，初之如宝。

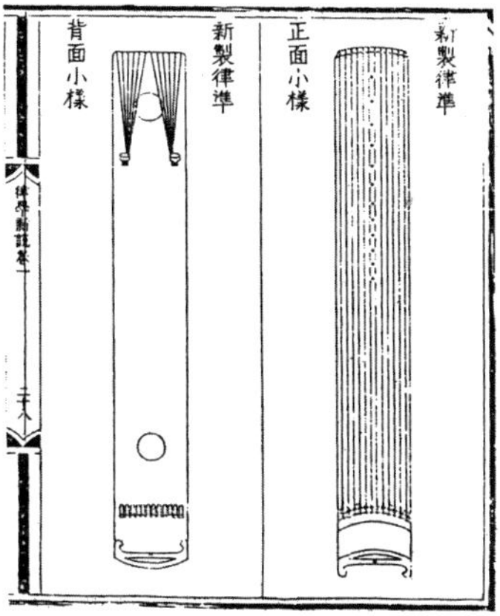

PRINCE

MUSICOLOGIST

SCIENTIST

ZHU ZAIYU

第五章

实验检验：等程律管弦乐器

朱载堉不仅创建了十二等程律的理论，而且还创制了相应的管弦乐器。

在古代中国，调音用的标准器被称为定律器。它又分弦式和管式两种，称为“弦准”和“律管”。类似弦准的定律器在欧洲被称为“一弦器”(monochord)，它只有一根弦线，以其空弦散音作为调音标准。中国弦准具有多根弦线，它不仅作为调音标准器，甚而可以作为乐器。为了弦准的发音准确，又配以一支到多支律管，“作(弦)准以定律，吹律(管)以调丝”[1]。将多支律管编排在一起，又成为一种管乐器。

朱载堉在制造等程律调音的弦准、律管的同时，也就制造了等程律的管弦乐器。

第一节　历史上的弦准

据《国语》卷三《周语下》记载，周景王二十三年(前522)，周景王问律于伶州鸠。伶州鸠不仅将十二律名称一一道明，而且还说:“律所以立均出度也。古之神瞽考中声而量之以制，度律均钟，百官轨仪。”

这里的“均”字，朱载堉认为“均去声，读作韵”。[2] 按今日

[1]《魏书》卷一〇七《律历志》。

[2] 朱载堉:《律学新说》卷一《立均第九》。

拼音，它不读 jūn，而读 yùn。“立均出度”和“度律均钟”都说明，这种称为“均”的器物可以用作调音标准，度钟声之高下。三国孙吴韦昭（204—273）对这段文字注解道：“均者，均钟木，长七尺，有弦系之以均钟者，度钟大小清浊也。汉大予乐官有之。”[1]

按韦昭解释，这种“度律均钟”的器物，在汉代称为“均钟木”，是一种长为七尺的弦线式音高标准器。伶州鸠将它的创制归于“神瞽”，即传说中的古代盲人音乐家。朱载堉说它的形状“盖如琴耳”[2]。我们不清楚的是，均钟木上有几根弦，虽然汉代宫廷中“大予乐官”还保存着它，但典籍对此未有记载。均钟木，在后代又称为“均钟器”[3]。黄翔鹏（1927—1997）曾对曾侯乙墓出土的五弦器作考证，认为它就是先秦均钟木。[4]他的考证颇有说服力。均钟木很可能是五弦的定律器。

汉代京房（前77—前37）在将八度内十二律演化成三百六十律的同时，制造了一种“准”。《后汉书·志第一·律历上》写道：

房又曰：“竹声不可以度调，故作准以定数。准之状如瑟，长丈而十三弦，隐间九尺，以应黄钟之律九寸；中央一弦，下有画分寸，以为六十律清浊之节。”

为了与后人制造的“准”相区别，京房创制的“准”称为“京房准”。它的形状、弦长、弦数，都记载得比较清楚。朱载堉探究

[1]《国语》卷三《周语下》，韦昭注。

[2] 朱载堉：《律学新说》卷一《立均第九》。

[3]《隋书》卷一六《律历志》；方以智：《物理小识》卷一《天类·乐节》。

[4] 黄翔鹏：《均钟考——曾侯乙墓五弦器研究（上）》，《武汉音乐学院学报》（时名《黄钟》）1989年第1期；黄翔鹏：《均钟考——曾侯乙墓五弦器研究（下）》，《武汉音乐学院学报》（时名《黄钟》1989年）第2期。

了京房准的相关记载，认为它应当“状似琴”；其“下有画分寸”句，应是“犹琴之有徽”[1]。朱载堉制造的等程律“均准”，吸取了京房准的合理成分。

北魏乐律家陈仲儒曾考证推验京房准。其形制如下：

准面平直，须如停水；其中弦一柱，高下须与二头临岳一等，移柱上下之时，不使离弦，不得举弦。又中弦粗细，须与琴宫相类。中弦须施轸如琴，以轸调声，令与黄钟一管相合。中弦下依数尽出六十律清浊之节。其余十二弦，须施柱如筝。又凡弦皆须预张，使临时不动，即于中弦画尽一周之声，度著十二弦上。然后依相生之法，以次运行，取十二律之商徽。商徽既定，又依琴五调调声之法，以均乐器。[2]

陈仲儒的准状如琴，有13弦，且中央一弦的粗细、平直状态和调音方法必须严格规范。其余12弦，事先预张，然后依琴调定弦。如此细致入微的调弦法及其本身多弦特点，自然就为弦准树立了可以用于演奏各种曲调的规范。

五代王朴在后周世宗显德六年（959）也制造了一具律准。他的准，张13弦，弦长9尺为黄钟，4.5尺之弦为清黄钟，并依三分损益法定其余各弦之长。黄钟弦下画有十二律位置。以黄钟管调定黄钟弦后，依次定其余十二弦之音。[3]

朱载堉对陈仲儒准、王朴准均有评述。他肯定陈仲儒准，“谓

[1] 朱载堉：《律学新说》卷一《立均第九》。

[2]《魏书》卷一〇九《乐志》。

[3]《旧五代史》卷一四五《志七 · 乐志下》。关于历代弦准，可参见戴念祖：《中国物理学史大系 · 声学史》，湖南教育出版社，2001，第337—364页。

弦须施轸，以轸调声，令与黄钟一管相合；凡弦须预张，使临时不动，此其法为精详”；又称王朴“以第一弦为黄钟”可取。[1]于是，朱载堉“折衷四家之法”，别造弦准，以证其新法密率之精妙。

第二节　朱载堉的均准

朱载堉对上述均钟木、京房准、陈仲儒准和王朴的弦准曾作过评述。按照他的观点，他们的定律器不能旋宫转调，其原因是三分损益的算术本身不精确。他说：

臣尝观仲吕黄钟之交，知声音有出于度数之外者，无射之商，夷则之角，仲吕之徵，夹钟之羽，若弹丝吹竹、击拊金石，声音至此流转自若也。然算家以仲吕求黄钟，殚其术而不能合乎十七万七千一百四十七之算。[2]

为证明新法密率之合理，在算术和音乐实践上完全可以实现返宫，朱载堉创制了自己的被称为“均准”的定律器。他说：

新法所算之律，一切本诸自然之理，而后以数求合于声，非以声迁就于数也。犹恐后世不能取信，是故斟酌古法，更制均准之器，刻划分寸，考校声音，则算术之疏密，律吕之真伪，自可见矣。[3]

在比较了前代4种或似琴，或似瑟的“准”的形状之后，朱载

[1] 朱载堉：《律学新说》卷一《立均第九》。

[2] 同 [1]。

[3] 同 [1]。

堉设计的可以满足等程律调音用的定律器是“似琴非琴，似瑟非瑟”。他写道：

新制准器，斫桐为之，其状似琴非琴，似瑟非瑟，而兼琴瑟二器之制。有岳、有龈、有轸、有足，则类琴；无项、无肩、无腰、无尾，却不类琴。首尾方直，底有二越，则类瑟；尾不下垂，弦不用柱，又不类瑟。故名曰均准，而非琴瑟也。[1]

朱载堉的“均准”，以它的横黍度长为长度标准，通长55寸，龈岳间50寸，首尾皆广8寸，两端厚1.5寸，通足高3寸，两旁厚0.6寸；龈高6厘，岳高6分，龈岳皆广5分、长8寸；背面左右开2洞，即“二越”，圆径3寸，左洞至尾5寸，右洞至首1尺；底木与面木各厚4分，可藏律管于底内。该准施十二弦，列十二徽，弦的粗细与琴同。定弦时，以黄钟管之声作为标准。“大弦外边而有刻画，自岳至龈均为九寸，每寸九分，每分九厘，拟九寸之律也。小弦外边亦有刻画，自岳至龈均为十寸，每寸十分，每分十厘，拟十寸之度也。各照新旧二率律度之数，横界相连，凡二十四道。旧率之道以朱别之而无徽；新率之道以金别之而有徽。徽在脊正中，形如芥子，宜小不宜大。与常琴之徽异焉者，恐侵朱道故也。群弦之下、金道之左，凡百四十四处，各镌律名首字为识。字画皆饰以金，按画取声，与本律相同也。金道、朱道之侧近边细书新旧所算之数，使览者易晓焉。”[2]

[1] 朱载堉：《律学新说》卷一《立均第九》。

[2] 同[1]。

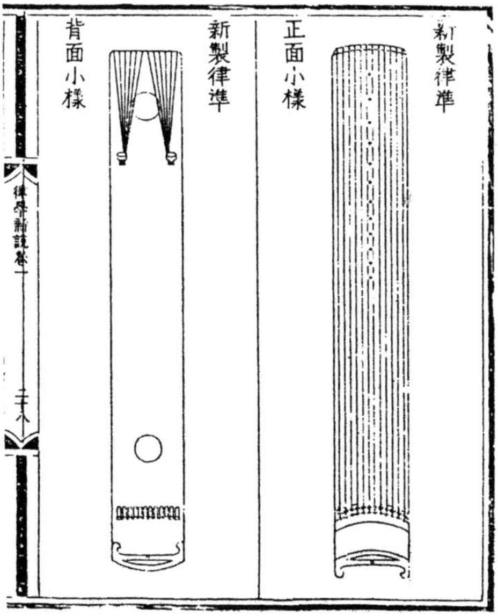

图 5–1　朱载堉创制的等程律均准（世界上第一具十二等程律弦乐器）

在朱载堉时代，十二等程律并不为人们所普遍接受。他制造均准的目的之一，是要以此证明新法密率的合理性。他详细叙述了均准的形制特点之外，还在均准的两侧分别标刻新旧二率的律数，以便人们做比较。关于该准的新律徽位，朱载堉在《律学新说》中写道："准以琴第七徽之位为第一徽，自此之右无徽，自此之左十二律吕之位皆有徽矣。此二者大不同。"[1] 他在该书《立均》篇中详细列出了十二徽位在十二弦上的空弦散音与按音，实际上，它不仅是定律器，而且是世界上第一件建立在十二等程律理论基础上的弦乐器。

[1] 朱载堉：《律学新说》卷一《立均第九》。

所谓“琴第七徽”就是琴弦的二分点，按此点所弹拨的音是空弦散音的八度，均准以此点设第一徽。按等程律弦长为2尺，其按第一徽为高八度（即1尺所发出的音），再据新法密率计算所得八度内十二律弦长数值设立各值徽位。调音时，先以黄钟律管定“第一弦第一徽，合黄钟”，再定第二弦第二徽、第三弦第三徽、第四弦第四徽分别为2个、3个、4个八度，其他各弦依此类推。第二弦第二徽的八度黄钟，可以依第一弦第一徽的黄钟定，第三、第四弦也可依第二弦而定。十二弦的黄钟音分别调出后，又可依据上、下五度相和再细调2个黄钟音，如“第一弦黄钟散声与第八弦林钟散声和”“第八弦林钟散声与第三弦太簇散声和”等。均准上144个音可逐一调定。

朱载堉创制均准之后，曾告诫人们：“后世明理知音之士，若欲中兴乐律之学，当造均准，依谱调声，自有证验，非可以口舌空言争之也。”[1]

可见，作为定律器的均准的问世，对于十二等程律的诞生及其音乐的发展，是何等重要之事。

朱载堉均准上十二徽位置、均准各弦各徽明晰，依等程律弦线位置调出的这144个律，不仅可以作为等程律定律器使用，更可以作为等程律弦乐器使用。因此说，朱载堉创制的均准是世界上最早的等程律弦乐器，它是近代钢琴调音定律的始祖，也是近代等程律弦乐类乐器的始祖。

[1] 朱载堉：《律学新说》卷一第十二《又按》。

第三节　管乐器末端效应的发现

无论依照什么律制，严格说来，弦律和管律是不能等同的。弦线以弦的振动发声，管以管内空气柱的振动发声；前者是横波，后者是纵波。无论使用三分损益律、纯律还是等程律，在弦线上定出的准确音的长度，放在管上，必有误差。

任何一种管，都有开口、闭口之分。管的开口与吹口总是接近于波腹，其闭口处总是波节。它与两端固定的弦的振动是不一样的，弦的固定端总是波节。在对乐管吹气时，迫使管内空气柱发生振动，由于惯性，这种振动会稍微延长到管外，这就造成管的开口端不恰好是波腹，波腹位置在距管口稍有距离的地方。只有在这个地方，管内空气受迫振动的影响才会消除，也即这个地方的空气压强等于自由空气的压强。同样，在吹口处，由于嘴唇与吹口不能紧贴在一起，也造成气压的最大处即波腹位置与吹口稍有距离。吹管的气压在管子开口处不能完全消除的现象，称为管乐器的末端效应。由于这些缘故，在制造各类管时，必须对管口加以校正，称为“管口校正”（open-end correction and mouth correction）。只有加上管口校正数，依照各种律制制造的管才能发音准确，管音才与弦音一致。

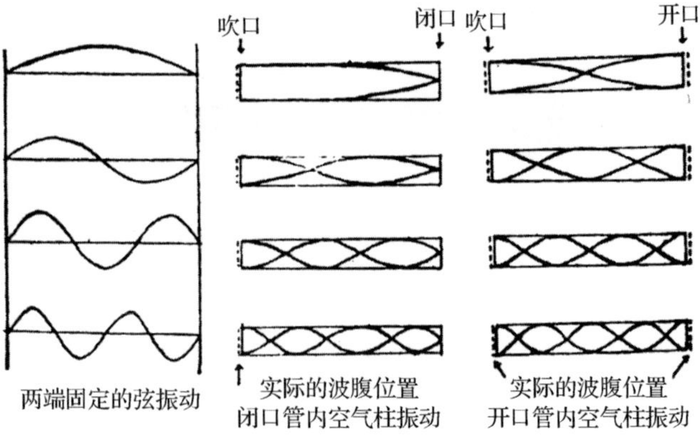

图 5–2　弦和管的振动模式

中国的律管是一端开口、一端吹口的圆柱形管。[1] 吹口与开口的形状、大小不一样，会有不同的校正数。如果依据某种律制制造的管，不分管径大小，不加管口校正，那么该管发音就不会准确。

据《吕氏春秋 · 仲夏纪 · 古乐》记载，上古时代音乐家伶伦造律管，"长三寸九分而吹之，以为黄钟之宫"。汉代蔡邕在《月令章句》中，以及西晋孟康在注《汉书 · 律历志》时，都曾说出律管的长度、孔径或其周长。但是，汉代刘歆（？—23）、班固（32—92）、郑玄（127—200）等人都以为，律管的长度依三分损益法确定之后，其"大小围数（即内径）无增减"[2]。他们都没有完全觉察到通过改变管径大小或管子长度可以校正管子发音，更没有发现

[1] 在长沙马王堆一号汉墓出土12支竹质律管，均为开口管。见《长沙马王堆一号汉墓发掘简报（上册）》，文物出版社，1973，第107—110页。有关律管出土文物，也见戴念祖:《中国物理学史大系 · 声学史》，湖南教育出版社，2001。

[2] 蔡邕:《月令章句》，载《后汉书 · 志第一 · 律历上》，中华书局校点本。

管乐器的末端效应。因此，汉代京房说："竹声不可度调。"[1] 也就是说，不能将律管当作定律器。

从管乐器的演奏实践出发，在中国乐律史上，第一次做管口校正的是西晋乐律家、中书监荀勖（？—289，字公曾）。他曾制造12支发音精确的笛。[2] 他的笛相当于现在的洞箫，是竖吹的。它们都是同径的圆柱形管，一端为吹口，一端开口，中间开6个音孔，共发7个音。6个音孔中5个在前，一个在后。这样的笛，其管口校正实际上是极为复杂的。[3] 荀勖以简化繁，得到了以改变管子长度（音孔位置变更）来校正管乐器音高的管口校正公式，用现代数学形式表示为：

$$C_n=A_n-\frac{64}{81}A_n$$ [4]

当 A_n 为该笛命名律的律长时，$\frac{64}{81}$是命名律与比它高四律的比例系数，C_n 即为该笛的管口校正数。例如，黄钟笛的管口校正数 C 等于黄钟律长 A 减去姑洗（比黄钟高四律）律长$\frac{64}{81}A$，大吕笛的管口校正数 C 等于大吕律长 A 减去仲吕（比大吕高四律）律长$\frac{64}{81}A$，等等，依此类推。这个经验的校正公式只适用于荀勖所

[1]《后汉书·志第一·律历上》。

[2]《晋书》卷一六，《志第六·律历上》。

[3] 杨荫浏：《中国古代音乐史稿（上册）》，人民音乐出版社，1981，第166—171页。

[4] 黄翔鹏：《中国古代律学：一种具有民族文化特点的科学遗产》，《音乐研究》1983年第4期；戴念祖：《中国物理学史大系·声学史》，湖南教育出版社，2001，第253—261页。

造的笛，不适用于中间不开孔的律管。

宋代经学家和乐律学家阮逸、胡瑗在宋仁宗景祐（1034—1038）初年制作了16支律管，后又著《皇祐新乐图记》一书。他们曾以缩小管径的方法校正管口，使律管发音准确。其16支律管即十二正声管加四清声管。除遵循三分损益律制外，他们采用了完全的倍半关系八度值，并且第一次突破了传统的“围径皆同”之说。前八律内径为3.46分，后五律内径从3分递减到2.5分。[1]显然，这组管径数值可能是经实验确定的。

近年，徐飞先生对阮逸、胡瑗的律管做了数理验证，除将律管长度由宋尺换算成厘米外，“取其吹口为正方形，边长为各律内径之半。在计算律管发音时，要从管长数据中扣除吹口长度”[2]。徐飞的验证结果为，设黄钟起始音的音分值为零，阮、胡所作的其余11支律管与三分损益弦律仅差1至3音分；清黄钟管与八度之差为3音分；而三分损益弦律清黄钟与八度差24音分（古代音差）。[3]可见，阮、胡所创制的律管是古代声学和乐律史上一大成就。

朱载堉似乎察觉到阮、胡之律管非同一般。他在肯定历代造律中，凡取周径面幂之不同者为“此说近是”，又指出：“惟胡瑗造乐，审其音不协，乃更林钟以下诸律围、径，各有等差。”且对蔡元定“讥笑”阮、胡之乐而发出“呜呼”之叹。[4]朱载堉是善于吸取前人经验的大科学家，然而，在朱载堉之前，无论何人都未

[1] 阮逸、胡瑗：《皇祐新乐图记》，《四库全书》本。

[2] 徐飞：《宋代阮逸、胡瑗异径管律的数理验证》，《自然科学史研究》2001年第3期。

[3] 同[2]。

[4] 朱载堉：《律学新说》卷一《密率求周径第六》。

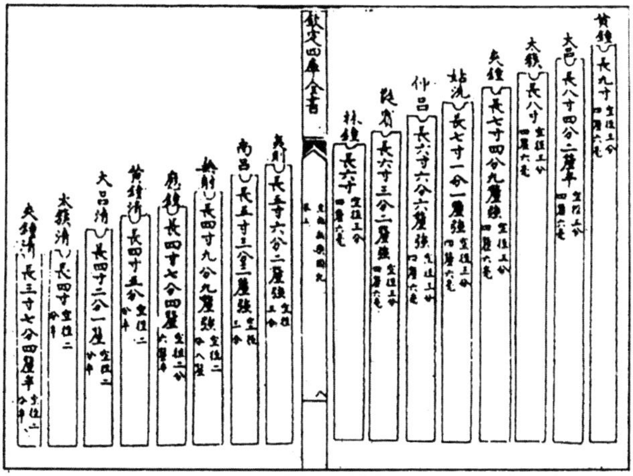

图 5–3　宋代阮逸、胡瑗制造的律管图

曾提出或发现管乐器的末端效应问题，即使对律管做出了端口校正的人也是如此。管乐器的末端效应是朱载堉通过实验第一个发现的。为了证实他自己对“律管围径皆同”说的怀疑，他作了如下实验性的陈述：

臣初未详何者为是，既而命工依彼围径皆同之说制管吹之，以审其音。林钟当与黄钟、太簇相和而不相和；南吕当与太簇、姑洗相和亦不相和；黄钟正半二音全不相应而甚疑焉。或至终夜不寝，以思其故，久而悟曰：律管长者其气狭而声高，律管短者其气宽而声下。是以黄钟折半之管不能复与黄钟相应，而下黄钟一律也，他律亦然。大抵正半相较，半律虽清而反下，正律虽浊而反高，岂不以其管短气宽也哉！盖由围径不得自然真理故耳。夫律管修短既各不同，则其空围亦当有异。[1]

[1] 朱载堉：《律学新说》卷一《密率求周径第六》。

科学实验是理论的无情判官，在实验事实面前，真伪必分。朱载堉以科学实验为据，经过周密思考，终于拨开了千年的是非迷雾，得出了正确的结论："律管修短既各不同，则其空围亦当有异。"他在实验中抓住了主要矛盾，以黄钟正半二律为例，当它们的长度成正半关系即2比1时，周径相同，发音却不相和谐。照理，2比1的数学关系最为简单，其发音也应和谐，其实不然。由于周径相同，致使黄钟与半大吕（下黄钟一律）相应，声音降低了一律。他在《律吕精义》中所叙述的实验步骤、方法和他对实验的解释更为完整。他写道：

旧律围径皆同，而新律各不同……琴瑟不独徽柱之有远近，而弦亦有巨细焉；笙竽不独管孔之有高低，而簧亦有厚薄矣。弦之巨细若一，但以徽柱远近别之不可也；簧之厚薄若一，但以管孔高低别之不可也。譬诸律管，虽有修短之不齐，亦有广狭之不等。先儒以为长短虽异，围径皆同，此未达之论也。今若不信，以竹或笔管制黄钟之律一样两枚，截其一枚分作两段，全律、半律各令一人吹之，声必不相合矣。此昭然可验也。又制大吕之律一样两枚，围径与黄钟同，截其一枚分作两段，全律、半律各令一人吹之，则亦不相合。而大吕半律乃与黄钟全律相合，略差不远。是知所谓半律皆下全律一律矣。大抵管长则气隘，隘则虽长而反清；管短则气宽，宽则虽短而反浊。此自然之理，先儒未达也。要之长短广狭皆有一定之理、一定之数在焉。[1]

首先，朱载堉观察了决定弦线及簧管发音的几个要素：弦长及其粗细，管长和簧片厚度。他进而提出影响律管发音的不仅有

---

[1] 朱载堉：《律吕精义·内篇》卷二《不取围径皆同第五之上》。

管长，还有管径。然后，朱载堉以实验证明他的推论，并从特殊的实验中得出一般的结论：在管径相同的情况下，所有半律管将降低一律；半律大吕不与正律大吕相应，而与正律黄钟相应；或者说正律黄钟不与半律黄钟相应，而与半律大吕相应。从现在的科学观点来看，这正是律管内振动着的空气柱要稍微超出管长，以至于管音要降低一些，也就是管乐器的末端效应。

朱载堉极为重视这个能证实末端效应的律管实验，并把它看作自己平生的一大发现，而且在其晚年时还再次申述他的实验方法和结果。[1]

这是历史上有关管乐器的破天荒的实验结论。管律与弦律相同的说法被朱载堉以一个简单的倍半管实验所证伪。换句话说，按照朱载堉的实验结论，倍半之管不是正好八度，而是约略大七度。

朱载堉的成就远远走在这个学科领域的世界前列。19世纪，在他的思想启发下，清代科学家徐寿（1818—1884）又一次实验了律管的末端效应。当徐寿将他的研究结果发表于英国《自然》（*Nature*）周刊上时，中国的声学研究令世人刮目相看。[2] 徐寿在他的文章开头如此写道：

在古代中国的音乐著作中曾经指出，折半或两倍的弦（或管）会发出比原弦（或管）高或低一个八度（或十二个半音）的音。明代朱载堉在他的著作中却指出，这个法则只能很好地吻合于弦乐

---

[1] 朱载堉：《律吕质疑辨惑·辨空围非九分积非八百一十分下》。

[2] Hsü shou，"Acoustic in China，" *Nature*，Vol. 23（1880.11—1881.4）：448—449；中译全文也见戴念祖：《中国物理学史大系·声学史》，湖南教育出版社，2001，第367—390页。

器，而不吻合于如笛或箫一类的开管式乐器。

按照朱载堉的思路，徐寿在国微民弱的形势下，在西方科学杂志上发表了题为《中国声学》的中国近代史上第一篇科学论文。

第四节　等程律的律管

由于管乐器末端效应的影响，要使管律与弦律完全一致，就必须对管口进行校正。校正方法无非两种：一是缩短管长，令其管内振动着的空气柱长度与同律的弦长一致；二是改变管径，在弦管同长之下，令管径有所改变以达到同律效果。朱载堉在发现管乐器的末端效应之后，采用的是改变管径以设计律管的方法。这也就是我们平常所说的“异径管律”。

朱载堉在《律学新说》《嘉量算经》等书中罗列了他所设计的等程律律管的“长短广狭内外周径真数”。在《律吕精义·内篇》中对此作了原理上的阐述和具体计算。我们简略地综述如下。

朱载堉不厌其烦地计算了各律管的管长、内外径等数值。他指出，“先求三十六律通长真数”，其“算法皆从倍律起”“不从正律起，亦不从半律起。倍律、正律、半律各有十二，共为三十六律”。[1] 三十六律通长的算法和新法密率计算弦长一样。倍律2尺，以公比数$\sqrt[12]{2}$使三十六律形成一个等比数列。之所以从倍律起，大概是为了遵从音高的顺序计算方便而已。在朱载堉计算了三十六律通长之后，其余计算次序分别为三十六律外周、外径、内径、

---

[1] 朱载堉：《律吕精义·内篇》卷二《不取围径皆同第五之上》。

内周、横截面积（即“面幂”）、容积（即“实积”）。他说，“置黄钟倍律九而一，以为外周”“又置倍律四十而一，以为内径”。[1]这是上述各种计算中的两个最基本数据。这两个数据一定，其他数据随之而得。他在叙述以上各种数据关系时写道：“盖律管两端形如环田，有内外周径焉。外周内容之方即内径也，内周外射之斜即外径也。”[2]“倍律内径与正律外径同”“正律内径与半律外径同”。[3]这些基本关系和计算方法使三十六律的律管构成一个相互联系的整体。也就是说，他找到了一个系统的连贯一致的管口校正方法。朱载堉用了两卷的篇幅来罗列这些计算数据和方法，在今天看来，实在大可不必，只要计算出三十六律的内径，最多加上外径就可以了。

关于一组律管中内径的具体求法，朱载堉写道：

先置黄钟倍律通长二尺为实，四十除之，得五分，是为内径。

置黄钟倍律内径五分为实，以十亿乘之，以十亿〇二千九百三十万〇二千二百三十六除之，得四分八厘五毫七丝六忽五微九纤为大吕。

置大吕倍律内径四分八厘五毫七丝六忽五微九纤为实，以十亿乘之，以十亿〇二千九百三十万〇二千二百三十六除之，得四分七厘一毫九丝三忽七微一纤为太簇。[4]

依此类推，即可求得三十六律内径数值。

[1] 朱载堉：《律吕精义·内篇》卷二《不取围径皆同第五之上》。

[2] 同 [1]。

[3] 朱载堉：《律吕精义·内篇》卷三《不取围径皆同第五之下》。

[4] 同 [1]。

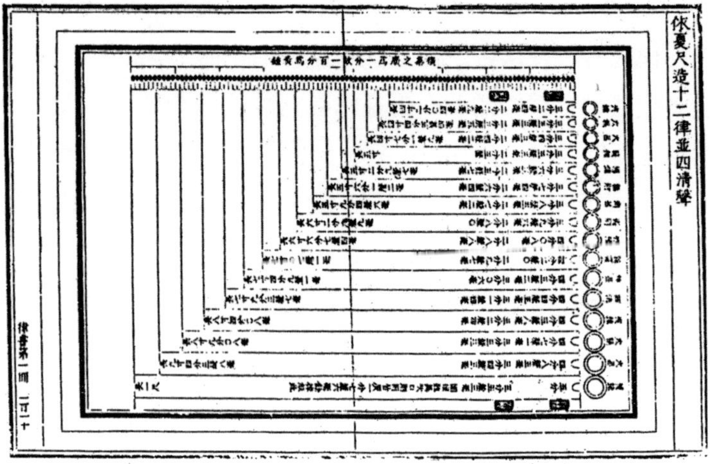

图5–4　朱载堉设计的等程律律管图样

在这里，我们可以看出，黄钟倍律的内径是一组管径的基本数据。从它出发，其他各律的内径都以比它高一律的律管内径作为被除数，而以1.029302236作为除数，即$1.029302236=\sqrt[24]{2}$。

这就是说，朱载堉的三十六律律管的内径是以公比数构成的一列等比数列[1]。所以朱载堉的三十六律内径之间数学关系为：

$$\frac{d_n}{\sqrt[24]{2}}=d_{n+1}\text{或者}\frac{d_n}{d_{n+1}}=\sqrt[24]{2}$$

式中的d_n表示某律管的内径数值。这个关系式和他采用的新法密率的弦长关系极为相似。他的外径求法与内径求法完全相同。我们将他的三十六律内外径数值列于表5–1之中。

[1] 最早看出这一数字关系的是刘半农（复）。刘半农：《十二等律的发明者朱载堉》，载《庆祝蔡元培先生六十五岁论文集》，国立中央研究院历史语言研究所集刊外编第一种，1933。

由此可见，朱载堉确定律管发音的数学原理是：一组律管的长度和内外径分别以$\sqrt[12]{2}$和$\sqrt[24]{2}$为公比数的一列等比数列，由此产生的一组管律就是十二等程律。朱载堉为什么要采用$\sqrt[24]{2}$作为内径的公比数呢？

表5-1　朱载堉的等程律三十六律管内外径数值

（单位：分。取朱载堉计算值小数点以下四位，不四舍五入）

律名		内径	外径
倍	黄　钟	5.0000	7.0710
	大　吕	4.8576	6.8697
	太　簇	4.7193	6.6741
	夹　钟	4.5850	6.4841
	姑　洗	4.4544	6.2996
	仲　吕	4.3276	6.1202
	蕤　宾	4.2044	5.9460
	林　钟	4.0847	5.7767
	夷　则	3.9685	5.6123
	南　吕	3.8555	5.4525
	无　射	3.7457	5.2973
	应　钟	3.6391	5.1465
正	黄　钟	3.5355	与倍律内径相同
	大　吕	3.4348	
	太　簇	3.3370	
	夹　钟	3.2420	
	姑　洗	3.1498	
	仲　吕	3.0601	
	蕤　宾	2.9730	
	林　钟	2.8883	
	夷　则	2.8061	
	南　吕	2.7262	
	无　射	2.6486	
	应　钟	2.5732	

续表

律名		内径	外径
半	黄　钟	2.5000	与正律内径相同
	大　吕	2.4288	
	太　簇	2.3596	
	夹　钟	2.2925	
	姑　洗	2.2272	
	仲　吕	2.1638	
	蕤　宾	2.1022	
	林　钟	2.0423	
	夷　则	1.9842	
	南　吕	1.9277	
	无　射	1.8728	
	应　钟	1.8195	

我们已经讲过，若将某种律制的计算方法用于管上，就要对管长的数值做出相应的校正。在朱载堉看来，“律之为用，其积数与声气在内而不在外”[1]。“积数”即律管的容积 V，“声气”即律管的发音 T。设律管长为 l，管径横截面为 S，管直径为 d，

那么：

$$V=Sl,\ S=\frac{\pi}{4}d^2$$

按朱载堉的看法：

$$T\propto V\propto Sl$$

在同一律管下，l 不变，则：

$$T\propto S\propto d^2 \text{或者} d\propto\sqrt{T} \qquad (5\text{–}1)$$

---

[1] 朱载堉：《律学新说》卷一《造律第七》。

对 d 所作的校正，必须使管音与弦音依同一律制发出相同绝对高度的音。显然，依十二等程律决定管长时，l 值是完全遵照十二等程律计算方法得到的；而遵照十二等程律的弦音却有：

$$T_n=\frac{T_{n+1}}{\sqrt[12]{2}} \qquad \text{即 } T_n \propto 1/\sqrt[24]{2} \tag{5-2}$$

为了达到管音与弦音一致，即要使（5–1）、（5–2）式中 T 相同，那么，联合（5–1）、（5–2）式，得到：

$$d \propto \sqrt{T_n} \propto 1/\sqrt[24]{2} \tag{5-3}$$

正是一组律管与十二等程律定律法的发音完全一致时，管径所应遵循的理论上的数学变化式。朱载堉在管径计算中采用 $\sqrt[24]{2}$ 为等比数列的公比，其奥妙就在于此。朱载堉以异径管律的方法，终于解决了管口校正的问题。特别要指出的是，朱载堉的这个校正方法不是一根管一根管以经验进行校正的，而是用以 $\sqrt[24]{2}$ 为公比的等比数列将一组律管的校正值联系起来，其管口校正方法的理论是深刻的。

朱载堉的这套律管和管口校正方法，曾得到比利时声学家、布鲁塞尔乐器博物馆馆长马容（Victor-Charles Mahillon，1841—1924）和中国音乐史家杨荫浏的验证。马容按朱载堉的数据复制了倍、正、半三律的黄钟管，并测定了它们的发音，至少证实了这三支律管的发音彼此成八度关系。马容于1890年在《布鲁塞尔皇家音乐年鉴》上深表敬意地写道：

在管径大小这一点上，中国的乐律比我们更进步了，我们在这方面，简直一点还没有讲到。王子载堉虽然没有解释他的学理，只把数字给了我们，我们却不难推想得之；而且我们已照样制作了律管，实验所得的结果可以证明这学理的精确。[1]

在这里，马容说朱载堉“没有解释他的学理”这是不对的。这是因为马容不懂中文，不可能全面阅读朱载堉的有关著作。

近年，也有学者以复原实验证明朱载堉的律管数据及其发音是正确的。[2-4]

我们可以根据以下公式计算各支律管的发声频率。其中，c 为 14 ℃时的声速，即 c=340m/s=34000cm/s；l 为管长；d 为管内径；λ 为波长；f 为频率：

$$f=\frac{c}{\lambda}=\frac{34000}{2(l+2k-0.2253)}=\frac{17000}{l+0.612d-0.2253}$$

计算结果见表5-2。

[1] 刘半农：《十二等律的发明者朱载堉》，载《庆祝蔡元培先生六十五岁论文集》，国立中央研究院历史语言研究所集刊外编第一种，1933，上册第294页。马容原文载于 *Annuaire du Conservatoire Royalde Musique de Bruxelles*（1890）：p.188。刘半农转引自 Maurice Courant，*Essai Historique sur la Musique de Chinois*，p.85—86。

[2] 刘勇：《朱载堉异径管律的测音研究》，《中国音乐学》1992年第4期。

[3] 徐飞：《朱载堉十二等程律的理论验证》，《科学技术与辩证法》1996年第4期。

[4] 陈万鼎：《朱载堉研究》，第87—97页。

表5-2　朱载堉管律理论计算值

律名	管长/厘米	内径/厘米	理论频率/赫	音分值/音分	相邻两律音分差
正黄钟	25.6000	0.9050	655.65	1590	
大吕	24.1631	0.8791	694.56	1690	100
太簇	22.8068	0.8543	735.79	1790	100
夹钟	21.5268	0.8300	779.48	1890	100
姑洗	20.3187	0.8061	825.78	1990	100
仲吕	19.1782	0.7834	874.83	2090	100
蕤宾	18.1018	0.7611	926.82	2190	100
林钟	17.0857	0.7393	981.93	2290	100
夷则	16.1270	0.7183	1040.31	2390	100
南吕	15.2218	0.6979	1102.21	2490	100
无射	14.3675	0.6779	1167.82	2590	100
应钟	13.5611	0.6587	1237.36	2690	100
半黄钟	12.8000	0.6400	1311.08	2790	100

由表5–2可见，朱载堉的管律确实是十二等程律，他以$\sqrt[24]{2}$为相邻两律管内径的公比数是完全正确的。

第五节　等程律管乐器的制造

由上所述，朱载堉制造等程律律管，依照弦律比数$\sqrt[12]{2}$逐一缩短管长，依照$\sqrt[24]{2}$逐一缩小管内径。假定，倍黄钟律长为2尺（明代计量单位，以下皆同），“置黄钟倍律九而一，以为外周”，由外周即可得其外径d值，如下：

$$d_{\text{倍黄外}}=\frac{2}{9}\text{尺}\div\frac{40}{\sqrt{9^2+9^2}}=0.07071\text{尺}=7.071\text{分}$$

公式中，$\frac{40}{\sqrt{9^2+9^2}}$=3.142696805，是朱载堉的圆周率值。他亦将此值称为计算方圆面幂积实的“密率”。

“又置倍律四十而一，以为内径”，即

$$d_{倍黄内}=\frac{20}{40}寸=0.5寸=5分$$

朱载堉又严格规定吹口“长广一分七厘六毫”，这数值“乃黄钟正律内径之半”[1]。各支律管“围径虽异，吹口则同”[2]。

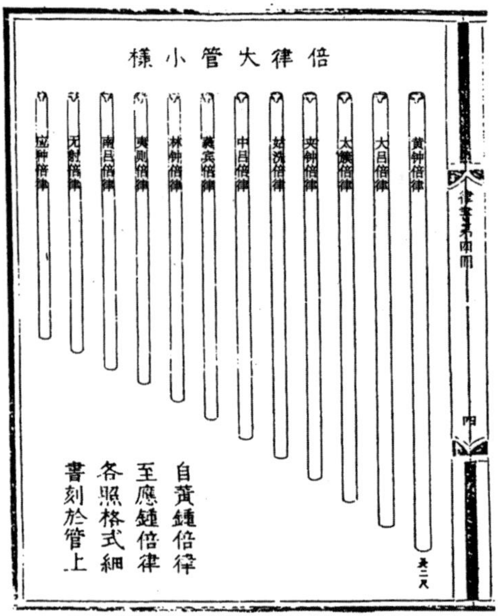

图 5–5　朱载堉创制的等程律倍律律管

[1] 朱载堉：《律吕精义·内篇》卷八《乐器图样第十之上·管》。

[2] 朱载堉：《律吕精义·内篇》卷五《新旧律实验·造律图内说明》。

有了这3个基本数据，据表4–6中等程律弦长数值和表5–1中等程律律管的内外径数值，就可以设计并制造等程律的倍、正、半36支达三个八度高的律管。

制造时，按朱载堉的方法，先设计图样，将八度内甚至八度以上16支管（加上4支清声管）的长度、内径、外径、吹口数值一一标示其上，然后依图样制作各支律管，再将律管组装成乐器，如排箫。

朱载堉在《律吕精义·内篇》卷三中已从理论上计算出倍、正、半36支律管的通长、内径、外径，甚至内周、外周、面幂和实积之数，并且都计算到25位数。在做了这一切烦琐的计算之后，他又如实告诉我们：

立成图者，校正算术所用，而非造律之所用也。学算之士，留心于此可也。若造律，则不必留心于此。但依乐器图样，篇中所载通长及内外径之数足矣。[1]

可见朱载堉将理论数据与实用数据分得很清楚。他在该书卷四中又说："凡算法归除有不尽之数，然人目力所察至毫而止，丝忽虽有数，非目所及也。"这就是他在制造律管图样中所给出的数据只达毫位而止的原因。在该书卷八乐器图样中涉及律管的制作时，不仅度量数据只到毫位为止，而且也只列出倍、正、半各律的通长、内径和外径数。可见，他是一个深究理论又注重实际的学问大师。直到晚年，他仍然既讲理论又重实践，在《律吕正论》卷二计算三种尺的律管数据时，都只算到毫位，并指出"但凡截断毫以下数，只名大约而已"，自毫以下全数，则见之《律吕精

[1] 朱载堉：《律吕精义·内篇》卷三《末语》。

义·内篇》。

有了各种必需数据（表5–3）和图样，就可以准备材料和工具，以备制作各种乐器。材料有竹、铜，工具所必需的是锉。

就竹质律管，朱载堉写道："多采金门山竹，择天生合式者为律最佳""大竹不堪用，惟用小竹长节者耳。节短而不圆、两端不匀者亦不堪也""甜竹最佳""如无，则择厚竹，内外修治使合式亦可也""新采湿竹，使干极乃造，湿造则不佳"。选竹时还要注意其大小，"竹节长而厚，内外皆可修治。假如黄钟外径五分，内径三分五厘；竹之厚者外径五分强，内径三分五厘弱，则内外皆有余，斯可以修治也"。[1]

修好竹料后，朱载堉就加工方法又说："治法，外用方错，内用、圆错。"各管均照十二等程律计算所得的管长、管内外径数据而修治。"方错，若马龈错之类是也，斯可治外。圆错，彼或无之，则令创造似箭杆而细小，梢头微大，状如莲子，莲子周围即钢错也。旋转入内，取圆而已。黄钟倍律错头，圆径五分；黄钟半律错头，圆径二分五厘。如是，错有三十六等，先小后大，渐次更换。造成，以尺量之，令内外径与尺寸相合，名为合式也。"[2]在这里，特别是制造36根大小相差不多的锉头，在手工操作的时代并不是一件容易的事。

朱载堉还制造了铜质律管，叙述了包括沙模、焙干、浇铸、钻孔、抛光和截断的有关技术问题。他写道：

选铸镜匠，令作沙模。广五寸，长一尺五寸，以木作律管形，照铸镜法打成沙模。去管后用沙裹铁条，焙令极干，安于模中，

[1] 朱载堉：《律吕精义·内篇》卷五《新旧律实验第七》。

[2] 同 [1]。

熔铜铸之。

铸成，去铁条，其木管及铁条长短巨细随律样制，大率荒材里面须小，外面须大，但使有余，勿令不足也。工欲善其事，必先利其器。律管篙中须用钢钻钻之。其钻样制异于常钻。钻头四楞，形如方锥，磨令快利，长短大小随所造律。从小渐大，更换钻头，次第钻之。先将铜律管安在旋床上，手执钻柄，亦如旋匠常法，非如木匠所用之钻也。律之为用，其积数与声气在内不在外。故先治其内而后治其外，内外皆使光莹，合乎周径之数，然后截齐，使合长短之数。未成不可先截，恐钻伤口面故也。截毕，仔细校量，毫厘无差乃精妙矣。造成，镌其律名二字为识，内外皆以黄金镀之。此造铜律之大概也。[1]

这些文字，多么类似近代工艺流程报告书。在朱载堉的著作中，不仅有运用数学手段的理论，而且有来自实验和实践的总结。在明季和清初，中国出现了一批像朱载堉这样具有近代科学精神的俊杰，如李时珍、徐光启、宋应星、徐霞客等人。可惜，这种精神在清代并没有得到发扬，确实令人深思。

律管一一制作完成后，还要逐一进行律音实验，方能确定所制律管是否可用。

根据以上规范制造的律管，在倍、正、半三十六律内，只要“律名同者，新律皆相协，旧律则不协”。也可做这样的听音实验：“选精于点笙之人，先择声与黄钟相似之簧，令彼增减其蜡，务与黄钟律声全协；复择声与林钟相似之簧，亦令增减其蜡，务与林钟律声全协。然后两簧一口噙而吹之，则知黄钟与林钟全协者为

[1] 朱载堉：《律学新说》卷一《造律第七》。

是，不协者为非也。”[1]这些实验，实际上，前者是纯八度相和，后者是纯五度相和。其他各律管，除纯八度相和实验外，如林钟与太簇、太簇与南吕等也可以进行类似的五度相和的实验。

但是，在实验时，有一个不可忽视的条件：吹气要适当。朱载堉说：“吹时不可性急，急乃焦声，非自然声也。”“吹律人勿用老弱者，气与少壮不同，必不相协，然非律不协也。”[2]在这里，朱载堉指出了吹气强弱对发音的影响。它与现代科学知识是相符合的：当急吹时，吹口处压强过大，管的另一端逸出的空气流形成了涡流；而老弱者吹气不足，吹口处空气压强过小，管的另一端甚至无气流逸出。这两种情况都对管的正常发音有影响。

朱载堉还提醒我们关于吹律的许多注意事项。他说：“凡吹律者，慎勿掩其下端。掩其下端，则非本律声矣。”一旦掩住律管下端，开口管成了闭口管，管的发音与其律数自然不相合。由此可以判定，朱载堉的律管确实是开口管。朱载堉还指出，吹气时“启唇少许，吐微气以吹之，令气悠悠入于管中，则其正音乃发。又要持管端直，不可轩昂；上端空围，不可以唇掩之。掩之过半，则声郁抑；气急而猛，则声焦杀，皆非其正音矣。吹之得法，则出中和之音，甚幽雅可爱也”[3]。

只有亲自实践和实验过的人，才能给出如此细微深入的描述。像朱载堉这样详尽叙述乐器制造，在他之前的历史文献中是极为罕见的。历代封建帝王和儒生都把这些看作雕虫小技，不值得为

---

[1] 朱载堉：《律吕精义·内篇》卷五《新旧律实验第七》。

[2] 同 [1]。

[3] 朱载堉：《律学新说》卷一《吹律第八》。

之一书。但是，这却是近代科学和音乐艺术得以产生和发展的必经之路。

在述及对等程律均准或管律做调音实验之时，令我们大为惊讶的是朱载堉对等程律的偏执。这种偏执抑或耳朵音感有误，抑或是一种理论信仰所致。他为何一生坚持认为等程律谐和而三分损益律不协呢？且听其在晚年写下的《律吕正论》中所言：

岂知三分损益所生之律，乃仅得其声之近似而未真耶。盖非师旷之聪，则耳不能齐其声。而声之近似者，足以惑人之听。[1]

三分损益律除了不能返宫转调外，其音纯正悦耳，已为古今中外音乐家所认同。而等程律除了能旋宫转调之外，其初产生之时，却被认为音不协不正，只是在听习惯了之后，才被大家所认可和接受。朱载堉自持之坚、自信之固，的确令人赞佩。若是当初他的音感与众一致，等程律就难以诞生在中华大地上了。

36支等程律管制成之后，它们既是定律器或音高标准器，又是等程律管乐器。朱载堉将它们组装成编管、箫或排箫，这便是世界上最早诞生的等程律管乐器。

值得指出的是，除了编管和箫之外，在《律吕精义·内篇》卷八、卷九中的乐器图样都应当是按等程律发音的管弦乐器。[2]其中，有籥（即篇）、笛、篪、笙、埙、琴瑟和编钟。一旦有了等程律定律器，加之等程律的基本原理，它们成为等程律乐器就并非难事了。朱载堉对它们一一做了阐释。

籥，类似洞箫。如黄钟倍律之籥，其通长、内径甚至吹口都与黄钟倍律管同。其开孔法为："用纸条比量籥两端齐，将纸条折

[1] 朱载堉：《律吕正论》卷一《律管说第五》。

[2] 陈万鼐在其著作中最先指出了这一点。见其著《朱载堉研究》，第190—191页。

作二十截，用墨匙界毕。自下数至三截、五截、七截之际，各开一孔，孔径各如倍律内径之半。假如黄钟倍律内径五分，则知黄钟之龠所开三孔皆径二分五厘。余律皆仿此。”“三孔龠，每孔下各添一孔，是为六孔之龠。”朱载堉还指出六孔龠的吹奏法，黄钟倍律之龠，一器而具二均。

笛，其制“与龠全同，惟吹处与龠异，上端比龠长出五分，以木塞之，其木后畔微削，使通气于吹孔”。“笛如龠而长”，“若不比龠长出五分，则声与龠不相合矣”。

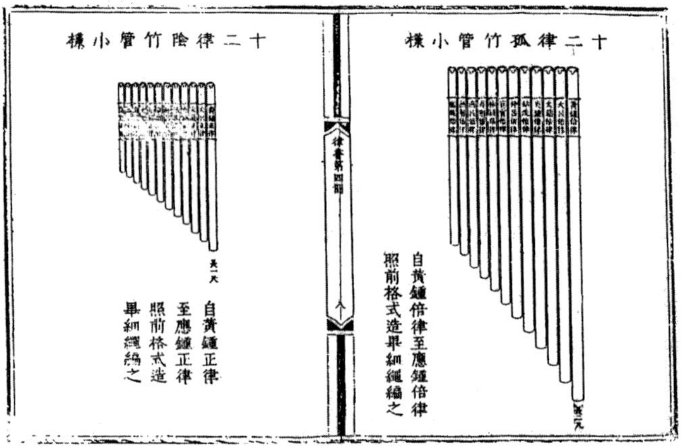

图5–6　朱载堉制造的等程律编管乐器——排箫

朱载堉曾这样总结说：“管、箫、龠、笛四器，大同小异。盖单吹无孔则谓之管，编吹无孔则谓之箫，吹处类箫则谓之龠，吹处类楚则谓之笛。然此四器长短周径皆相同也。”[1]可见，此四器是

[1] 朱载堉：《律吕精义·内篇》卷八《乐器图样第十之上》。

等程律管乐器。

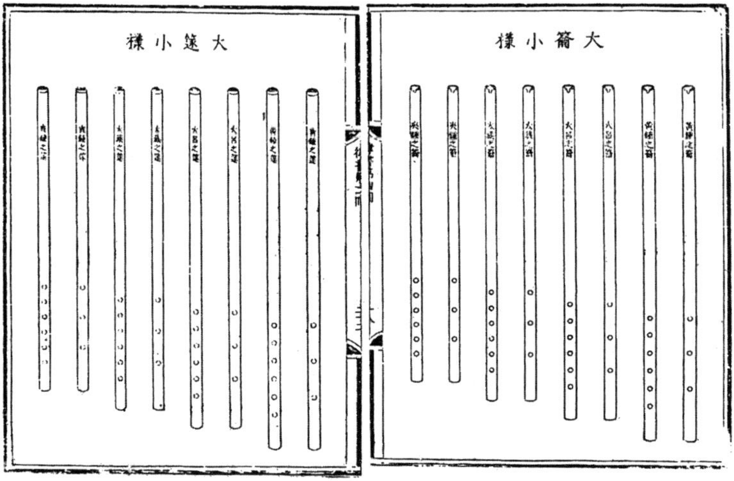

图 5–7　朱载堉创制的等程律龠和笛

除此之外，尚有笙。它是簧振动发声的乐器，调音靠点笙师的技巧。依照等程律定律器调音的笙，自然是等程律笙。朱载堉曾以笙来校正其等程律管的相协与否，就是明证。[1] 他还说：“以笙代律定弦，庶几便于用排箫耳。”[2]

埙，朱载堉指出它的形状、开孔位置，又说：“唇有俯仰抑扬，气有徐疾轻重，一孔可具数位，则旋宫亦自足，不必某孔为某声也。”除了朱载堉的特别设计，可旋宫的埙也是值得我们注意的。

---

[1] 朱载堉：《律吕精义·内篇》卷五《新旧律实验第七》；朱载堉《律学新说》卷一《吹律第八》。

[2] 朱载堉：《律吕精义·内篇》卷八《乐器图样第十之上·匏音之属·十九簧》。

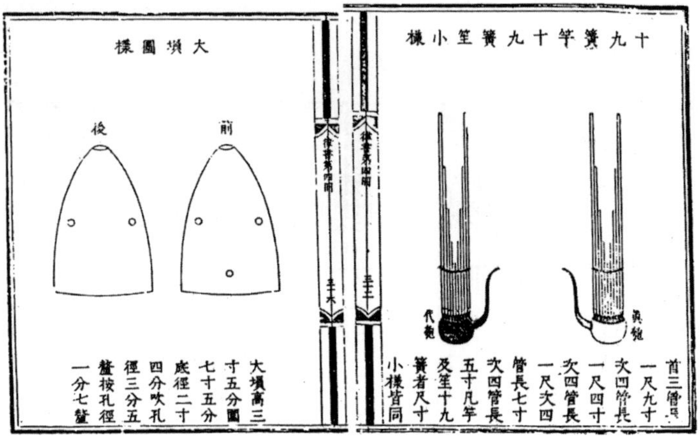

图5–8　朱载堉制造的等程律笙和埙

琴瑟，一般人都依传统看待它们，唯朱载堉敢于革新，将它们跃变为等程律弦乐器。只要以他的均准或管式定律器对它们调音，它们就可以改其内涵而成新式乐器。朱载堉在《律吕精义·内篇》卷九《丝音之属·总序》中写道：

琴瑟大者，以黄钟正律之管为尺；中者，以太簇正律之管为尺；小者，以姑洗正律之管为尺。是谓律度之尺。

这里的“为尺”，确切的含义当是调音时以等程律定律管的某律为标准。

钟，是壳振动乐器之一。其律决定于以何种律制对其调音。朱载堉指出，“十二特钟各以同名倍律为尺，十二编钟各以同名正律为尺，四清声钟各以同名半律为尺。每尺均为十寸，每寸均为十分”[1]。倍、正、半三种律正是朱载堉的均准或管式定律器。磬亦

[1] 朱载堉：《律吕精义·内篇》卷九《乐器图样·钟磬图下说明》。

类似。钟与磬都是以等程律定律器调音的。因此，它们也是等程律的金石类壳体或板式乐器。

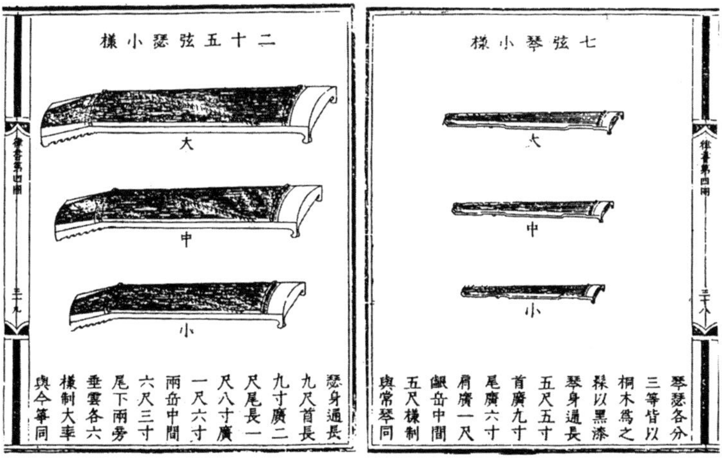

图5–9　朱载堉制造的等程律琴、瑟

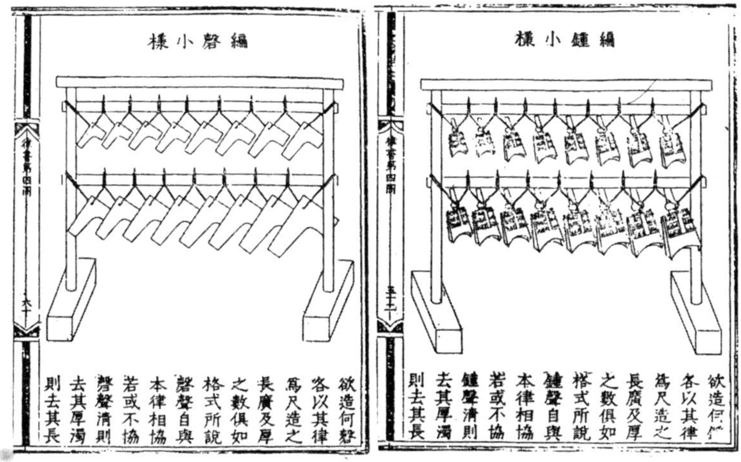

图5–10　以十二等程律调谐的编钟、编磬

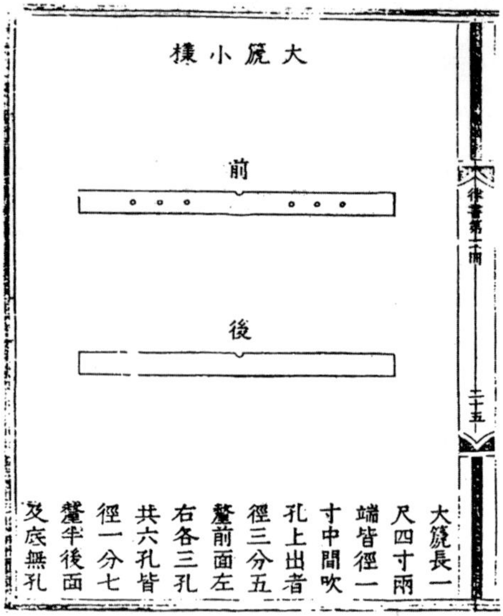

图5–11 朱载堉制造的等程律篪

朱载堉是创建等程律、倡导等程律的音乐旗手，其持之以恒，握之以固，可与之比拟者鲜矣。因此，《律吕精义 · 内篇》中涉及的乐器，除为节奏所用的 鼓、柷、敔、舂牍及舞具之外，大抵能演奏的乐器都经他精心调音或设计而成为等程律乐器了。本文所未涉之篪也属此类。马容用于验证朱载堉等程律律管而复制的乐器正是篪。[1] 朱载堉创造或改造了世界上最多的等程律乐器，不仅在他所属的那个时代，就是在今天亦令人为之惊叹！朱载堉创制或调谐的用弹弦、吹管、打击3种方式演奏的等程律乐器，都为今天的音乐舞台提供了相同的式样范例。

[1] 戴念祖：《朱载堉：明代的科学和艺术巨星》，人民出版社，1986，第148—149页。

表5-3　朱载堉等程律管古今数据换算表[1]

律名		通长		内径		外径	
		横黍尺/寸	米制/厘米	横黍尺/寸	米制/厘米	横黍尺/寸	米制/厘米
倍	黄钟	20.000	51.20	0.500	1.28	0.707	1.81
	大吕	18.877	48.33	0.485	1.24	0.686	1.77
	太簇	17.817	45.61	0.471	1.21	0.667	1.71
	夹钟	16.817	43.05	0.458	1.17	0.648	1.66
	姑洗	15.874	40.64	0.445	1.14	0.629	1.61
	仲吕	14.983	38.36	0.432	1.11	0.612	1.57
	蕤宾	14.142	36.20	0.420	1.08	0.594	1.52
	林钟	13.348	34.17	0.408	1.04	0.577	1.48
	夷则	12.599	32.25	0.396	1.01	0.561	1.44
	南吕	11.892	30.44	0.385	0.99	0.545	1.40
	无射	11.224	28.73	0.374	0.96	0.529	1.35
	应钟	10.594	27.12	0.363	0.93	0.514	1.32
正	黄钟	10.000	25.60	0.353	0.90	0.500	1.28
	大吕	9.438	24.16	0.343	0.88	0.485	1.24
	太簇	8.908	22.80	0.333	0.85	0.471	1.21
	夹钟	8.408	21.52	0.324	0.83	0.458	1.17
	姑洗	7.937	20.32	0.314	0.80	0.445	1.14
	仲吕	7.491	19.18	0.306	0.78	0.432	1.11
	蕤宾	7.071	18.10	0.297	0.76	0.420	1.08
	林钟	6.674	17.09	0.288	0.73	0.408	1.04

[1] 本表将等程律管的3个主要参数（通长、内径、外径）的明代单位换算成米制单位，以供复原实验参考。表中采用：明营造尺 =1.25夏尺 =32厘米，故此1横黍尺 =1夏尺 =25. 6厘米。

续表

律名		通长		内径		外径	
		横黍尺/寸	米制/厘米	横黍尺/寸	米制/厘米	横黍尺/寸	米制/厘米
正	夷则	6.299	16.13	0.280	0.72	0.396	1.01
	南吕	5.946	15.22	0.272	0.70	0.385	0.99
	无射	5.612	14.37	0.264	0.68	0.374	0.96
	应钟	5.297	13.56	0.257	0.66	0.363	0.93
半	黄钟	5.000	12.80	0.250	0.64	0.353	0.90
	大吕	4.719	12.08	0.242	0.62	0.343	0.88
	太簇	4.454	11.40	0.235	0.60	0.333	0.85
	夹钟	4.204	10.76	0.229	0.59	0.324	0.83
	姑洗	3.968	10.16	0.222	0.57	0.314	0.80
	仲吕	3.745	9.59	0.216	0.55	0.306	0.78
	蕤宾	3.535	9.05	0.210	0.54	0.297	0.76
	林钟	3.337	8.54	0.204	0.52	0.288	0.74
	夷则	3.149	8.06	0.198	0.51	0.280	0.72
	南吕	2.937	7.52	0.192	0.49	0.272	0.67
	无射	2.806	7.18	0.187	0.48	0.264	0.68
	应钟	2.648	6.78	0.181	0.46	0.257	0.66

PRINCE

MUSICOLOGIST

SCIENTIST

ZHU ZAIYU

第六章

音乐的艺术实践*

*本章除第一节外，均为黄翔鹏先生遗作。

朱载堉在乐律学领域的研究博大精深，这一点已经得到广泛的承认。但是，许多人都没有注意到，他的理论成就掩盖了他在音乐艺术实践方面的成就。人们之所以往往只从理论的角度看待乐律学家，是因为古往今来有许多乐律学家的成就确实只停留在理论探讨层面。历史上不乏音乐学家重“道”而不重“器”，甚至在理论研究中偏于“经学”，以“经”治乐，重“雅”轻“俗”，重文献而轻实践。汉代的刘歆，宋代的陈旸、蔡元定都算得上大学问家，明代的李文察也算不得无识之辈，可惜他们都是眼光局限于文献而不注重涉及音乐实践的理论家。然而，无论是在治学方法还是在治学思想等方面，朱载堉和他们均形成了鲜明的对比。

历史上的乐律学家，只有其中最优秀的人物才可能在学识的广度与深度、见解的非凡性、创造思维的深刻性方面堪与朱载堉并肩。朱载堉获得如此成就的最重要的秘诀就是将理论与实践紧密联系。朱载堉是乐律学家，同时也是一个真正的音乐家。朱载堉的乐律学是律、调、谱、器四者紧密关联之学，也就是律吕、宫调、记谱法与乐器研究的综合之学。

王国维讲治学的三种境界，其第一境用宋代词人晏殊（991—1055）的词“昨夜西风凋碧树，独上高楼，望尽天涯路”，写出了大学问家未被世人普遍认识时的孤独之感与造诣的独到。本书第十章将述及朱载堉的这种境遇。可惜的是，由于朱载堉并未得到当时人的真正理解，因此，我们从他同时代人的记述中找不到他在音乐活动中的全面的或稍为具体的材料。但是，只凭《乐律全书》就可以看出，他在音乐艺术领域已是一个十分全面的实践家。他不但常和琴家过从，还能虚心地向点笙匠请教，而王宫的专业乐工在实践中遇到问题难点还要来向他讨学，乐器工人的技艺问题他也注意做总结、记录。此外，他除了自己从事作曲之外，还是一个民间曲调的采集者，并能根据当时的记谱法做尽可能精确的记谱。

下面我们简评他的音乐人生，并从旋宫实践、音乐教学法与记谱法、作曲、民间音乐的采集等方面对他的艺术实践分别展开介绍。

第一节　朱载堉的音乐人生

作为一个音乐家，我们难以统计朱载堉一生所谱写的曲子数量。仅《乐律全书》所载，他以《诗经》《仪礼》《大戴礼记》等词章为内容，为其谱曲的有：《关雎》《鹿鸣》《文王》《清庙》《兔罝（jū）》《羔羊》《葛覃》《卷耳》《鹊巢》《采蘩》《采苹》《鱼丽》《南陔》《白华》《华黍》《由庚》《崇丘》《由仪》《南有嘉鱼》《南山有台》《南风》《秋风》《立我烝民》《思文后稷》《股肱喜哉》《驺虞》《狸首》《沧浪之水兮》《康衢谣》《击壤歌》《夏训》《商颂》等30余首；属于旧谱新作或改作的有《释奠大成乐章》《初献乐章》，以及以冷谦的旧谱《庆源发祥》改成新调三曲。这30余首，仅列出歌曲名，实际上在同一歌名下，朱载堉谱写了多支曲。如《关雎》，有操缦谱（相当于今练习曲），有旋宫谱，有合乐谱（今称总谱），还有律吕字谱、琴谱、瑟谱。除这些曲谱形式外，在其他歌曲中还有工尺谱、无算乐谱。所谓“无算乐谱”，是指据听众多少，以调式变化反复演奏同一曲目且可以随时终乐之曲谱。可见朱载堉既是音乐理论家，又是一名地道的作曲家。

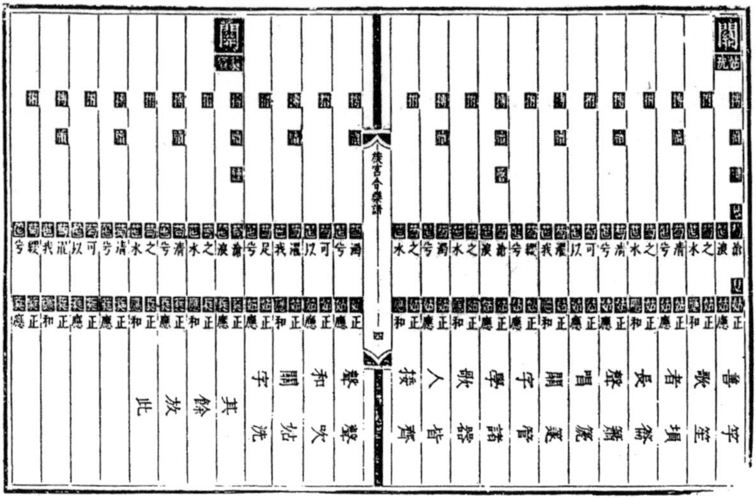

图6-1　朱载堉谱写的《关雎》旋宫合乐谱之部分

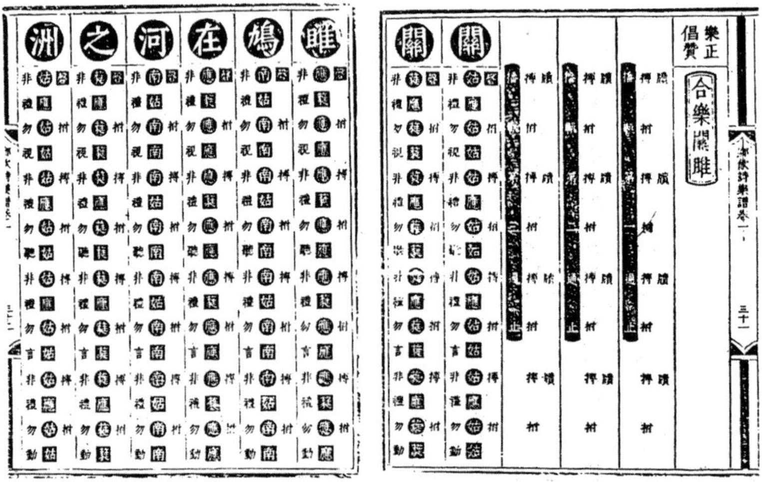

图6-2　《关雎》合乐谱

在《乐律全书》中留下的这些歌曲绝不是朱载堉曲作的全部，一定还有许多歌曲未列入其著作之中。例如，《诗经》300余篇，他为其中的《周南》《召南》谱曲共25篇76章。[1] 然而，就他自己所言："古诗者三百余篇皆可以歌，而人不能歌者，患不知音耳"；"臣尝取三百余篇诗，一一弦歌之，始信古乐未尝绝传于世。"[2]

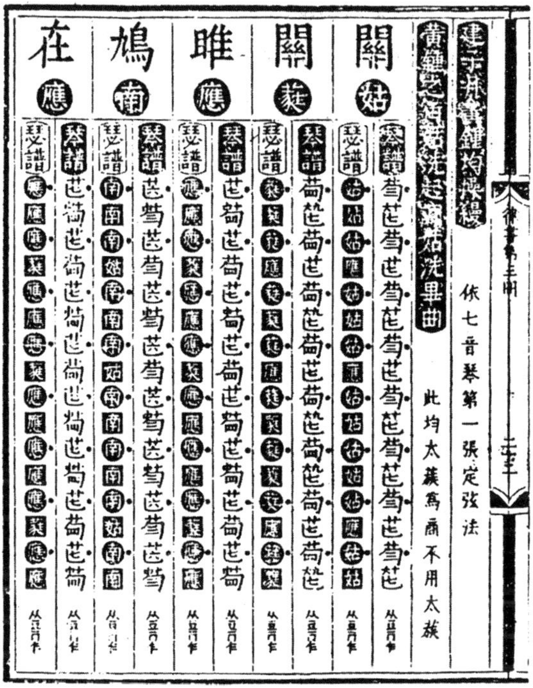

图6-3　《关雎》旋宫操缦谱（《律吕精义 · 内篇》卷七书影）

[1] 朱载堉：《乡饮诗乐谱》卷六。

[2] 朱载堉：《乡饮诗乐谱》卷六。

朱载堉关于音乐学的著述远不止这些。他的成本成卷的相关著作包括《操缦古乐谱》《小舞乡乐谱》《乡饮诗乐谱》《旋宫合乐谱》，以及在《律吕精义 · 内篇》中占极大分量的《旋宫琴谱》；另有评论周代音乐与乐制的《乐学新说》，专论古代弹拨弦乐器瑟的源流、辨证其理论的乐器史著作《瑟谱》，以及在《律吕精义·内篇》中占有不小篇幅的《乐器图样》。前5种乐谱专著旨在宣扬、演奏、教学等程律，其中教导他人及后世学子如何演奏的操缦谱（练习曲）占较大分量。《乐器图样》中凡可演奏的乐器，包括拨弦、吹管、打击三种演奏方式的十余种乐器，都是以十二等程律的律制演奏，上一章已有叙述。

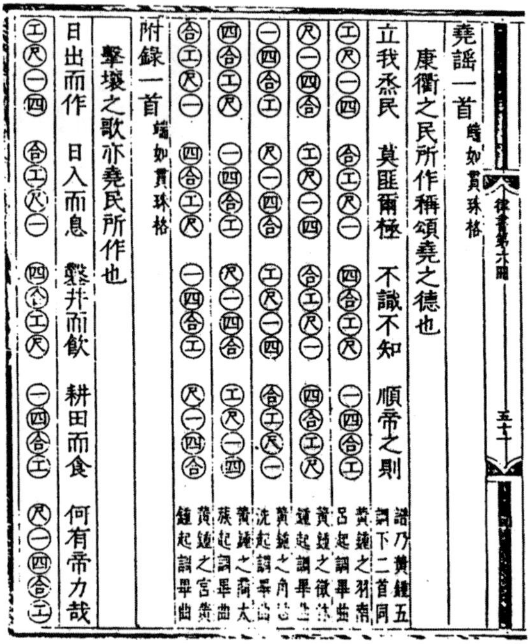
堯謠一首 端如貫珠格
康衢之民所作稱頌堯之德也
立我烝民 莫匪爾極 不識不知 順帝之則 譜乃黃鍾五調下二首同
工尺一四 合工尺一 四合工尺 一四合工 黃鍾之羽南呂起調畢曲
尺一四合 工尺一四 合工尺一 四合工尺 黃鍾之徵林鍾起調畢曲
一四合工 尺一四合 工尺一四 合工尺一 黃鍾之角姑洗起調畢曲
四合工尺 一四合工 尺一四合 工尺一四 黃鍾之商太蔟起調畢曲
合工尺一 四合工尺 一四合工 尺一四合 黃鍾之宮黃鍾起調畢曲
附錄一首 端如貫珠格
擊壤之歌亦堯民所作也
日出而作 日入而息 鑿井而飲 耕田而食 何有帝力哉
工尺一四 合工尺一 四合工尺 一四合工 尺一四合

图6-4 《康衢歌》五调工尺谱（《律吕精义 · 内篇》卷八书影）

在朱载堉创作的各种乐谱中，当以其“合乐谱”最令人惊叹！“合乐谱”今日谓之总谱。如《律吕精义・外篇》卷八中的《立我烝民》合乐谱，既有主唱（或领唱）的词与曲，又有和唱（或合唱、齐唱）的词与曲；既有琴谱、瑟谱，又有鼓板节奏谱，其鼓板谱中示出搏、拊、牍、镛、钟、磬和敔的律位；参与演奏的乐器包括竽、笙、埙、箫、龠、篪、笛、管。在《灵星小舞谱》中，作为舞蹈伴奏用的《立我烝民谱章——调寄豆叶黄》《思文后稷谱章——调寄金字经》《古南风歌谱章——调寄鼓孤桐》《古秋风辞谱章——调寄青天歌》，除以工尺谱谱写它们的曲与词外，还以“鼓板节奏谱”作为它们各自的合乐谱。在鼓板节奏谱中，除词、曲（以工尺谱示知）外，还示明钟、鼓、管（或笙、笛）的节奏、拍位。全谱“简明完备，作用同今日之西洋总谱，是中国总谱形式理性化、逻辑化、科学化之开端，明确、具体而简易”[1]。还有一些总谱将舞蹈的主要动作，如转动、折旋、递移等也示以谱中，这样的总谱当可称为“歌舞总谱”[2]。

作为一个历史时代的代表性学问家，朱载堉不仅放眼未来，着力创造新的曲谱，奠定一个音乐新时代的理论基础，还回眸往昔，去总结、发掘、批判并继承祖先留下的丰厚遗产。体现这一做法的文字在《乐律全书》等著作中比比皆是，《瑟谱》是一例，《乐学新说》又是一例。在学术上能知今知古、以古鉴今并预见未来，这才是真正的学问大家，朱载堉便是其中之一。

---

[1] 薛宗明：《中国音乐史・乐谱篇》，台湾商务印书馆，1983，第489页。

[2] 朱载堉：《小舞乡乐谱》。

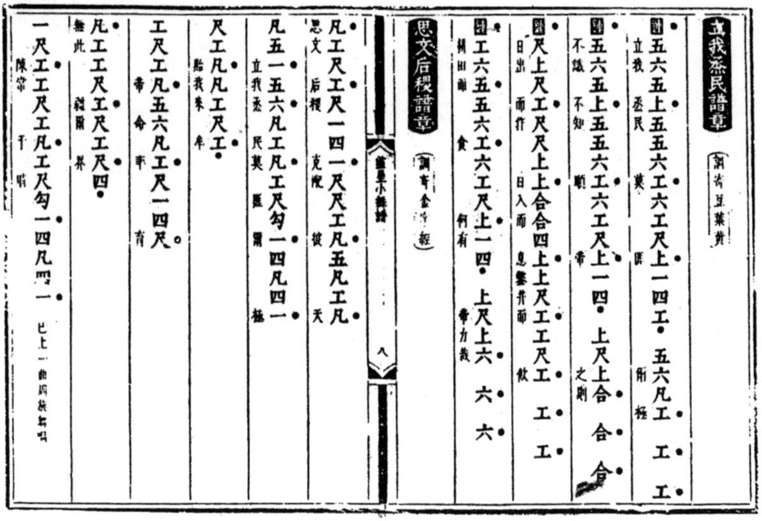

图6-5 《立我烝民谱章——调寄豆叶黄》《思文后稷谱章——调寄金字经》曲谱（《灵星小舞谱》书影）

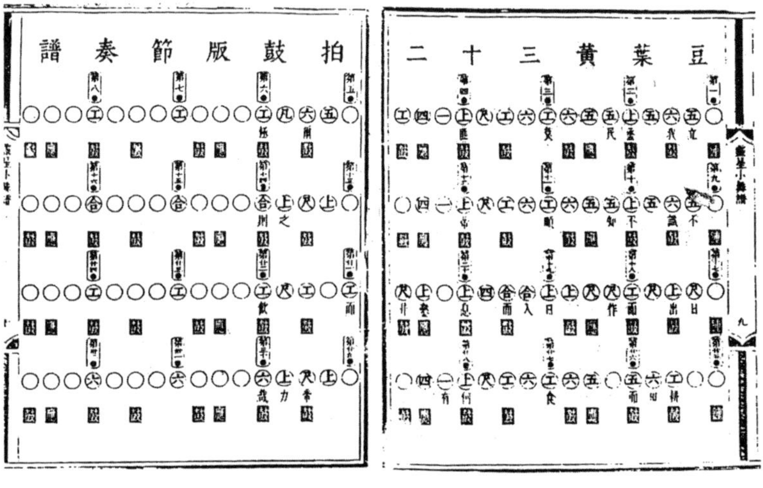

图6-6 《豆叶黄》三十二拍鼓板节奏谱（总谱）

《诗经》《尚书》《礼经》《易经》《乐经》《春秋》即《诗》《书》《礼》《易》《春秋》《乐》)，古代称“六经”或“六艺”。然而长期以来，人们以为《乐经》已佚，甚至蒙学课本《三字经》也言：“诗书易、礼春秋，号六经，当讲求。”在《三字经》中，“六经”已无《乐经》。朱载堉第一个喊出“《乐经》未尝亡也”，《周礼·春官宗伯·大司乐》就是古《乐经》，“近世好异者，妄编《周礼》，改属地官司徒，误矣”。《乐学新说》之“新”，正在于此。清代之乐学家、经学家和御用学者也倡此论，不过是重弹朱载堉之调而删弃首倡者之名罢了。[1]

《乐学新说》阐释了大司乐的乐队成员、官职、职责分工，演奏与歌唱场景的布局、曲目安排和歌舞人员出入顺序，大司乐之教育宗旨、教学方式和歌舞教习等内容，甚而对大司乐所用乐歌的曲调也做出章句正误。陈万鼐先生对此做了极好的研究。[2]就其中曲调，我们概要述及一二。

朱载堉对大司乐中音阶紊乱的情况做了以下改正：

乃奏黄钟（C），歌大吕［当作“小吕”——朱载堉改正，以下括号同。“小吕”即今仲吕（F）——本书作者补说，以下同］，舞云门，以祀天神。

乃奏太簇(D)，歌应钟［当作“函钟”。“函钟”即今林钟(G)］，舞咸池，以祭地示。

乃奏姑洗（E），歌南吕（A），舞大韶，以祀四望。

乃奏蕤宾（#F)，歌函钟［当作应钟(B)］，舞大夏，以祭山川。

乃奏夷则（#G)，歌小吕［当作大吕（#C)］，舞大濩，以享先

[1] 乾隆：《御制律吕正义后编》，《乐制考》。

[2] 陈万鼐：《朱载堉研究》，第167—180页。

妣（后稷之母——朱载堉注）。

乃奏无射（#A），歌夹钟（#D），舞大武，以享先祖（后稷以下，至于文武—朱载堉注）。

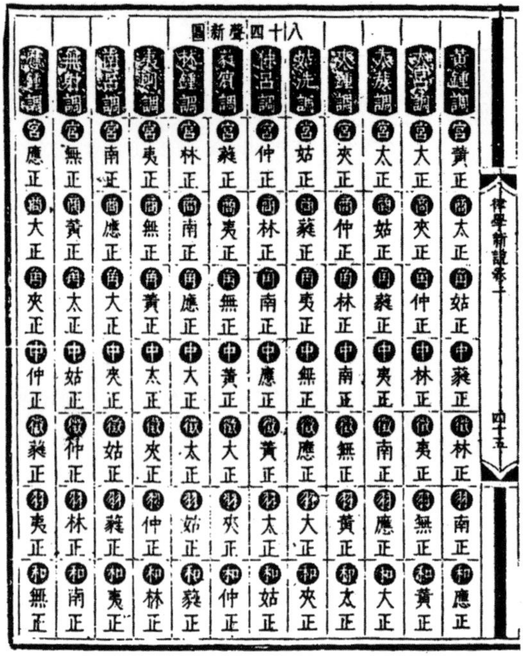

八十四聲新圖

	黃鍾調	大呂調	太簇調	夾鍾調	姑洗調	仲呂調	蕤賓調	林鍾調	夷則調	南呂調	無射調	應鍾調
宮	黃正	大正	太正	夾正	姑正	仲正	蕤正	林正	夷正	南正	無正	應正
商	太正	夾正	姑正	仲正	蕤正	林正	夷正	南正	無正	應正	黃正	大正
角	姑正	仲正	蕤正	林正	夷正	南正	無正	應正	黃正	大正	太正	夾正
中	蕤正	林正	夷正	南正	無正	應正	黃正	大正	太正	夾正	姑正	仲正
徵	林正	夷正	南正	無正	應正	黃正	大正	太正	夾正	姑正	仲正	蕤正
羽	南正	無正	應正	黃正	大正	太正	夾正	姑正	仲正	蕤正	林正	夷正
和	應正	黃正	大正	太正	夾正	姑正	仲正	蕤正	林正	夷正	南正	無正

图6-7　旋相为宫八十四声图（《律学新说》书影）

历代音乐典籍中，音阶名称混乱，甚而为号称“知音”者误夺误篡的情况比比皆是。朱载堉一字之改，正千余年之差，实乃乐律之高手。经他改正后，各享祭大典之乐，器乐与歌声均为上下五度相和之音。如此之胆识，非常人能比。而其后，清代御用大家，还在训诂章句、赘语误人，甚而对朱载堉评论是非，岂非井蛙之鸣乎？为了证实古乐尚存，也为了证明自己所做的改正，朱载堉还据古乐章《释奠大成乐》，“摘出首章，用旋宫法拟造新谱，使后世为乐律之学者观之，深信古乐见存，未尝失传也”。朱载堉做学问之彻底严谨，为世人所敬仰。

《周礼·春官宗伯·大司乐》中留下了古人祭祀音乐的曲调。对此朱载堉在《乐学新说》中亦一一阐发之。《周礼·春官宗伯·大司乐》写道：

凡乐：圜钟（夹钟）为宫，黄钟为角，太簇为徵，姑洗为羽。（祀天神）

凡乐：函钟（林钟）为宫，太簇为角，姑洗为徵，南吕为羽。（祭地祇）

凡乐：黄钟为宫，大吕为角，太簇为徵，应钟为羽。（享人鬼）

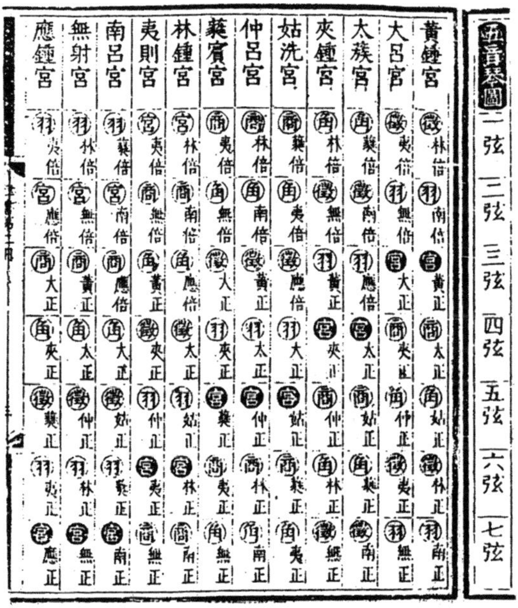
五音琴圖

	黄鍾宮	大呂宮	太蔟宮	夾鍾宮	姑洗宮	仲呂宮	蕤賓宮	林鍾宮	夷則宮	南呂宮	無射宮	應鍾宮
一弦	徵 林倍	徵 夷倍	角 蕤倍	角 林倍	商 蕤倍	商 林倍	商 夷倍	宮 林倍	宮 夷倍	羽 蕤倍	羽 林倍	羽 夾倍
二弦	羽 南倍	羽 無倍	徵 南倍	徵 無倍	角 夷倍	角 南倍	角 無倍	商 南倍	商 無倍	宮 南倍	宮 無倍	宮 應倍
三弦	宮 黄正	宮 大正	羽 應倍	羽 黄正	徵 應倍	徵 黄正	徵 大正	角 應倍	角 黄正	商 應倍	商 黄正	商 大正
四弦	商 太正	商 夾正	宮 太正	宮 夾正	羽 大正	羽 太正	羽 夾正	徵 太正	徵 夾正	角 大正	角 太正	角 夾正
五弦	角 姑正	角 仲正	商 姑正	商 仲正	宮 姑正	宮 仲正	宮 蕤正	羽 姑正	羽 仲正	徵 姑正	徵 仲正	徵 蕤正
六弦	徵 林正	徵 夷正	角 蕤正	角 林正	商 蕤正	商 林正	商 夷正	宮 林正	宮 夷正	羽 蕤正	羽 林正	羽 夾正
七弦	羽 南正	羽 無正	徵 南正	徵 無正	角 夷正	角 南正	角 無正	商 南正	商 無正	宮 南正	宮 無正	宮 應正

图6-8　古琴五声十二调及其旋宫调弦图（《律吕精义·内篇》卷六书影）

上述三种祭祀音乐的十二种调，朱载堉一一作出注解。比如，注“圜钟为宫”曰“圜钟乃夹钟也。夹钟为宫，则以仲吕为商，林钟为角，无射为徵，黄钟为羽”；注“黄钟为角”曰“黄钟为角，则以夹钟为徵，仲吕为羽，夷则为宫，无射为商”。十二种调式中“太簇为徵”，“姑洗为羽”，“林钟为宫”和享人鬼中“太簇为徵”属同一调式，十二调中实际只有九调。朱载堉首次为这段文字做出清楚的合乐律涵义之解释。

对于这些曲调，朱载堉解释说，如享人鬼之乐，“黄钟为宫，大吕为角，太簇为徵，应钟为羽。自是四乐，各举其一者而言之。大吕为角，则南吕为宫；太簇为徵，则林钟为宫；应钟为羽，则太簇为宫。以七声推之合如此。又曰，所谓‘黄钟宫、大吕角’，这便是调；如头一声是宫声，尾后一声亦是宫声，这便是宫调。若是其中按拍处，那五音依旧都用，不只是全用宫。今依冷谦旧谱推衍三谱如左”。

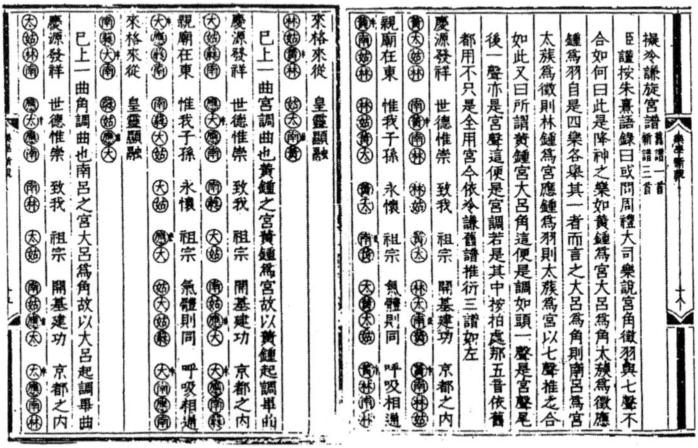
擬冷謙旋宮譜 舊譜一首 新譜三首
臣謹按朱熹語錄曰或問周禮大司樂說宮角徵羽與七聲不合如何曰此是降神之樂如黃鍾爲宮大呂爲角太蔟爲徵應鍾爲羽自是四樂各舉其一者而言之大呂爲角則南呂爲宮太蔟爲徵則林鍾爲宮應鍾爲羽則太蔟爲宮以七聲推之合如此又曰所謂黃鍾宮大呂角這便是調如頭一聲是宮聲尾後一聲亦是宮聲這便是宮調若是其中按拍處那五音依舊都用不只是全用宮今依冷謙舊譜推衍三譜如左
慶源發祥 世德惟崇 致我 祖宗 開基建功 京都之內
親廟在東 惟我子孫 永懷 祖宗 氣體則同 呼吸相通
來格來從 皇靈顯融
巳上一曲宮調曲也黃鍾之宮黃鍾爲宮故以黃鍾起調畢曲
慶源發祥 世德惟崇 致我 祖宗 開基建功 京都之內
親廟在東 惟我子孫 永懷 祖宗 氣體則同 呼吸相通
來格來從 皇靈顯融
巳上一曲角調曲也南呂之宮大呂爲角故以大呂起調畢曲

图6-9　明初冷谦作《庆源发祥》谱（宫调曲）及朱载堉改作的新谱调之一（角调曲）（《乐学新说》书影）

按照朱载堉教我们使用的旋宫图，我们很容易辨识这些曲调的乐律及音阶。在《乐学新说》中，他不仅给我们留下了宝贵的明初冷谦所作的《庆源发祥》曲，而且为我们演示了基于冷谦谱曲的旋宫三谱例。

朱载堉制作了多种旋宫盘，以教人学旋宫之用：将大小不同的两块圆形纸板（或木板）同轴合装在一起，大圆板作底盘，分12格，各书12律名；小圆板作上盘，可转动，也分12格，上书五声或七声之阶名。转动上盘，对准起始音宫的律位，旋宫各律与音阶了了分明。

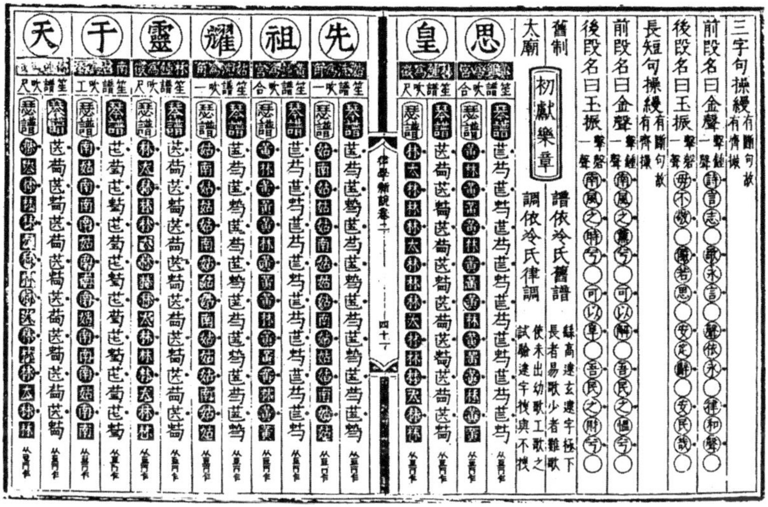

图6-10　朱载堉采集、明初冷谦作《初献乐章》谱

对旋宫问题，朱载堉针对前人之说做出了许多有意义的评论。他将“十二均七音琴”图一一绘出，并指出“宫旋而律不旋，正

所谓旋宫也”，“律旋而宫不旋，非所谓旋宫也”[1]，“夫律有定而宫无定，宫虽移而律不移”。在乐律学上“律数惟止十二”[2]，当“有变音而无变律”，“变黄钟等六律可废，而变徵、变宫二音不可废”，宜正其名，“变徵而为中，变宫而为和”[3]。“宫声所在，名为均主”[4]，一个均主与五声或七声匹配，遂有五调或七声；十二律各为均主，便成六十调或八十四声。

就三分损益法之数学不能返宫而器乐歌声却流转圆润，朱载堉写道：

夫律之三分损益、上下相生、至仲吕而穷者，数使之然也。“十二律旋相为宫”者，音使之然也。数乃死物，一定而不易；音乃活法，圆转而无穷。音数二者，不可以一例论之也。

臣尝观仲吕黄钟之交，知声音有出于度数之外者。无射之商、夷则之角、仲吕之徵、夹钟之羽[5]，若弹丝吹竹、击拊金石，声音至此流转自若也。然算家以仲吕求黄钟，殚其术而不能合乎十七万七千一百四十七之算。[6]

朱载堉不仅谱写了多种操缦曲，而且写下了专著《操缦古乐谱》一书。

“操缦”二字何解？《辞源》释其为“调弦”，并引《礼记·学记》

[1] 朱载堉：《律吕精义·内篇》卷七，《旋宫琴谱第九之下》。

[2] 朱载堉：《律吕精义·序》。

[3] 朱载堉：《律学新说》卷一《论有变音无变律第十二》。

[4] 朱载堉：《律吕精义·内篇》卷六《旋宫琴谱第九之上》。

[5] 无射、夷则、仲吕、夹钟四律，与黄钟起始音的音程比例都是4至6位数的不可除尽的比数。因此，三分损益法之七声不取这些律位。

[6] 朱载堉：《律学新说》卷一《吹律第八》。

曰“不学操缦，不能安弦”；“初学弹琴，须先知调协弦音，才能安弦成曲”。[1]

朱载堉解释说“操缦，盖曲名。操之为言，持也；缦之为言，缓也。操持歌声，令极缦缓”；[2]“操缦节奏，和弦指法”。[3]

朱载堉之父朱厚烷说“定弦乃琴家先务……定弦、和弦，此二者即古所谓操缦者也”，谱“有理有象有数，有音律有节奏……为弦歌之谱也”[4]。

可见，操缦就是按照练习曲学习安弦、定弦、节奏、和弦、指法和演奏。所谓“操缦谱”，“盖曲名”，即今之谓练习曲也。《操缦古乐谱》不仅有练习曲，且“操缦指法，或添或减，或断或连，千变万化，板眼不差，皆操缦也”[5]。而“凡初学操缦者，学节奏为至要”[6]。朱载堉提出“学乐先学操缦”，“学乐自赓歌始”。所谓“赓歌”，即作歌唱和，相当于今日的合唱，注重歌唱者声之谐和。学琴先学弹十徽，“凡弹操缦者，皆按十徽音，十徽寻不见，方去九徽寻”[7]；“宫商徵羽皆按十徽，惟独角音则按九徽”[8]，按二弦九徽

---

[1]《辞源》，商务印书馆，1988。

[2] 朱载堉：《操缦古乐谱》。

[3] 朱载堉：《律吕精义·内篇》卷六《操缦节奏和弦指法》。

[4] 同 [3]。

[5] 同 [2]。

[6] 同 [3]。

[7] 朱载堉：《操缦古乐谱》；朱载堉《律吕精义·内篇》卷六《初学操缦口诀》；朱载堉《嘉量算经》下卷。

[8] 朱载堉：《律吕正论》卷三《箫韶琴律》。

或三弦十一徽，皆为角音。[1]

“凡琴之定弦，也专取九徽、十徽，而不取余徽”[2]。这一切，都是一个阅历丰富者的经验之谈。而对朱载堉而言，他还讲明了之所以如此操缦的乐律理论。在操缦谱中，载于《操缦古乐谱》中的《股肱喜哉》合乐曲、载于《律吕精义·内篇》卷七的《关雎》旋宫操缦曲等都是练习曲中之佳作。

朱载堉的一生既是创建等程律的一生，也是属于音乐的一生。他儿童时代，“无师授，辄能累黍定黄钟”，“审律、制器，音节协和”[3]。他自述，“余少嗜音律，长而益得其趣，是以乐学之说颇异于众”[4]，“弱冠之时，读《性理大全》……《律吕新书》……《洪范皇极内篇》等而悦之，口不绝诵，手不停披”[5]；25岁，写下《瑟谱》一书；32岁，郑恭王厚烷返国，指导他撰写《操缦古乐谱》；直到45岁，《律学新说》《律吕精义》《乐学新说》《旋宫合乐谱》《小舞乡乐谱》等书初稿完成。在郑府内，他曾与宗庙乐生、乐工切磋音乐、乐律，教他们学习歌舞。他也曾“与善琴者论古今雅乐高下”，与典乐尤世贤其人（可能是郑府内典乐官）以演奏其“神乐观”笙共同讨论宋代蔡元定与明初冷谦之乐异同，而得出这样的结论：“冷氏黄钟乃蔡氏之倍律林钟，蔡氏黄钟乃冷氏之正律林

---

[1] 朱载堉：《律吕精义·内篇》卷六《操缦节奏和弦指法》。

[2] 朱载堉：《律学新说》卷一《论准徽与琴徽不同第十》。

[3]《怀庆府志》卷二一《人物·列传》。

[4] 朱载堉：《瑟谱》卷二。

[5] 朱载堉：《进历书奏疏》，载《乐律全书》。

钟。此乃大略耳。其实差六七律，而声在二者之间。”[1]耄耋之年的他，为自己的音乐生活自喜自慰。他自陈，“一人吹律，一人弹琴，一人击缶而歌。余亦自歌，互相倡和，而乐在其中矣”“曷若一琴、一缶、一吹、一歌，足以自乐？呜呼，此趣惟达者能知之”。[2]

朱载堉的音乐人生，可谓达到了“入乎其神”的境界。

第二节　探索继承关系，恢复旋宫古法

什么叫“旋宫”？用现代概念说，就是“调高”的改变。按民间的一般说法，就是“调门”高低的变化。一段音乐，由原来的C调（以C音作宫音）变到G调（改用G音作宫音）去演奏、演唱，这就是旋宫。同一段音乐当中，前面是C调的，后面又变成别的调门，这也是旋宫。“旋宫”（古人常用）、“转调”（今人常用）实为同一意义。今人常将此二词连用，即“旋宫转调”，它和“返宫”是两个不同的物理概念。汉代的《礼记·礼运》记载了先秦的古乐是用旋宫法的。1978年曾侯乙墓编钟出土，证明先秦的音乐确实可以旋宫，说明中国古代音乐文化确实有很高的发展水平。但是汉代宫廷音乐中，旋宫法却“屡作屡辍”，总的说来是失传了。汉以后，律学研究中的许多创造，可以说是围绕“旋宫古法”这个课题发展的。原因是古法失传，而传下来的三分损益法很难解决自由旋宫问题，这使律学家们不得不绞尽脑汁去探寻各种新的途径。南朝宋的何承天，隋唐的祖孝孙（？—640），虽然都曾一度解

---

[1] 朱载堉：《律学新说》卷二《纵黍横黍约率密率算法》。

[2] 朱载堉：《嘉量算经》下卷。

决了旋宫问题，但何承天只是接近旋宫需要而并未解决各律之间的比率问题；虽然祖孝孙被历代承认通过实践做到了“钟无虚悬”和十二律在旋宫中全部用上，但他却没有详尽的理论和律学计算方法传世，后人还是学不会他的方法。因此，真正彻底地从理论到实践解决旋宫问题的是朱载堉的新法密率，也就是现在世界上通用的等程律调律法。

朱载堉恢复“旋宫古法”，在律学上并不是“恢复”古代原有的东西，而是全新的创造，在音乐实践上是真正地实现了自汉以来律学家们的梦想，使失传了的东西重新“活”了起来。

有许多评论家谈到等程律时，不得不承认这是朱载堉的伟大理论创造，但同时又要说声“可惜”，认为这个创造只不过是停留在理论提出层面，并认为是欧洲人解决了这个理论的应用即实践问题。就明以后的整个时代而言，或者对中、西音乐史的客观实际而言，这样看问题是有道理的。我们完全同意封建社会及其统治者的愚昧是阻碍音乐文化乃至一切文化进展的根本原因，但对朱载堉本人的贡献来说，这却是一个极不公平的评价。

因为，朱载堉创造新法密率，并非仅停留在理论创造层面，他是为实践而创造的。朱载堉不仅是一位理论的大师，同时也是一位身体力行、从事音乐艺术实践的大师。他是律学家，也是音乐家。

旋宫法是“乐学”问题，也就是说，是音乐基本理论问题，实际属于与音乐实践直接相关的一种应用理论。在古乐已经失传的情况下，又该怎样恢复“旋宫古法”呢？朱载堉紧紧抓住了“今乐”的实践，他在《乐学新说》中说：“借今乐明古乐不亦可乎？……用旋宫法拟造新谱，使后世为乐律之学者观之，深信古乐见存，未尝失传也！”音乐作为时间的艺术，流动性极大，不可能像美术作品那样用实体的形式再现古代的原有情况，但古乐所用的旋宫法却是可以重现的。朱载堉在音乐艺术上的古今观也许和孟子“今之乐犹古之乐也”有同道之处，但其更主要的内涵恐怕更接近唯物主义哲学家张载（1020—1077）的看法。果然，他在《律吕精义·内篇》中引用了张载的话：“今人求古乐太深，始以古乐为不可知。”这句话的背后涵义认定古乐是可知的。求其大体，掌握它的精神、方法，这就是继承；求之太深，搞饾饤之学，要求不可能实现的原样再现，那就不可知了。

朱载堉在旋宫实践上是“用旋宫法拟造新谱”，通过自制乐器、作曲、改编、演奏和教学、教唱活动，脚踏实地做了艰辛的探索。他为旋宫实践写了许多乐曲，采用了各种谱式：律吕字谱、宫商字谱、琴谱、瑟谱、工尺谱，以至于总谱形式的“合乐谱”，数量众多，决不浅尝辄止。其中，他标明的意在旋宫法的成套乐谱，在《乐律全书》中有四套，在《乐学新说》中则有《拟冷谦旋宫谱》(冷谦是明初的学者，曾参与定太常乐。朱载堉利用他的旧谱，以旋宫法在不同的调高上发展，使相同的“庆源发祥，世德惟崇……”的词句在不同的宫调上反复演唱，产生变化)。另外，《律吕精义·内篇》卷六、卷七有篇幅很大的《旋宫琴谱》;《律吕精义·外篇》卷五有《文王》《鹿鸣》《关雎》《清庙》等用诗经歌词所作的《四始诗旋宫谱》;《乐律全书》中还有整本的《旋宫合乐谱》。

朱载堉自制的乐谱，有一部分是为“教学歌人”而作的。在音乐艺术实践活动中，他也是一个很注意教学法、善于运用直观教具的好教师，他设计的几种“旋宫图”至今看来仍具有实用价值。

只举《算学新说》中两图为例，稍加解释，哪怕不懂音乐的外行人也会知道什么叫旋宫了。

下图中右为仲吕林钟夹辅之图，左为大吕应钟夹辅之图。

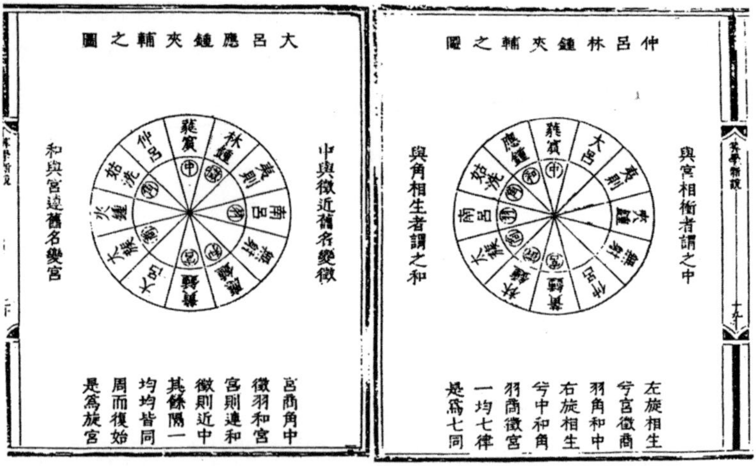

图6-11　朱载堉绘旋宫图以教人制造旋宫图板（《算学新说》书影）

如同我们在前一节中所看到的一样，这两个图也分为内、外盘。外盘固定，刻写十二律名；内盘可以旋转，刻写七声的阶名。旋动内盘，宫音的位置移动而对应各律，这就是旋宫。

如果我们把黄钟标准音的音高定在C音，那么十二律依次为：

律名：	黄钟	大号	太簇	钟夹	姑洗	吕仲	蕤宾	林钟	夷则	南吕	无射	应钟
	|	|	|	|	|	|	|	|	|	|	|	|
音名：	C	#C	D	#D	E	F	#F	G	#G	A	#A	B

这是按半音关系排列的上图中“大吕应钟夹辅”的次序，不带升降号的音名相当于钢琴上的白键，其他五个相当于黑键。上图中“仲吕林钟夹辅”不过是改按五度关系排列，律名和音名的

对应关系是一样的。

内盘七个阶名和现代唱名的关系如下。

阶名：宫　商　角　中　徵　羽　和

唱名：do　re　mi　#fa　sol　la　si

按照以上的简略解释，读者就不难摸清这两种旋宫图的实际用法，以及“旋宫”的真实涵义了。

朱载堉恢复旋宫古法的科学根据就是他的等程律理论（新法密率），以及他自己设计制作的用形如芥子的金属“徽”标明“新率”发音位置的乐器，即他的“新制律准”。因此，他的新法密率并不是止步于旋宫实践的一种纯理论计算。

旋宫法得不到等程律的实践运用时，只不过是一种空想；等程律不付诸旋宫实践时，也不过是一种空论。自古以来，谈旋宫八十四调的人为数不少，但没有一本著作拿得出八十四调的谱例，这一点说明了旋宫理论未曾有过全面的实践。只有朱载堉真正这样做了，《律吕精义·内篇》卷六、卷七列出了他创制的《旋宫谱六十调指法》和《旋宫琴谱》。这是朱载堉在自己的艺术活动中亲身实践了等程律的重大证据，也是朱载堉在艺术实践领域中对新法密率的一次闪耀着光辉的检验！

朱载堉对自己的旋宫理论不称“八十四调”，他做了一字之差的修改，称为“八十四声六十调”。“声”与“调”的一字之差，说明了理论与实践的原则差别。这一字的改定，把朱载堉和历史上一切人云亦云的空头理论家区别开来。朱载堉的旋宫琴谱，“中”与“和”两个音级有声无调，十二律旋宫得八十四声，共有二十四声不能立调，非躬亲实践者不能真正懂得其中的道理。

新法密率的创造者用同一首《南风》的歌词，谱写了旋宫谱六十调，并且详订了指法，说明他是在乐器上真正实践了的。这既是等程律理论的胜利，也是旋宫古法真正在新的历史条件下首次完全实现。

第三节　歌曲、乐曲的初级教学体系和有量记谱法

在中国音乐史上，朱载堉即使不是第一个系统地提出音乐教学法的人，也是先行者之一。他作为16世纪下半叶的音乐家，当时提出这方面的理论，对世界音乐文化史来说也不是后知后觉的。在中世纪以前的音乐史中，即使是在中国这样因特殊历史条件而重视“礼乐”传统的国家，音乐的教学活动也是以“口传心授”为特点的，人存事兴，人亡事废，一切都维系于经验。所以，汉代的制乐家族一遇变故，就造成先秦雅乐中断的后果；唐代宫廷乐工李郎子（生卒年不详）逃走，宫廷中的清乐立即失传。唐宋间（甚至在更早的年代中），虽然记谱法的发展已经为比较详细地记写音乐提供了可能性，但是历史仍然自有规律，音乐教学仍然不能像文学那样积累起循序渐进的书面教材。

历史是怎么让朱载堉注意音乐教学法的系统化问题的呢？是由于他的个人特点，抑或因为他在古代社会的音乐学的发展中是一个广博的、百科全书式的人物？现在看来，这些都不是全面的理由。这是明代发生的，而非个人所独有的历史现象。朱载堉之前，已有他的父亲在做这件工作，他是承其父志而更上一层楼的；朱载堉之后，从明末时传到日本的《魏氏乐谱》来看，明代宫廷在音乐教学方面也已积累了相应的方法。太常乐工常向朱载堉请教，这也许能直接反映出朱载堉有关建树的影响，但如果时势不济，个别人物的创造不也常遭夭折的命运吗？真正的历史原因可

能还与明代手工业的发达、商品经济的发展、各种专业分工渐趋细密，因而拓展了人们的眼光、改变了人们的思维习惯有关。许多伟大学者的成就，常常源于他们能够敏锐地抓住历史的契机，当多数人刚刚悟出某项课题的必要性时，他们已经领先做了出来。

如前所述，朱载堉曾为音乐教学编写大量的乐谱，至今还保存在《乐学新说》《律吕精义》的《内篇》《外篇》及四五种以“乐谱”命名的著作之中。他对“循序渐进的教学系统”的主张则集中在《律吕精义·外篇》与《操缦古乐谱》二书之中。

他把歌曲的教学提到了第一位。在《操缦古乐谱·序》中总论“乐以人声为主”，强调“永（歌咏）者声气之元，乐之本也”，并对“学乐自赓歌始”作了专题论述，把歌曲的逐句教唱作为初学音乐的门径。

朱载堉更加重视乐器伴唱在歌曲教学中的作用，在《律吕精义·外篇》卷八中着重论述了“弦歌二者不可偏废”的命题，并且采用《康衢谣》《击壤歌》《南风》《夏训》《商颂》等古歌词，编写了乐谱和乐队合乐谱，作为“教学歌人”之用。他在《乐律全书》中多处强调了“操缦”的基本训练。“操缦”就是弦乐器的定弦与弹奏，学习操缦，意在弦歌，把操缦作为准确地演唱的手段。他多次地重复“论学歌诗六般乐器不可缺”的命题，也是这个意义。明末魏之琰（生卒不详）避难去日本，由他的后人传下了《魏氏乐谱》，从中也可以看出朱载堉为歌诗教学所规定的“乐器不可缺”的主张。魏氏家族的这种传统即使不是直接来自《乐律全书》的主张，也当是明代音乐生活的遗风。

图6-12　朱载堉绘鼓瑟搏拊图（《乡饮诗乐谱》卷一书影）

由于对器乐教学的重视，朱载堉对古乐器的制作与演奏技法也做了许多深入实践的探索。他精于研究的主要是当时已经失传了的雅乐乐器，并大胆地作出了“夫乐学失传而八音诸器皆非本制”的结论。我们对照今天的乐器考古研究中明清宫廷雅乐乐器来看，也只能十分钦佩朱载堉这句话的正确无误。他并无我们今天可以看到先秦考古实物的条件，怎能作出正确的判断？秘诀仍在他不死守书本而是从演奏实践中来观察问题。他认为“先儒不识管”，认为“今舞者所执籥或吹之不成声，恐非古之籥也”，认为“今太常篪围径太粗而又长大，盖误用大尺，非古黍尺也”，这些看法也都十分正确。特别是在二十五弦瑟的研究上，他更能针对当时太常所传的错误指法，上考古籍，批驳某些文人学士出于主观的妄断，深入实际演奏活动的技法上做辨正。他反对“黄弦

（中弦）不弹”的教条，批评了“太常之瑟右手不鼓小弦，左手不鼓大弦”的论调，认为这些“盖为异说之所惑”。他辩证地解释了《韩非子》中“齐宣王问匡倩”一文中有关这一问题的记述。虽然朱载堉不能像我们一样可以见到马王堆汉瑟柱位的排列法，因而不知瑟柱应作两行排列，但他审查问题时精于实践的精神，由此可见一斑。

自古以来的“口传心授”教学，即使采用了一定的乐谱，也都不用有量记谱法。今人见了古谱如此，误以为古乐都是一字一音，甚至直到现在也还有些学者认同这种看法。朱载堉论“弦歌”、论“操缦”，大力批驳了这一谬误，力图在音乐教学中引进尽可能精密的、科学的有量记谱法。

他在《弦歌要旨》的序言中说：“《周礼·春官宗伯·小师》‘掌六乐声音之节与其和’。和者齐声如一之谓也，节者板眼如一之谓也。”又说：“古人于乐重在节奏，今人学歌学琴多无板眼，何也？板眼者节奏之谓也，节奏者操缦之谓也。”他以此批驳古乐无节奏的说法，并在《操缦古乐谱》中用“沧浪之水清兮……”为歌词作曲，谱出了几种不同节拍的例子，供初学者学习。

他解释说：“此亦有断句之操缦。操缦指法或添或减，或断或连，千变万化，板眼不差。”他还增补引用了《周礼》《仪礼》《礼记》数处文字，结论性地论证了节奏的重要性。

朱载堉提出的节奏问题，其实在明代的音乐实践中久已提出并已有有心人采用一定方法试行过。早于朱载堉约一个世纪，自中原地区传入朝鲜的乐律理论就是一个证据。这些理论和有关谱式已被朝鲜音乐家成俔（生卒年不详）完整地采入《乐学轨范》一书之中。朱载堉在这一方面的建树主要是对节奏问题做了富有理论高度的音乐学的探讨，并将其明确地纳入了教学体系中。

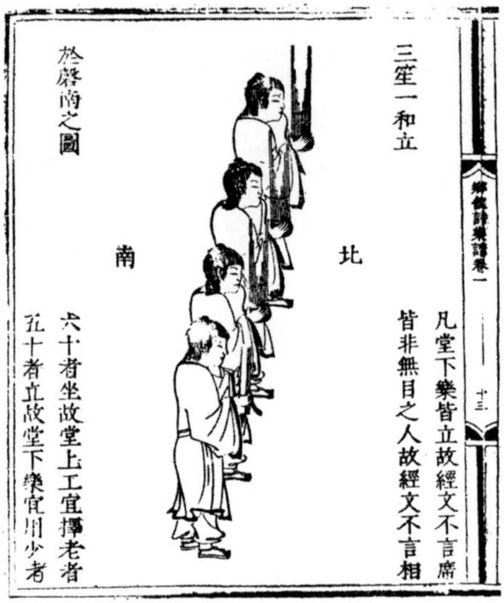

图6-13 “三笙一和” 演奏图（三人吹笙、一人歌诗拍板和之。《乡饮诗乐谱》书影）

朱载堉对有量记谱法的重视，还促成了他的另一重要成就，即在本章后文中将要论述到的采录民间音乐的精确的记谱。

第四节　音列、音域与作曲问题

朱载堉作曲甚多，但大都为“教学歌人”而作，他主要是以音乐学家而非以作曲家身份名世。作为一名深入艺术实践的音乐理论家，他是一个能在作曲问题上尊重艺术规律、摒弃种种教条束缚的人。

古来论乐皆文人，而文人往往并不真正懂音乐。他们耻于下问，不肯向实践者请教，却要装出一副高深莫测的样子，为实践者树立许多障碍和人为的规矩。明代虽也产生过不少大学问家，但也有不少这样的儒者，以致在学术史上出现了尽人皆知的“明儒鄙陋”的情形。

李文利（生卒年不详）、张敔（生卒年不详）、黄积庆（生卒年不详）都号称“知乐”。他们都宣称，在音列的使用中，变宫音（应钟）以上不许用高音，宫音（黄钟）以下不许用低音。

朱载堉在理论上用律学的根据批驳了这种谬说，又在实践上“引太常乐谱为证”，说明这种规定是不符合实际的。

李文察自己作曲的《青宫乐章》，用五声音阶配五字句，机械地采用同一个曲调，逐句降低半音，每句旋宫一次，十二句唱到底。这显然是作者本人都无法演唱的书斋中的理性产物。朱载堉一针见血地说：“文察本不知音，而乃强作解事……鄙俚缪妄，识者无不笑之。”这当然无须再做什么批驳了。《律吕精义·外篇》卷三引录该谱的目的十分明确，摆出作曲脱离实际的一个错误典型，“今录为撰者戒”。

把音韵学中的“喉牙齿舌唇”混同于音乐中的“宫商角徵羽”，也是文人牵强附会的惯伎。有一个叫刘濂的知名文人，强不知以为知地著书立说，讨论作曲法问题。他规定，凡歌词中有某字，即据此字的音韵分类，定其宫商。这种机械的作曲法，当然只能得到可笑的结果。朱载堉以当时众人尽皆承认的明初作曲家冷谦的曲例与刘濂的“作曲法”进行比较，初学者自然明白应该如何取舍。

更可贵的是，朱载堉在《律吕精义·外篇》卷三中提出了“谱无定法，勿惮改定润色”的思想。这位在科学工作上充分表现出创造性的人物，在艺术问题上同样也毫不保守。他选取了当时被认为神圣不可侵犯的《释奠大成乐章》作为乐例，把元代颁行的乐谱与明廷当时所用的乐谱进行比较，说明作曲可以创造性地使用不同的方法而精益求精。

第五节　采录民间乐曲及其精确记谱

从世界音乐史的全局看，16世纪的作曲家采用民间曲调并不是个别的先进范例。但是，有意识地标明乐曲的民间来源，精确地记谱并刻版传世，用以保存当时民间音乐的原型的人，恐怕是值得被大书特书的。

当然，朱载堉并不是出于民俗学的目的而为民间音乐记谱的。正如他在律学理论上懂得不耻下问一样，他是一个深明民间音乐艺术价值的学者。他想借用民间乐曲的精神，为丧失活力的古乐恢复青春。在《乐学新说》中，他曾说过“借今乐明古乐不亦可乎”这样的话；面对当时一字一音的“古乐”演奏实际情况，他在《操缦古乐谱》中又提出了“总论复古乐以节奏为先”的看法。

他在《灵星小舞谱》和《字舞谱》中分别录存了民间曲调，然后总结性地写道：“凡音之起，由人心生也，人心无古今之异而音岂有古今之异哉？用古之词章，配今之腔调，使人易晓而悟乐之理如此其妙也。”

他为古之词章配曲，《立我烝民》用的是“豆叶黄”腔调，《思文后稷》用“金字经”腔调，《南风》用“鼓孤桐”腔调，《秋风》用“青天歌”腔调，正是为自己的音乐艺术古今观的理念而从事的创造性活动。

他是一个有科学头脑的创造家。他如此想，如此做，同时又不曾采取强使民间俗乐附庸风雅、含糊改名、混淆古今的做法。

他在四首配曲的“古之词章”之后，都单独地列出了该民间腔调的“鼓版节奏谱”，即：

豆叶黄三十二拍鼓版节奏谱。

金字经二十四拍鼓版节奏谱。

鼓孤桐四十二拍鼓版节奏谱。

青天歌五十四拍鼓版节奏谱。

朱载堉为迄今已有400余年历史的民间乐曲留下了这四篇精确记谱，是音乐史上不可多得的宝贵财富。

王　子·乐律学家·科学家　**朱载堉**

PRINCE

MUSICOLOGIST

SCIENTIST

ZHU ZAIYU

第七章

舞蹈、绘画和诗歌

如前所述，朱载堉是位乐律学家、音乐家、乐器制造师，本章将涉及他在艺术和文学方面的成就。他是中国历史上舞谱的集大成者，在白描绘画上也颇有建树，还是位诗人。

第一节　集舞谱之大成

在朱载堉的《乐律全书》中，舞蹈与舞谱占有相当分量。在他的14种书中，关于舞蹈与舞谱的专著有4种：《六代小舞谱》《小舞乡乐谱》《二佾缀兆图》《灵星小舞谱》。此外，在《律吕精义·外篇》中有两卷篇幅对舞蹈理论做了探讨。他的这些工作，在中国舞蹈史和文化史上占有相当重要的地位。

舞是什么？古代舞蹈之种类、舞之纲要内容为何？朱载堉在《律吕精义·外篇》“论舞学不可废”中对此一一做出解答。对于舞及舞之由来，他说：

凡人之动而有节者，莫若舞。肄舞，所以动阳气而导万物也。夫乐之在耳曰声，在目曰容。声应乎耳可以听之，容藏于心难以貌睹。故圣人假干戚羽龠以表其容，蹈厉揖让以见其意，声容选和则大乐备矣。《诗序》曰：“咏歌之不足，不知手之舞之、足之蹈之。”盖乐心内发，感物而动，不觉手足自运，欢之至也。此舞之所由起也。

由此可见，乐者表声，舞者表容，声容兼备，大悦欢心。故云：“有乐而无声，似瞽者知音而不能见；有舞而无乐，如哑者会意而不能言。”

舞的种类，“考其大端，不过武舞、文舞二种而已”，俗称“粗舞”“细舞”。前者雄壮、发扬蹈厉，以示其刚勇；后者柔善、谦恭揖让，以著其仁爱。前者舞具多为干（盾）戚（斧），后者舞具多为翟（羽毛）龠，“至若佾列有多寡，缀兆有修短，变态有离合，进退有徐疾，周旋中规，折旋中矩，俯仰屈伸整齐严肃，举止动作皆应节奏，此则二舞之所同也”。

朱载堉提出“舞学”一词，并为此拟定“舞学十议目录”。“舞学”既可以是“舞蹈学校”“学习舞蹈”之简称，也可能是一门知识或学问的“术语”。其“十议”包括：

一、“舞学”，指舞蹈学校或舞蹈场所，宜择“清幽洁净之处”。二、“舞人”，指“教”与“习”舞蹈之人。“吹者弹者，歌者舞者，总而计之得数十人，宜效南方结为诗社，先使诵诗读书，而兼习乐习舞；不拘士农工商之子，皆可入社，但择颇有德行，人所爱敬者，最好勿用轻薄无赖之人”。三、“舞名”，指舞蹈的具体名称及其分类。四、“舞器”，即今所谓舞具。五、“舞佾”，即舞蹈队列。朱载堉说：“舞佾行列，盖取算术开方之法，纵横相等，四面皆方，犹俗称所谓棋盘纹也。”这是中国古代轴对称美学观在舞蹈艺术上的体现。六、“舞表”，包括表演场地、与表演内容相宜的舞具、队列变化（缀兆）等。七、“舞声”，包括咏诗、器乐与歌唱。八、“舞容”，指舞蹈本身的观念、概念或其内涵。九、“舞衣”，即舞蹈者的衣服。十、“舞谱”，即某一舞蹈从始至终的动作情景设计图。这种设计图既可以是简练的文字术语，也可以是人体图画或身体某一部分的动作过程展示，更有仅以几何图画（线段、曲线、圆、弧等）展示舞蹈的图谱。由于时代局限，朱载堉没有作出这种几何舞谱，但他是19世纪之前绘制舞谱最详尽的人。[1]

朱载堉以人舞（徒手舞）为基础，界定人舞的四纲八目，每一纲目的概念或术语就成为描绘任一种舞谱的理论上并技巧上的基本要素。“四纲”：一曰上转势，二曰下转势，三曰外转势，四曰内转势。此四势曰“四端”，舞谱谓之送、摇、招、邀；上转若邀宾之势，下转若送客之势，外转若摇出之势，内转若招人之势。“八目”：转初势、转半势、转周势、转过势、转留势、伏睹势、仰瞻势、回顾势。八目中前五势释为“辗转反侧”，它们和四纲，以舞中之转“为众妙之门”；八目中后三势，如伏睹势表尊敬、仰瞻势表亲爱、回顾势表夫妻和顺等，即使在今天的歌舞中也屡见不鲜。如二人转、湖南花鼓戏《刘海砍樵》中，男女以“回顾势”表达情感之例，颇为生动。四纲八目中，每一纲均可与八目组合，故舞谱有32图。若舞容变更，如《康衢舞》为大袖敛手舞，《尧民舞》为小袖展手舞，或舞具变化，都可以描绘出各自的32图。《律吕精义·外篇》共绘64张舞图而合成的舞谱，其中有32图为大袖敛手舞，另32图为小袖展手舞。

四纲八目成为朱载堉舞谱的灵魂，它的某些意义留存至今仍不褪色。在他的歌舞全谱中，常仅以两个字述说舞蹈动作，却含有纲目所定义的完整的某种舞蹈动作过程及其姿态。了解此义再读其舞谱专著就容易了。

对于舞蹈本身，朱载堉还有一精辟见解。他认为，有“舞”必有“转”，舞者的旋转动作、速度变化，是舞蹈中最为奥妙、神奇的“众妙之门”。《六代小舞谱·序》中写道：

古人学歌以“永”之一字为众妙之门，古人学舞以“转”之一

[1] 朱载堉：《律吕精义·外篇》卷九《论舞学不可废》。

字为众妙之门。何也？所谓歌者，五声六律，千变万化，举要言之，不过一气“永”长而已；所谓舞者，三回九转，四纲八目，举要言之，不过一体旋转而已。……今人学歌而不能“永”，学舞又不能“转”，此所以失传也。

舞蹈中最为精粹部分之一，无疑是旋转及其速度，配以肢体动作的变化，往往令人神往入奇。作为众妙之门的旋转动作，不仅区分了雅舞与俗舞，也区别了欧洲中世纪教堂舞和民间舞，它还是古典舞与现代舞（如芭蕾）的重大区别之一。朱载堉在400多年前提出了旋转为舞蹈众妙之门的见解，其艺术眼光确实比他人深远。

《六代小舞谱》中的“六代”，按朱载堉说法，指轩辕黄帝、唐尧、虞舜、夏、殷商、周六代。他认为：轩辕黄帝之舞，以帔为舞具，人持帔而舞，故称“帔舞”，因“帔”是绘五色云之缯帛而又称“云舞”；尧舞不执舞具，又称“人舞”，今俗称“徒手舞”，属咸池舞支派；舜舞以箫为舞具，因传说“舜时凤皇来仪”，故又称“皇舞”；夏舞以羽毛为舞具，又称“羽舞”；商舞以旄为舞具，又称“旄舞”；周武王以干戚（盾与斧）为舞具，又称“干舞”。所谓“小舞”，有两种含义：一是“独人舞”，无所谓舞佾队伍；一是13岁至20岁未冠之前，教年少者学舞。二者均为小舞。朱载堉定下舞蹈的四纲八目，纲目相配，每一“代”舞姿有32式；舞具有帔、箫、羽毛、旄、干（盾牌）5种或徒手，则共有192图以示“六代”舞蹈动作。再加上说明“六代”中每一“代”舞的单一画面等10张图，共计图谱202张。这就是《六代小舞谱》的主要内容。

《小舞乡乐谱》的“小舞”含义同上。朱载堉引《仪礼》曰：“乡乐，二南也，《诗序》所谓用之乡人焉。”“二南”即《诗经》中《周南》《召南》二篇，歌“二南”并由“乡人”舞之蹈之的舞谱，即其书名之意。自然，这非官场、非宫廷所行之“小舞乡乐”，可以“士庶通用”。令人惊叹的是，朱载堉在此谱写的小舞乡乐《羔羊》(《召南》之一篇)，不只是乐曲总谱，而且是乐舞全谱，即在合乐谱内还指明舞姿、舞势及动作，如转动、进退、递移、折旋等。歌到何处，舞作何姿，在此全谱中一目了然。

《小舞乡乐谱》集前代诸家教舞方略7条，诸如“先鼓警戒，三步见方”“进旅退旅，一弛一张”“宜简而易，宜缓而舒，养其血脉”等。书末列出教学舞蹈之乐器、人数：

柷敔钟磬一人，人多每器一人，人少一人兼之。

鞉鞞鼓应一人或每器一人，或一人兼之。

搏拊一人或堂上二人，堂下二人。

舂牍一人或堂上二人，堂下二人。

鼓瑟一人或二人。

鼓琴一人或二人，或四人；若人少，有瑟无琴，有琴无瑟皆可。

吹竽一人或二人。竽等诸器如无，则不必用，只用笙亦可也。

吹笙一人或二人。

排箫一人或二人。

编管一人或二人。

吹龠一人或二人。

吹笛一人或二人。

吹埙一人或二人。

吹篪一人或二人。

文舞一人或二人。惟学舞之人必不可缺也。

武舞一人或二人。

以上十六人，常数也。学徒多或加一倍，不可太多。乐胜则流，能减则善。若人少不足十六人，尤合宜也。

图7-1　人舞、 帗舞、 羽舞、 皇舞、 干舞、 旄舞 （《六代小舞谱》 书影）

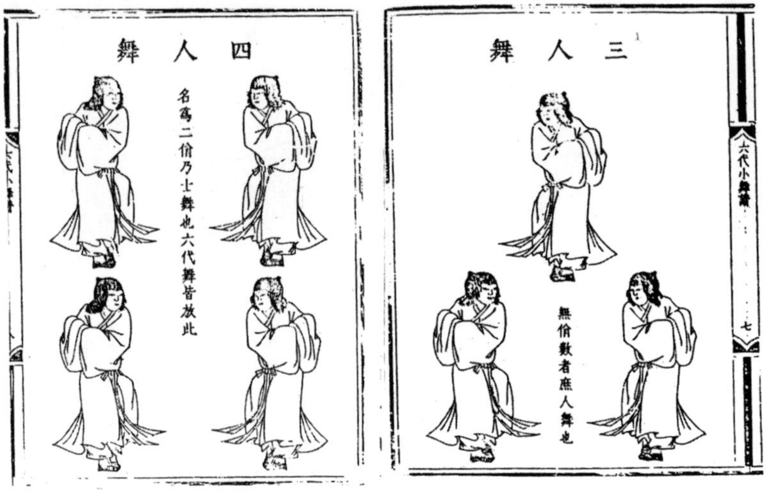

图7-2　队列（《六代小舞谱》书影）

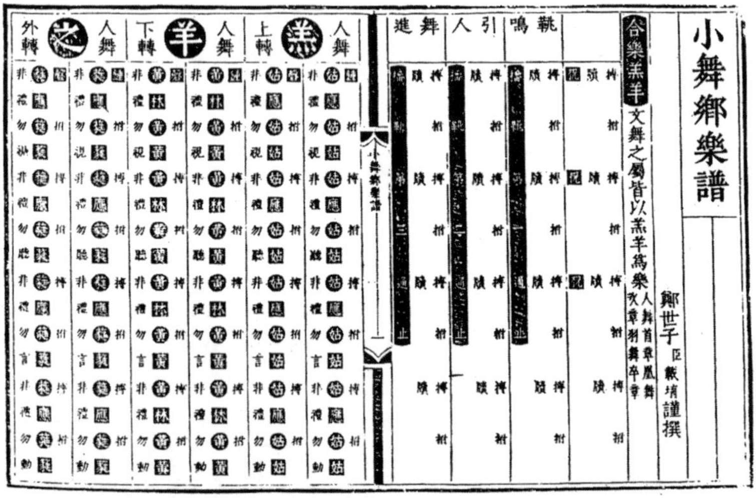

图7-3　歌舞全谱《羔羊》（《小舞乡乐谱》书影）

《二佾缀兆图》是以舞鞋在舞蹈方格内的位置、状态来展示舞者位置、身姿的舞谱。其中“缀兆”二字，指舞队的行列位置。在这里，无论文舞武舞，皆二佾四人。前者舞具为龠、翟（雉羽），后者舞具为干（盾）、戚（斧）。该书绘了71张舞图，朱载堉所绘舞鞋为草履，以告示舞之源本在民间。

《灵星小舞谱》中的“灵星”二字，意指汉代祭祀农神后稷而建的灵星祠。该书中记述两份舞谱：

其一，以16个男童表演农田耕作至收获的全过程，包括芟除、耕种、芸（通“耘”）耨、驱爵（雀）、穫（获）刈、舂簸的劳作舞蹈。舞具均为劳动工具之象，如锄、铲、镰、枷等。乐器有钟、鼓、鼗、板各一，双管或单管一两副，随地而用，或笙或管均可，不需多，宜从简便。舞曲为《豆叶黄》，收曲为《金字经调》。该舞在民间称为“村田乐”，其图谱合280帧，从图谱来看，颇类似于20世纪40—50年代所演之《兄妹开荒》。

其二，“天下太平”字舞。16个徒手男童，分4佾4列，通过舞蹈逐一排成“天”“下”“太”“平”四个字。舞曲为《鼓孤桐》，收曲为《古秋风辞》（调寄青天歌）。其图谱计80帧。

除《律吕精义·外篇》阐述舞蹈理论之外，在朱载堉的4部舞蹈专著中，记载了9个舞蹈的舞谱和1个歌舞全谱。应当指出，有关舞蹈和舞谱的论述，在朱载堉之前，或多或少已有所涉及。比朱载堉早些时候，即嘉靖中，韩邦奇（1479—1555）在其著《苑洛志乐》中以人物舞蹈画的形式描绘了两个舞蹈，但未提出任何理论。嘉靖中为国子监生的昆山人张敉（原名张献翼），撰《舞志》12卷，他以韩邦奇《苑洛志乐》为本，杂引史传写成此书，内分舞容、舞位、舞器、舞服、舞人、舞序、舞名、舞音、舞什、舞述、舞议、舞例12卷，[1]但全书却无“舞谱”这一篇章。朱载堉也未读过此书，因为在他的《律吕精义》书前所列明朝参考书中不见张敉的《舞志》。朱载堉的贡献，是他集历代有关论述之大成，第一次详尽地、系统地论述舞蹈，并描绘舞谱，提出舞学十议和舞谱纲目，奠定了中国古代舞蹈理论和舞谱大纲的基础。虽然他的舞蹈著作并未完全脱离宫廷舞蹈的羁绊，但他如此认真地研究并祈求创建一门新艺术学科的深邃目光是令人敬佩的。

朱载堉描绘了三种舞谱，即人身谱、鞋履谱和字谱，其中字谱是在音乐总谱中加入舞蹈动作的文字说明。然而，时至今日，国际上也尚未有通用的舞谱。西方舞谱的出现要比朱载堉的晚得多。匈牙利舞蹈家拉班（Rudolf von Laban，1879—1958）创作了“拉班舞谱”，是较早的，也是现代较为流行的舞谱。他于1928年出版了著作*Schifttanz*，提出了他的舞蹈动作体系，被称为“拉班舞蹈活动摄影机”（Kinetography Laban）。1954年他又出版了《舞蹈和动作谱原理》（*Principles of Dance and Movement Notation*），1953年纽约舞谱办公署（Dance Notation Bureau）就将书重新命名为“拉班舞谱”（Labannotation）[2]。

---

[1] 永瑢等：《四库全书总目》，中华书局，1981，第333页。

[2] Stanley Sadie (ed.), *The New Grove Dictionary of Music and Musicians. Vol.10* (London: Macmillan Publishers,1980) p.334.

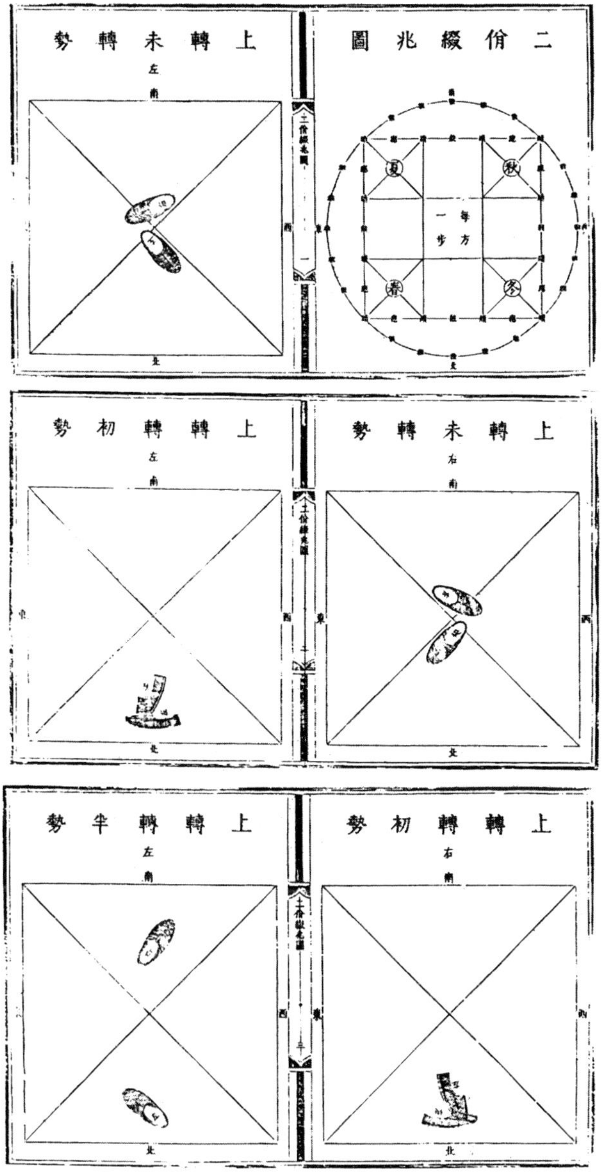

图 7-4　以舞鞋加简练文字描绘的舞谱（《二佾缀兆图》书影）

图7-5　朱载堉绘《村田乐》舞谱之部分（《灵星小舞谱》书影）

第二节　白描画

《乐律全书》中还有600多幅人物白描木刻画，它们大多数是为舞蹈图谱而作的。这些画笔法简练，勾画出各种舞蹈姿态，正背、侧转，仰俯、屈伸，进退、跪拜，形态逼真，线条细匀，用墨得当，内含动静之感。《灵星小舞谱》中画的农业劳动舞蹈，虽说是仿汉代祭后稷之舞，但舞者持镰、锄、铲等劳动工具的舞蹈姿态，乍一看来，恰似当代《兄妹开荒》的舞蹈写生画。在朱载堉最早的著作《瑟谱》一书中，也有一些描绘乐人生活的白描画。如“相工图”[1]，画出了一个瞽瑟师和一个乐童相依而行的情景：瞽者的手杖似乎正在探试那凹凸不平的道路，乐童左手荷瑟、右手扶着老年瞽者，两人缓缓而行。这张相工图，造型准确，比例恰当，笔法匀称，栩栩如生。这些作品虽进不了文人画“正宗”之列，但它们的确表现了绘画者成熟的笔墨技巧。这些画中人物的发式、衣着、道具，对我们今天研究明代艺术极具参考价值。这些画的木刻可能不是朱载堉亲手所为，更有可能出于刻工之手。但是，朱载堉自幼刻苦钻研，博览群书，王府内乐生、舞生及其歌舞情景都是其素描写生之源，在包括绘画艺术在内的中华文化的熏陶之下，他自己构思和绘制这些生动的图画，足见其为琴、棋、书、画之全才。

[1] 图7–6也见《律吕精义·内篇》卷九之《乡饮诗乐谱》卷一。

图7-6 朱载堉绘 “相工图” （《乡饮诗乐谱》 书影）

朱载堉在其父被禁锢凤阳、自己被褫夺世子冠带之时，曾入少林寺与僧松谷学佛，撰有《金刚心经注》，并在少林寺撰绘有“混元三教九流图赞”碑。他以漫画形式将释、道、儒三家合为一体。该图正面看为一人；掩左半，则右半为一侧面人像；掩右半，则左半为一侧面人像。以此图示三教合一，难怪人称其为“中国漫画的鼻祖”。朱载堉为此图碑题写“混元三教九流图赞”，还有“酒狂仙客”和“三教九流中人”之玺刻各一。这张图画的笔法与《乐律全书》中的白描完全相同，也体现了朱载堉在绘画上的巧妙构思。

众所周知，中国传统绘画多是“登高而画”或俯视画，缺少几何透视作图法。但是，朱载堉在《律学新说》卷四中所绘的度量衡器，如铁斛、药斗，在《律吕精义·内篇》卷九中所绘的乐器，如古钟、特钟、编钟、鞉鼓、朔鞞等，颇具立体透视形状。这些图画中器物的形状与准确性比清代儒士所绘同样器物要优良得多。我们不能不佩服朱载堉的绘画艺术天才。

图7-7　“混元三教九流图赞”摹本

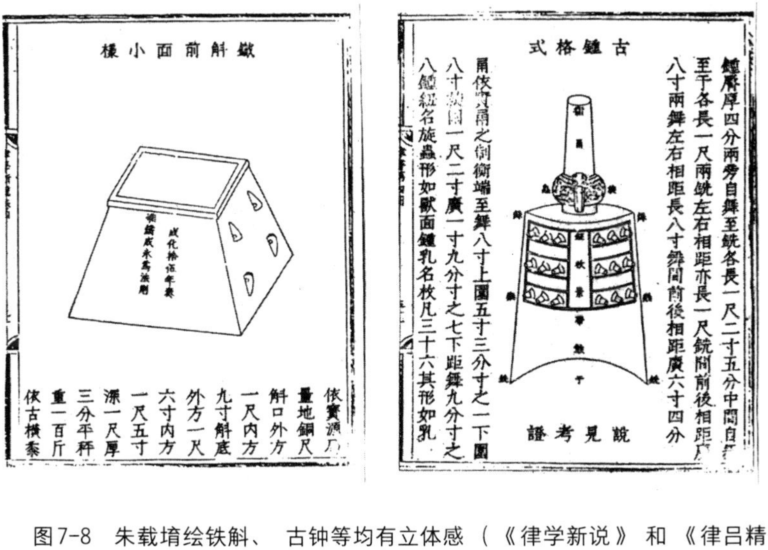

图7-8　朱载堉绘铁斛、古钟等均有立体感（《律学新说》和《律吕精义·内篇》书影）

第三节　诗歌

朱载堉创作了至今闻名的歌词——《醒世词》，还创作了《补亡诗》25首。据《郑端清世子赐葬神道碑》载，朱载堉在请名之后、请封之前，亦即10岁之前，曾一度爱诗、念诗，以至于其父郑恭王厚烷颇为此欢喜，并说："鞠子学诗耶，令咏长至日。"意思是稚子学诗了，让老师天天教他诵诗、作诗。留存至今的朱载堉《补亡诗》25首，是仿《诗经·小雅》而作。据历代文儒言，《小雅》中有篇名而无文辞的诗歌有《南陔》《白华》《华黍》《由庚》《崇丘》和《由仪》，共6篇[1]，《补亡诗》一名由此而来。《诗序》说：

《南陔》，孝子相戒以养也；《白华》，孝子之洁白也；《华黍》，时和岁丰，宜黍稷也。有其义而亡其辞。

《由庚》，万物得其道也；《崇丘》，万物得极其高大也；《由仪》，万物之生各得其宜也。有其义而亡其辞。

朱载堉就是据此意而填写诗词的。《补亡诗》表明，他不仅熟读《诗经》300余篇，而且能逼真形象地仿作。作此25首诗时朱载堉应不超过15岁，原因有两个：一则，诗的原意讲孝道，讲万物丰长、君臣父子之伦理，让未成年人学作这类诗影响深远长久；二则，15岁后的朱载堉，因家事变故，绝无心作此类诗，待家和爵复，其志向已在乐律而不在诗文了。需要指出的是，他虽将其诗名谓之"补亡"，但《诗经》未必"亡"此6篇。一些大儒，如宋代

[1] 向熹：《诗经词典》，四川人民出版社，1986，第315、589页。

朱熹以为，这6篇非诗，而是唱颂《诗经》时用作演奏的笙等乐器的曲调名，歌笙合奏。朱熹此说依据《仪礼·乡饮酒礼》中的文字：

工歌《鹿鸣》《四牡》《皇皇者华》。……乐《南陔》《白华》《华黍》。……乃间歌《鱼丽》，笙《由庚》；歌《南有嘉鱼》，笙《崇丘》；歌《南山有台》，笙《由仪》。

换句话说，《南陔》等6首曲是为《鹿鸣》等6篇词而配的。纵使如此，朱载堉在学《诗经》的同时，能作出类似《诗经》之诗，已是非凡之天才了。

我们将他作的25首诗抄录如下，供读者欣赏评说。

《南陔》三首

南陔有风，吹彼苞棘。厥景婆娑，欲静弗得。孝子事亲，当竭其力。父母之恩，昊天罔极。

南陔有风，吹彼桑梓。慕我父母，终身敬止。勖哉伯仲，以及娣姒。恪尔晨昏，絜尔甘旨。

景薄桑榆，日亦云暮。父母俱存，兄弟无故。虽有至乐，宁不深虑。一则以喜，一则以惧。

《白华》五首

嗟彼白华，莹然如玉。君子立身，必慎其独，无贻亲辱。

嗟彼白华，莹然如琇。君子立身，必谨所守，无贻亲咎。

嗟彼白华，莹然如霜。君子立身，如圭如璋，为亲之光。

嗟彼白华，莹然如雪。君子立身，清清洁洁，庶无玷缺[1]。

[1] 缺：读quē，同“缺”。

嗟彼白华，莹然如冰。君子立身，战战兢兢，庶无怨憎。

《华黍》五首

彼华者黍，彼实者稷。相彼秋成，时万时亿。
彼华者黍，彼实者麦。时和岁丰，囷盈仓积。
彼华者黍，彼实者菽。农夫之庆，邦家之福。
彼华者黍，彼实者麻。君子爱民，不骄不奢。
彼华者黍，彼实者禾。君子爱物，不溢不过。

《由庚》四首

天运元亨，万物由庚。王道正直，荡荡平平。
寒暑以序，雨旸以时。百谷用成，庶绩咸熙。
草木蕃庶，鸟兽咸若。仰睹鸢飞，俯窥鱼跃。
习习景风，甘雨其蒙。醴泉泄泄，玉烛融融。

《崇丘》四首

瞻彼崇丘，积土成高。相彼大海，积水成涛。
卷石积多，其形嵯峨。勺水积久，势若江河。
宝藏货财，靡所不足。积善之家，必有余福。
鸟兽鱼龙，咸遂其性。积善之家，必有余庆。

《由仪》四首

肃肃令仪，君子由之。秩秩彝伦，君子求之。率性之道，君子修之。

何谓彝伦，父子有亲。君臣有义，朋友有信。兄爱弟敬，夫和妻顺。

君令臣恭，父慈子孝。夫妻相敬，兄弟相好。惠于朋友，无德不报。

维物有则，维民秉彝。好斯美德，由此令仪。上和下睦，皞皞熙熙。

以上25首《补亡诗》收录在清代朱彝尊所编《明诗综》卷二[1]中。朱彝尊（1629—1709），清代文学家，字锡鬯，号竹垞，浙江秀水（今嘉兴）人。康熙十八年（1679）以布衣举博学鸿词科，授检讨。参与修撰《明史》。室号曝书亭。学问博洽，精于金石考证，长于古文诗词。其时号称“南朱北王”，“王”即王士禛。朱彝尊对朱载堉《补亡诗》评论道：

世子研精乐典，按律审音，察及铢黍。历辨刘歆、何妥、李照、范镇、陈旸、蔡元定之失。近代若李文利、李文察、刘濂、张敔，皆驳其非。所著《乐书》，历论宜采入国史。迹其《补亡诗》六篇，概括古训，比之夏侯湛、束皙，似为过之。至于念严君之囚，席藁门外，因长幼之序，让国盟津，尤非人所几及。

在朱彝尊看来，《补亡诗》25首，“概括古训”，实属难得。若将其与魏晋间文学家夏侯湛（243—291）、束皙（约264—约303）等人的《补亡诗》相比，就逊色几分。自然，少年之习作是不能与成人文学家工作相比的。

至于朱载堉的《醒世词》，为人所知，尤其在豫西北，为老少传诵。本书第三章已对其版本作了阐述。[2]百姓读此词，颇为痛快；载堉作此词，当亦有所指，抑或为其身历情感之发挥，亦不无可能。我们摘一二首，以飨读者。

[1] 朱彝尊：《明诗综》卷二《郑世子载堉补亡诗二十五首》，《四库全书》本。

[2] 戴念祖《朱载堉：明代的科学和艺术巨星》一书中对此作了较多评述，可参阅。

黄莺儿·求人难

自己跌倒自己爬，指望人扶都是假。至亲人说的是隔山话，虚情儿哄咱，假意儿待咱，还将冷眼观。时下且休夸，十年富贵，再看在谁家？

跨海难，虽难犹易；求人难，难到至处。亲骨肉深藏远躲，厚朋友绝交断义。相见时项扭头低，问着他面变言迟。俺这里未曾开口，他那里百般回避。锦上花争先添补，雪里炭谁肯送去。听知！自己跌倒自己起，指望人扶耽搁了自己。

山坡羊·富不可交

劝世人，休结交有钱富汉。结交他，把你下眼来看。口里挪肚里僭，与他送上礼物，只当没见。手拉手往下席安，拱了拱手，再不打个照面。富汉吃肉，他说："天生福量。"穷汉吃肉，他说："从来没见。"似这般冷淡人心，守本分，切不可与他高攀。羞惭，满席飞锺，转不到俺跟前。羞惭，你总有银钱，俺不稀罕！

在第三章中述及，贺汝田收集朱载堉《醒世词》73首当较真实。陈万鼐先生对《补亡诗》和《醒世词》做了如下比较：

《补亡诗》二十五首中，那是何等肫挚、忠悃、孝友、和穆，哪像《醒世词》字里行间嫉世妒俗，充满怨怼心理，岂不有失学者与世无争、韬光晦迹的老人的身份。[1]

如前所述，《补亡诗》是朱载堉少年学诗而作，其"肫挚、忠悃、孝友、和穆"之主题，是《诗经》中《南陔》等6篇之要求。如不以此为主题，则不能以《南陔》等6篇冠名。而《醒世词》当

[1] 陈万鼐：《朱载堉研究》，第235页。

是朱载堉壮年所作，他历经18年磨难，体察到民间百姓喜怒哀乐之景象。他作《醒世词》目的并非结怨泄仇，也非与世有所争，而是在于“相劝、相戒”世人世事，忍让求安、勤奋劳作等，自然也揭露了人世间贪婪求富、富贵不平等各种丑陋现象。《醒世词》中通俗的、民间的语言是朱载堉壮年所喜爱的文化，也是经历苦难后的朱厚烷所喜好的文化。《醒世词》又称《郑王词》不无道理。我们仔细阅读他们父子俩合作的《操缦古乐谱》中的一段文字，对《醒世词》的疑惑之心或可解也。该书“论学乐自赓歌始”，以为《尚书》中所谓“九歌”，乃君臣相戒之歌，本为下人、田野之歌。朱载堉遂以《尚书》传注中“股肱喜哉，元首起哉”的文字配曲，以作赓歌，并写了一段文字如下：

朱熹曰：“（九歌）恐是君臣相戒如赓歌之类。”臣亦以为然也。又按，“元首”两字，俗呼为头的是也；“股肱”两字，俗呼为手足的是也。有天下之元首、股肱，有一国之元首、股肱，有一家之元首、股肱，有一身之元首、股肱。赓歌所指，乃总括言之也。盖舜说道：凡一切世间事，为手足的皆喜为之，故为头的由是兴起，而百般工作皆广矣。皋陶说道：“凡一切世间事，为头的又明晓，为手足的又能，则诸般事业皆安矣。假若为头的又烦琐，为手足的又懒，则万事废坠矣。”概指一切世事而为相劝、相戒，是以此歌，人人可歌，家家可诵。

即使今天，我们仍将本单位、本部门领导，甚至国家元首俗呼为“头儿”，更不能将喊领导为“头儿”者一概斥为对领导妒嫉怨怼。读此段文字，方知“为头的”一词乃源于近500年前之民间语言，朱载堉甚至将其追溯到传说中的舜帝、皋陶时代。朱载堉出于“相劝、相戒”之心，以民间语言写下《醒世词》，本与“老年”“壮年”毫不相干，乃其良知所致也。《股肱喜哉》歌词如下：

股肱喜哉，元首起哉，百工熙哉！

元首明哉，股肱良哉，庶事康哉！

元首丛脞哉，股肱惰哉，万事坠哉！

倘若将其译成白话或民间语言，不就是“醒世”之词吗？作《醒世词》以令人相劝、相戒，使之人人可歌，家家可诵，理应是为民众、为社会之平安和谐所做的好事、善事。

不能以为朱厚烷、朱载堉父子是天潢贵胄，便整日肃穆如佛庙前门之四大金刚。同在《操缦古乐谱》中，他们写道：“譬如学急口令、偷换气，则罚之学吹笙。”由此可联想到朱氏父子在家中练习绕口令，或其一人因“偷换气”而被罚学吹笙的情景，令人不由莞尔。

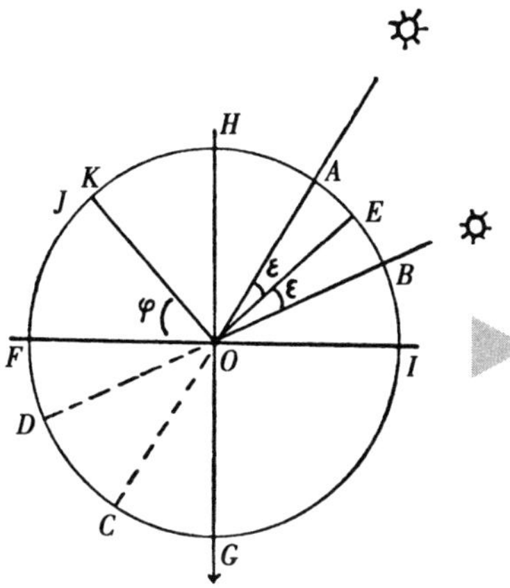

PRINCE

MUSICOLOGIST

SCIENTIST

ZHU ZAIYU

第八章 天文历法*

* 本章除第六节外，均由陈美东先生执笔。

在古人看来，音乐、乐律与天文、历法是相通的，在乐律上有所成就者往往也都同时探讨一些历法问题。然而，像朱载堉这样，在艺术和自然科学两大领域均有建树者，鲜矣。他在万历九年（1581）之前已编制了《黄钟历》，撰写了《黄钟历议》。这两篇大作成为其《律历融通》一书的主要内容。在万历二十三年（1595）之前几年，他又编制了《圣寿万年历》，写下了《万年历备考》，此二书或称为《历学新说》。《历学新说》与《律历融通》合称为《历书》。朱载堉在历法方面的成就，不仅是编制了《黄钟历》和《圣寿万年历》，而且还有诸多新见解与新发现。比如，他获得了比前人更为精确的回归年长度值；提出了测量地理纬度的新方法，据其新法测得的地理纬度值误差比元代郭守敬所测的还小。他在明代严禁私习历学、私造历法的态势下，敢于申述明廷颁用的《大统历》有误，从而向朝廷呼吁修正历法。这一大胆举措惊动了宫廷内外，其影响也延伸至欧洲罗马教廷，从而为中国科学文化史翻开了新的一页。

第一节　朱载堉历法研究的背景

天文历法是我国古代科学中发展最早且成就最大的学科之一，经过历代天文学家的努力，天文历法工作不断取得进展。到元代，著名科学家郭守敬（1231—1316）、王恂（1235—1281）等人在进行大量观测并汲取前人研究精髓的基础上，于至元十七年（1280）编撰了十分精良的历法——《授时历》，从而把我国古代天文历法的发展推向了新的高峰。洪武十七年（1384），即在《授时历》使用百余年之后，由漏刻博士元统（生卒年不详）依《授时历》作《大统历》，颁行天下。元统作《大统历》时，弃授时历“岁时消长之法”，致使《大统历》与天象之差更大、更显。由于明王朝对天文历法的研究工作采取了禁锢政策，兼之墨守成规、不思改革的思潮泛滥，致使具有优良传统和雄厚基础的天文历法工作失去了生机，迅速从光辉的高峰上跌落，进入停滞不前甚至倒退的黑暗时期。

天象、历法，是“上天”对其“子”（天子）的命运之暗示，唯天子知之，常人不得窥测妄度。在这种荒诞思想的指导下，明太祖朱元璋采取了一系列思想控制措施，对于天文历法的研究也制定了极其严厉的法律条例。据明代学者沈德符（1578—1642）的《万历野获编》记载：“国初，学天文有厉禁，习历者遣戍，造历者殊死。”[1]在明代以前，有些王朝虽禁止民间私习天文，但对于历法则从无禁习、禁造之例，历代民间历法研究者可以说是人才辈出，如唐代的僧一行（683—727），宋代的平民卫朴（约生活于11世纪）、布衣陈得一（生卒年不详）、士人刘孝荣（生卒年不详）等均起自民间，元代郭守敬、王恂等人实亦出自民间，这是历代历法研究工作的一支十分重要的生力军。而明初的禁令，则堵塞了历法得以不断更新的一个活的源泉。

明宪宗成化十七年（1481），俞正己郑重其事地献上以十九年七闰法为主干的历法，而该法是在此一千年以前就被历法家废弃不用的落后方法。他说：“古今历法俱各有差，曾不知与天合，虽差而可。”如此无知之语，可见上述禁令对民间历法研究的摧残达

[1] 沈德符：《万历野获编》卷二〇《历法·历学》。

到了什么程度。更可悲的是，这件事还惊动了宪宗皇帝，遂以“正己不谙事体，妄议历法”为由，令“锦衣卫其执治之”。[1] 因献历而获罪，这在中国历法史上是少有的。

上述禁令严格地实行了大约百年之久，到明孝宗弘治十一年（1498）才“弛其禁，且命征山林隐逸能通历学者以备其选，而卒无应者”[2]。由此可见，这一禁令造成了何等严重的后果！

事实上，这一禁令一直延续到明万历年间。1953年，有盗墓者在江苏省丹阳县黄堰乡（今丹阳市导墅镇）贺家坟内盗走几十本明代历书，考古工作者好不容易才从农民手中收到一本，是《大明万历三十四年大统历》，即1606年的历书。而1606年是朱载堉进献《历书》之后的11年。

明代所行用的历法《大统历》，其实就是元代学者编修的《授时历》，名称改了，内容不变。大多数历官只能依样画葫芦，穷于应付皇历的颁布。虽然在行用过程中，也曾发现预推结果与实际天象不符的情况，但多无可奈何，不了了之。在朱载堉提出改历之议前，也曾有人提出对历法做小修小改的意见，但由于提议者本身学识肤浅，不能切中要害，而反对改历的势力异常强大，常以“古法未可轻变”“历不可改”[3] 为由反对改革祖宗之法，因此改历之议一直被束之高阁。这样年复一年，恪守旧法之风益甚，造成了官方历法研究死水一潭的状况，用明孝宗（1488—1505年在

[1] 雷礼等:《皇明大政记》卷一六，成化十七年八月。

[2] 沈德符:《万历野获编》卷二〇《历法·历学》。

[3]《明史》卷三一《历志一》。

位）的话说，已经形成了“朝士鲜知星历者”[1]的可悲局面。

朱载堉正是在这样的历史背景下，开始了他的天文历法研究工作。

首先，朱载堉仍要冒很大的风险才能从事天文历法的研究。这是因为上述所谓“弛其禁”，还只是对明初的禁令做了新的解释：“乃指民间妄以管窥而测妖祥，伪造历书而紊气朔者言。”[2]与朱载堉差不多同时期的天文学家邢云路，就曾因提出改历之议，几被钦天监官以“私习天文历数者罪之”[3]。可见，没有足够的胆识是不敢问津天文历法这一禁区的。

其次，朱载堉必须突破祖制不可变的思想藩篱，与盲目迷信《授时历》或《大统历》的社会思潮相抗争。如果没有这样的精神，即使涉足天文历法这一领域，也将一事无成。

再次，朱载堉面对朝野人士对于天文历法基本无知的情势，用他自己的话说，“未睹（大统）历经，不识仪表，粗晓算术，罔谙星象，惟据史册成说，实乏师传口授”。也就是说，他必须从头开始，靠自己的努力，一点一点地学习、摸索，以期解其术、通其法，进而“采众说之所长”，并力求达到“青生于蓝而胜于蓝，冰生于水而寒于水”[4]的新境界。为此，朱载堉不知付出了多少辛勤的汗水。

朱载堉在其父郑恭王朱厚烷和外舅祖何瑭的影响下，从小就

[1] 朱载堉：《进历书奏疏》，载《乐律全书》。

[2] 范谦：《议正历元以成大典奏疏》，载朱载堉《乐律全书》。

[3] 张应候：《申明历元奏疏》，载朱载堉《乐律全书》。

[4] 同[1]。

对数学、律学产生了很大的兴趣，“弱冠之时，读《性理大全》，见宋儒邵雍《皇极经世书》，朱熹《易学启蒙》，蔡元定父子《律吕新书》《洪范皇极内经》等而悦之，口不绝诵，手不停披，研究既久，数学之旨颇得其要”[1]，这为他后来进行天文历法的研究创造了重要的条件，打下了坚实的基础。

“壮年以来，复观历代诸史志中所谓历者五十余家，考其异同，辨其疏密，志之所好，乐而忘倦。”这是朱载堉自壮年开始，从研究史志所载各家历法入手，步入天文历法领域的生动自述。当时《大统历》经是对世人保密的，朱载堉虽身为王世子，却也无从得知。他写道：“但以未睹皇朝《大统历》，于是犹未慊耳。后读丘祭酒（丘濬，1421—1495）所撰《大学衍义补》，内载《大统历》气、闰、转、交四准分秒，心窃喜曰：‘《大统历》经全文未见，而其大略已得之矣。’”[2] 这充分反映了朱载堉强烈的求知欲望，同时也说明了历法研究工作的艰难。

通过刻苦的学习、研究，朱载堉以惊人的毅力完成了他的《历学新说》一书。万历二十三年（1595），他将其所著《历书》进献给明神宗。所进《历书》中包括《律历融通》四卷（《黄钟历法》《黄钟历议》各二卷）、《圣寿万年历》二卷、《万年历备考》三卷（《诸历冬至考》《二至晷景考》《古今交食考》各一卷）。这些都是朱载堉对天文历法研究的心得之作。下面我们将分别予以讨论。

---

[1] 朱载堉：《进历书奏疏》，载《乐律全书》。

[2] 同 [1]。

第二节 《黄钟历》和《圣寿万年历》

朱载堉曾先后编撰了两种历法——《黄钟历》和《圣寿万年历》。在《进历书奏疏》中，朱载堉称《圣寿万年历》及《万年历备考》均系“臣近年所撰”，即成书于1595年的前几年，而《黄钟历》及其历议乃“臣昔年所撰”，查朱载堉所撰《律历融通·序》，署为“万历九年正月吉日”，可知《黄钟历》及其历议当成于1581年以前。

《黄钟历》和《圣寿万年历》均取中国古代传统历法的经典形式。《黄钟历》共分《步律吕》《步发敛》《步朔闰》《步日躔》《步晷漏》《步月离》《步交道》《步交会》《步五纬》九篇，分别解决了二十四节气、七十二候的计算，月朔和闰月的安排，每日日影长度、漏刻更点和南中天星象的推求，日、月交食的预报，日、月、五星（木星、火星、土星、金星、水星）运动的计算及其在恒星间所处位置的预报等天文历法问题。《圣寿万年历》与之大同小异，它把《步律吕》并于《步发敛》篇中，其余七篇依旧（仅《步交会》改名为《步交食》），共得八篇。细审二历术文，除所设历元不同及因此导致的若干天文数据有所变化外，并无重大的差异。

从表面上看，《黄钟历》和《圣寿万年历》分别取万历九年（1581）和嘉靖三十三年（1554）为历元，但实际上在进行各种历法问题的具体推算时，《黄钟历》是以1581年前的300（律限）[1]年，

[1] 朱载堉：《律历融通》卷一《黄钟历法·步律吕第一》。

即1281年为实际历元，而《圣寿万年历》则是以1554年前的4560（元纪）[1]年为实际历元。

《黄钟历》和《圣寿万年历》所取用的许多天文数据，如朔望月、近点月、交点月、恒星月、交点年长度，赤道岁差值，黄赤交角、黄白交角值及五星会合周期值等，均与《授时历》相同，但也有若干天文数据与《授时历》不尽相同，如回归年长度值（详见本章第三节）、与历法所设历元有关的诸应值等。所谓诸应值是指：

律应（气应）——历元年冬至日名时刻与甲子夜半前（或后）的时距。

闰应——历元年十一月平朔日名时刻与冬至日名时刻前（或后）的时距。

转应——历元年冬至日名时刻与冬至前（或后）月亮过近地点时刻间的时距。

交应——历元年冬至日名时刻与冬至前（或后）月亮过黄白降交点时刻间的时距。

周应——日所在宿度起算点与历元年冬至日所在宿度的度距。

合应——历元年冬至日名时刻与冬至前（或后）五星平合时刻间的时距。

历应——与推算五星平合与五星近日点之间的时距有关的数据。

以上七应，对《授时历》而言是在其历元年（1281）经实际测算得到的，均取其前的时距；对《黄钟历》而言多是沿用了《授时历》的结果，但合应则取其后的时距；而对《圣寿万年历》来说，

---

[1] 朱载堉：《圣寿万年历》卷一《步发敛第一》。

诸应均取其后的时距，且是在《授时历》七应值的基础上经推衍而得到的。这就是说，朱载堉对诸应的含义略做了修正。至于《黄钟历》和《圣寿万年历》诸应值的由来，拟进一步说明如下：

已知《黄钟历》的实际历元即《授时历》的实测历元，所以它沿用《授时历》的七应值是合理的。查《黄钟历》的气应（五十五日六刻）、闰应（二十日二十刻五十分）[1]、转应（十三日二刻五分）、交应(二十六日三刻八十八分)[2]四值，均与“授时续定之数”[3]相同。

关于周应，《黄钟历》取实际历元年日在箕宿十度，这也与《授时历》相同。但《黄钟历》是以角宿初度为日所在宿度的起算点的，其周应值应等于角宿初度到箕宿十度的累计值——“七十八度八十分”[4]。而《授时历》以虚宿七度为日所在宿度的起算点，其周应值应等于虚宿七度到箕宿十度的累计值——“三百一十五万一千七十五分”[5]，即三百一十五度一十分七十五秒。所以《黄钟历》和《授时历》周应值各异，仅是所选定的日所在宿度的起算点不同造成的。关于合应，由于《黄钟历》“求五星平合日”时，是“置岁定积来减往加其星合应”[6]，而《授时历》则是“置中积（与《黄钟历》的岁定积相当）加合应”，而“上考者，

[1] 朱载堉：《律历融通》卷一《黄钟历法·步律吕第一》；朱载堉：《黄钟历法·步朔闰第三》。

[2] 朱载堉：《律历融通》卷一《黄钟历法·步月离第六》；朱载堉：《黄钟历法·步交道第七》。

[3]《明史》卷三五《志第十一·历五》。

[4] 朱载堉：《律历融通》卷一《黄钟历法·步日躔第四》。

[5]《元史》卷五四《志第六·历三》。

[6] 朱载堉：《律历融通》卷二《黄钟历法·步五纬第九》。

中积内减合应”[1]。这就是说，《黄钟历》是以实际历元年冬至日名时刻与冬至后五星平合时刻间的时距为合应，而《授时历》则是以实测历元年冬至日名时刻与冬至前五星平合时刻间的时距为合应。查《黄钟历》的五星合应，适与五星会合周期减去《授时历》的五星合应值相等，其缘由正在于二历所认定的合应的含义不同。至于五星历应，《黄钟历》全同于《授时历》。这些情况表明：《黄钟历》诸应值实质上都与《授时历》的相同，其表面上或有差异，仅是起算点或含义稍异引起的。

关于《圣寿万年历》诸应的由来较《黄钟历》要复杂些，可分别讨论如下：

先谈律应。已知《圣寿万年历》实际历元与《授时历》实测历元间的积年数为4287，其“岁定积”$A=365.25\times4287-[(4287^2\times7)/(8\times10^6)]$（该算式的由来详见下一节），律总=60。设1281年的律应等于55.06日（此即《授时历》实测历元年的气应值），由此上推《圣寿万年历》实际历元年的律应值应等于$[(A-55.06)/60]$的余数=55.6089日，该值正是《黄钟历》所取用的律应值。[2]

同理，已知《授时历》闰应=20.2050日，朔望月长度（朔策）=29.530593日，可推得《圣寿万年历》实际历元的闰应=$[(A-20.2050)/29.530593]$的余数=19.3619日，此即《圣寿万年历》所取闰应值。[3]

已知《授时历》转应=13.0205日，近点月长度（转周）

[1]《元史》卷五五《志第七·历四》。

[2] 朱载堉：《圣寿万年历》卷一《步发敛第一》。

[3] 朱载堉：《圣寿万年历》卷一《步朔闰第二》。

=27.554600日，可推得《圣寿万年历》实际历元的转应=［（A–13.0205）/ 27.554600］的余数=7.5034日，此即《圣寿万年历》所取转应值。[1]

已知《授时历》交应=26.0388日，交点月长度（交周）=27.212224日，可推得《圣寿万年历》实际历元年的交应=［（A–26.0388）/ 27.212224］的余数=20.4734日，此即《圣寿万年历》所取交应值。[2]

如上所述，若以角宿初度为起算点，《授时历》的周应值应等于78.80度，又已知日躔历率=365.2575度，可推得《圣寿万年历》实际历元年的周应=［（A–78.80）/ 365.2575］的余数=238.2239度，此即《圣寿万年历》所取周应值。[3]《明史·历志》的编撰者以为："万年历法以周应减积度，命起角初，其周应为箕十度至角初之数，当为二百八十六度四十五分。今数不合，似误。"[4]此说误解了朱载堉取周应值之法的真意，是错误的。

至于《圣寿万年历》实际历元五星合应值的问题，可由下列公式求得：

$$\text{五星周率}=\frac{A-\text{授时历五星合应}}{\text{五星周率}}\text{的余数}$$

以木星为例，已知《授时历》木星合应=117.9726日，木星周率（即木星会合周期）=398.8800日[5]，代入上式得310.1837日，此

[1] 朱载堉：《圣寿万年历》卷二《步月离第五》。

[2] 朱载堉：《圣寿万年历》卷一《步交道第六》。

[3] 朱载堉：《圣寿万年历》卷一《步日躔第三》。

[4]《明史》卷三一《志第七·历一》。

[5]《元史》卷五五《志第十·历四》。

即《圣寿万年历》所取用的木星合应值。[1] 其他四星合应值可依同理推得。

《圣寿万年历》实际历元五星历应值可由下式计算：

$$B-\frac{A-\text{授时历五星历应}}{B}\text{的余数}$$

上式中，$B=\dfrac{\text{授时历五星历率}}{10000}$

=《圣寿万年历》五星度率 × 日躔历率。

亦以木星为例，已知《授时历》木星历应 =1899.9481 日，木星的 B=4331.2964965 日[2]，代入上式得4018.6073日，此即《圣寿万年历》所取用的木星历应值。[3] 其他四星历应值亦可依同理推得。

由以上讨论可知，《圣寿万年历》实际历元的诸应值都是以《授时历》实测诸应值为基础，经推衍而得的。在参与推衍的各值中，除 A 值外均与《授时历》相同，所以说《圣寿万年历》诸应值是依《授时历》做小的修正后得到的。

我们再来看看《大统历》诸应值的求取。由于《大统历》以“洪武十七年（1384）甲子岁为元”，所以诸应值亦当做相应调整，查其气应、闰应、转应、合应和历应的推算无误，但周应和交应却出了问题。《大统历》所定“周应三百一十五度一十分七十五秒”，与《授时历》全同。对此，《明史 · 历志》的编撰者已作了中肯的批评：“洪武甲子（与《授时历》实测历元）相距一百零四年，岁差

---

[1] 朱载堉：《圣寿万年历》卷二《步五纬第八》。

[2]《元史》卷五五《志第十 · 历四》。

[3] 朱载堉：《圣寿万年历》卷二《步五纬第八》。

已退天一度五十四分五十秒，而周应仍用旧数，殆传习之误耳。”[1]此外，《大统历》中亦不列交应值，依术推其交应值为11.5105日，与《授时历》不同，可能也误以《授时历》的交应值代之。这些失误表明，自明初之际始，历家对于《授时历》已是一知半解，以致以讹传讹，不知更改。而朱载堉在他的《黄钟历》和《圣寿万年历》中，均不曾出现这类错误，说明他对于《授时历》的研究是深入的，比起明代的历官要更胜一筹。

若将《黄钟历》和《圣寿万年历》同《授时历》的相关术文逐一对照，我们不难得出二者大同小异的结论，用朱载堉自己的话说：“其学大旨出于许衡，而与衡历（指《授时历》）不同。”[2]这就是说，《黄钟历》和《圣寿万年历》的主干部分乃源于《授时历》，但也做了若干修正。许衡是朱载堉的同乡，均为现在的河南沁阳人。除上已述及的历元设置、诸应含义、以角宿初度为日所在宿度的起算点等外，有些修正并不妥当，但也还有若干有意义的修正，其中又以关于回归年长度及其古今变化的研究最为重要。下面我们拟先讨论这个问题，并兼及其他。

第三节　对回归年长度及其古今变化的研究

我们知道，回归年长度（T）并非恒量，而是一个随时间而变化的变量，任一年（t）的回归年长度值可由下列公式表达：

[1]《明史》卷三五《志第七·历五》。

[2] 朱载堉：《进历书奏疏》，载《乐律全书》。

$$T=365.24219878-0.0000000614\,(t-1900)$$ [1]

这是由现代天体力学推导出的理论公式。

在我国古代，关于回归年长度“古大今小”的概念，是由南宋天文学家杨忠辅（生卒年不详）首先提出的。在他的《统天历》中，他建立了求取任一年回归年长度值的公式：

$$T=365.2425-0.000002116\,(t-1195)$$ [2]

元代郭守敬等人，接受了杨忠辅的这一概念，并在他们的《授时历》中给出了经过修正的新算式：

$$T=365.2425-0.0002t_0$$

算式中的 t_0 为以1281年起算的整世纪数。

杨忠辅和郭守敬等人据以提出概念和建立这些公式的前提，大抵有以下两个方面：一是前代各历法所定回归年长度值确实存在前大后小的总趋势；二是在验算前代冬至时刻、晷影长度测量和交食等记录时，以所设公式计算可以得到较理想的吻合度。这就是说，他们通过这些特殊的途径，提出回归年长度古今变化的概念，并做了定量描述的尝试。虽然他们的前提不尽可信，所给出的改正值也较理论值大30多倍，但他们研究这个问题的方法和所开拓的方向却是正确的，所以我们不能低估其科学意义。

朱载堉沿着杨忠辅等人的途径，对回归年长度及其古今变化的问题做了新的探索并取得了新的成果。

前已述及，《大统历》即《授时历》，如果说有什么变革的话，

---

[1] 中国科学院紫金山天文台，1981年天文年历。

[2] 高平子：《中国诸历岁实朔实考》。

那就是“惟去消长而已”[1]，即它仅仅去掉了《授时历》关于回归年长度古今消长的算法。朱载堉正是从《授时历》与《大统历》的这一差异中提出问题的：“大统与授时二历，相较考古，则气差三日；推今，则时差九刻。臣于此而疑焉。”[2]为此，他进行了一系列的研究工作，以判别哪一种方法较接近，哪一种方法为疏远，进而提出他自己的新见解。

朱载堉指出，“授时减分太峻，失之先天，大统不减，失之后天”，总的说来“授时近密，大统为疎”，但是“授时未必全是，二历强弱之间宜有所折衷”[3]，这是经过大量研究后得到的总结论。那么回归年长度古今消长取何值为宜呢？朱载堉特别重视“僖公五年（公元前655年）春，王正月辛亥朔，日南至”和“昭公二十年（公元前522年）春，王二月己丑，日南至”[4]这两条记录。他指出：“若设每年增损二秒，推而上之，则失昭公己丑；假如每年增损一秒至一秒半，则失僖公辛亥。二秒为过，一秒至一秒半为不及，酌取中数，每年增损一秒太，则僖公辛亥，昭公己丑皆得矣。”[5]这就是朱载堉选取回归年长度每年消长0.00000175日为新值的关键性依据。

此外，朱载堉还对郭守敬等人的回归年长度消长法提出了这样的批评：

---

[1]《明史》卷三五《志第十一·历五》。

[2] 朱载堉：《进历书奏疏》，载《乐律全书》。

[3] 同[2]。

[4]《左传·僖公五年》；《左传·昭公二十年》。

[5] 朱载堉：《律历融通》卷四《黄钟历议·岁余》。

授时历谓上考往古，每百年于岁实加一分，下求将来，减亦如之。窃以此言过矣。夫阴阳消长之理，以渐而积也，先自一秒积至十秒，复自十秒积至一分，未有不从秒起，便至分者。授时历于百年之际顿加一分，考古冬至或偶中，揆之于理，实有未然。[1]

在进行这些研究的基础上，朱载堉批判地继承了杨忠辅、郭守敬等人的成果，建立了回归年长度古今变化的新公式：

在《黄钟历》中，设实际历元（1281）的回归年长度为365.2425日，

$$T=365.2425-0.00000175(t-1281) \qquad (8\text{-}1)$$

在《圣寿万年历》中，设实际历元（公元前3007年—公元1554年之前的4560年）的回归年长度为365.25日，

$$T=365.25-0.00000175(t+3006) \qquad (8\text{-}2)$$

（8–1）和（8–2）两个公式基本上是等价的，依之计算，T值仅有约0.000002日之差。

这样，朱载堉既纠正了郭守敬等人回归年长度消长法的不当之处，又坚持了杨忠辅所开拓的正确方向，而且其消长新值较杨忠辅和郭守敬等人更佳，在探索回归年长度古今变化规律的道路上迈进了一步。

在《黄钟历》和《圣寿万年历》中，朱载堉是分别将式（8–1）和式（8–2）应用于有关历法问题的推算中的。

欲求自实际历元到所求年间的累积日数值——“岁定积”（A），《黄钟历》曰：

求泛距、定距，置律历所距积年为泛距（m），来加往减律限

[1] 朱载堉：《律历融通》卷四《黄钟历议 · 岁余》。

（300）为定距（n）。若泛距在律限已下不及减者，反减律限为定距。

求泛积、定积，置所求定距（n）以律数（12）乘之，为积月，乘日〔律〕率（30）为积日，以积月乘日余（699）为积余，积余满法（1600）并入积日为岁泛积（C）。置定距自相乘（n^2）为实，七之八而一，所得满津母（100）为分，不满退除为秒忽，是名节气岁差（D），来减往加泛积（C）为岁定积（A）。[1]

依上述意思：$n=m\pm300$，若考古，$m<300$时，$n=300-m$。

$$C=n\times12\times\left(30+\frac{669}{1600}\right)=365.2425\times n$$

$$D=\frac{7n^2}{8\times10^2}\text{分}=\frac{7n^2}{8\times10^6}\text{日}$$

$$\text{则 }A=C\pm D=365.2425\times n\pm\frac{7n^2}{8\times10^6}\tag{8-3}$$

《圣寿万年历》求A值的方法，与《黄钟历》大同小异，其术曰：

求岁定积，置历元所距年积算为泛距（m），来加往减元纪（4560）为定距（n），以基实（1461）乘之，四约，为积日，不满退除为刻，是名泛积（C）。定距自相乘（n^2），七之八而一，所得满百万为日，不满为刻及分秒，带半秒已上者收作一秒，是名节气岁差（D），（用）〔来〕减〔往加〕泛积，（余）为定积（A）。[2]

依上述意思：$n=m\pm4560$，若考古，$m<4560$时，$n=4560-m$。

$$C=\frac{n\times1416}{4}\text{日}=365.25\times n\text{ 日}$$

$$D=\frac{7n^2}{8\times10^6}\text{日}$$

$$\text{则 }A=C\pm D=365.25\times n\pm\frac{7n^2}{8\times10^6}\tag{8-4}$$

---

[1] 朱载堉：《律历融通》卷一《黄钟历法·步律吕第一》。

[2] 朱载堉：《圣寿万年历》卷一《步发敛第一》。

设 $t=n+1281$，$n=1$、2、3……，代入式（8–1），可得：

$$\sum_{1}^{n} T=A=365.2425\times n\pm\frac{(n+1)^n}{2}\times 0.00000175$$

$$=365.2425\times n\pm\frac{7n(n+1)}{8\times 10^6} \quad (8\text{–}5)$$

又设 $t=n-3006$，$n=1$、2、3……，代入式（8–2），可得：

$$\sum_{1}^{n} T=A=365.25\times n\pm\frac{7n(n+1)}{8\times 10^6} \quad (8\text{–}6)$$

将式（8–3）与式（8–5）、式（8–4）与式（8–6）相比较，二者均相差［（$7n$）/（8×10^6）］日一项。但由于即便 $n=1000$ 时，这项差值也不大于0.01日，在一般情况下（指 n 远小于1000）略去此项并不影响历法问题计算的精度，因此我们认为朱载堉在应用式（8–1）、式（8–2）于“岁定积”的推导时，是应用了式（8–5）、式（8–6）所示的等差数列求和公式的结果，其差项是在不影响精度的前提下删去的。

由于《黄钟历》和《圣寿万年历》对回归年长度及其消长法做了新的调整，这对于许多历法问题的计算精度产生了很大的影响。现以《黄钟历》和《圣寿万年历》表面历元年的回归年长度值、冬至时刻和五星近日点黄经及其进动值等的推求为例，分析一下这一新调整所造成的影响。

由式（8–3）和式（8–4）可分别推得《黄钟历》和《圣寿万年历》表面历元年（1581和1554）的回归年长度值为365.2419750日和365.2420200日，它们与理论值之差分别为21秒和17秒，而《授时历》和《大统历》的历元年所取回归年长度值与理论值之差均为23秒，所以《黄钟历》和《圣寿万年历》所取回归年长度值的精度较之为优，且在我国古代传统历法中，其精度也是首屈一指的。

关于冬至时刻的推算：

已知《黄钟历》的气应=55.06日，其表面历元年的 $A_1=365.2425\times 300-$［（300×7）/（8×10^6）］，则其冬至时刻=［（$A_1+55.06$）/

60〕的余数 =7.73，即得万历八年十一月辛未日七十三刻（1580年12月11.73日）冬至。

已知《圣寿万年历》的律应 =55.6089日，其表面历元年的 A_2 = 365.25 × 4560–〔（4560^2 × 7）/（8 × 10^6）〕，则冬至时刻：〔（A_2–55.6089）/ 60〕的余数 =46.20，即嘉靖三十二年十一月庚戌日二十刻（1553年12月12.20日）冬至。

而相应年份冬至时刻的理论值分别为1580年12月11.91日和1553年12月12.35日，[1] 则《黄钟历》和《圣寿万年历》表面历元年冬至时刻的误差分别为18刻和15刻。这一精度远较《授时历》（其历元年冬至时刻的误差为0刻）[2] 为低。

据计算 [3]，《黄钟历》《圣寿万年历》表面历元年和《授时历》实测历元年的五星近日点黄经值（ω）及其与理论值之差（Δ）、五星近日点每年进动值与相应的理论值之差（K）可列见表8–1。

上述情况表明：《黄钟历》和《圣寿万年历》所取回归年长度值，木、土二星近日点黄经值和五星近日点每年进动值的总精度，均较《授时历》为佳；而冬至时刻，火、土、金三星近日点黄经值的精度，则以《授时历》为高。这就是说，朱载堉对《授时历》所做的修正有成功之处，亦有不足之处。若将《黄钟历》和《圣寿万年历》二者加以比较，上述各值中除水星近日点黄经外均以《圣寿万年历》为优，这证明《圣寿万年历》较《黄钟历》有所进步。

---

[1] B. Tuckerman, *Planetary, Lunar and Solar Positions*（Philadelphia：The American Philosophical Society，1964）.

[2] 陈美东：《论我国古代冬至时刻的测定及郭守敬等人的贡献》，《自然科学史研究》1983年第1期。

[3] 计算方法可参阅陈美东：《我国古代对五星近日点黄经及其进动值的测算》，《自然科学史研究》1985年第2期。

表8-1 朱载堉的历法和授时历的几种参数比较

名历法	星名及参数									
	木星		火星		土星		金星		水星	
	ω	Δ	ω	Δ	ω	Δ	ω	Δ	ω	Δ
《黄钟历》	6°06'	−1°54'	318°88'	−9°47'	78°51'	−6°35'	262°72'	137°06'	71°95'	1°01'
《圣寿万年历》	6°01'	−1°15'	318°71'	−9°14'	78°48'	−5°85'	262°31'	137°03'	71°54'	1°02'
《授时历》	5°60'	2°80'	316°99'	−5°84'	78°28'	−0°73'	258°21'	136°72'	67°44'	1°16'
《黄钟历》和《圣寿万年历》K	52".43		43".60		67".71		−3".46		1".90	
《授时历》K	53".43		44".48		68".74		−2".53		2".78	

第四节　测量地理纬度和地磁偏角

除讨论回归年长度消长问题外，朱载堉在天文历法工作中还发现了测量地理纬度的新方法，并以此测定了沁阳地区或洛阳东北地区的地磁偏角。

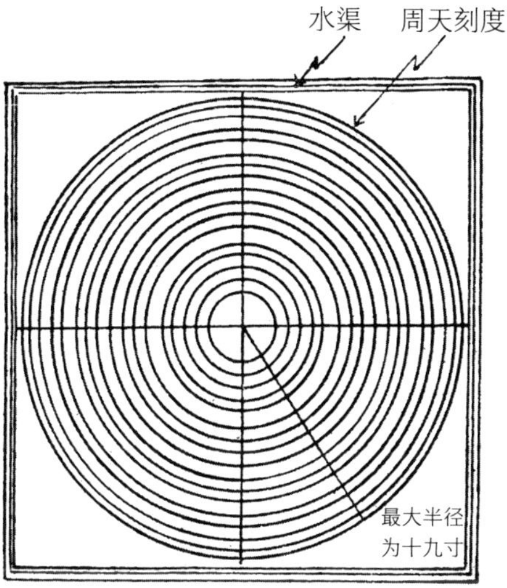

图8-1　正方案平面示意图

为了更准确地测量各地的北极出地高度即地理纬度，朱载堉应用郭守敬发明的仪器——正方案，设计了新的测量方法。所谓北极出地高度，顾名思义就是指地球北极不动处与当地地平面形成的高度角。而进行该高度角的直接测量，存在着很大的困难。朱载堉指出：由于北极“不动处无星”，没有客观的星体可供瞄准，且北极附近的“纽星（指小熊座 α 星）去极古今尚无定论，况能测知极出地之度耶”？为此，他设计了“唯以日景验极，不必窥测纽星”[1] 的新方法，代替先观测纽星以定北极位置，进而测算北极出地高度的传统方法。

“正方案，方四尺，厚一寸，四周去边五分为水渠。先定中心，画为十字，外抵水渠。去心一寸，画为圆规，自外寸规之，凡十九规。外规内三分，画为重规，遍布周天度……”[2] 郭守敬主要将此正方案用于各地正南北方向的测定，朱载堉则巧妙地将它用于北极出地高度的测量，其法曰：

宜于正方案上周天度内，权以一度为北极，自此度外右旋数至六十七度四十一分，为夏至日躔所在，复数至百一十五度二十一分，为冬至日躔所在，左旋数亦如之。距二处经中心交贯界线并中心共五处，各插一针，于二至午中，向东立案验景，使三针景合而为一，如不合则揩起一头，务使相合，然后悬绳界取中线，而又取方十字界之，横界上距极若干度，即极出地度及分也。[3]

依文意作图如下页，图中 J 和 K 分别为正方案周天刻度内的零度和一度处。

K 为北极。令：

$$\widehat{KA}=\widehat{KD}=67.41^{\circ}$$
$$\widehat{KB}=\widehat{KC}=115.21^{\circ}$$

[1] 朱载堉：《律历融通》卷四《黄钟历议 · 候极》。

[2]《元史》卷四八《志第一 · 天文一》。

[3] 同 [1]。

设 E 为$\overset{\frown}{AB}$的中点，则$\overset{\frown}{AE}=\overset{\frown}{EB}$ =23.90° ，此即黄赤交角 ε，且 $OE \perp OK$。

于 A、B、C、D 和 O 五处插针，A、O、C 三点和 B、O、D 三点分别处一直线上。夏至时，将正方案竖起，面向东，置于南北方向上，令 A、O、C 三处针影重合，即令该三点和太阳共处一直线上。同理，冬至时，令 B、O、D 三处针影重合，即令该三点与太阳共处一直线上。

自 O 点悬垂线，OG 为垂线方向，其延长线 OH 即为观测者的天顶方向。又 HG 和 FI 为相互垂直的方十字，FI 为其横界。令 HG 与垂线相合，则$\overset{\frown}{FK}=\overset{\frown}{HE}$。朱载堉以为$\overset{\frown}{FK}$即当地北极出地高度值 φ。

由球面天文学知：

$$\varphi = Z_{夏} + \varepsilon = Z_{冬} - \varepsilon$$

$$Z_{夏、冬} = Z'_{夏、冬} + \rho_{夏、冬}$$

上式中，φ 为地理纬度；$Z_{夏、冬}$，$Z'_{夏、冬}$分别为夏至或冬至时太阳的真天顶距和视天顶距，ε 为黄赤交角；$\rho_{夏、冬}$分别为夏至或冬至观测太阳时的蒙气差。

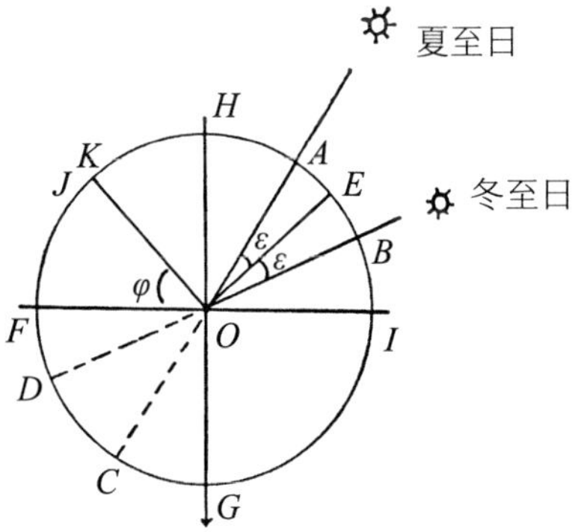

图 8-2　用正方案测量地理纬度示意图

由图知: $Z'_{夏}=\widehat{HA}$，$Z'_{冬}=\widehat{HB}$，则 $\varphi=\widehat{HA}+\widehat{AE}+\rho_{夏、冬}=\widehat{HE}+\rho_{夏、冬}=\widehat{FK}+\rho_{夏、冬}$

这就是说，除了未考虑蒙气差的影响，朱载堉所设计的方法是正确的。那么这一方法设计之巧妙处何在，其可能达到的精度又如何呢？存在误差可能有六：

其一，朱载堉是在自信所定 ε 值是可靠的基础上设计新法的。我们知道朱载堉所处时代的 ε 理论值约为 $23°29.8'$，而在新法中，朱载堉取用值为 $23.9°$，化为 $360°$ 制等于 $23°33.4'$，其差仅为 $3.6'$，所以朱载堉这一抉择是巧妙和明智的。

其二，朱载堉采用了三针影重合法，较好地解决了观测太阳时的照准问题，大大减小了照准误差，以至于可以把这项误差略而不计。这又是新法的巧妙之处。

其三，新法读数是依垂线方向取 G 点，又用预先准备好的十字线界取 F 点，垂线和十字线都可以用很细的线，又可以从容地在很好的光线条件下读数，这又是新法的一个优良点。再考虑到正方案周天度圈的半径为1.9尺，则一度的长度约0.8厘米，其读数误差当不大于 $3'$。

其四，关于蒙气差。已知在 $\varphi=40°$ 处，$\rho_{夏}=0.3'$，$\rho_{冬}=2.0'$。[1]

其五，关于正方案的定向差。设定向差为 $1\sim2°$，可能使 $Z'_{夏、冬}$ 有 $1\sim1.5'$ 的变化[2]。

其六，关于冬至、夏至时刻的测定差。当其差为一日时，$Z'_{夏、冬}$

[1] 中国科学院紫金山天文台，1981年天文年历。

[2] 陈美东：《试论我国古代黄赤交角的测量》，载《科技史文集》第3辑，上海科技出版社，1980。

的变化不大于0.5′。[1]

综上六个方面可能的误差，在正常情况下，朱载堉所设计的新法的最大误差=3.6′+3′+2′+1.5′+0.5′=10.6′，即φ的误差不应大于0.2°，而郭守敬等人测得的北极出地高度平均误差为0.35°[2]，这说明朱载堉的新法是相当好的地理纬度测量法。

《黄钟历》和《圣寿万年历》所用"京师北极出地四十度太"[3]，化为360°制，为40.16°；《授时历》所用"大都北极出地四十度太强"[4]，为40.25°;《大统历》用简仪测得的"四十度九十四分九十三秒七十五微，为北京北极出地度"[5]，为40.36°。已知北京的地理纬度极接近于40°，则朱载堉所得值优于《授时历》，更比《大统历》强。《黄钟历》和《圣寿万年历》所用地理纬度值很可能就是朱载堉用其设计的新法进行测量的结果，其误差为0.16°，确实不大于0.2°，这也证明我们上面所做的分析是可信的。

在《黄钟历议·正方》中，朱载堉还记载了利用正方案进行地磁偏角测量的结果，这说明朱载堉的确曾动手进行过若干实测工作。

中国人是世界上最早发现地磁偏角的。宋初天文家杨维德、军事学家曾公亮（999—1078）、堪舆家王伋（约988—1058）在使

---

[1] 陈美东：《试论我国古代黄赤交角的测量》，载《科技史文集》第3辑，上海科技出版社，1980。

[2] 潘鼐、向英：《郭守敬》，上海人民出版社，1980，第84页。

[3] 朱载堉：《律历融通》卷一《黄钟历法·步晷漏第五》；朱载堉：《圣寿万年历》卷一《步晷漏第四》。

[4]《元史》卷五五《志第七·历四》。

[5]《明史》卷三二《志第八·历二》。

用指南针过程中都曾记述指南针不指正南，亦即观察到地磁偏角。[1] 宋代沈括（1031—1095）说："方家以磁石磨针锋，则能指南，然常微偏东，不全南也。"[2]可惜，沈括没有具体记下偏斜角度及地理位置。朱载堉对地磁偏角做了具体测定，他写道：

八方之地各有偏向，若世所用指南针，要亦可准试，即偏地用之，验其所指者正午欤？偏午欤？使偏地而指偏午，则二十四向皆随偏午而定，一向既差，余向俱差矣。此不可不辨也。《本草衍义》曰："（磁石）磨针锋则能指南，然常微偏东，不全南也。盖丙为大火，庚金受其制，故如此。"尝以正方案之一规均为百刻，而以日景与指南针相校，果指午正之东一刻零三分刻之一。然世俗多不解，考日景以正方向，而惟凭指南针以为正南，岂不误哉。[3]

《本草衍义》是北宋末年寇宗奭（生卒年不详）于政和六年（1116）完成的医药著作，他所记载的地磁偏角似是出自沈括著书。

正方案原是一种利用臬影来测定南北方向的仪器。臬置于该仪器平板的中心，以此中心为圆心画有同心圆若干，同心圆可按需要画上刻度，如朱载堉将圆分为百刻。当南北方向测定后，指南针的方向与南北方向的夹角即是地磁偏角。根据朱载堉的测量，其地磁偏角为：

$$\frac{1\frac{1}{3}}{100} \times 360^\circ = 4.8^\circ = 4^\circ 48'$$

[1] 戴念祖：《中国物理学史大系·电和磁的历史》，湖南教育出版社，2002。

[2] 沈括：《梦溪笔谈》卷二四《杂志一》。

[3] 朱载堉：《律历融通》卷四《正方》。

这4°48′的地磁偏角数值应当是16世纪中期或下半叶沁阳地区或洛阳东北地区的磁偏斜。这是中国历史上第一个有具体的、精确数值的地磁偏角记载。朱载堉所说“八方之地各有偏向”，即地磁偏角随地理位置而异，这个结论与现代科学完全一致。

第五节 《黄钟历议》和《万年历备考》

在编撰《黄钟历》的过程中，朱载堉几乎对古代历法的所有重要问题都作了评述，其心得载于《黄钟历议》之中。后来在编撰《圣寿万年历》时，他又对历代冬至时刻、晷影测量和交食记录做了详细的考证，从而写成《万年历备考》。这些研究工作方法，正如朱载堉自己所说的那样："辑名历五十家，倾心考证，时刻分秒，期吻合于玑衡”[1]，其目的则是“采众说之所长，羽翼大统，广其未备”[2]。

《黄钟历议》共有36篇，其中前12篇主要论述音律与历法的关系，后24篇则论述历法的种种问题。

在前12篇中，朱载堉所论述者多不足取，其中关于历代历法选择历元问题的评述却是十分精辟的。他指出：“古法推步七政，多求其总会于甲子，逆考顺推上下数千万年”，就是说历代大多数历法在选取历元时均要推求一个理想的、虚设的上元，以作为十一月、朔旦、冬至、夜半、甲子、月亮近地点、黄白交点、五星及其近日点等天文要素的共同起算点，这样往往使得自上元到

[1] 朱载堉:《进历书奏疏》，载《乐律全书》。

[2] 朱载堉:《律历融通》卷四《黄钟历议·五纬》。

所求年间的时距达数千万年以至数亿年之巨，这不但使历法的计算变得极其繁杂，而且导致上述各天文要素失真，直接影响计算的精度。对此，朱载堉问道："岂天地生数之始，果如是纷糅耶？抑好奇者为之故尔！"他十分推崇郭守敬等人在编制《授时历》时"但以测验真数为则，不复逆考顺推，以求其齐"的以实测历元为起算点的方法，以为"其见卓矣"[1]。这是对历代历法选择历元问题的很好的总结，在《黄钟历》和《圣寿万年历》中，朱载堉的历元设置法正是在这一讨论的基础上得出的。

在后24篇中，朱载堉几乎对古代历法的所有问题都发表了自己的见解，其中有创见者，除前述对回归年长度消长问题的讨论、关于地理纬度和地磁偏角的测量以外，尚有许多思想是值得研究的。

在力所能及的范围内，朱载堉制作了一些简易的演示天象的模具。他写道：

尝造泥丸，中穿一索，外以粉涂之，悬于暗室中，以灯照其侧，则半明半暗。照其前则全明，照其后则全暗，此弦望晦朔之象也。方照其后，时若少偏，则虽不见粉丸之光，而犹见灯光，若不偏，则灯光反为粉丸所掩，此日食之象也。方照其前，时若少偏，则背灯而视之，全见粉丸之光，若不偏则其光反为灯景所蔽，此月食之象也。[2]

这十分直观形象地演示了月相变化及日食、月食现象。

在《黄钟历议》中，朱载堉还记述了一些重要的天文学史料。如他写道：

---

[1] 朱载堉：《律历融通》卷二《黄钟历议·律元》。

[2] 朱载堉：《律历融通》卷四《黄钟历议·交道》。

旧说：日、月与地三者，形体大小相似，地体亦圆而不方，其大止可当天一度半，而天周当地径二百四十余倍也。日月相冲，为地所蔽，有景在天，其大如日，日光不照名曰暗虚，月望行黄道则入暗虚矣，值暗虚有表里深浅，故月食有南北多少。[1]

前已叙及，《黄钟历议》当撰成于1581年以前，而1581年适为西方传教士利玛窦始抵中国南大门的前一年，可见他所叙述的地圆说并非舶来品。虽然朱载堉并不赞同这一旧说，但他所引述的这一旧说，当是中国古代地圆说的重要史料。朱载堉在对天文历法问题进行研究时，确实参阅了大量的古代文献，上述旧说正是他旁征博引的一个写照。

在编撰《圣寿万年历》的过程中，朱载堉又进行了许多关于天文历法的研究工作。古人在编制历法或检验历法的优劣时，均首重关于冬至时刻和交食的测算。冬至时刻的测定，也就是二十四节气的测定，与农业生产有较密切的关系。北宋天文学家周琮（生卒年不详）指出，“较景、定气，历家最为急务”[2]，朱载堉十分推崇的元代天文学家许衡也说：“冬至者历之本，而求历本者在验气。”[3]而交食是最明显的天象之一，其预报准确与否，是检验历法的最可靠方法，所以有“历法疏密，验在交食”[4]的说法。朱载堉正是机敏地抓住了历法的这两个要害问题做了深入的研究，其成果就是《万年历备考》中收载的《诸历冬至考》《二至晷景考》

---

[1] 朱载堉：《律历融通》卷四《黄钟历议·月食》。

[2]《宋史》卷七六《志第二十九·律历九》。

[3]《元史》卷一五八《列传第四十五·许衡》。

[4]《元史》卷五二《志第四·历一》。

《古今交食考》三篇专题论文。

在《诸历冬至考》一文中，朱载堉对从汉武帝时邓平（生卒年不详）等人所编的《太初历》起到《授时历》止“历代诸历可考者五十家”，“各以其术推当时及近岁之冬至、复将新率上考与相参校”。结果表明：“以古历五十家之法，下推甲午岁（指万历二十二年，1594）己卯冬至，其合者仅二家（指《统天历》和《授时历》），其不合者共四十八家。”若以杨忠辅的《统天历》、郭守敬等人的《授时历》和《黄钟历》（或《圣寿万年历》）“上考五十家历所距之年天正冬至，则合者三十六，不合者十四”。对于“不合者十四”，朱载堉做了具体的分析，他认为其中“十二家在大衍已前者”，“盖彼造历之时，测验未密，祖冲之及一行已有定论矣”；另外，“唐五纪、宋崇天此二家者，在大衍后，盖写大衍旧率而失之后天也”。

在《二至晷景考》一文中，朱载堉对“鲁僖公五年丙寅岁（前655）正月至洪武十六年癸亥岁（1383）十一月，二千〇三十八年之间，传志之载二至晷景凡六十事，用前代所谓密者四历（指太初、大衍、纪元、授时）及大统并新法考之”。结果表明：“太初合者仅二，后天五日至十一日者凡五十八。大衍合者三十六，先一日者六，后一日者十七，后二日者一。纪元合者四十二，先一日者十，后一日者八。授时历合者四十八，先一日者十，后一日者二。大统合者四十二，先一日者三，后一日者十三，后三日者二。新法合者比较授时多一事，其不合者比授时少一事。”朱载堉进一步分析说：“授时历不合者十二，而先者多至于十，后者仅二，盖减分太多，未得其宜也，将来气朔皆失之先矣。大统不合者十八……盖由岁余一定，无加减故也。”

以上二文的结论是朱载堉在对古历做深入研究以及经大量计

算工作后得到的，其所做的分析亦能自圆其说。一方面论证了应用杨忠辅所首创的回归年长度消长法的优越性，另一方面也证明了他所得新法的可靠性。

在《古今交食考》一文中，朱载堉取汉武帝元光元年（前134）到陈宣帝太建八年（576）间“史志原载日月食分、加时、复起方位，各取数事，而以元儒旧法并令新法考之”，又“取万历甲午（1594）以后日月交食亦各数事，较其异同”。对于往者，朱载堉共取十例，分别用《授时历》和新法计算交食的食分、食时（包括初亏、食甚和复圆时刻）、亏食的起复方位、交食发生时所处黄道和赤道的入宿度等要素。结果表明，《授时历》和新法大同小异，其异者互有高低，尚难判别二历之优劣。对于来者，朱载堉亦取十例，同样计算出上述诸要素，其意在于接受未来天象的检验，以“辨定疏密，为后来修历者张本”。这些既反映了朱载堉对《授时历》有很深入的研究，又反映了他实事求是的精神。

综上所述，朱载堉是在十分困难的条件下进行天文历法研究工作的。他深知历法“欲求精密，则须依凭象器测验天文，积日累月，务得其实，而后缀以算术，立为定法，方可成一代之懿制，传之万世而无弊也”。可是，朱载堉所面临的现实却是“仪表之具，生来目所未睹，况能知其距度之疏密，展次之广狭乎”[1]，这无疑限制了朱载堉天文才能的施展。尽管如此，朱载堉还是做了力所能及的努力，他动手制作了一些小型的天文仪具，设计了新的测量方法，取得了很好的效果，如利用正方案进行地理纬度和地磁偏角的测量便是突出的一例。在传统天文历法处于凋零枯萎的情况之下，这些工作具有十分积极的意义。特别是朱载堉凭借良好的

[1] 朱载堉:《律历融通》卷四《黄钟历议·五纬》。

数学根底，对前代各家历法尤其是《授时历》进行了系统深入的研究，达到了很高的造诣。他的造诣是同时代的历官们无法比拟的。在此基础上，朱载堉编撰了《黄钟历》和《圣寿万年历》，大胆地对授时历进行了一系列修正，其中包括了一些具有重要意义的改革，对回归年长度及其古今消长的研究尤为突出。个别外国学者认为朱载堉“并没有改进明代历法的缺点”，但朱载堉所取回归年长度值为 $365\frac{1}{4}$ 日，这表明他们不甚了解朱载堉。[1] 实际上，朱载堉的天文历法工作不只在于历法编撰本身，还在于他吸取了先辈天文历法家许多可贵的思想，并加以发扬光大，不但给当时沉寂的天文历法界注入了生机，也为后世天文历法的发展开拓了道路。

第六节　上进《历书》引发的风波

万历二十三年六月十九日（1595年7月25日），朱载堉向朝廷进献《历书》三部，并上《进历书奏疏》和《上进表》。《进历书奏疏》旨在陈述编历法、撰《历书》之缘由，申明自知僭越之罪，恐惧之至，乞皇上谅情宽恩；《上进表》再申述自学推算历法，并列出上进书之册数、每册的字数和纸张数（相当于今日页数）。后者在《乐律全书》中未装帧于《上进表》文之后，而附在《律历融通》之末。

《进历书奏疏》开篇明言：

[1] F. A. Kuttner, “Prince Chu Tsai-Yü’s Life and work: A Re-evaluation of His Contribution to Equal Temperament Theory,” *Ethnomusicology* xix, no.2（1975）：166.

先臣、南京都察院右都御史何瑭乃臣外舅江西抚州府通判何谘之祖也。臣父恭王壮年盖尝师友于瑭。臣虽未获面觌而亦幸私淑焉。瑭与元儒许衡同里，慕其象数之学。衡所撰《授时历》，备载元史。瑭亦著阴阳律吕之说，名曰《管见》。臣性愚钝，嗜好颇同。忝居桑梓，复与瓜葛，静居多暇，读其书而悦之。探索既久，偶有所得。是故不揣狂谬，敢以一得之愚，敬为皇上陈之。

朱载堉一开始就明言律历之学乃其祖训家学。载堉学之以其父厚烷，厚烷学之以姻亲何瑭，载堉也学之以岳祖父何瑭遗作，何瑭又源自同乡许衡之学。许衡是元代与王恂、郭守敬制定《授时历》者。如此，明廷禁历之法，载堉未曾干禁。然后，他又饰以"无任战栗、待罪恐惧之至"的心情，向明神宗疏奏一点自己的学习心得："俯赐容纳臣下情，不胜感戴，不胜幸甚。"君臣父子之别，朱载堉在奏疏中无任挑剔。

然后，奏疏中假以"昔圣人法天垂象"之盛事，道出天象历法是"天地之大纪，帝王之重事，是以圣人宝之"。这些文字无非是盼皇上重视历事，表明自己仅仅作为儒者的态度，"臣惟帝王之治天下以律历为先，儒者之通天人至律历而止"，也让皇上再放心自己所为。继而，方切入奏疏主题，言及大统历出现差错："大统与授时二历相较，考古则气差三日，推今则时差九刻。"

这里所谓"气差"，指冬至时刻之差；所谓"时差"，指夏至时刻之差；所谓"考古"，即用《大统历》与《授时历》分别去推算古代某一冬至日的时刻。例如，《万年历备考》卷二《二至晷景考》曾指出：

《春秋左传》载，鲁僖公五年丙寅岁，春王正月辛亥朔，日南至（即冬至）；

元《授时历》推此冬至日为辛亥十四刻；

明《大统历》推此冬至日为甲寅八十二刻；

载堉新法（即《圣寿万年历》）推得为辛亥五十五刻。

从辛亥至甲寅，气差三日。

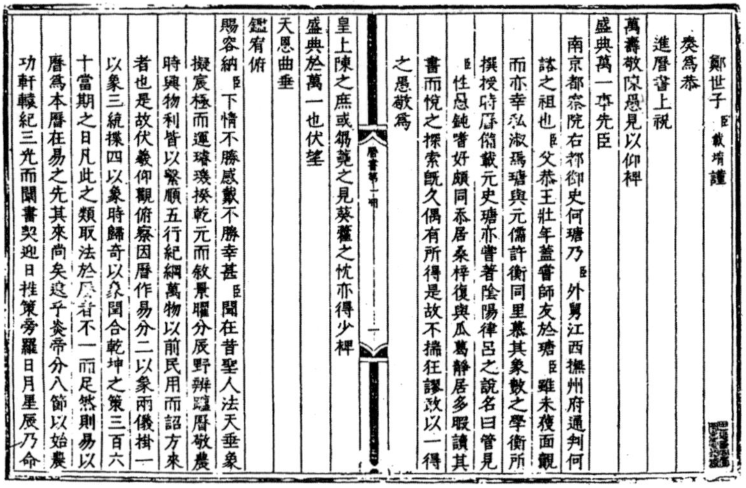

鄭世子臣載堉謹
奏為恭
進曆書上祝
萬壽敬陳愚見以仰裨
盛典萬一事先臣
南京都察院右都御史何瑭乃臣外舅江西撫州府通判何
諮之祖也臣父恭王壯年嘗師友於瑭臣雖未獲面覿
而亦幸私淑焉瑭與元儒許衡同里慕其象數之學衡所
撰授時曆備載元史瑭亦嘗著陰陽律呂之說名曰管見
臣性愚鈍嗜好頗同黍居桑梓復與瓜葛靜居多暇讀其
書而悅之探索既久偶有所得是故不揣狂謬效以一得
之愚敬為
曆書第一冊 一
皇上陳之庶或芻蕘之見葵藿之忱亦得少裨
盛典於萬一也伏望
天恩曲垂
鑑宥俯
賜容納臣下情不勝感戴不勝幸甚臣聞在昔聖人法天垂象
擬宸極而運璿璣揆乾元而敘景曜分辰野辨躔曆敬農
時興物利皆以綮順五行紀綱萬物以前民用而詔方來
者也是故伏羲仰觀俯察因曆作易分二以象兩儀掛一
以象三統揲四以象時歸奇以象閏合乾坤之策三百六
十當期之日凡此之類取法於曆者不一而足然則易以
曆為本曆在易之先其來尚矣逮乎炎帝分八節以始農
功軒轅紀三光而闡書契迎日推策旁羅日月星辰乃命

图8-3 朱载堉《进历书奏疏》（部分书影）

所谓“推今”，即以《大统历》和《授时历》分别推算万历某年的夏至时刻。如万历二十四年（1596）五月夏至，《大统历》推算为五月癸巳六刻，《授时历》推算为壬辰九十七刻，载堉新法推算为壬辰九十七刻。一天为百刻，从壬辰九十七刻到第二日癸巳六刻，可谓“时差九刻”。

“九刻”之差，看似甚小，然积年愈久，时差愈大。若此差时恰处夜半之际，则所差便隔一日；若在晦朔之交，便差一月。于是，朱载堉并非耸人听闻地指出：节气差一日，则置闰差一月。载堉奏疏中还言及，依此计算，推得万历百年冬至时刻，《大统历》

与《授时历》差十余刻；万历千年冬至时刻，二历相差则为两日；万历一万年，则相差一百余日。“近小之事物而深通乎幽玄至大之理”。至于交食时刻，差错则更明显。日食事虽未在奏疏中明言，却在其进献的《历书》中一一道明。

奏疏主题之一在于申报时下所用《大统历》有误之事，主题之二在于劝说皇帝取消民间禁历事之令。载堉指出：“历数之学，历代所不禁也。设使当时民间果不敢私习，则其学绝传久矣。安得今日复有历法乎？”他以自己习历经过为例：先是弱冠之时，读书而悦之；待壮年复读历代诸史志，考辨历者五十余家之异同；而以近年读丘濬（1421—1495，官至礼部尚书、文渊阁大学士）《大学衍义补》方知大统历大略，这才发现《大统历》之差误，以此说明许衡、王恂、郭守敬之辈在四海之内、兆民之中未尝无也。话锋一转，朱载堉说出了常人不敢说的双关语：“皇上好此事，则此辈出；不好此事，则此辈无由以自显”；“皇上赦臣狂妄之罪而容之，则衡、恂、守敬辈必相继而至矣”。宫廷内外，读此语者，无不瞠目结舌。

朱载堉以极为谦卑之心奉上奏文。他说，牢记开国太祖之训示，只是“和会二家（《大统历》与《授时历》），酌取中数，立为新率，编撰成书，以伸野人芹暴之献”。其献《历书》立足点却在于，自己的新法“或有差误，宜令通此事者以订正之”，“将臣疏并所进《历书》，敕下该部会集大臣名儒，从长计议。其《大统历》所未差者，切不可改。倘有小差，即便更正，以成一代之制”，云云。由此可见，朱载堉的智慧与巧妙。奏文全篇申述其两个主题，而结尾却要求验其所献之历。若验之载堉所献《圣寿万年历》无误，《大统历》之错则明，《大统历》须更改一事也无须赘语了。

奏疏递报入礼部，礼部议："郑世子载堉奏称，大统历倘有小差，乞要更正。"明神宗阅其奏疏后，御批："礼部知道，钦此。"未有任何斥责朱载堉之意。从宗族关系看，明神宗比朱载堉小一辈，且称载堉为"宗伯"。载堉口碑在宫廷内外极佳，无人敢搬弄是非。三个月后，即当年九月十九日（1595年10月21日），礼部尚书范谦为朱载堉进《历书》事，请上"赐敕奖谕"。范谦认为，大统历"行之既久，习之已熟，一旦而欲更新其名，无论非祖宗创制立法至意，且恐骇华夷之视听也"。这句文字，责之甚重，若非朱载堉，恐罪责难逃，但考虑到朱载堉"原其用心，无非俯竭一得之忱，欲效万年之祝，意甚善也"，"若夫世子载堉不以崇高富贵为逸豫之图，乃留心历学，博通古今，志行既为可尚，忠爱良有足嘉，即东平河间[1]何以称焉"。九月二十三日（10月25日），明神宗下旨奖谕，私下说三道四者即可休也。范谦还考虑到，朱载堉进《历书》原本"恭备御览，未便翻阅，恐致损污"，故通过河南布政司、郑府长史司告知朱载堉，要送《历书》副本转发钦天监并各科历官，以便"互相参订，细加磨算"[2]。

同年十月二十八日（1595年11月29日），河南布政司发文致郑府长史司。十一月二十日（12月20日），郑府长史司即差人将《历书》抄本（副本）再送京。

鉴于朱载堉奏本文字巧妙，说理得当，加之郑世子声望，一场要求改历的事件似乎结束得平静非常。由于明成化之后，交食往往不验，议改历者此起彼伏。例如，成化十年（1474），擢云南

[1] 东平河间：指后汉东平宪王刘苍。事见《后汉书》卷四二，《光武十王列传》。

[2] 范谦疏全文，见《乐律全书》中《万年历备考》后，《郑府长史司左长史谢廷训恭进历书疏》。部分文字见《明史》卷三一《志第七·历一》。

提学童轩为太常寺少卿，掌钦天监事，成化十五年（1479）其因推算月食误，险丧命黄泉；成化十七年（1481），真定（今属河北）学教谕俞正己上《改历议》，因狂妄无知，下狱；成化十九年（1483），天文生张陞上言改历，钦天监以祖制不可变而不采纳。[1] 因此，人们不能不担心下一个议改历者之命运。

朱载堉进《历书》后不久，河南等处提刑按察司分巡河北道佥事邢云路得悉后，立即奉书朱载堉，求其《历书》阅读，这是因为邢云路也关心并知晓《大统历》差误。不久，邢云路出巡公干，路过怀庆，拜见载堉，二人讨论历事至深夜且相谈甚欢。一年后，即万历二十四年十二月辛巳（1597年2月5日），邢云路上《议正历元奏疏》。疏中指出："大统推今年冬至在申正二刻，而臣测在未正一刻。大统实后天九刻余"；"今年闰八月朔，日有食之，大统推初亏巳正三刻，食几既。而臣候初亏巳正一刻，食止七分余。大统实后天几二刻"。[2]

邢云路的《议正历元奏疏》自然未有朱载堉的婉转巧妙，不过当然也隐瞒了与朱载堉的讨论，否则二者都将受严惩。明神宗对其态度显然有别于对待朱载堉，御批："礼部看了来说。"于是，刑科给事中[3]李应策、钦天监监正张应候、礼部尚书范谦都将自己

[1]《明史》卷三一《志第七·历一》。

[2] 邢云路：《议正历元奏疏》，载《乐律全书·万年历备考附录》，郑藩刻本。《明神宗实录》（卷三〇五，万历二十四年十二月辛巳）所记与朱载堉所抄的、下达地方和各宗藩的牒文略有差别。《实录》记："河南佥事邢云路奏大统历差错，乞赐改正。大统推今年冬至在申正一刻，而臣测在未正一刻；臣测立春在乙巳，而大统推在丙午；臣测夏至壬辰，而大统推癸巳；臣测立冬己酉，而大统推庚戌，下礼部看议。"

[3] 刑科为明廷"六科"（吏、户、礼、兵、刑、工六科）之一，"六科"在帝之左右，珥笔记旨者。各科均有"给事中"一人，正七品。

的意见分别上疏。

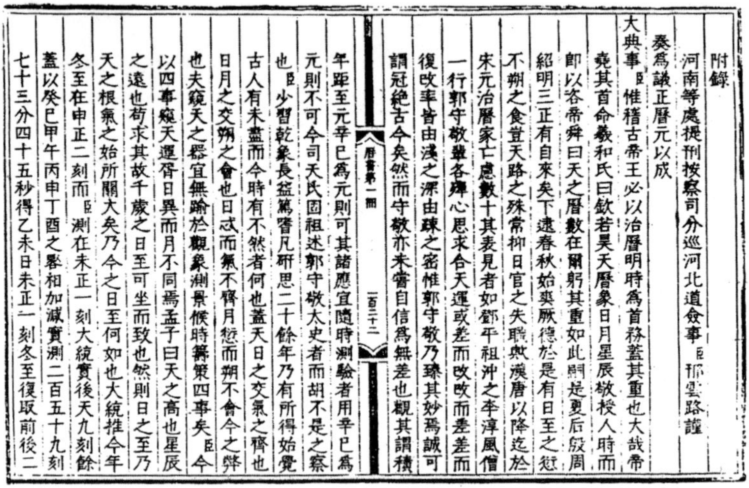
附錄
河南等處提刑按察司分巡河北道僉事臣邢雲路謹
奏爲議正曆元以成
大典事臣惟稽古帝王必以治曆明時爲首務蓋其重也大哉帝
堯其首命羲和氏曰欽若昊天曆象日月星辰敬授人時而
即以咨帝舜曰天之曆數在爾躬其重如此嗣是夏后殷周
紹明三正有自來矣下逮春秋始爽厥德於是有日至之愆
不朔之食豈天路之殊常抑日官之失職歟漢唐以降迄於
宋元治曆家亡慮數十其表見者如鄧平祖沖之李淳風僧
一行郭守敬輩各殫心思求合天運或差而改改而差差而
復改率皆由淺之深由疎之密惟郭守敬乃臻其妙爲誠可
謂冠絕古今矣然而守敬亦未嘗自信爲無差也觀其謂積
曆書第一冊 一百二十二
年距至元辛巳爲元則可其諸應宜隨時測驗者用辛巳爲
元則不可今司天氏固祖述郭守敬太史者而胡不是之察
也臣少習乾象長益篤嗜凡研思二十餘年乃有所得始覺
古人有未盡而今時有不然者何也蓋天日之交氣之齊也
日月之交朔之會也日忒而氣不齊月遡而朔不會今之弊
也夫窺天之器宜無踰於觀象測景候時籌策四事矣臣今
以四事窺天運脅日異而月不同焉孟子曰天之高也星辰
之遠也苟求其故千歲之日至可坐而致也然則日之至乃
天之根氣之始所關大矣乃今之日至何如也大統推今年
冬至在申正二刻而臣測在未正一刻大統實後天九刻餘
蓋以癸巳甲午丙申丁酉之晷相加減實測二百五十九刻
七十三分四十五秒得乙未日未正一刻冬至復取前後二

图8-4 邢云路《议正历元奏疏》部分书影

李应策于万历二十四年十二月二十三日（1597年2月9日）上疏，疏中比较了朱载堉与邢云路二者的历议，认为“郑世子所奏，简切便览，独应时加减法尚未遽息”，“邢云路持观象、测景、候时、筹策四事，议诸应宜俱改，想已洞烛款窍，使得中秘星历书一遍阅而校焉”。因此，他建议“邢云路即以原官暂署钦天监，俾相资订正”[1]。李应策此奏，尚属客观公允，且爱惜天算人才之心跃然纸上。

张应候于万历二十五年正月二十四日（1597年3月11日）上疏。疏中虽不敢责备郑世子载堉，却对邢云路奏疏感到“不胜骇异”，

[1] 李应策：《乞敕亟定岁差疏》，载《乐律全书·万年历备考·附录》，郑藩刻本。

追问有加，问邢云路“不知是遵何家之法，而轻信何人妄议者也。且国朝立法律例备载：有人私习天文历数者罪之，私传妄议者罪同”，甚至提出，即使前朝郭守敬、王恂等辈也须“奉敕方敢更正诸历”。幸在邢云路奏疏中一字未提朱载堉，更未透露自己曾与郑世子讨论历法等事，否则，其危情将不堪设想。由此，作为钦天监监正的张应候只好把刀架在邢云路面前。他斥责邢“惑世诬民，变乱成法”，并追问：“臣等本监造历一载，年前颁朔，天下共知。奈何邢云路复生异议。今使众外臣民汹汹不安，纷纷议起，邢云路是诚何心矣？”[1]

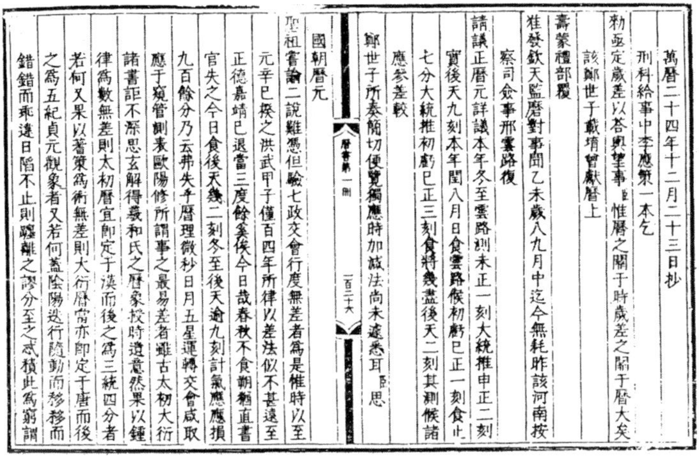
萬曆二十四年十二月二十三日抄
刑科給事中李應策一本乞
勑亟定歲差以荅輿望事臣惟曆之關于時歲差之關于曆大矣
該鄭世子載堉曾獻曆上
壽蒙禮部覆
准發欽天監曆對事間乙未歲八九月中迄今無耗昨該河南按
察司僉事邢雲路復
請議正曆元詳議本年冬至雲路測未正一刻大統推申正二刻
實後天九刻本年閏八月日食雲路候初虧巳正一刻食止
七分大統推初虧巳正三刻食將幾盡後天二刻其測候諸
應參差較
鄭世子所奏簡切便覽獨應時加減法尚未遽悉耳臣思
曆書第一冊　一百二十六
國朝曆元
聖祖嘗論二說雖憑但驗七政交會行度無差者爲是惟時以至
元辛巳換之洪武甲子僅百四年所律以差法似不甚遠至
正德嘉靖已退當三度餘奚俟今日哉春秋不食朔猶直書
官失之今日食後天幾二刻冬至後天逾九刻計氣應應損
九百餘分乃云弗失乎曆理微杪日月五星運轉交會咸取
應于窺管測表歐陽修所謂事之最易差者雖古太初大衍
諸書詎不深思玄解得羲和氏之曆象授時遺意然果以鍾
律爲數無差則太初曆宜即定于漢而後之爲三統四分者
若何又果以蓍策爲術無差則大衍曆當亦即定于唐而後
之爲五紀貞元觀象者又若何蓋陰陽迭行隨動而移移而
錯錯而乖違日陷不止則躔離之謬分至之忒積此爲窮謂

图8-5　李应策《乞敕亟定岁差疏》部分书影

[1] 张应候：《申明历元奏疏》，载《乐律全书·万年历备考·附录》，郑藩刻本。

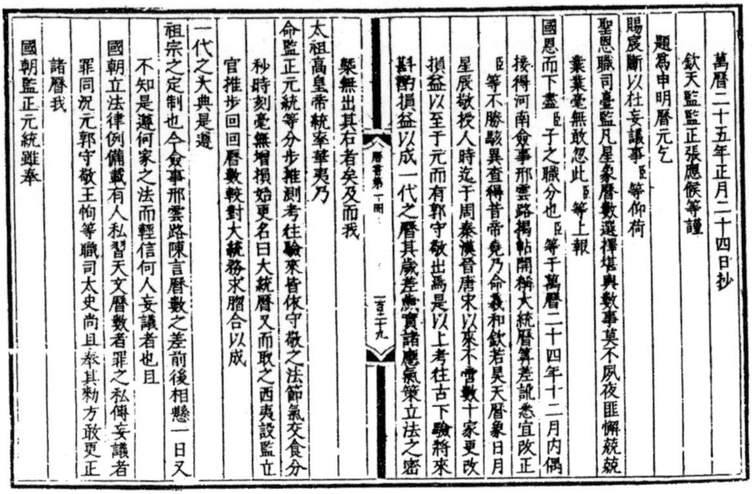
萬曆二十五年正月二十四日抄
欽天監監正張應候等謹
題爲申明曆元乞
賜宸斷以杜妄議事臣等仰荷
聖恩職司臺監凡星象曆數選擇堪輿數事莫不夙夜匪懈兢兢
業業毫無敢忽此臣等上報
國恩而下盡臣子之職分也臣等于萬曆二十四年十二月内偶
接得河南僉事邢雲路揭帖開稱大統曆算差訛悉宜改正
臣等不勝駭異查得昔帝堯乃命羲和欽若昊天曆象日月
星辰敬授人時迄于周秦漢晉唐宋以來不啻數十家更改
損益以至于元而有郭守敬出焉是以上考往古下驗將來
斟酌損益以成一代之曆其歲差贏縮諸應氣策立法之密
曆書第一冊　一百三十九
槩無出其右者矣及而我
太祖高皇帝統率華夷乃
命監正元統等分步推測考往驗來皆依守敬之法節氣交食分
秒時刻毫無增損始更名曰大統曆又而取之西夷設監立
官推步回回曆數較對大統務求脗合以成
一代之大典是遵
祖宗之定制也今僉事邢雲路陳言曆數之差前後相懸一日又
不知是遵何家之法而輕信何人妄議者也且
國朝立法律例備載有人私習天文曆數者罪之私傳妄議者
罪同況元郭守敬王恂等職司太史尚且奉其勑方敢更正
諸曆我
國朝監正元統雖奉

图8-6　张应候《申明历元奏疏》部分书影

按张应候的逻辑，神宗若听其奏，则邢云路必斩无疑。好在又有礼部尚书范谦为之款曲。范谦，堪称贤臣，他在与张应候同日的奏本中言道："郑世子载堉疏进《历书》，内称旧法少差……尚无实证，未敢遽信"，而又有邢云路详奏，"相应俯从邢云路所请，即行考求磨算，渐次修改为是"[1]。《明史·历志》对范谦奏疏作了简要陈述：

历为国家大事，士夫所当讲求，非历士之所得私。律例所禁，乃妄言妖祥者耳。监官拘守成法，不能修改合天。幸有其人（指邢云路），所当和衷共事，不宜妒忌。乞以云路提督钦天监事，督率官属，精心测候，以成巨典。[2]

---

[1] 范谦：《议正历元以成大典奏疏》，载《乐律全书·万年历备考·附录》，郑藩刻本。

[2]《明史》卷三十一《志第七·历一》。

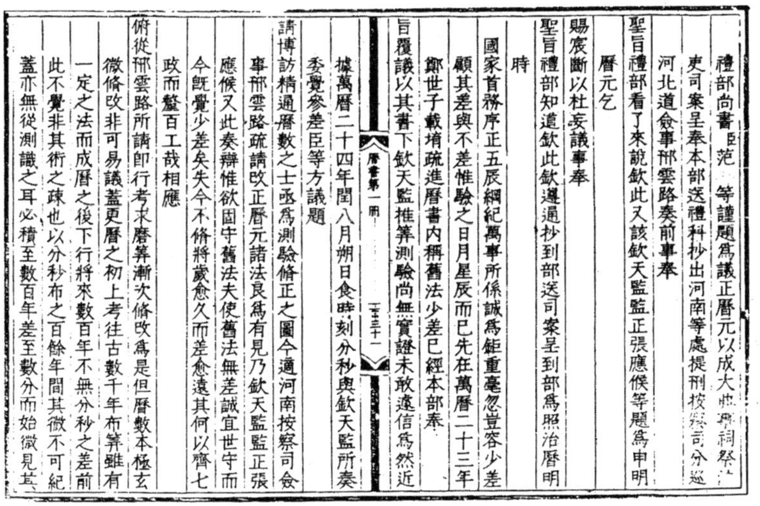
禮部尚書臣范　等謹題爲議正曆元以成大典事祠祭
吏司案呈奉本部送禮科抄出河南等處提刑按察司分巡
河北道僉事邢雲路奏前事奉
聖旨禮部看了來說欽此又該欽天監監正張應候等題爲申明
曆元乞
賜宸斷以杜妄議事奉
聖旨禮部知道欽此欽遵通抄到部送司案呈到部爲照治曆明
時
國家首務序正五辰綱紀萬事所係誠爲鉅重毫忽豈容少差
顧其差與不差惟驗之日月星辰而已先在萬曆二十三年
鄭世子載堉疏進曆書內稱舊法少差已經本部奉
旨覆議以其書下欽天監推筭測驗尚無實證未敢遽信爲然近
曆書第一冊　一百三十一
據萬曆二十四年閏八月朔日食時刻分秒與欽天監所奏
委覺參差臣等方議題
請博訪精通曆數之士亟爲測驗脩正之圖今適河南按察司僉
事邢雲路疏請改正曆元諸法良爲有見乃欽天監監正張
應候又此奏辯惟欲固守舊法夫使舊法無差誠宜世守而
今既覺少差矣失今不脩將歲愈久而差愈遠其何以齊七
政而釐百工哉相應
俯從邢雲路所請卽行考求曆筭漸次脩改爲是但曆數本極玄
微脩改非可易議蓋更曆之初上考往古數千年布筭雖有
一定之法而成曆之後下行將來數百年不無分秒之差前
此不覺非其術之疎也以分秒布之百餘年間其微不可紀
蓋亦無從測識之耳必積至數百年差至數分而始微見其

图8-7　范谦（原书中未刻写“谦”字）《议正历元以成大典奏疏》部分书影

或许当日朝议中有过激烈争论，《明史·历志》所记或是朝议记录。钦天监监正正五品，礼部尚书正二品，二官为邢云路、为改历之事，针锋相对。明神宗闻听并览奏后，旨下：“留中。”一场历法之争，暂告结束。

朱载堉虽不能参与朝政、朝议，但在此期间极为关注朝廷牒文。邢云路《议正历元奏疏》、李应策《乞敕亟定岁差疏》、张应候《申明历元奏疏》和范谦《议正历元以成大典奏疏》，由牒文传到郑府长史司，朱载堉一一抄录，并作为其《历书》附录，刻版印制于《万年历备考》之后。他还为此四疏写了《总跋附录四疏》。这个“跋”语，借宋代沈括《梦溪笔谈》中所记卫朴造历之事而发载堉的自我感叹。北宋熙宁中，沈括领太史令卫朴造历，那些“承世族隶名食禄、本无知历者”的司天历官处处攻讦卫朴，致使终日守候天象、以求正确数据的卫朴“不能尽其艺”[1]。朱载堉读此写道：

余读至此，喟然叹曰：古人有云，“后之视今亦犹今之视昔”。观台官之参语，则吾辈议历者，其罪不容诛矣。恶之欲其死，非大狱而何？苟非部、科卓见确论以维持之，不亦殆乎？

朱载堉极为感谢礼部、刑科的“卓见确论”，亦包括感谓于他们的救命大恩。至于钦天监监正张应候一类，如同昔日对待卫朴的司天历官。朱载堉见此四疏，一时有些气馁，于是乎发出“道之不行也，退其志可乎”的感叹。

朱载堉录此四疏于后世，今人读之亦颇惊悚。从宋代沈括、卫朴，到明代朱载堉、邢云路，确也世事如流水，一波又一波。

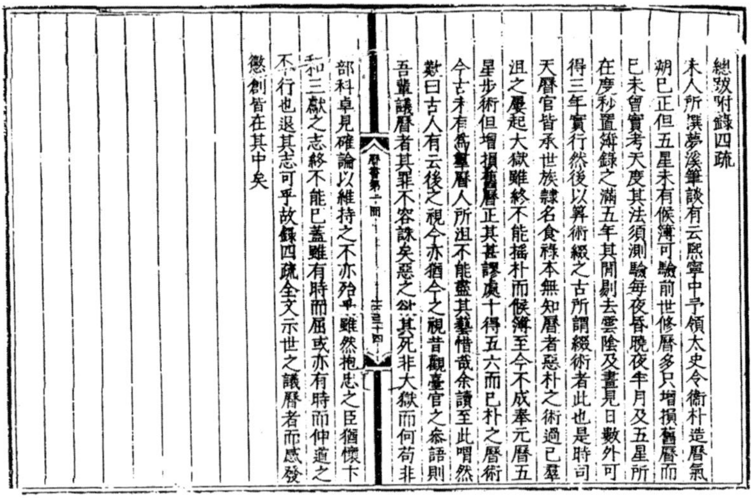
總跋附錄四疏
宋人所撰夢溪筆談有云熙寧中予領太史令衛朴造曆氣
朔已正但五星未有候簿可驗前世修曆多只增損舊曆而
已未曾實考天度其法須測驗每夜昏曉夜半月及五星所
在度秒置簿錄之滿五年其間剔去雲陰及晝見日數外可
得三年實行然後以算術綴之古所謂綴術者此也是時司
天曆官皆承世族隸名食祿本無知曆者惡朴之術過已羣
沮之屢起大獄雖終不能搖朴而候簿至今不成奉元曆五
星步術但增損舊曆正其甚謬處十得五六而已朴之曆術
今古未有爲羣曆人所沮不能盡其藝惜哉余讀至此喟然
歎曰古人有云後之視今亦猶今之視昔觀臺官之忝語則
吾輩議曆者其罪不容誅矣惡之欲其死非大獄而何苟非
部科卓見確論以維持之不亦殆乎雖然抱忠之臣猶懷卞
和三獻之志終不能已蓋雖有時而屈或亦有時而伸道之
不行也退其志可乎故錄四疏全文示世之議曆者而感發
懲創皆在其中矣

图8-8　朱载堉《总跋附录四疏》书影

[1] 沈括：《梦溪笔谈》卷八《象数二》。

世事有曲折。此事一旦传出九州之外，又别生一番风景。来华传教士利玛窦将此明廷争吵告知了罗马教廷，吸引了更多知晓天算的西方传教士来华，并最终促成了历史上首次中西合作研究天算之新境界。

1595年，来华意大利传教士利玛窦（Matteo Ricci，1552—1610，1582年来华）其时正在南昌，并于当年4—8月在南京旅行。他或许通过某种渠道闻悉朝廷为朱、邢改历奏疏而争论之事，或许阅读到相关地方牒文，也或许读到朱载堉的《律历融通》抄本，至晚于1597年3—10月间将此事报告给罗马教廷。在利玛窦的*Fonti Ricciane*（《中国书简》[1]，即《利玛窦文集》之第二卷）中有两则涉及朱载堉和邢云路关于改历的建议：

Percio Cemsceze，nel presentare nell'ottobre del 1595，il calendario dell' anno seguente al Ministero dei Riti，aveva fatto osservare.

"Si e detto recentemente che il calendario va errato e che bisogna correggerlo."

quando il calendario，al tempo dei Mim，andava errato ci furono dell discussioni tra Cemsceze Zaeiu e Scimiunlu，ma nessuno di essi ebbe la scienza sufficiente per correggerlo.[2]

这两段意大利文译成中文大致是：

---

[1] 裴化行著:《利玛窦神父传》，管震湖译，商务印书馆，1998，译序第2页。

[2] 感谢美国北得克萨斯州大学音乐学院卓仁祥（Gene J. Cho）教授寄赠的有关利玛窦通信档案及其大作：*The Discovery of Musical Equal Temperament in China and Europe in the 16th Century*（The Edwin Mellen Press, 2003）。本书所引两则利玛窦信件，见卓仁祥教授之大作第261页；也见 Pasquale M. D'Elia（ed.），*Fonti Ricciane, Vol II* , p. 8, note 5 and p. 286, note 3。

……因此，郑世子于1595年10月向礼部进呈历书的同时，提出如下意见：“新近闻悉，历法已经出现差误并且需要修订。”

……其时，郑世子载堉和邢云路二人已经讨论了明代历法出现的差误，但他们二人中任何一个人都没有足够的科学知识去修订它。

所谓“1595年10月郑世子向礼部进历书”，其时间比中国相关史料记载晚了三个月，这很可能是利玛窦闻悉或向罗马报告相关事件的时间。另一则文字无具体时间，显然也不应晚于邢云路上呈奏疏之后三个月至半年。利玛窦可能读到朱载堉奏疏甚至《律历融通》等书，其中一个证据是：朱载堉署名“郑世子臣载堉”。对于明朝廷而言，自然不必道出姓氏“朱”。有趣的是，利玛窦的书信也写作“郑世子载堉”（Cemsceze Zaeiu）。从拉丁拼音看，利玛窦的汉语是地道的广东腔官话。从利玛窦此信将“郑世子载堉”之名传到欧洲起，至少直到德国科学家亥姆霍兹撰写《论音感》为止，欧洲人熟知王子载堉，却不知其姓。

利玛窦传此书信的目的，是要唤起罗马教廷对耶稣会士在中国以“科学”手段传教的重视。同时也证明，朱载堉的等程律数学原理可能由利玛窦传到了欧洲。其后不久，西班牙天主教耶稣会传教士庞迪我（Diego de Pantoja，1571—1618）于万历二十七年（1599）、意大利耶稣会士熊三拔（Sabatino de Ursis，1575—1620）于万历三十四年（1606）相继携西洋历书、仪器来华。在朱载堉卒后约半年，明朝礼部开始搜罗人才、增添仪具、修整观象台，筹划中西人士合作翻译西方天算诸书。《明神宗实录》卷四九〇写道：

万历三十九年十二月庚午（1612年1月7日），礼部奏：采访历

学精通之人，如原任按察司邢云路、兵部郎中范守己，一时共推可用者。先年修历，以户科给事中乐頀、工部主事华湘，俱改光禄寺少卿、提督钦天监事例。二臣所当酌量注改京堂衔，共历事。又访得翰林院简讨徐光启及原任南京工部员外郎李之藻，皆精心历理。若大西洋归化之臣庞迪我、熊三拔等，携有彼国历法诸书、测验推步、讲求原委，足备采用。照洪武十五年，命翰林院李翀、吴伯宗及本监云台郎海达儿等修西域历法事例，将大西洋历法及度数诸书，同徐光启对译，与云路等参订修改。然历法疏密，莫显于食交；交食真伪，莫逃于测验。欲议修历，必测交食。观象台年久渗漏，地势失平，仪器欹斜与天度不合，公馆直房具难栖止。台顶须添造板房一间，台下添造直房五间，及增制天体球仪、各样日晷，以便测验。且钦天监官留心历法，不失其业者，不过数人。至于天文生、阴阳人，关茸粗疏，罔习本业。若不及今大为振刷，亦可将来讹舛日甚。

这个计划正是后来“崇祯历局”的前奏曲，而谱写此乐章、引起朝廷上下对修历重视者，正是朱载堉。或许可以说，是朱载堉打开了中西合作探讨天算科学的大门。他既唤醒了明朝廷天算的睡眼，又为利玛窦在中国实施“天算”传教提供了说服罗马教廷的实例。

我们再回到朱载堉和邢云路关于修历之事上。历奏之争后，邢云路惊魂未定。其后，邢官居辽左、陇右按察司佥事，直至万历三十八年（1610）致仕归里。途经怀庆，方与郑世子载堉二次见面。提起当年上疏之事，邢云路给朱载堉讲了许多他当时闻所未闻之事。此后不久，邢云路将其著《古今律历考》赠予载堉，并向载堉讨要序文。朱载堉撰写了《古今律历考·序》，以及《律吕正论》一书。他在该书《自序》中写道：

乃今幸遇邢泽宇先生，一一为余讲究，余于是始得闻所未闻。语曰："有朋自远方来，不亦乐乎?"此之谓也。公归梓里，以《古今律历考》寄余，命余序之。余虽不敏，敢不承命? 盖公与余，虽非同门之朋，实乃同志之友。故余著此书以答。

同有上呈改历奏疏的经历，他们俩确实是同志了，然而在事过境迁近15年之后才敢对彼此说出这番话。一年后，载堉作古。同年底，邢云路受召至京，参与改历之事。万历四十四年（1616），邢云路进献《七政真言》，又对日月五星之运动做出计算；天启元年（1621），又上古今日月交食数事并其所称之"新法"。然而，"至期考验，皆与天不合"[1]。邢云路大约卒于天启二年（1622）或之后的一二年内。[2]

朱载堉所进《历书》三部，尤其是其中的《圣寿万年历》，获得后世许多人客观如实的评价。诸如《四库全书总目》的编纂者们[3]，清代学者梅文鼎（1633—1721）[4]、江永（1681—1762）[5]、阮元（1764—1849）[6]等都曾对此有所评介。利玛窦在《乾坤体义》提要中说："当明季历法乖舛之余，郑世子载堉、邢云路诸人虽力争其失，而所学不足以相胜。"

[1]《明史》卷三一《志第七 · 历一》。

[2] 对朱载堉与邢云路历法成就的确切评价，见陈美东:《中国科学技术史 · 天文学卷》，科学出版社，2003，第610—621页。其中，有关朱、邢交往之年月时间，以本书为准。

[3] 永瑢等:《四库全书总目 · 圣寿万年历附律历融通提要》，中华书局，1965，第894页。

[4] 梅文鼎:《绩学堂文钞》卷五《历学新说 · 序》，《四库全书存目丛书》本。

[5] 江永:《律吕阐微 · 序》，《四库全书》本。

[6] 阮元:《畴人传》卷三一《朱载堉传》。

这个评语与利玛窦当年写给罗马教皇的书信中的评语几近相同。阮元在其著《畴人传·朱载堉》中说：

岁实之有消长，创于杨德之[1]，而郭若思[2]因之，然加减之差，犹为平率，载堉易为相减相乘之术，令差积有伦，视杨、郭两家尤为详密矣。《律历融通》以律吕爻象为推步之本源，其说固出附会，而术议诸篇，援引赡博，持论明辨，于授时立法疏密之故，一二抉发无遗，方之赵缘督[3]《革象新书》，实有过之无不及也。

朱载堉、邢云路二人是明天启之前真正探究《授时历》并有所心得的成功者，他们的成功开启了明末崇祯年间历法研究的新景象。

[1] 杨德之：即宋代天文学家杨忠辅，字德之，生活于12世纪中叶至13世纪初叶，于庆元五年（1199）编成《统天历》，最早提出回归年长度的古今变化值。

[2] 郭若思：即元代郭守敬，“若思”乃其字。

[3] 赵缘督：即元代赵友钦，“缘督”乃其号。

PRINCE

MUSICOLOGIST

SCIENTIST

ZHU ZAIYU

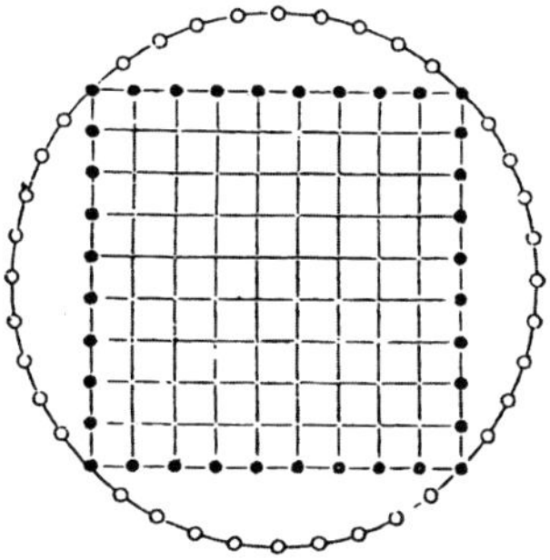

第九章
数学与计量

朱载堉在《律吕精义 · 序》中对音乐和乐律做了这样的界定："夫乐也者，声音之学也；律也者，数度之学也。"

探讨乐律，必涉及数学和计量的问题。数学方法不同，可能会产生不同的律制；度量单位和度量方法的不同，会对黄钟的标准音高或绝对音高产生影响。因此，"数度之学"成为乐律学的基本内容。

朱载堉在数学上所做的主要工作有：计算圆周率，解高次方根和等比数列（见第四章），以珠算工具进行开方运算，研究九进制和十进制的小数换算方法，由四项构成的等比数列的计算等。除了在《律学新说》《律吕精义》《乐学新说》中充分体现他的这些数学工作，其尚存的数学著作还有，《算学新说》《嘉量算经》《古周髀算经图解》《圆方勾股图解》，这些专门的数学著作和他的乐律研究是密切相关的。

朱载堉在《算学新说》中说："臣所撰新说凡四种：一曰律学，二曰乐学，三曰算学，四曰韵学。前二者其书之本原，后二者其书之支脉，所以羽翼其书者也。"

算学或数学作为完成新乐律学的"羽翼"是毋庸置疑的。本章主要介绍朱载堉的数学研究，同时也涉及他在计量或度量衡方面的探索成就。

第一节　珠算开方

使我们感到惊讶的是，朱载堉用算盘完成了包括开方在内的大量计算。

《算学新说》中写道，“凡学开方，须造大算盘，长九九八十一位，共五百六十七子，方可算也。不然，只用寻常算盘，四五个接在一处算之，亦无不可也。其算盘梁上贴纸一长条，上写第一位、第二位等项字样，使初学易晓也”；“凡开立方，将算盘梁上贴纸一条，写千百十寸、百十分、百十厘、百十毫、百十丝、百十忽、百十微、百十纤之名，至于纤以下位数，不立名色，只隔二位画一圈，使开方除实不错耳”。这些文字都是在“凡例”中写下的，可见当时人们用算盘作开方运算还很生疏。

朱载堉在《算学新说》中分别在“开平方”“开立方”的条目下写出了有关的珠算口诀。如，开立方口诀：“一已上开一，八已上开二，二十七已上开三，六十四已上开四…… 一千已上开一十，八千已上开二十……七十二万九千已上开九十，一百万已上开一百……”又说：“隅法定式：一减〇〇一，二减〇〇八，三减〇二七，四减〇六四，五减一二五，六减二一六，七减三四三，八减五一二，九减七二九。”对于具体的开方运算，他也在书中作了详尽举例。他在《律学新说》《律吕精义》等书中，经常写到置某某数“在位”，就是将某数拨到算盘的位上。正是由于应用了算盘，才使他在乐律计算中准确地算到了二十五位数，并为他节省了大量的时间。

有学者认为算盘产生于元代，应用算盘计算的著作先后有：

万历元年（1573）徐心鲁校订《盘珠算法》，书中绘算盘样式及加减歌诀；[1]

万历六年（1578）柯尚迁著《数学通轨》，书中画有一个13档

[1] 陈万鼐：《朱载堉研究》，第105页。

的算盘，称为“初定算盘图式”，上二珠与下五珠之间用木梁隔开，与今通用算盘相同。但是，柯尚迁未用它进行开方计算。[1]

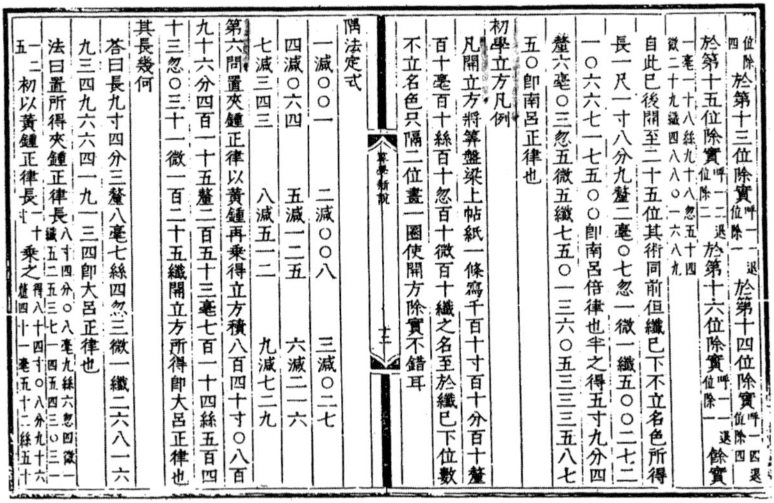

位除四於第十三位除實呼一位除一退於第十四位除實呼一位除四四退
於第十五位除實呼一位除二二退於第十六位除實呼一位除一一退餘實
一毫一十八絲九十八忽五十四微二十九纖四八八〇一六八九
自此已後開至二十五位其術同前但纖已下不立名色所得
長一尺一寸八分九釐二毫〇七忽一微一纖五〇〇二七二
一〇六六七一七五〇〇即南呂倍律也半之得五寸九分四
釐六毫〇三忽五微五纖七五〇一三六〇五三三三五八七
五〇即南呂正律也
初學立方凡例
凡開立方將算盤梁上帖紙一條寫千百十寸百十分百十釐
百十毫百十絲百十忽百十微百十纖之名至於纖已下位數
不立名色只隔二位畫一圈使開方除實不錯耳

算學新說　十三

偶法定式
一減〇〇一　二減〇〇八　三減〇二七
四減〇六四　五減一二五　六減二一六
七減三四三　八減五一二　九減七二九
第六問置夾鐘正律以黃鐘再乘得立方積八百四十寸〇八百
九十六分四百一十五釐二百五十三毫七百一十四絲五百四
十三忽〇三十一微一百二十五纖開立方所得即大呂正律也
其長幾何
荅曰長九寸四分三釐八毫七絲四忽三微一纖二六八一六
九三四九六六四一九一三四即大呂正律也
法曰置所得夾鐘正律長八寸四分〇八毫九絲六忽四微一纖五二五三七一四五四三〇三一
五一二初以黃鐘正律長一十乘之得八十四寸〇八分九十六釐四十一毫五十二絲五十

图 9-1　《算学新说》中有关算盘开方的文字，其中“第六问”即为求取四项构成的等比数列中第二项的方法

万历十二年（1584）作序的朱载堉著作《律学新说》中，已用 81 档大算盘进行开平方、开立方运算。

万历二十年（1592），程大位的《直指算法统宗》提出开方的珠算方法，但已是在朱载堉实际运用算盘开方之后至少 10 年。

朱载堉用算盘计算等程律各数据和律管的周径幂积，并将其算盘用法详细撰入其著《算学新说》之中。由于《算学新说》并入了《乐律全书》中，未有单本问世，因此不为人所注意；同时，

[1] 钱宝琮:《中国数学史》，科学出版社，1964，第 137—140 页。

《算学新说》的内容与乐律相结合，不为人所懂，即使是注意到《乐律全书》的人，大都只关注其乐律理论。所以，长期以来《算学新说》中的数学问题未得到揭示。数学与算盘是朱载堉从事乐律研究的工具，他完成十二等程律之时，也就是他运用算盘进行开方运算成功之日。

第二节　九进制和十进制的小数换算

《乐律全书》中指出了三种不同的进位尺：一是横黍尺，即平常十进尺，“以十忽为丝，十丝为毫，十毫为厘，十厘为分，十分为寸，十寸为尺，从微至著，皆用十焉”，再推延之，十尺为丈，十丈为引等。二是纵黍尺，即九进尺，“以九忽为丝，九丝为毫，九毫为厘，九厘为分，九分为寸，九寸为尺，从微至著，皆用九焉”[1]，再推延之，九尺为丈，九丈为引等。三是斜黍尺，即混合进位尺，它是以斜排黍粒90粒而得到的一种尺，称为“斜黍九十分尺”，它的尺单位长度与横黍尺、纵黍尺相等，但尺以下各单位为每尺九寸，每寸十分。朱载堉在这里的数学贡献是用算盘完成了九进制和十进制的小数换算，这在数学史上是一项开创性的工作。

九进制尺，或纵黍尺，又称“律尺”，是在乐律计算中常用的尺。十进制尺，或横黍尺，又称“度尺”，是日常生活中常用的尺。朱载堉将这种对不同尺的发现归之于何瑭。他说：

先臣何瑭曰：“《汉志》谓黄钟之律九寸，加一寸为一尺。夫度量权衡所以取法于黄钟者，盖贵其与天地之气相应也。若加一寸

[1] 朱载堉：《律学新说》卷一《约率律度相求第二》。

以为尺，则又何取于黄钟？殊不知黄钟之长，固非人所能为。至于九其寸而为律，十其寸而为尺，则人之所为也。《汉志》不知出此，乃欲加黄钟一寸为尺，谬矣。今按《汉志》，度本起于黄钟之长，则黄钟之长即是一尺。所谓长九寸，长八寸十分一之类，盖算家立率耳。”[1]

确定这些尺度的关系，对于选取黄钟宫音的绝对音高、辨别至少从汉以来黄钟宫音的变化，都是非常重要的，因此朱载堉说："何氏此论发千载之秘，破万古之惑，律学第一要紧处，其在斯欤！此则唐宋诸儒之所未发者也。"

不同进位制的相互换算问题，是初等数论中的基本内容之一。如二进制、八进制的数学表示及换算方法是大家熟悉的。[2]我们用 $(a)_k$ 表示 a 这个数遵从 k 进位，因此 $(a)_2$ 或者 $(a)_8$ 表示 a 这个数遵从二进位或八进位。当 a 是十进位数字时，我们用平常写法，不加括号。我们列举《初等数论》中关于八进位的换算。

$(536)_8$ 化为十进制数是多少？

$$(536)_8=5\times 8^2+3\times 8+6=320+24+6=350$$

因此，$(536)_8$ 等于十进制数350。350又如何换算成八进制数呢？

设 $350=(b_1b_2b_3)_8$，

由 $\frac{350}{8}=43+\frac{6}{8}$ 得到 $b_3=6$，

由 $\frac{43}{8}=5+\frac{3}{8}$ 得到 $b_2=3$，$b_1=5$，

所以 $350=(536)_8$。

朱载堉所作的不是这种整数的不同进位制的换算，而是小数

---

[1] 朱载堉：《律学新说》卷一《律吕本源第一》。

[2] 陈景润：《初等数论》，科学出版社，1978，第36—53页。

的不同进位制的换算。这种换算，初看起来更加抽象且令人生畏。朱载堉给了我们极为简单的方法和途径。已知九进制的某小数，如何换算成十进制的某小数？朱载堉以算盘演算列举道[1]：

大吕纵黍律长8.376寸，大吕横黍度长9.36442寸。

置8.376寸在位，先从末位毫上算起，用九归一遍，得6.66毫奇；却从次位厘上算起，再九归一遍，得8.518厘奇；又从次位分上算起，再九归一遍，得4.2798分奇；又从首位分上算起，再九归一遍，得9.36442寸奇。余律皆放（仿）此。[2]

算盘演算如下：

九归第一遍 $\underline{8.37}6 \div 0.9=\underline{8.37}666$，

再九归一遍 $\underline{8.3}7666 \div 0.9=\underline{8.3}8518$，

再九归一遍 $\underline{8}.38518 \div 0.9=\underline{8}.42798$，

再九归一遍 $8.42798 \div 0.9=9.36442$。

以上各等式中，下画横杠的数字表示在算盘演算中，这几档的算盘珠不参与演算。朱载堉得出，纵黍尺0.8376尺等于横黍尺0.936442尺，也即$(0.8376)_9=0.936442$。

按照朱载堉用算盘演算的过程，我们用现代数学形式将其表示如下：

$$\begin{aligned}(0.8376)_9&=8 \div 9+3 \div 9^2+7 \div 9^3+6 \div 9^4\\&=0.8888888+0.0370370+0.0096021+0.0009144\\&=0.936442\end{aligned} \tag{9–1}$$

和以上列举的$(536)_8=350$的换算规则相比较，我们不难发现不同进位的小数换算规则。

[1] 为便于阅读和数字对照，我们特将以下引文中的汉字数字表示改成阿拉伯数字。

[2] 朱载堉：《律学新说》卷一《约率律度相求第一》。

朱载堉又把十进位的小数换算成九进位的小数。他列举道:

大吕横黍度长9.43874寸，大吕纵黍律长8.44067寸。

置9.43874寸为实，初九因至寸位住，得8寸；又九因至分位住，得4分；又九因至厘位住，得4厘；又九因至毫位住，得0毫；又九因至丝位住，得6丝；又九因至忽位住，得7忽。凡九因六遍，共得8.44067寸，为大吕，余律皆放（仿）此。[1]

算盘演算如下:

九因第一遍	$9.43874 \times 0.9 = \boxed{8.}\,494866$,
九因第二遍	$0.494866 \times 0.9 = 0.\boxed{4}\,453794$,
九因第三遍	$0.0453794 \times 0.9 = 0.0\boxed{4}\,084146$,
九因第四遍	$0.00084146 \times 0.9 = 0.00\boxed{0}\,757314$,
九因第五遍	$0.000757314 \times 0.9 = 0.000\boxed{6}\,815826$,
九因第六遍	$0.0000815826 \times 0.9 = 0.0000\boxed{7}\,342434$。

以上列式中，用笔圈起来的数字，既表示不再参与算盘演算，又表示它们就是我们要寻找的答数。因此，横黍尺0.943874尺等于纵黍尺0.844067尺，或8.44067寸，也就是$0.943874=(0.844067)_9$。

仿照上述将十进制350换算成八进制数一样，也可以对朱载堉的这一计算进行验证[2]。我们将他的演算过程用以下方式表述，则不难发现他的计算是完全正确的。

当假设$0.943874=(0.b_1b_2b_3b_4b_5b_6)_9$:

$0.943874 \times 9 = 8.494866$，　　此时　　$b_1 = 8$；

---

[1] 朱载堉:《律学新说》卷一《密率律度相求第三》。

[2] 有关验证，可参阅戴念祖:《朱载堉：明代的科学和艺术巨星》，人民出版社，1986，第194—195页。

$$0.494866 \times 9 = 4.453794, \quad 此时 \quad b_2 = 4;$$
$$0.453794 \times 9 = 4.084146, \quad 此时 \quad b_3 = 4;$$
$$0.084146 \times 9 = 0.757314, \quad 此时 \quad b_4 = 0;$$
$$0.757314 \times 9 = 6.815826, \quad 此时 \quad b_5 = 6;$$
$$0.815826 \times 9 = 7.342434, \quad 此时 \quad b_6 = 7。 \qquad (9\text{–}2)$$

因此，$0.943874=(0.844067)_9$。

从式（9–2）中不难看出两种不同进制的小数换算规则。

朱载堉作出的九进制与十进制小数换算法则，与现代数学表示的式（9–1）、式（9–2）相同。他说：

律度相求诀曰：从微至著，用九乘除，纵横律度，契合图书。

若置纵黍之律以求横黍之度，则用九归；若置横黍之度以求纵黍之律，则用九因。反复相求，各得纵横二黍律度。[1]

由上可见，这种初等数论中的繁杂计算，若以算盘作运算工具，便非常简单。这也是朱载堉最先做出的贡献。

关于不同进位的尺，在我国可能起源于西周时期。据后人记载，在西周时期有以十寸为尺者，有以八寸为尺者。[2] 按照朱载堉的考证，宋代蔡元定（1135—1198）曾计算了九进制和十进制的小数换算的数学问题。蔡元定在其《律吕新书》中写道，某种黄钟管为“九寸，寸作十分，分作十厘，厘作十毫”[3]。这是一种在寸以下为十进制的单位。他又写道：“寸分毫厘之法皆用九数，故九丝

[1] 朱载堉：《律学新说》卷一《约率律度相求第二》。

[2] 蔡元定：《律吕新书》卷二《度量衡第十》。

[3] 蔡元定：《律吕新书》卷一《律吕本原·黄钟第一》。

为毫，九毫为厘，九厘为分，九分为寸、为黄钟。”[1] 这是一种在寸以下为九进制的单位。可见，蔡元定发现不同进位的尺度，是以寸为基本单位的，对于寸以上的尺度，他没有做进一步的叙述。而何瑭的发现，在于其将不同进位制的基本单位定在尺上，所以他认为，“度本起于黄钟之长，则黄钟之长即是一尺”，“《汉志》不知出此，乃欲加黄钟一寸为尺，谬矣”。

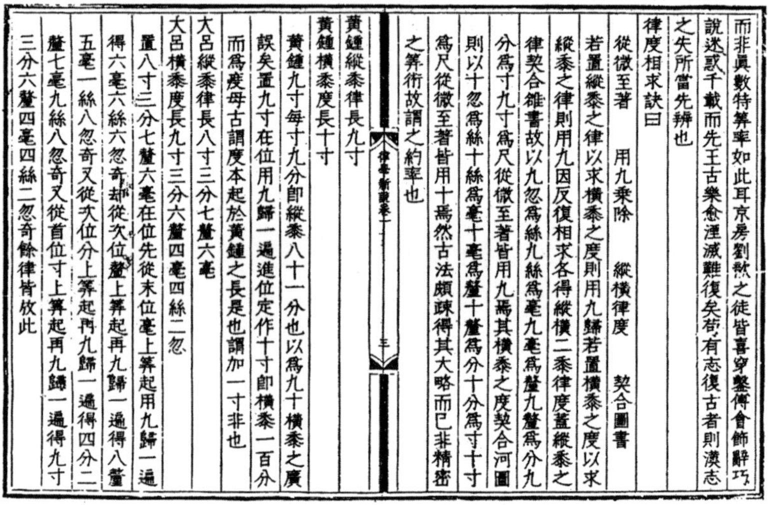
而非眞數特筭率如此耳京房劉歆之徒皆喜穿鑿傅會飾辭巧
說迷惑千載而先王古樂愈湮滅難復矣苟有志復古者則漢志
之失所當先辨也
律度相求訣曰
從微至著　用九乘除　縱橫律度　契合圖書
若置縱黍之律以求横黍之度則用九歸若置横黍之度以求
縱黍之律則用九因反復相求各得縱横二黍律度蓋縱黍之
律契合雒書故以九忽爲絲九絲爲毫九毫爲氂九氂爲分九
分爲寸九寸爲尺從微至著皆用九焉其横黍之度契合河圖
則以十忽爲絲十絲爲毫十毫爲氂十氂爲分十分爲寸十寸
爲尺從微至著皆用十焉然古法頗疎得其大略而已非精密
之筭術故謂之約率也
律學新說卷一
黃鍾縱黍律長九寸
黃鍾横黍度長十寸
黃鍾九寸每寸九分卽縱黍八十一分也以爲九十横黍之廣
誤矣置九寸在位用九歸一遍進位定作十寸卽横黍一百分
而爲度毋古謂度本起於黃鍾之長是也謂加一寸非也
大呂縱黍律長八寸三分七氂六毫
大呂横黍度長九寸三分六氂四毫四絲二忽
置八寸三分七氂六毫在位先從末位毫上筭起用九歸一遍
得六毫六絲六忽奇却從次位氂上筭起再九歸一遍得八氂
五毫一絲八忽奇又從次位分上筭起再九歸一遍得四分二
氂七毫九絲八忽奇又從首位寸上筭起再九歸一遍得九寸
三分六氂四毫四絲二忽奇餘律皆放此

图9-2　《律学新说》有关不同进位的小数换算法则

在蔡元定的著作中，留下了一组十二律的数据。[2] 具体数值如表9-1，它们和三分损益法计算的结果不相同。

[1] 蔡元定:《律吕新书》卷一《律吕本原·黄钟之实第二》

[2] 蔡元定:《律吕新书》卷一《十二律之实第四》; 朱载堉:《律吕精义·外篇》卷一《蔡元定律法》。

表9–1　蔡元定的“别法”

律名	黄钟	林钟	太簇	南吕	姑洗	应钟	蕤宾	大吕	夷则	夹钟	无射	仲吕
弦长（寸）	9	6	8	5.3	7.1	4.66	6.28	8.376	5.551	7.4373	4.8848	6.58346

表9–1中的数据是这样得到的：首先，蔡元定以177147表示起始音黄钟的10寸数值，然后，按三分损益法计算出其他各律的数值；又以不同进位制的小数换算方法将上述计算数值换算成以寸为单位的九进制数值，这就是表9–1中的弦长数。朱载堉发现了蔡元定的计算方法，对表9–1中的数值做了推算和比较，并把蔡元定的这种生律法称为“别法”[1]。

朱载堉虽然严厉批评了蔡元定的“十八律”，对他的多于十二律的六个变律、对他推崇王莽斛制的思想进行了无情的抨击，但是对他的这种不同进位的小数换算的数学问题研究给予了高度的评价。朱载堉说，“朱熹、蔡元定始能表章九分为寸之法，有功律学亦多，但未勘破王莽、刘歆、班固之谬，是犹有遗憾焉”[2]，并认为只有这个数据及其获得方法是“元定书中最紧要者”[3]。

由此看来，不同进位的小数换算方法，在我国宋代已由蔡元定发现并运用。但是，蔡氏著作过于简略，只有朱载堉的眼睛发现了其中的珍珠宝货，又经过他的解释，我们才明白蔡氏计算之奥妙。在蔡元定的计算基础上，朱载堉又从何瑭之说，将不同进位的基本单位从寸移到尺，详细阐述了不同进位的小数换算方法，做出了有关计算法则的数学总结。朱载堉是这方面数学问题的集

[1] 朱载堉:《律吕精义·内篇》卷四《三黍四律古今同异考》。

[2] 同[1]。

[3] 朱载堉:《律吕精义·外篇》卷一《辨蔡元定李照之失第一》。

大成者，他达到了这方面数学成就的高峰。

不同进位制的相互换算问题，一般认为，是从德国数学家莱布尼茨（Gottfried Wilhelm Leibniz，1646—1716）于1701年发现二进制开始的。莱布尼茨的发现比朱载堉晚了百余年，比蔡元定晚了500年。朱载堉的演算过程，还充分显示了算盘在不同进位制的相互换算中的优越性——简单。

第三节　由四项组成的等比数列解

在第四章中，我们叙述了朱载堉以找出公比数解等比数列的方法。但如果不先求得一个等比数列的公比数，如何直接从已知的首项、末项中求解一个等比数列呢？例如，由五项组成的等比数列，第三项是该等比数列的中项；由四项组成的等比数列，已知首项、末项，如何直接解出其第二、第三项。这是朱载堉时代的一个数学高峰。朱载堉找到了这类等比数列的求解方法和求解公式，但是并未将它看作是一个数学发现，也未与圆周率、珠算开方和不同进位制的小数换算方法一样去宣传推广它。可以说，他是在《算学新说》求解十二等程律中静悄悄运用了这种求解法。

朱载堉以历法中的二至点和二分点来阐述他的“比例中项”概念。他说：“律家先求黄钟，犹历家先求冬至也；次求蕤宾，犹夏至也；又次求夹钟，犹春分也；又次求南吕，犹秋分也。然后求大吕，除黄钟外诸律吕之首也，其次求应钟、诸律吕之终也，犹历家所谓履端、举正、归余也。黄钟履端于始，蕤宾举正于中，应钟归余于终。”[1]在这里，他分别以冬至、夏至、春分、秋分比喻黄钟、蕤宾、夹钟、南吕。“黄钟履端于始，蕤宾举正于中”，表明蕤宾处于从黄钟开始再回到黄钟（或半黄钟）的中间点上，正如夏至是处在太阳从冬至开始再回到冬至点的时间过程的中间点一样；夹钟和南吕分别处在从黄钟到蕤宾和从蕤宾到半黄钟的中间点上，正如春分和秋分分别处在冬至到夏至和夏至到冬至的中间点一样。只要对天文上黄道和赤道的两个相交点有初步概念，就不难理解朱载堉对相应的音律所作出的比例中项的含义。

我们按音高顺序将一个八度内的十三个律名及朱载堉计算的某些音律的数值列于表9–2中，以帮助我们更好地理解本节内容。

表9–2 朱载堉关于等比数列各项计算公式

（从2号到12号皆为倍律，表中省略了“倍”字）

序号	1	2	3	4	5	6
律名	倍黄钟	大吕	太簇	夹钟	姑洗	仲吕
计算值	2	$\sqrt[3]{\sqrt{2\times\sqrt{2}}\times 2^2}$	—	—	$\sqrt{2\times\sqrt{2}}$	—

序号	7	8	9	10	11	12	13
律名	蕤宾	林钟	夷则	南吕	无射	应钟	正黄钟
计算值	$\sqrt{2}$	—	—	$\sqrt{1\times\sqrt{2}}$	—	$\sqrt[3]{\sqrt{1\times\sqrt{2}}\times 1^2}$	1

从《律吕精义·内篇》和《算学新说·第二问》中，我们可以知道朱载堉求取第7项蕤宾的方法。他以黄钟正律10寸（即1尺）为勾和股，用勾股术即得中项蕤宾为$\sqrt{2}$。他这样做，是为了将他的“新法密率”披上《周礼》的外衣。实际上他完全清楚中项蕤宾

[1] 朱载堉:《算学新说·第二问》。

$\sqrt{2}=\sqrt{2\times 1}$，即蕤宾项是由首项倍黄钟乘以末项正黄钟再开平方而得。当他不能再用勾股术求第4项（夹钟，为倍黄钟和蕤宾的比例中项）、第10项（南吕，为蕤宾和正黄钟的比例中项）时，他清楚地表述了比例中项的求解方法。

《算学新说·第四问》写道："以黄钟正律乘蕤宾正律得平方积……[1]开平方所得，即夹钟正律。"这段定律性文字表述了求取黄钟与蕤宾的比例中项（即夹钟）的方法。如果将这段文字的"正律"改为"倍律"，其意义是相同的。按照这个说法，在倍律中：

倍夹钟 $=\sqrt{\text{倍黄钟}\times\text{倍蕤宾}}=\sqrt{2\times\sqrt{2}}$。

《算学新说·第五问》写道："以黄钟正律乘蕤宾倍律得平方积……开平方所得，即南吕倍律。"这是一段定律性文字，它表述了求取蕤宾倍律与黄钟正律之间的等比中项（即倍南吕）的方法，这就是：

倍南吕 $=\sqrt{\text{正黄钟}\times\text{倍蕤宾}}=\sqrt{1\times\sqrt{2}}$。

由此可见，朱载堉以首项乘末项，并将其积开平方，所得开方数就是比例中项的数值。以此方法，朱载堉求得了蕤宾、夹钟、南吕的数值。在表9–2中，序号1至4、4至7、7至10、10至13，都是由四项构成的等比数列，已知其首项、末项，如何解出其他各项呢?

在序号1至4的四项中，朱载堉叙述了求取第2项即大吕的方法。《算学新说·第六问》写道："置夹钟正律以黄钟再乘，得立方积……开立方所得，即大吕正律也。"这里的"再乘"，即乘二次，所以，

[1] 在此省略了具体的冗长的25位数字，这些数字是以汉字表示的。以下所引《算学新说》的文字中，凡是以省略号表示的都与此情形相同。

$$大吕正律=\sqrt[3]{正夹钟\times黄钟\times黄钟}=\sqrt[3]{正夹钟\times(黄钟)^2}。$$

朱载堉当然清楚，由此可推知倍大吕，即：

$$倍大吕=\sqrt[3]{倍夹钟\times(倍黄钟)^2}=\sqrt[3]{\sqrt{2\times\sqrt{2}}\times2^2}=2^{11/12}。$$

在序号10至13的四项中，朱载堉叙述了求第3项（表9–2中序数12），即应钟的方法。《算学新说·第七问》写道："置南吕倍律以黄钟再乘，得立方积……开立方所得，即应钟倍律也。""再乘"即乘二次，所以，

$$倍应钟=\sqrt[3]{南吕倍律\times(黄钟)^2}=\sqrt[3]{\sqrt{1\times\sqrt{2}}\times1^2}=2^{1/12}。$$

如果一个由四项组成的等比数列 A，x，y，B，已知 A、B，那么，按朱载堉上述解题陈述，x、y 分别是这样求得的：

$$x=\sqrt[3]{A^2B}；y=\sqrt[3]{AB^2}$$

这个公式正是今日初中数学课本中求解四项等比数列的方法。朱载堉未能写出这一公式的现代形式，但他的文字清清楚楚地将它们表述出来了。

在由这13项组成的等比数列中，朱载堉列举了以上几项的求法，其他各项可以依此类推。朱载堉所求解的这几项，是求解等比数列的典型例子。它们表明，在求解等比数列时，除求解等比中项（序号7、4、10三项）外，还有在已知首项、末项的由四项构成的等比数列中，求第2、第3项的方法（序号2、12两项）。朱载堉虽然没有以求解等比数列的方法将十二等程律的各个律数一一列举求出，但从求解等比数列的任意一项的方法而言，他举的这些例子实际上已经完备了，再举其他律的求法是多余的。

在朱载堉《算学新说》的影响下，清代的陈澧才对等比数列各项求法做出了总结：

连比例三率，有首率末率求中率之法：以首率末率相乘，开平方得中率。

连比例四率，有一率、四率求二率、三率。其法以一率自乘，又以四率乘之，开立方得二率；以四率自乘，又以首率乘之，开立方得三率也。[1]

我们注意到，由于某些国外学者或者没有读完《乐律全书》中所有的书，或者没有完全理解《算学新说》的内容，或者更有可能是语言文字的关系，因此怀疑朱载堉以数学特别是以等比数列的方法解决十二等程律问题的能力，甚至于对朱载堉创建的十二等程律也抱怀疑态度，这是令人遗憾的。[2] 近20年来，这种怀疑论的腔调渐趋灭迹。

第四节　计量及其历史之探索

《尚书·虞书·舜典》载："同律度量衡。"汉代一些学者，如刘歆等人，据此提出度量衡三者皆起于黄钟律管的说法。度"本起黄钟之长"，量"本起于黄钟之龠"，权"本起于黄钟之重"[3]。但从汉代以降至朱载堉之前，似乎无人真正做过"累黍定尺"的试验。

既然度量衡皆起于标准黄钟律管，为什么古代文献记述的黄钟律有四种尺寸？其一，黄钟为10寸，每寸10分，共计100分；其二，黄钟为9寸，每寸10分，共计90分；其三，黄钟为8寸1分；

---

[1] 陈澧：《声律通考》卷二，《续修四库全书》本。

[2] F. A. Kuttner, "Prince Chu Tsai-Yü's Life and work: A Re-evaluation of His Contribution to Equal Temperament Theory," *Ethnomusicology* xix, no.2（1975）：168—169.

[3]《汉书》卷二一《律历志第一上》。

其四，黄钟为9寸，每寸9分，共计81分。[1]它们之间有内在的统一性吗？照理，“律由声制，非由度出，制律之初，未有度也；度尚未出，则何以知黄钟乃九寸哉”[2]。究竟是“度由律出”，还是“律由度制”？按照传统，这些问题是朱载堉创建等程律过程中必须回答的。

朱载堉的外舅何瑭的著作对他极有启发。何瑭说：

《汉志》谓黄钟之律九寸，加一寸为一尺。夫度量权衡所以取法于黄钟者，盖贵其与天地之气相应也。若加一寸以为尺，则又何取于黄钟？殊不知黄钟之长，固非人所能为。至于九其寸而为律，十其寸而为尺，则人之所为也。[3]

这些话不仅令载堉之父厚烷深以为然，也对朱载堉影响颇深。载堉说：“何氏此论发千载之秘，破万古之惑。律学最要紧处其在斯欤！此则唐宋诸儒之所未发者也。”[4]

沿着何瑭这一思路，朱厚烷告诫朱载堉：“黄钟之声既定，则何必拘九寸？”[5]又说：“乐以造律为本，律以累黍为先。”[6]

朱载堉开始做累黍试验了，需要的原料一是黍粒，二是修长无节之竹管。按照第四章提及的尺寸要求，先制作发音准确的正黄钟律管，再选定合适中用的黍粒。在与黄钟律管同长的纸面上

---

[1] 朱载堉：《律吕精义·内篇》卷四《新旧法考校第六》。

[2] 朱载堉：《律吕精义·内篇》卷一《不宗黄钟九寸第二》。

[3] 何瑭：《乐律管见》第九章《论度量权衡》；朱载堉：《律学新说》卷一《律吕本源第一》；《律吕精义·内篇》卷一〇《审度第十一》。

[4] 朱载堉：《律学新说》卷一《律吕本源第一》。

[5] 朱载堉：《律吕精义·序》。

[6] 朱载堉：《进律书奏疏》。

排黍粒，究竟排多少粒，怎么排，这确实需要一个摸索的过程。朱载堉在晚年写下的《律吕正论》中叙述了他自己多年的试验情况。他说：

余尝取羊头山最大黑黍八十一粒，用糊或胶涂于尺上，纵黍成尺，恰好八寸，又一年，八十二三粒，不满八寸；又一年，七十八九粒，已满八寸。此大约也。缘有极大过八寸者，有极小不及八寸者。故据八寸为中黍定式也。……呜乎，累黍之法，名为最密，实为最疏。苟无格式、大小、几何，惟云中式，尤非定论。[1]

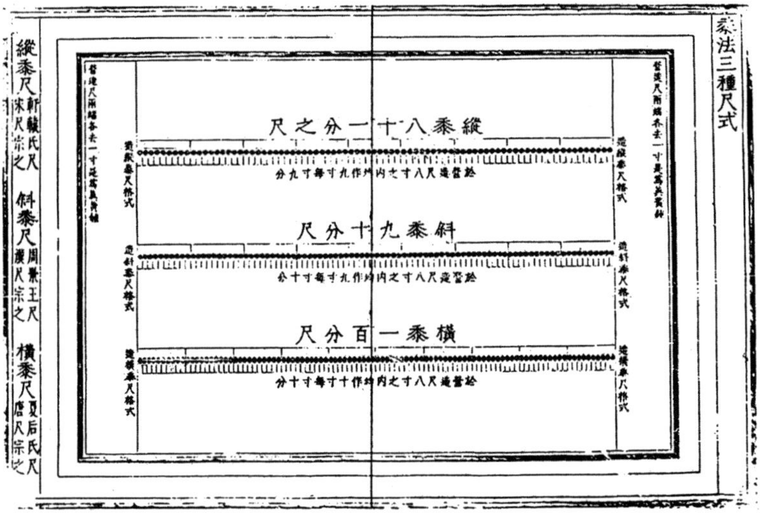

图9-3　不同排黍法的三种黍尺（《律学新说》卷二书影）

[1] 朱载堉：《律吕正论》卷一《秬黍说第四》。

按照历史文献记载，山西上党（今长治市境内）羊头山黍颗粒饱满，河南宜阳县金门山竹节长匀称。在初次排黍试验失败后，朱载堉定出“格式”为：81粒黍排齐后，“若过八寸，名为大黍；不满八寸，名为小黍；恰好八寸，名为中黍”。为了选到中式之黍，他用几种筛子筛选，甚至于“将黍带穗买来，用手揉去稃，令明目少年拣取大号者，依法排尺上”[1]。万历八年（1580），“余尝遣人采取三者，单粒之秬、双粒之秠、长节之竹，不止数万，亦自种之”，以致后来“黍成顷，竹成林”[2]。直到万历三十八年（1610），邢云路赠朱载堉《古今律历考》并请其作序，朱载堉读“邢公之书，于历最详，律则颇略”，“余固此有所感，复遣二人，各往本处买黍及长节竹，至则亲手再较一遍”。

由此可见，朱载堉一生不知做了多少次累黍试验，在此花费的精力与时间又有几何。使他有所发现的是：在黍粒选取得当的条件下，纵排黍粒81粒为一尺，斜排黍粒90粒为一尺，横排黍粒100粒为一尺。这一“累黍为尺”的试验令朱载堉悟性大发。他“昼夜思索，穷究此理。一旦豁然有悟，始知‘古四种律’（即前述四种尺度）皆近似之音耳”[3]。原来，纵黍尺乃九进制尺，每尺九寸，每寸九分；横黍尺乃十进制尺，每尺十寸，每寸十分；斜黍尺乃混合进制尺，每尺九寸，每寸十分。在这一试验基础上，他将古代律尺纷纭之说统一起来。这在朱载堉看来，是莫大的收获。他高兴之至，将其已完成的《律学四物谱》立即改写成《律学新

[1] 朱载堉：《律吕正论》卷一《秬黍说第四》。

[2] 朱载堉：《律吕正论》卷一《黍竹二山说上第一》。

[3] 朱载堉：《律学新说》卷一《密率律度相求第三》。

说》，大大地扩充了原书中“黍谱”的内容，并且将排黍结果与乐律紧密相连，指出“此律学新说之所由作也”[1]。他在进一步做黄钟律管容黍试验之后，又得出该管“合千二百黍，天平称之，重三钱”[2]的结论。于是，律、度、量、衡，在他看来，确实统一起来了。累黍试验的成功，使他深深感激其父和何瑭，且感叹曰：“古来无此议论，盖自我朝为始，而《律吕精义》之所由作也”[3]。

累黍为尺、黍尺与乐律关系等诸多问题，在《律学新说》《律吕精义·内篇》《律吕正论》《嘉量算经》等书中以大量篇幅涉及。《律学新说》第一章言及不同进位制的小数换算，旨在令古代不同律的尺度能“殊途同归”。因此，朱载堉在“累黍详说”中申明，“纵黍累尺，名曰律尺”，“横黍累尺，名曰度尺”[4]；“黄钟之秤起于累黍”[5]，“累黍者，考定律吕之准也”[6]，乃至于“律度量衡四器寓法于黍”[7]。

其实，《汉书·律历志》记述了刘歆关于度量权衡与黄钟律管的关系。其中言及，“一黍之广，度之九十分，黄钟之长”；黄钟之龠容“千有二百”之黍，二龠则为一合，十合为升；一龠容黍

---

[1] 朱载堉：《律学新说·序》。

[2] 朱载堉：《律吕正论》卷一《秬黍说第四》。

[3] 朱载堉：《律学新说》卷二《证之以黍粟》。

[4] 朱载堉：《律吕精义·内篇》卷一〇《累黍详说》。

[5] 朱载堉：《律吕精义·内篇》卷一〇《黄钟之秤起于累黍》。

[6] 朱载堉：《律吕精义·内篇》卷一〇《总论律度量衡四器寓法于黍》。

[7] 同[6]。

之重“十二铢”，二十四铢为一两。[1] 据此，近代音乐史家王光祈（1892—1936）最早提出，中国人在数千年前就知道以律管作为声波定度的标准器。[2]

朱载堉的另一个发现是“嘉量起于黄钟律龠”[3]。黄钟律龠即黄钟律管。“嘉量”，原指《周礼·考工记·栗氏为量》所载的标准量器“鬴”，其量值如下：

量之以为鬴。深尺，内方尺而圆其外，其实一鬴。其臀一寸，其实一豆。其耳三寸，其实一升。重一钧。其声中黄钟宫。

这个“鬴”，或作“釜”，又称“嘉量”。这个内方外圆（圆内接边长为1尺的正方形）、深为一尺的鬴容量是可以计算出来的。朱载堉考据，五区为鬴，四豆为区，四升为豆，即一鬴为八十升或八斗；鬴之臀，即鬴之下底基座为一寸高，容一豆，即容四升；鬴之两耳，深三寸，容一升。一升为二十龠。这个“嘉量”的基本单位“龠”与黄钟律龠的“龠”相同否？根据他的度量考证，他又做了认真的计算。

朱载堉不仅在《律学新说》《律吕精义·内篇》中对此问题有章节文字叙述，而且晚年还在专著《嘉量算经》中阐述此问题。

由鬴内方一尺，可求鬴之内径，再求其周长、面积，由面积乘其“深尺”，又得鬴之容积为1571.3484立方寸。由此容积又推

[1]《汉书》卷二一上《律历志第一上》。

[2] 王光祈：《东西乐制之研究》，中华书局，1926，第1—3页。

[3] 这些精确数字见：《嘉量算经》上卷；《律学新说》卷四《嘉量篇第二》；《律吕精义·内篇》卷一〇《嘉量第十二》。

算知，1升 =19.641855立方寸，而1龠 =982.09275立方分。[1] 这是由嘉量推得的基本容积龠的数值。当然，这里所采用的圆周率是他自己的“天地自然真数”。

朱载堉算得的黄钟正律积实为“九百八十二分〇九十二厘七百五一毫六百四十七丝九百八十二忽”[2]，即黄钟正律的容积为982.092751647982立方分。可见，由嘉量推算的容积龠与黄钟律管（律龠）完全相同。由于二者度量衡制相同，以它们的龠（嘉量龠和律龠）所得到的容黍重量自然亦相同，我们就不必再细说或转述朱载堉著作中冗繁的文字了。正是因为这二者度量衡一致，所以《周礼·考工记》说，嘉量“声中黄钟宫”。

然而，正如朱载堉所言：“龠者，新铸黄钟律龠也。”[3] 也就是说，这里的律龠乃等程律的“律龠”，而非三分损益律的“律龠”。在《周礼·考工记》时代或西周时代，尚无等程律理论及其计算方法，嘉量又如何与等程律相应呢？

除了累黍定尺、发现嘉量与律龠各自的容积龠相同外，朱载堉在度量衡上还做了大量的考证工作。他推导出古制三种尺（即商汤尺、夏禹尺、周武王尺）与明代三种尺（裁衣尺、量地尺、营造尺）、黍法三种尺（纵黍尺、斜黍尺、横黍尺）的长度相关性，又以尺步、钱币、玉佩、衣服、人身、弓箭、车轮等器物，以及上

[1] 这些精确数字见：《嘉量算经》上卷；《律学新说》卷四《嘉量篇第二》；《律吕精义·内篇》卷一〇《嘉量第十二》。

[2] 朱载堉：《律学新说》卷一《密率求方积第四》；朱载堉：《律吕精义·内篇》卷三《次求三十六律实积真数》。

[3] 朱载堉：《律吕精义·内篇》卷一〇《嘉量第十二·黄钟之秤起于累黍》。

述黍、律探讨历代度量衡变迁[1]，从而开创了入清以后、迄至今日有关度量衡史的研究方法。

值得注意的是，朱载堉亲手制作了铜律龠和铜嘉量。他说：

嘉量，古人只一块铸。今人学铸，分作五件，总焊而为一，庶几易成也。[2]

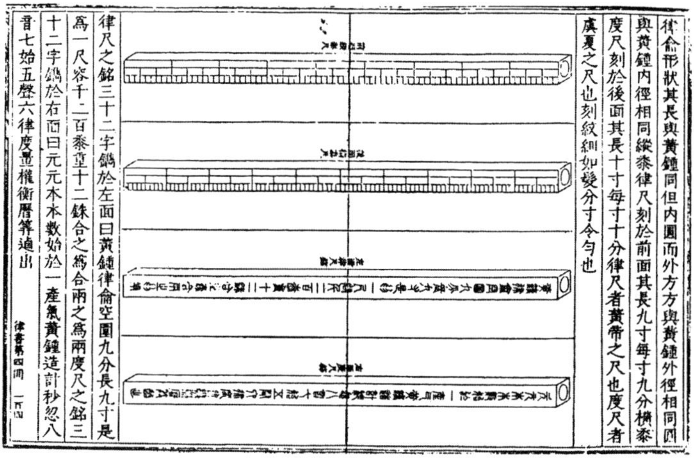

图9-4　朱载堉创制的黄钟律龠——律与度量衡标准器（《律吕精义·内篇》卷一〇书影）

余所以至老好之者，正为屡铸不成，幸而既成，自得其趣，喜不自胜，不尽意。是故大学以格物致知为首，而致知在格物，此可见其一端。[3]

[1] 朱载堉：《律学新说》卷三《审度篇第一之下》。

[2] 朱载堉：《律吕精义·内篇》卷一〇《嘉量第十二》。

[3] 朱载堉：《嘉量算经》上卷《铸量以炼铜为至要第二十》。

75岁的朱载堉还为其铸成嘉量而欣喜，并为此写下《嘉量算经》一书。在度量衡的相关研究中，朱载堉精确地测定了水银密度。他记述道：

尝以木作立方横黍一寸之模，实以水银，称之重，今天平六两二钱。以千分除之，得六厘二毫。遂以六厘二毫为率，乘各律之积实，则得其管所受水银之数。[1]

这就是说，他以当时的权衡器，测得以横黍尺一立方寸的水银密度为六两二钱。我们试将这个数值换算成今天的通用单位。

按朱载堉考，其横黍尺1尺等于明营造尺8寸，明营造尺1尺等于今日32厘米。故此，横黍尺1尺为25.6厘米，横黍尺1寸即为2.56厘米。

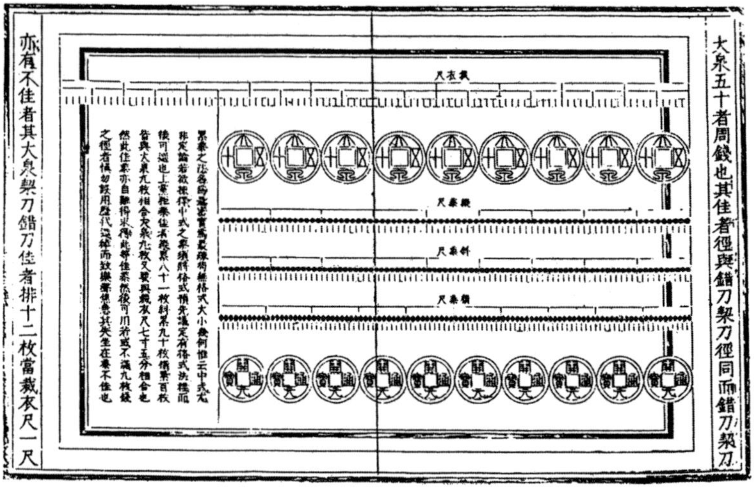

图9-5　朱载堉考证钱币与尺度关系（《律学新说》卷二书影）

[1] 朱载堉：《嘉量算经·问答》《考周径积实第二十四》。

现存的3个明代天平砝码，其重量分别为："叁两铜砝码"为109.3克，合1斤重为582.39克；"肆两铜砝码"为145.5克，合1斤重为582克；"贰拾伍两铜砝码"为928.4克，合1斤重为594.176克[1]。根据这3个砝码的平均结果，明代天平1斤约合586.37克，则1两为36.65克，1钱为3.665克。因此，六两二钱水银为今日的227.23克。

这样，朱载堉测定的水银密度为：

$$\frac{227.23}{(2.56)^3}=13.55(\text{克}/\text{厘米}^3)$$

现代测定的水银密度是：当0℃时，为13.5951克/厘米^3；当20℃时，为13.5458克/厘米^3。

将上述测定值与现代值相比较：当0℃时，误差为+0.0451克/厘米^3；当20℃时，误差为–0.0042克/厘米^3。可以说，几无误差。朱载堉测定水银密度之精确性，令人惊叹！若以现代值推朱载堉测定水银密度的时间，当在春秋时节，气温在20℃左右，正是凉爽时候。

[1] 国家计量总局主编《中国古代度量衡图录》，文物出版社，1981，图231—233，图版说明第49页。

PRINCE

MUSICOLOGIST

SCIENTIST

ZHU ZAIYU

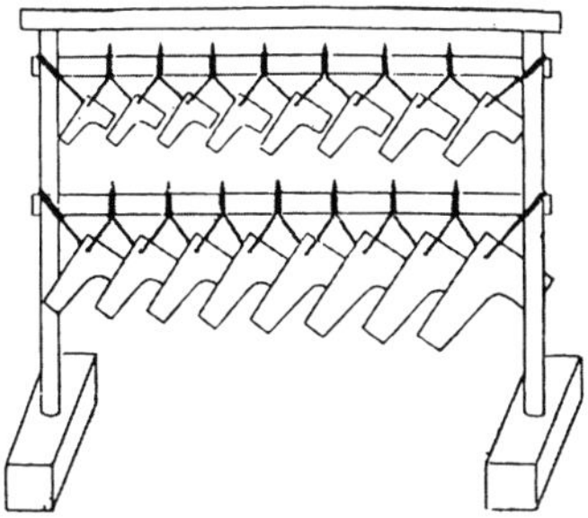

第十章

新法密率在中国

为了实现旋宫转调的愿望，中国的乐律学家一代一代地为此奋斗了千余年。朱载堉创建的新法密率达成了人们长达十几个世纪的夙愿，这是多么伟大的功绩！照理，应当得到上至天子、下至儒生们的欢呼，其实不然。在封建专制时期的中国，命运悲惨的伟大创造比比皆是，新法密率的遭遇也不例外。

新法密率或十二等程律从其诞生之日起，在国内受到的多是冷落、反对，尤以清乾隆帝的攻击为甚。有些学者暗自抄袭其学术精粹，却不敢明言赞同朱载堉之说。唯有清代江永对朱载堉佩服得五体投地，真正以学者风度看待新法密率。本章对此做一简要介绍。

第一节　明朝宫廷的态度

像那野蛮社会中将要脱胎的私生子一样，他躁动于母腹，急不可待，仿佛就要堕地大喊。而母亲在兴奋一时之后更多地却是害怕他的诞生，她自信腹中孕育着一位天才、伟人，但她却要勒紧身带，并为他的未来忧心忡忡。在三分损益律被崇拜为神圣法则的时代，新法密率的诞生过程确实使朱载堉愁过于喜。朱载堉在《进律书奏疏》中如实地写下了当时的心情：

律吕之学乖谬久矣，盖由宗守黄钟九寸、三分损益、隔八相生此三言之谬也。夫此三言实为律学之谬，然举世宗守之。闻臣此言而不以臣为大谬者，盖亦几希。是以臣愚虽得之以心而缄之于口，韫藏有年不敢形于纸笔，为此故也。

传统习惯如此顽固，对三分损益法无比虔诚，以致听朱载堉陈述新法密率的人几乎都认为其荒谬绝伦。在乐律学保守势力的包围之下，朱载堉只好将自己的创见藏于胸、缄于口，不敢为之动笔作文。新法密率在中国诞生后的命运就可想而知了。

朱载堉左一个“臣愚”，右一个“下愚罔知、忌讳冒渎之罪”[1]，战战兢兢而又毕恭毕敬地向最高统治者递交了他的著作，以求“圣裁”。倘若能得到皇帝有关他著作的一句好话，他也就“不胜幸甚”[2]了。但是，他的诸多著作呈进之后，却被“打入冷宫”。《明史》载：“神宗时，郑世子载堉著《律吕精义》《律学新说》《乐舞全谱》，共若干卷，具表进献。……宣付史馆，以备稽考，未及实行。”[3]“以备稽考”是假，“未及实行”是真，前者不过是后者的借口罢了。

因朱载堉七疏让国，神宗皇帝于万历三十四年（1606）五月“赐敕建坊，彰天潢之美”。同年七月，朱载堉进献律书三部，即《律吕精义》《律学新说》《乐舞全谱》。八月，圣旨下：“具见留心乐律，深可嘉尚。”朱载堉几十年的心血、一项划时代的成果，仅仅得到天子一句溢美之词，别无其他。

在世界史上，没有任何一个民族像中华民族一样重视乐律，并把它看作国家兴亡的象征。历代的正史，无一不将乐律作为其中的一篇。从西周的“大司乐”到明代的“太常寺”，都是在皇宫内设立的掌管乐律的机构。虽然分掌此机构的官吏不过是“协律都尉”或“协律郎”这样的七八品官，但像律学这样一个小小的

---

[1] 朱载堉：《进律书奏疏》。

[2] 朱载堉：《律吕精义·序》。

[3]《明史》卷六一《志第三十七·乐一》。

分支科学，其掌管者竟然能在皇家集团中占一席之地，在世界其他民族史上几近罕见。更何况协律都尉虽官品甚小，却能参与朝政，甚至影响最高统治者的决策。可是，在如此重视乐律的皇宫里，朱载堉的新法密率偏偏无人问津。

由清代张廷玉（1672—1755）等领衔编撰的《明史》，完成于清雍正十三年（1735）。《明史》对明代宫廷内的音乐和律学的概况如此写道："殿廷燕享，郊坛祭祀，教坊羽流，慢渎苟简"，简直令人"为之深慨"。在审音定律方面也是如此：

学士大夫之著述止能论其理，而施诸五音六律辄多未协；乐官能纪其铿锵鼓舞而不晓其义，是以卒世莫能明也。稽明代之制作，大抵集汉、唐、宋、元人之旧，而稍更易其名。凡声容之次第，器数之繁缛，在当日非不灿然俱举，第雅俗杂出，无从正之。[1]

嘉靖九年（1530），为考定雅乐，朝廷召授张鹗（生卒年不详）为太常寺丞，礼部官员为此说了一段有关太常寺内音律知识的话："音律久废，太常诸官循习工尺字谱，不复知有黄钟等调。臣等近奉诏演习新定郊祀乐章，间问古人遗制，茫无以对。"[2]这些记载基本上反映了明代朝廷内的实际情况：在乐器数量、乐人的声音容貌等方面，明代大大超越前代，但太常寺内无人晓知音律，教坊人员随意增减，草率简陋、怠慢不尽职等事令人惊讶。另一方面，也表明雅乐式微，俗乐（即民间音乐）大发展，甚至俗乐进入朝廷宴飨等乐舞之中，致使"雅俗杂出"，缙绅先生们手足无措。然而，明代并不是没有杰出的音乐学家、乐律学家，只不过朱载堉及其

[1]《明史》卷六一《志第三十七 · 乐一》。

[2] 同 [1]。

巨著《乐律全书》在上呈朝廷之后得不到丝毫重视，就连《明史》也没有提及一句新法密率的内容。这颗科学和音乐艺术的明珠，就这样被埋没在王宫殿堂的知识荒漠里。

第二节　清康熙帝的实用主义

康熙五十二年（1713），康熙帝御定《律吕正义》。该书原是御定《律历渊源》的第三部书。《律吕正义》分上、中、下三编共5卷：上编2卷，涉及“正律审音，以发明黄钟起数及纵长、体积……律吕损益之理，管弦律度旋宫之法”；下编2卷，叙述“和声定乐”；续编1卷，讲“协均度曲”，以及入华葡萄牙耶稣会传教士徐日昇（Thomas Pereira，1645—1708）、意大利遣使会传教士德里格[1]为康熙帝所讲的“声律节奏”[2]。徐日昇与德里格是康熙帝的音乐教师。

正如《乐律全书提要》中所言，“圣祖仁皇帝《律吕正义》书，备采其说”[3]，如采用朱载堉关于纵横二黍尺之说[4]。然而，与其说康熙帝采用，不如说抄袭，即使照抄，康熙帝还是抄错了。例如，朱载堉说倍半长度同径管并不相协，相协者乃下“半律”之“一

[1] “德里格”其人，全名为泰奥多利科·佩德里尼（Teodorico Pedrini，1670—1746）。

[2]《律吕正义提要》，载永瑢、纪昀编《四库全书总目》，中华书局，1981。

[3] 同 [2]。

[4]《律吕正义·上编》卷一《黄钟律分》；《定律吕之长损益相生》，《四库全书》本，215册，第8页下，第12页下。

律”，如倍黄钟不与正黄钟相协，而与正大吕相协。[1] 康熙帝却将“下半律之一律”抄成“下一音”了。[2] “下一音”即下二律。因此，在康熙帝那里，八度不是十二律，而是十四律了。对此，杨荫浏早在1952年就作出了确切评论。他说：

明朱载堉在种种方面，给清圣祖以有价值的暗示。清圣祖御定的乐律，见于康熙五十三年（1714）御制的《律吕正义》中。圣祖选择的律尺，虽不肯说明出处，其实还是参考了朱氏的主张。他所说的“黄钟半律不与黄钟合，而合黄钟者，为太簇之半律”，其实还是抄袭朱氏“大吕半律，乃与黄钟全律相同”的老文章。他故意将“大吕半律”说成了“太簇之半律”。不知声音高下，自成铁证。朱氏说“大吕半律”是对的；圣祖一弄别扭，说成了“太簇之半律”，便反而弄错了。圣祖不肯承认他是参考了朱氏的说法，他又固执地不愿自同于亡国世子的律吕系统。求异于朱氏的等（程）律，他于是乎又回过头去，从三分损益法中寻求出路；求异于朱氏异径之说，他于是乎竭力主张同径。……他打破十二律的系统，而自成其旷古未有的十四律的系统。……音律之学，到了此时，可说是受到从来未有的打击。[3]

康熙帝引用朱载堉的乐律理论和试验成果，仅在一处指出：“明郑世子载堉《律吕精义·审度篇》亦载横黍百粒当纵黍八十一粒。”[4]

---

[1] 朱载堉：《律吕精义·内篇》卷二《不取围径皆同第五之上》。

[2]《律吕正义·上编》卷一《审定十二律吕五声二变》，《四库全书》本。

[3] 杨荫浏：《中国音乐史纲》，上海万叶书店，1952，第320页。这本著作是杨荫浏的划时代音乐史专著，1981年版《中国古代音乐史稿》（人民音乐出版社）却有厚重的“语境”因素。

[4]《律吕正义·上编》卷一《黄钟律分》，《四库全书》本，215册，第8页下。

其中这一“亦”字，似乎反倒是在说是朱载堉在抄袭康熙之说了。其他引用朱载堉之处，不仅不指出出处，反而篡改朱氏理论精髓，令其为康熙的古怪十四律制服务，不能不说是一种“实用主义”。

然而，与乾隆帝相比较，他的祖父康熙帝对朱载堉可谓“客气”了。

第三节　乾隆无理“辟识”朱载堉

所谓“辟识”，即今日谓之批驳是也。乾隆帝是中国历史上少有的自作聪明、不懂装懂的帝王。

乾隆当政，于三十七年（1772）始，动用大批文儒、翰林院诸官，纂集规模宏大的《四库全书》，约经10年编成。后又由其第六子、多罗质郡王永瑢领衔，由礼部尚书纪昀（1724—1805）任总纂官，编写《四库全书总目》。总目初稿完成于四十七年（1782），最终完稿于五十四年（1789）。

在编辑《四库全书》过程中，乾隆帝对朱载堉《乐律全书》下了四道“谕旨”，两篇“谕诗”，命皇六子永瑢、礼部尚书德保、国子监祭酒邹奕孝、钦天监监正喜常“会同精核。朱载堉所著此书，分门别类，务将《乐律全书》较《律吕正义》疏漏歧误之处，分列备条、公同详晰订证。如书中凡例、体裁，逐加考评，载于提要之后，以垂永久而昭厘定”[1]。由乾隆帝亲自挂帅，开始对《乐律全书》无理攻伐。

---

[1] 乾隆五十一年十二月十七日乾隆帝就朱载堉《乐律全书》谕旨，见《乐律全书》《四库》编纂者弁言：集上谕、御诗、御文和校正条例。

乾隆帝六次谕旨、谕诗如下：

乾隆五十一年丙午十二月十七日（1787年2月4日）上谕；

题明世子朱载堉琴谱（五言诗一首）(五十二年丁未)；

再题朱载堉《乐律全书》(七言诗一首)；

命诸皇子及乐部大臣定《诗经》全部乐谱谕；

再题《乐律全书》；

乙卯（乾隆六十年，1795）重题朱载堉琴谱并命入《四库全书》以示辟识事。

这些谕旨、谕诗皆载于《四库全书》收录的《乐律全书》之首，同载于首的还有：王杰（1725—1805）、董浩（1740—1818）、彭元瑞（1731—1803）据上谕而写下的“内廷翰林等考据琴谱指法按语”；永瑢、德保、邹奕孝、喜常撰写的“明朱载堉《乐律全书》师心非古、喜为臆说，尤以算术自鸣而不知其不可用也”之“辟识”共42款。

乾隆帝及其诸臣儒对朱载堉《乐律全书》之“辟识”文字，共计24页，约1.5万字。

朱载堉何罪之有？《乐律全书》何错之有？且看乾隆五十一年十二月十七日之上谕：

朕披阅朱载堉《乐律全书》，所论音律、算法，称引繁赜，但其中较《律吕正义》一书，疏漏歧误之处，正复不少。盖乐律算法、义本相通，必须讲求贯串，以期画一。即如乐律以黄钟为本，而尺度之长短，视累黍为准。但黍有纵横，亦有大小颗粒，若用纵黍则较长，若用横黍则较短；其大小颗粒亦如之，原难定以为准也。是书所论横黍百粒，当纵黍八十一粒之说，尚为牵强。又书中所载乐谱，内填注“五六工尺上”等字，并未兼注“宫商角徵羽”字样，未免援古入俗、自应仿照。《律吕正义》逐细添注，方为赅备。盖古乐皆主一字一音，如“关关雎鸠”“文王在上”等诗，咏歌时自应以一字一音，庶合“声依永、律和声”之义。若如朱载堉所注歌诗章谱，每一字下辄用“五六工”等字，试以五音分注，未免一字下而有数音，是又援雅正而入于繁靡也。即以琴瑟而论，上古操缦亦系一字一音，后世古乐失传，而制谱者多用“钩擘扫拂”等法，以悦听者之耳，遂使一字而有数音，几与时曲俗剧相似，更失古人审音知乐、能使人人“声入心通”之意。且如殿陛所奏“中和韶乐”，从前未免沿明季陋习，多有一字而曼引至数音者，听之殊与俗乐相近。经朕特加厘正，俾一字各还一音。目今朝会大典，钟虡铿锵，备极庄雅，业经载入《律吕正义》，彰彰可考，独不可融洽贯通乎？著交管理乐部算法馆之皇六子永瑢及德保、邹奕孝、喜常会同精核。朱载堉所著此书，分门别类……公同详晰订证。如书中凡例、体裁，逐加考评，载于提要之后，以垂永久而昭厘定。钦此。

朱载堉创建等程律理论、实现旋宫转调，如此重大的发明，乾隆帝只字不提，却在一字唱一音还是多音的问题上，以“古乐”为名责难朱载堉，真可谓不知乐律！至于《乐律全书》重复、繁杂之文字较多，这是彰扬一种前所未有的新理论在所难免的思维过程。抓住一点、不及其余，反证乾隆对音乐无知，耍小聪明而已。鉴于康熙采纳了朱氏纵黍、横黍之说，乾隆不敢大肆鞭笞，只能说其“尚为牵强”而已。

不妨再读一篇乾隆《再题朱载堉〈乐律全书〉》圣谕七言诗：

琴谱踳[1]知古乐非见前题载堉琴谱诗，《全书》更与辨渊微。欲求广博失精核，圣制由来总范围载堉所著《乐律全书》于定律审音之

[1] 踳（chuǎn）：同“舛”，舛谬杂乱。

道不能会通原委，误解古书，师心臆说，是以律吕杂用，清浊不分，其踳驳不可枚举。兹命皇六子与馆臣等钦遵皇祖御定《律吕正义》详加校核，逐一指驳、订正，益仰见圣制精微，理明数备，为千古不易之准，而载堉之谬亦一览了然矣。谱书工尺漏宫商，数典徒令意渺茫。只备一家言或可，束之高阁正相当载堉谱中有工尺而漏宫商，则是其混古杂今也。小令[1]由来格已卑，烝民那得强填词载堉谱中将《康衢》《击壤》二歌统标为"立我烝民章"[2]，《周颂·思文后稷》后附《大禹谟》"水火金木土谷惟修"一节，统标"思文后稷章"[3]，已属牵强；又以《豆叶黄》《金字经》时曲小令分谱，是援庄雅而入于里俗矣。即此一端，其全部之错杂舛谬已可概见。一端已足该全部，不可与言乐可知。

一首曲谱配何类词，乃仁者见仁，智者见智。乾隆辟识朱氏《康衢》等歌配词不当，其罪名无非"援庄雅而入于里俗"。要求16世纪甚而18世纪之人仍歌先秦"古乐""雅乐"，不亦朽乎？关键仍在于乾隆要将《乐律全书》"束之高阁正相当"，因而致使十二等程律在中国不得音乐实践之应用，这才是最为可悲的事。

乾隆辟识朱载堉，均为芝麻小事，且不得要领。在其《题明世子朱载堉琴谱》一诗中，甚至将琴谱中所用"芒""㔾"[4]简字，也责难为"字典中实无此字"，"用此指手，何异俗谱"，云云。更为可

---

[1] 小令：短调、散曲之一。

[2]《康衢》《击壤》二歌见《律吕精义·外篇》卷八，郑藩刻本，《律书》第六册，第51页。"立我烝民，莫匪尔极"是其歌词。

[3]《思文后稷谱章》见《灵星小舞谱》，郑藩刻本，第8页。"水火金木……"是该曲谱第二段歌词。

[4] 此二字为琴谱中减字谱。"芒"，读音同"七"，意为左手弹散声，右手食指挑七弦；"㔾"，读音同"三"，意为左手大拇指按九徽，右手中指钩三弦。

笑的是，朱载堉作《古秋风辞》，调寄“青天歌”[1]，而乾隆帝引用徐学谟笔录朱厚烷直谏罹祸事[2]，并将“青天”“秋风”二词联系在一起，揣度朱载堉“或因其父获罪不无怨怼之意”，或“载堉寓境于此，也未可知”。这就是说，乾隆帝认为朱载堉借此歌寓指明朝“青天”，如“秋风”之时将落叶颓败。乾隆帝真是以小人之心度君子之腹了。

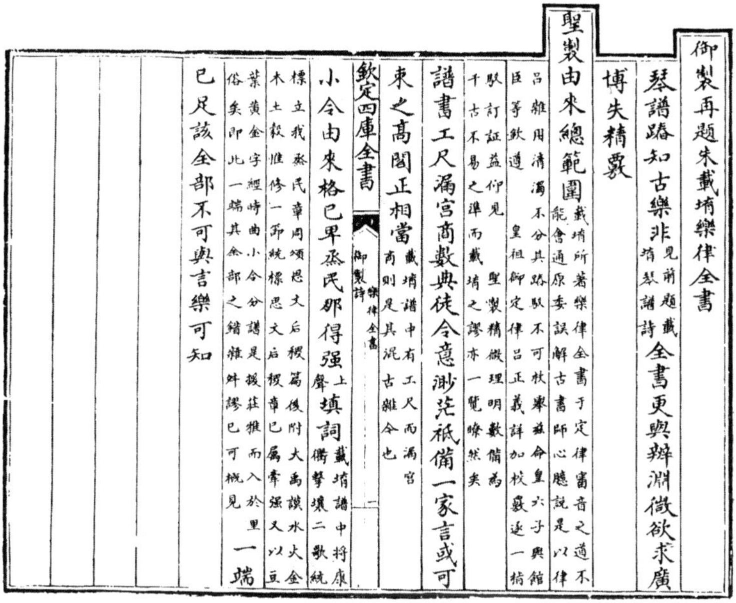
御製再題朱載堉樂律全書

琴譜蹹知古樂非見前題載堉琴譜詩全書更與辨淵微欲求廣博失精覈

聖製由來總範圍載堉所著樂律全書于定律審音之道不能會通原委誤解古書師心臆說是以律呂雜用清濁不分其路駁不可枚舉茲命皇六子與館臣等欽遵皇祖御定律呂正義詳加校覈逐一指駁訂訛益仰見聖製精微理明數備爲千古不易之準而載堉之謬亦一覽瞭然矣

譜書工尺漏宮商數典徒令意渺茫祇備一家言或可東之高閣正相當載堉譜中有工尺而漏宮商則是其泥古雜今也

欽定四庫全書　御製詩　樂律全書

小令由來格已卑烝民那得強上聲填詞載堉譜中將康衢擊壤二歌統標立我烝民章同頌思文后稷篇後附大禹謨水火金木土穀惟修一節統標思文后稷章已屬牽强又以豆葉黃金字經時曲小令分譜是援莊雅而入於里俗矣即此一端其餘部之錯雜舛謬已可概見一端已足該全部不可與言樂可知

图10-1　乾隆帝“辟识”朱载堉歪诗七律一首（《乐律全书》书影）

[1] 朱载堉：《灵星小舞谱》，郑藩刻本。

[2] 徐学谟：《世庙识余录》卷一一，《续修四库全书》本。

至于据乾隆谕旨、由王杰等人写的“按语”，以及永瑢等人写的42款“辟识”文字，除了诬蔑朱载堉“师心非古、喜为臆说，尤以算术自鸣而不知其不可用”，别无可欣赏之处。这些文字充分展示了一项重大学术成果、一个划时代的发明发现，在封建时期的中国，是如何被皇权势力扼杀的。

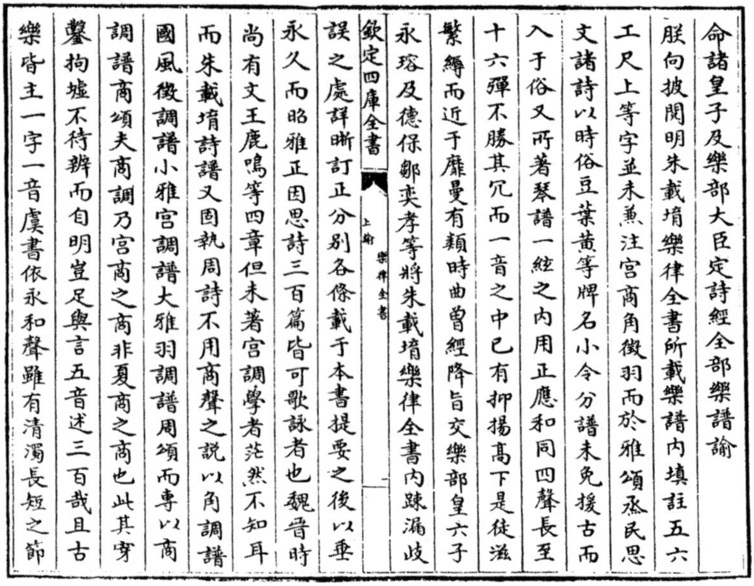
命諸皇子及樂部大臣定詩經全部樂譜諭
朕向披閱明朱載堉樂律全書所載樂譜內填註五六工尺上等字並未兼注宮商角徵羽而於雅頌烝民思文諸詩以時俗豆葉黃等牌名小令分譜未免援古而入于俗又所著琴譜一絃之內用正應和同四聲長至十六彈不勝其冗而一音之中已有抑揚高下是徒滋繁縟而近于靡曼有類時曲曾經降旨交樂部皇六子永瑢及德保鄒奕孝等將朱載堉樂律全書內踈漏歧

欽定四庫全書　上諭　樂律全書

誤之處詳晰訂正分別各條載于本書提要之後以垂永久而昭雅正因思詩三百篇皆可歌詠者也魏晉時尚有文王鹿鳴等四章但未著宮調學者茫然不知耳而朱載堉詩譜又固執周詩不用商聲之說以角調譜國風徵調譜小雅宮調譜大雅羽調譜周頌而專以商調譜商頌夫商調乃宮商之商非夏商之商也此其穿鑿拘墟不待辨而自明豈足與言五音述三百哉且古樂皆主一字一音虞書依永和聲雖有清濁長短之節

图10-2　乾隆帝敕皇六子永瑢及诸大臣“辟识”朱载堉（《乐律全书》书影）

笔者偶然发现，乾隆帝“御制乙卯重题朱载堉琴谱并命入《四库全书》以示辟识事”之谕旨，还置于清朝王坦所著《琴旨》一书前。该书遵照康熙帝《律吕正义》的思路，推阐琴弦旋宫转调之说，或许是乾隆帝以自己之“圣谕”表示赞扬吧?

第四节 《御制律吕正义后编》的诬蔑之词

清乾隆十一年（1746），《御制律吕正义后编》一书开始编纂。乾隆及其御用学者在不能驳识朱载堉新说之时，便将其新法密率的数理方法和结论全都斥为“臆说”。该书卷一一八《乐问二》中，专列《朱载堉新说》一篇，又一次集中地对朱氏学说加以诬蔑。“奇文”共欣赏，我们稍加摘引如下。

《朱载堉新说》篇首写道：

明郑世子载堉《律吕精义》不宗黄钟九寸，不用三分损益，不拘隔八相生，不取围径皆同。何也？曰：此载堉之臆说也。曰：载堉固自凿凿有据矣，今以为臆说，可得而详辨之乎？

于是分列朱载堉十大“臆说”如下：

载堉舍其（黄钟宫音）九寸之说，而执宫数之八十一以为纵黍之长。此其为臆说者一也。

（《史记》）律书生钟分曰：子一分……载堉强以子一分为一尺……此其为臆说者二也。

载堉概以刘歆、班固为伪辞，而谬指史（记）司马迁之一分为横黍一尺之柄据。此其为臆说者三也。

《吕氏春秋》以三寸九分为含少，乃黄钟之少宫。载堉执黄钟为八寸一分。遂以一百二十为律吕之全数。……此其为臆说者四也。

《管子》曰，凡将起五音凡首，先主一而三之，四开以合九九……载堉乃以“三之”谓三寸，又“四之”为十二寸，开以合九九为黄钟之长八十一……此其为臆说者五也。

载堉概舍先儒而不之信，任其私智，创为新法，乃曰盖黄帝云然。此其为臆说者六也。

载堉亦谓律由声制，非由度出，而乃自立差分之法，使第十三率为第一率之一半，则是律由度出而非由声制矣。此其为臆说者七也。

载堉既以己意立为差分之法，则连类而生也可，隔一亦可，隔二亦可，以至隔三、隔四、隔五、隔六、隔七，顺生、逆生亦无不可，是则人之所为也。乃以此为循环无端之妙用，其何堪识者之一噱耶。此其为臆说者八也。

律吕之围径……如以意为递减，则正律之于倍律、半律之于正律，或命为斜之方，或命为周之径……极形变态，无所不可，而究于律吕之清浊高下无当也。此其为臆说者九也。

载堉以黄钟为一尺、外径五分，而面幂积实无一合者，徒执差分周而复始之法。以自鸣其算术之精，此术士之曲艺，而于声音理数毫无所取也。此其为臆说者十也。

所谓“差分法”，即开方运算。乾隆及其御用学者除罗列以上十大“臆说”之外，还抓住朱载堉开平方术之“密率”出于《周礼·考古记·栗氏为量》，攻击朱载堉“特假借勾股之名以欺人耳”，“惟务文饰其词而并不顾其显缪也”。当朱载堉以“二至”“二分”之历法岁时比喻比例中项时，他们又攻击朱载堉“乃饰自词以自文、假其名以欺世”。当朱载堉以等比数列解出十二等程律时，他们又以为朱载堉“固皆出于私意而不足道矣”。当朱载堉确立等程律管律之长度依$\sqrt[12]{2}$递减、其内径依$\sqrt[24]{2}$递减时，他们无法攻击，只有诬蔑朱载堉“私意之所为”，“此其比例之巧合”，以及“载堉之臆断”。当朱载堉提出从三分损益律趋近十二等程律中，有“749

定律法”之时，他们又诬称朱载堉“好为新奇”。[1]

由此可见，乾隆及其御用学者是在有意歪曲、压制和打击新法密率，不容许它存在罢了。本来，他们只要做一次音律试验，看新法密率是否可以达到旋宫转调的要求，就应当为之赞叹的。但是，在他们看来，古人没有说过的不能说，古人没有做过的不能做，创立新说、提倡新事，就都是“臆说”，是大逆不道，因此无须去尝试它的效果。

在今天看来，朱载堉的过错是不该拉黄帝出来吓唬人，也不该在新法密率计算中，因为$\sqrt{2}$的存在，就硬为自己的新理论穿上一件《周礼》的外衣。但是，在中国历史上，文人书生将自己的发明、著作假托于黄帝、周公，也是屡见不鲜的。于是在中国形成了一种传统——只要声称著作或发明源于黄帝、周公，就容易获得达官贵人的承认。朱载堉只不过延续了这种传统而已。难道乾隆帝一伙人编的书中就没有引用那些假托的书籍或论据吗？不是的！只不过他们不容许朱载堉假托古人罢了。

实际上，对于朱载堉假托古人一事人们是清楚的。《四库全书总目》对朱载堉的《乐律全书》介绍说：

其十二律长短之数，则据“栗氏为量，内方尺而圆其外”之文，谓圆径即方之斜。命黄钟正律为一尺，用勾股求弦术，得弦为蕤宾倍律。盖黄正为勾股，则蕤宾为弦；蕤正为勾股，则黄正为弦。黄、蕤二律互为勾股也。其生南吕、应钟诸律，非勾股所能御。盖本于诸乘方比例相求之法。载堉云勾股术者，饰词也。

[1]《御制律吕正义后编》卷一一八《乐问二·朱载堉新说》，《四库全书》本。

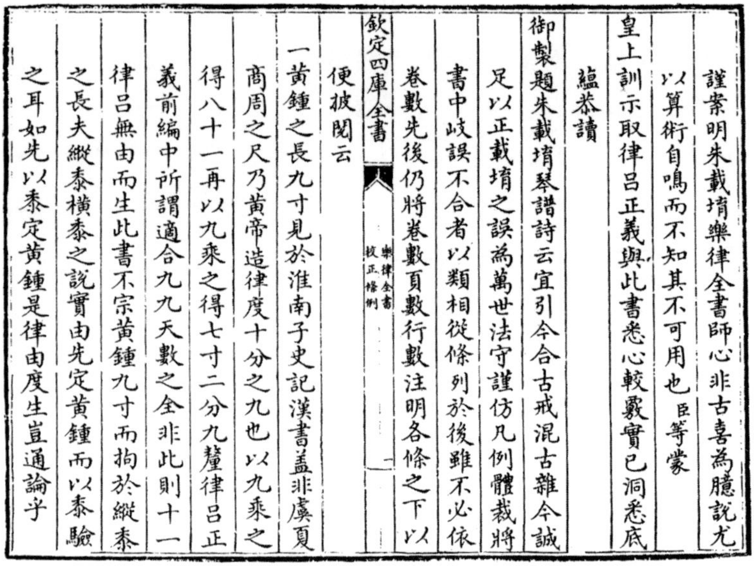

謹案明朱載堉樂律全書師心非古喜為臆說尤以算術自鳴而不知其不可用也臣等蒙
皇上訓示取律呂正義與此書悉心較覈實已洞悉底蘊恭讀
御製題朱載堉琴譜詩云宜引今合古戒混古雜今誠足以正載堉之誤為萬世法守謹仿凡例體裁將書中歧誤不合者以類相從條列於後雖不必依卷數先後仍將卷數頁數行數注明各條之下以便披閱云

欽定四庫全書
樂律全書
校正條例
一

一黃鍾之長九寸見於淮南子史記漢書蓋非虞夏商周之尺乃黃帝造律度十分之九也以九乘之得八十一再以九乘之得七寸二分九釐律呂正義前編中所謂適合九九天數之全非此則十一律呂無由而生此書不宗黃鍾九寸而拘於縱黍之長夫縱黍橫黍之說實由先定黃鍾而以黍驗之耳如先以黍定黃鍾是律由度生豈通論乎

图10-3　永瑢、德保、邹奕孝和喜常四大臣在乾隆帝“辟识”令下捉刀所谓“校正条例”之一页（《乐律全书》书影）

可见，对朱载堉借用的古人外衣，人们不是不明白的。乾隆帝等人是为将十二等程律“束之高阁”而不遗余力地寻找借口罢了。

在乾隆帝等人看来，新法密率简直是一个可怕的怪物，容许这样一个怪物存在，宫廷雅乐就要“天下大乱”。十二等程律和他们宗守的三分损益律之间只能“你死我活”，而不能同时并存或者互相补充。这种思想观念是何等保守、荒谬。

实际上，三分损益律和十二等程律各有千秋：前者声音纯正，但不能还原黄钟；后者是人为的，声音虽不能像三分损益律、纯律那样纯正，但也不会使人感到不悦，尤其是在旋宫转调方面的表现，是三分损益律望尘莫及的。朱载堉以为三分损益不能旋宫是因为它的数学不精，于是称它为“约率”。要达到旋宫转调的要求，非十二等程律不可。因此，刘半农说，朱载堉“却因志在做到还原黄钟而发明了等律（十二等程律）”[1]。在音乐实践中，三分损益律和十二等程律可以同时并存。这就是律学中的辩证法。《御制律吕正义后编》的作者们死守三分损益律，打击新法密率，是其落后、陈腐的音律观念使然。

《四库全书总目》对朱载堉的评论可以说是《御制律吕正义后编》的姐妹篇。后者或“揭露”朱载堉“文饰其词”，或因为在康熙五十二年（1713）《御制律吕正义》一书中照抄了朱载堉有关横纵黍尺度以及未经管口校正的管律音差数据，故而肯定朱载堉在这些方面“皆精微之论”。而《四库全书总目》比《御制律吕正义后编》有过之而无不及的是，对于朱载堉以勾股术定蕤宾倍律的数学方法，它笔锋一转，说朱载堉“此不知算术者也”。《四库全书总目》介绍新法密率的十二律相生是“诸乘方用连比例相求之法”，其目的是表明朱载堉“以勾股言之，未免过于秘惜，以涂人耳目耳”。《四库全书总目》追随《御制律吕正义后编》，鹦鹉学舌，对新法密率做了不公正的评判。

第五节　“一见而屈服”的江永

在明清两代的学者中，唯江永是朱载堉的知音、知己。

江永（1681—1762），字慎修，婺源（今属江西）人。清代著名

[1] 刘半农：《十二等律的发明者朱载堉》，载《庆祝蔡元培先生六十五岁论文集》上册，1933，第284页。

历算家。江永著作颇丰，除对经部各类多有论述外，有《算学》8卷、《续算学》1卷，此二书皆编入《钦定历象考成》中。阮元称其“专力西学，推崇甚至，故于西人作法本原，发挥殆无遗蕴”[1]。同时，他也是有名的乐律学家。江永毕生从事乐律学研究，并且不轻信盲从古人之说，在他一生的探索道路上留下了一个改革家的深深足印。从而立之年开始，他逐渐怀疑宋代蔡元定的《律吕新书》。在不惑之年，他又主张音律实践不必拘泥于三分损益、隔八相生。在知天命以后，他就大胆地摒弃了历代“候气说”而著《律吕新义》。但他一生对音律研究的许多疑问，直到他七十七岁（1757）第一次读到朱载堉的《乐律全书》时，才找到答案，进而又完善了朱载堉的理论。江永写道：

昔闻明神宗时郑世子载堉有乐律书，屡求不可得。乾隆丁丑年已七十有七，与同志旧友讲业于古歙之灵山，属访载堉书，乃得之藏书之家。余读之，则悚然惊、跃然喜，不意律吕真理真数即在“栗氏为量，内方尺而圆其外”一语，何以余之《新义》中已绘有方圆倍半之图，已详推周鬴汉斛之数，乃不能覃思及此也？最奇者，方尺即是黄钟，勾股各自乘而开方即得蕤宾，再乘再开方即得南吕，亦可得夹钟。子、午、卯、酉四律已得矣，犹未能推及寅申巳亥与辰戌丑未也。尤奇者，南吕之率以方尺倍乘，为之方积，求得立方根，即得应钟。此其取径幽曲、鬼神莫测，虽百思不能到者也。得应钟则诸律皆可求，终始循环，一气无间。其以勾股乘除开方求得之律，取旧律数较之，仅差毫厘之间，三分损益为近似新法，为真理真数可知矣。夫理数之真，隐伏千数百年，至载堉乃思得之。窃恐伶伦造律，后夔典乐，其神解耳聪

[1] 阮元：《畴人传》卷四二《江永》。

虽绝人，亦未必能致思及此也。……且云此书（《律吕精义》）前代未有，实自我朝始，信非虚言也。书传既久，国朝博洽诸名家著书论世，未见有称道世子此书者，唯秀水朱竹垞[1]有载堉《乐律全书跋》，第以河间献王比之，亦未深论此书之窔奥。愚一见即诧为奇书，盖愚于律学研思讨论者五六十年，疑而释、释而未融者已数四，于方圆幂积之理几达一间，犹逊载堉一筹，是以一见而屈服也。[2]

在江永读到《乐律全书》以后不到一年的时间里，他就完成了《律吕阐微》一书。针对《御制律吕正义后编》的论调，他认为“载堉之书，后人多未得其意，或妄加评隙”。他第一次为朱载堉的新法密率鸣冤，又在音律理论上补充了对夹钟的计算，[3]以反驳乾隆一伙攻击新法密率“并无次求夹钟之法”[4]。正如《四库全书总目》对江永的《律吕阐微》所介绍的一样，江永此书“大旨则惟以明朱载堉为宗，而方圆周径用密率起算，则与之微异”。“永以载堉书，疏通证明、具有条理，而以蕤宾倍律求夹钟一法，又补原书所未备”；“（载堉新法密率中）其乘除、开平方立方等术，皆连比例相求之理，而特以方圆勾股之说隐其立法之根，故永有所觉耳”。

朱载堉在其《算学新说》“第二问”中提出了以历法的“二至”点和“二分”点，阐述其等比数列求中项和四项等比数列中求第

[1] 朱竹垞：即指朱彝尊（1629—1709），字锡鬯，号竹垞，秀水人（今浙江嘉兴）。

[2] 江永：《律吕阐微·序》。

[3] 江永：《律吕阐微》卷二。

[4] 同[3]。

二、第三项的方法。他说:“次求夹钟，犹春分也。又次求南吕，犹秋分也。”在该书“第四问”中，他明确地解答了以黄钟正律和蕤宾正律求解夹钟正律的方法。[1]至于夹钟倍律的弦长，只要将夹钟正律加一倍(或乘以2)即可，这是众所周知的计算方法。然而，就因为朱载堉未曾在文字上写出夹钟倍律的求法，乾隆帝及其御用学者便诬称其“惟务文饰其词而并不顾其显缪”[2]，可见他们是心存恶意。江永出于好心，又一次以倍律蕤宾解正夹钟，以南吕求解夹钟[3]，也显示了江永数学底蕴之深厚。

只有一点，江永未曾随从朱载堉，那就是圆周率值。朱载堉用自己推算出来的“周公密率”，显然是不够精密，而江永用的是祖冲之的密率，取其赢朒二限之间，即 π=3.14159265。实际上，这个 π 值是江永自己推算出来的，它比祖冲之的密率还要精确。[4]

江永称颂朱载堉发现管乐器末端效应的方法和理论是“二千年来所未有者也”[5]。对于朱载堉以开方解得新法密率之方法，江永亦极为赞赏。他说:

> 此数千年未泄之秘，载堉始发之。虽起伶伦、州鸠，师旷之徒见之亦当叹其妙绝。今载其说，更推本于图书，发明理数之所以然。使此理昭晰无疑千万世，言律学者更无可凿智翻案之理。[6]

---

[1] 朱载堉:《算学新说·第四问》，郑藩刻本。

[2]《御制律吕正义后编》卷一一八，《四库全书》本。

[3] 江永:《律吕阐微》卷二，《四库全书》本。

[4] 江永:《律吕阐微》卷三，《四库全书》本。

[5] 同 [4]。

[6] 同 [4]。

是江永预见到乾隆帝及其御用学者要“无理翻案”，还是后者见前者之此论而存心攻讦朱载堉？历史有时亦令人难以捉摸。

江永对乐律学的贡献，不仅在于他尊重并维护朱载堉创建的十二等程律理论，还在于他发展了这个理论。他将朱载堉的代数计算结果绘成一个方圆相接的几何图，从而发明了等程律的几何理论，并称之为“方圆相函列律图”。这或许是江永在乐律学上的最大贡献。

就方圆相函列律图，江永写道：

自有律书以来，未有此图。天地之秘密，泄于此图。观者毋易视也。

按载堉之说，非图不显。作此图以明之。方函圆、圆又函方，皆自然之理，即有一定之数。列线为律：外十二线为倍律，中十二线为正律，其半律亦有十二线。内线愈密、不能图，只图其一律之。疏密自有差次，无忽密忽疏之病。律之长短，皆两斜线界定，非由三分损益。观此，则新旧二法，真伪判然矣。[1]

在一个边长为2尺的正方形内递次画出其内接圆、内接正方形，那么边长为2尺的正方形两对角线之间距包含了等程律各个八度之间的所有弦长。如2尺为倍黄钟弦长，而其第一个内接正方形边长为倍蕤宾，第二个内接正方形边长为正黄钟（1尺），第三个内接正方形边长为正蕤宾，第四个内接正方形边长就是半黄钟（0.5尺），依此类推。可见，江永是一个懂数理、有思想的乐律学家。

[1] 江永：《律吕阐微》卷二，《四库全书》本。

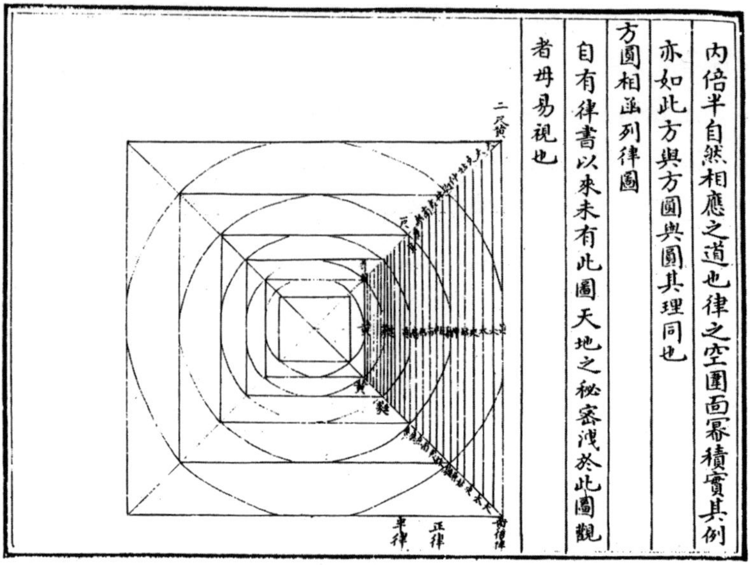

图10-4　江永绘十二等程律弦长几何图（《律吕阐微》书影）

江永在其《律吕新义》中曾认为三分损益旧法有十弊，后又从朱载堉的理论中得到启发，并认为旧法共有十四弊。他写道：

愚响为《新义》序，谓旧说议论愈精，法度愈密，而乐理愈晦。其蔽有十。今得载堉书，则昔人仍有四蔽焉：以黄钟为九寸，不知原是约十为九，非即十即九，其蔽一；以汉斛铭文定黄钟，不知黄钟空围非九分，实积非八百一十分，其蔽二；以三分损益定十二律，不知其数近以为真，相生未尝往而不返，其蔽三；以诸律围径皆同，不知律管相应之理，长短既殊，则广狭亦异，其蔽四。通前共十四蔽。[1]

[1] 江永：《律吕阐微·序》。

江永真是朱载堉的知音。朱载堉曾在他的书中写道："聊述愚见数篇，刻而传之，以俟方来具眼之士或有可取焉。若夫礼乐气象律吕名义，则缙绅先生类能言之，凡非数术音声之技，兹并不述，所谓各志其志而已。"[1]但朱载堉绝不会想到，与他志同道合者在后世三百年中只有此一人而已。

第六节　明知而随俗的陈澧

在乾隆帝及其御用学者的攻讦下，在19世纪的百年间，极少人敢说十二等程律的优点。其中，陈澧（1810—1882）是代表人物之一。陈澧，字兰甫，号东熟先生，广东番禺（今广州）人。道光年间中举，曾任河源县（今属广东）训导，后掌广州学海堂数十年，从学者甚众。其著作亦丰，涉及天文、算术、地理、乐律、音韵等学科。

陈澧可谓近代乐律家之一。他曾研读过朱载堉的《乐律全书》，并看出新法密率之精密所在。不知是由于惧怕皇权威势，抑或对三分损益律及等程律之优劣尚有不清晰的认识，他仍主张三分律最优。他说：

连比例三率，有首率、末率求中率之法。……此于算法则密矣，而非古人易简之意。古法三分损益，人人皆解；若连比例算法，则必明算而后能知之。载堉著书，可以精研算法，如欲通行天下，安能使工人学算而后制其器，伶人学算而后按其声乎？且黄钟九寸，三分损益之数与连比例之数所差者不多，固可以不必

[1] 朱载堉：《律学新说》卷一。

计也。古无连比例算法，然三分损益即连比例之意，故所差不多也。[1]

且京房、朱载堉推衍算法而不惮烦者，皆以为合于数而后合于音也。而房与载堉所算之数则不同：房之音合，则载堉之音不合矣；载堉之音合，则房之音不合矣。然而房与载堉皆自以其音为密合也。此尤可见数虽微差，而音则不觉有差也。古法诚不必改也。[2]

连比例算法非俗工所解，然论真度，则必如此数理乃通。[3]

陈澧并不是那些不知音律的缙绅先生。他的可悲之处就在于，他明知十二等程律的好处，“必如此数理乃通”，但他却以为“古无连比例算法”，古者无现在也不应当有；再则，他又打着“工人”“俗工”的口号，主张三分损益的“古法诚不必改”。

持保守态度的陈澧对十二等程律的计算方法倒也做了极好的总结。他写道：

连比例三率，有首率末率求中率之法：以首率末率相乘，开平方得中率。此当以黄钟与黄钟半律相乘，开平方得蕤宾，若以黄钟倍律与黄钟相乘、开平方则得蕤宾倍律，载堉以两黄钟各自乘相拼者，即黄钟倍律与黄钟相乘之数也。由是以黄钟蕤宾求夹钟，以蕤宾与黄钟半律求南吕，皆以首率末率求中率；更以黄钟夹钟求大吕、太簇，以夹钟蕤宾求姑洗、仲吕，以蕤宾南吕求林钟、夷则，以南吕与黄钟半律求无射、应钟，则连比例四率，由

[1] 陈澧：《声律通考》卷二，《续修四库全书》本。

[2] 同 [1]。

[3] 陈澧：《声律通考》卷三，《续修四库全书》本。

一率、四率求二率、三率。其法以一率自乘，又以四率乘之，开立方得二率；以四率自乘，又以首率乘之，开立方得三率也。[1]

寥寥数语，简洁而清楚，概述了朱载堉《算学新说》的部分内容，可见陈澧也是受到了朱载堉的影响。

第七节　20世纪的朱载堉

进入20世纪，朱载堉的理论受到近代自然科学的检验，并获得了极高的评价。较早对其做出较深刻评论的是音乐家王光祈。

王光祈（1892—1936）于1924年在德国柏林学习音乐期间撰写了《东西乐制之研究》一书，1926年该书由中华书局出版。在音乐学方面，王光祈学贯中西，他从科学的角度出发，较早地对朱载堉的音乐理论做出了正确的评价。他说：

到了明代的朱载堉，他便不再增加什么变律，只是直截了当把那十二个律的距离（即音程——笔者注）平均起来，每律相隔皆为“半音”。从此以后，无论哪个律当宫，皆能适合。这真是中国音乐界中一个极大革命。[2]

朱氏著书数十卷（计六大布套），我曾在柏林国立图书馆中尽读之。大抵其言皆有独见，询为中国音乐界中之一支革命新军。可惜其言只是“宣付史馆，以备稽考，未及施行”。[3]

---

[1] 陈澧：《声律通考》卷二，《续修四库全书》本。

[2] 王光祈：《东西乐制之研究》，中华书局，1926，第87—88页；四川音乐学院编《王光祈文集》（音乐卷），巴蜀书社，1992，第109页。（以下引此二书者只注页码）

[3]《东西乐制之研究》，第89页；《王光祈文集》（音乐卷），第110页。

王光祈还指出，“朱氏十二等程律与近代西洋通行之十二等程律完全相同”，并进一步分析了这种律制的优缺点。优点有三：十二律可以还相为宫；消除了所谓的“音差”；等程的半音，易学易奏。缺点是其音不纯。例如，若将八度音程定为6（今日通行定为2），三分损益的五度便是3.50977（今日谓之“702音分”），而等程律的五度是3.50000（今日谓之“700音分”），后者较前者低0.00977（低2音分）。后者之音极不纯正，这即是其最大缺点。[1]

王光祈在此书中未曾对朱载堉的理论计算及其管律等诸多问题作阐述。此后，他分别于1930年[2]和1935年[3]述及朱氏管律和可能存在于东西方之间的交流问题。

继王光祈之后，刘半农（1891—1934）于1932年撰写了《十二等律的发明者朱载堉》一文，于次年刊发于台湾中央研究院历史语言研究所集刊中[4]。这是一篇较早也较为透彻地研究朱载堉生平、家世及其学术贡献的学术论文。该文曾给许多研究者以重要启示。如吴南薰在其《律学会通》中说：

刘复以《十二等律的发明者朱载堉》一文，把中外的十二匀律（即等程律——笔者注）归功于朱氏，很是得当，不得不对上列匀律叫作朱氏匀律，表中国律学的特色。[5]

李约瑟在他的著作中多次引用刘半农的文章，并以此说明朱

[1]《东西乐制之研究》，第91—94页；《王光祈文集》（音乐卷），第111—113页。

[2]《王光祈文集》（音乐卷），第292页。

[3]《王光祈文集》（音乐卷），第588页。

[4]《庆祝蔡元培先生六十五岁论文集》，国立中央研究院历史语言研究所集刊外编第一种，1933，第279—310页。

[5] 吴南薰：《律学会通》，科学出版社，1964，第299页。

载堉的“发现以及可能传播到西方的情况，在中国颇为人们知晓。但早先在西方文字的出版物中从未有过详细的介绍”[1]。

刘半农的文章阐述朱氏理论可能传到西方的故事，令许多后学（包括笔者在内）受到启发和激励。本书扉页之一即采自刘半农的这篇论文。

1937年，音乐史家杨荫浏在《燕京学报》第21期上发表《平均律算解》一文。这是对朱载堉数学理论做出深刻解析的专题论文。凭着深厚的音乐学功底，杨荫浏对朱载堉异径管律的公比数$\sqrt[24]{2}$提出异议。他认为，这个公比数应当为$\sqrt[12]{2}$；或者，只要倍、正24支律管就够了。在他看来，以公比数$\sqrt[24]{2}$缩小管径，将造成半律管径过小，“非但简直不能吹，而且豁口已无开处”。他很惋惜地又说：“这样一来，朱氏管律系统的纯粹性却无意识地牺牲了。”[2]

鉴于杨荫浏在音乐界的声望，后来很多著作在管律上因袭杨说[3]。1992年，陈万鼐依杨说对正律十二支管做了复原试验，他说：“我们保持原有的律管管长标准，在管径方面试用1.05946309为等差率递除，结果完全达到理想。”[4]可是，陈万鼐在其著作中未曾明言其复原之律管是否开豁口、怎么开、豁口大小如何。另外，其所复原的是闭口管，而非开口管，陈万鼐以为“开口管与闭口管都是律管”，这就无意中忽略了开口管末端效应这一极为重要的物

---

[1] Joseph Needham, *Science and Civilisation in China. Vol.4, part 1, physics* (New York: Cambridge University Press, 1962) p.220. notes. d.

[2] 杨荫浏：《平均律算解》，《燕京学报》第21期（1937）；杨荫浏：《中国音乐史纲》，上海万叶书店，1952，第301—304页。

[3] 缪天瑞：《律学》，人民音乐出版社，1983，第146—147页。

[4] 陈万鼐：《朱载堉研究》，第87—94页。

理因素。

杨荫浏是音乐史家，其历史功底颇为深厚。他第一个站出来批驳乾隆帝及其御用文人所谓“辟识”之谬论，并指出康熙、乾隆祖孙俩都有抄袭《乐律全书》之嫌。

朱载堉的异径管律是否正确？1996年，中国科技大学徐飞在其博士学位论文《朱载堉十二平均律若干问题研究》中，首次从理论上完全证明了朱载堉异径管律的正确性，[1]认为对朱氏异径管律所做的任何修改都将是错误的。笔者以为，倘若复原试验不能达到朱载堉的理论要求，那是复原的工艺技术有问题。历史期待后学有勇气去做一次完整的复原试验，并愿有识之士资助这一试验，以彰显400多年前在中国已问世的、但迄今尚未完全被复原证实的一项并非微小的科学成就。

1984年为朱载堉《律学新说》作序400周年。1986年，朱载堉诞生450周年，中国音乐家协会、中国科学史学会等单位都曾联合召开学术讨论会以示纪念。笔者曾撰写了《朱载堉：明代的科学和艺术巨星》一书，除对朱载堉的学术贡献做了阐发外，又批驳了那些藐视朱载堉数学能力、并要求与之平分优先权的论调。朱载堉的故乡怀庆府，即今河南沁阳市，修葺了朱载堉墓地，建起了朱载堉纪念馆。一个历史文化名人的谦让、笃学之精神仍在激励中华大地奏出和谐的乐章。

---

[1] 徐飞：《朱载堉十二平均律若干问题研究》，载《中国人文社会科学博士硕士文库》（哲学卷），浙江教育出版社，2005，第1704—1785页。

图10-5　位于河南沁阳市的朱载堉纪念馆

PRINCE

MUSICOLOGIST

SCIENTIST

ZHU ZAIYU

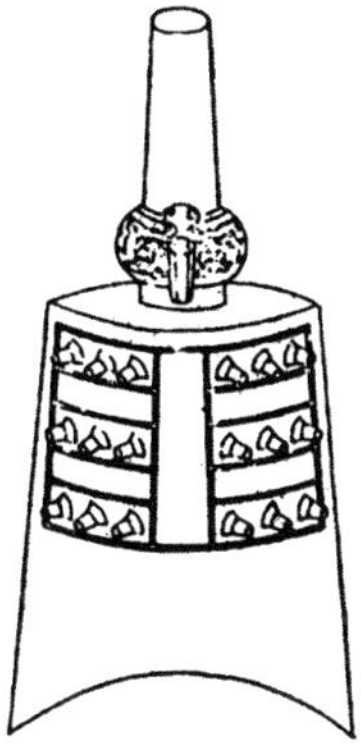

第十一章
新法密率在欧洲

朱载堉创建的十二等程律，虽然在中国没有得到足够的重视和广泛的应用，但它一经传到西方，便引起欧洲音乐界的强烈反响。近半个多世纪来，有不少人提出，欧洲的十二等程律是受到了朱载堉的乐律理论的启示。对此，我们做一简要介绍。

第一节　西方“等程律音阶的起源是模糊的”

关于等程律在西方的起源问题有种种说法。有的说，它是由阿里士多克西努斯（Aristoxenus，生于前375—前360，卒年不详）在约公元前350年提出来的；有的说，它是拉莫斯［Bartolomeo Ramos（或写作Ramis，或Rami）De Pareia，1441—约1491］在1482年提出来的；有的说是萨利纳斯（Francisco De Salinas，1513—1590）在1577年提出来的；有的说是扎尔利诺（Gioseffo Zarlino，约1517—1590）、斯蒂芬（Simon Stevin，1548—1620）、梅森（Marin Mersenne，1588—1648）或魏克迈斯特（Andreas Werckmeister，1645—1706）提出来的。但是，由格雷（H. J. Gray）和艾萨克斯（Alan Isaacs）编辑、于1975年出版的一本《物理学新词典》中说：“这个等程调音音阶的起源是模糊不清的（The origin of the equitempered Scale is obscure）。”[1]

我们首先要弄清楚，在朱载堉之前，是否有人同样解决了

[1] H.J.Gray and Alan Isaacs, *A New Dictionary of Physics*（London：Longman，1975），p.530—531.

十二等程律的数学调谐方法。

阿里士多克西努斯是希腊的音乐理论家，曾经是亚里士多德（Aristotle，前384—前322）的学生。在音乐理论方面，他和当时在希腊数学、科学方面居统治地位的毕达哥拉斯（Pythagoras，约前570—约前500）所持的观点有很大不同。他认为耳朵是音乐现象的唯一判别标准。他设想，把某种音调的音域看作一条连续线，它可被分成许多简单音素，这样，可以把一个八度分成六个音，每个音又可以分成半音或1/4音，四度可以被分成两个音和一个半音，等等。而"旋律"的音程可由那些训练有素的人的耳朵凭经验做出唯一的判定。这就是有人认为他"凭听觉提出十二等程律"[1]的主要内容。《新格罗夫音乐和音乐家辞典》(以下简称《新格罗夫辞典》）就此评论道："由于阿里士多克西努斯把一个八度分成六个相等的音，并把每个音分成相等的半音，因此，现代的一些著作家认为他是有意地传播了等程律体系。这个说法看来是最靠不住的。"该辞典认为："古希腊的音乐家不能提出等程律，况且，阿里士多克西努斯似乎总是在暗示，他的五度和四度就像是被耳朵听出来的自然音程，他的音是它们之间的自然音差。"[2]迄今为止，几乎所有涉及阿里士多克西努斯这一发现的著作，都在他的发现之前冠之于"据说"二字，这也是人们对他所谓发明十二等程律的一种不肯定态度。说得透彻一点，如果阿里士多克西努斯在五度律盛行的时代能凭听觉提出等程律，当时必定会有人责难他的耳朵有病。因为等程律音程、至少纯五度是不谐和的，且

[1] 缪天瑞：《律学》，人民音乐出版社，1983，第154页。

[2] Stanley Sadie (ed.), *The New Grove Dictionary of Music and Musicians, Vol. 1* (London: Macmillan Publishers, 1980), p.591—592.

很容易识别。再者，“凭听觉”和做出精密计算的数理之间，有着天壤之别。

拉莫斯是西班牙的音乐理论家和作曲家，曾在博洛尼亚任教。虽然有人持“拉莫斯提出十二等程律”的看法，但一些重要的著作并没有述及拉莫斯的这项所谓发明。19世纪，伟大的德国物理学家亥姆霍兹（Hermann von Helmholtz，1821—1894）撰写了《论音感》一书，该书又被闻名于世的“百分”理论的创始人埃利斯（Alexander John Ellis，1814—1890）译成英文。埃利斯在英译本中增加了许多附录和注释，以及在1885年之前已公认的许多新知识。该书附录中有一章叙述了等程律的历史，里面只字未提拉莫斯的工作。[1]《新格罗夫辞典》是近年出版的一部20卷本的大著作，在它的“律学”“等程律史”和“拉莫斯”条目下也都没有提及拉莫斯对等程律的“贡献”。20世纪巴伯（J. M. Barbour）的音律史著作曾被认为是“十分透彻的专论”[2]，笔者虽然没有找到他的书，但是《新格罗夫辞典》无疑是采用了他的观点。刘半农在他的论文中曾经怀疑是拉莫斯发明了十二等程律。[3] 根据刘半农的论文，在20世纪头30年间，某些持有“拉莫斯提出十二等程律”观点的论著，是以德国音乐理论家黎曼（Hugo Riemann，1849—1919）的著作为

---

[1] H. von Helmholtz, *On the Sensations of Tone as a Physiological Basis for the Theory of Music*, trans. A. J. Ellis（New York：Dover Pub.，Inc.，1954），p. 548—549.

[2] J. M. Barbour, *Tuning and Temperament, a Historical Survey*（East Lansing, Mich.：Dover Pub., Inc., 1951），2/1953，R/1973；Alexander Wood, *The Physics of Music*, Rev. J. M. Bowsher, 7th ed.（London：Halsted Press,1975），p. 195，note 3.

[3] 刘半农：《十二等律的发明者朱载堉》，载《庆祝蔡元培先生六十五岁论文集》上册，国立中央研究院历史语言研究所集刊外编第一种，1933，第288—289页。

依据的[1]，但刘半农因一时找不到黎曼的著作而只好将对这一观点的论证暂且搁着。笔者后来读到了这本书，但是没有看到有关“拉莫斯提出十二等程律”的文字。有意思的是，黎曼在其著作的第327—328页的注释中指出，他对拉莫斯1482年的拉丁文著作表示怀疑，甚至在读完拉莫斯的稿本后认为它没有揭示出任何新观点。

在这里，值得我们注意的是，所谓“提出”或“应用”十二等程律和在数学上“精练”它的方法有本质上的不同。在中国，早在汉代时带品柱的弹弦乐器中已应用了等程律；南北朝时期律历家何承天在三分损益的基础上，以累加平均古代音差的方法计算出八度中的十二个音，其效果很接近十二等程律。杨荫浏在他《平均律算解》一文中对这一历史做出了精练的描述和分析。[2] 我们也可以说，中国人早在汉代就“提出”或“应用”了十二等程律，但是，它们和朱载堉以$\sqrt[12]{2}$的等比级数使十二等程律数学公式化完全不同。在古代科学水平上，实验先于理论总结甚至上千年的事是常有的。在西方，至少在文艺复兴时期，一些带品柱的弦线乐器（如诗琴、中提琴）上也采用了等程律；西班牙的盲人音乐理论家萨利纳斯于1577年提议应该按照那些带品柱的弦乐器上的等程律划分八度音程；意大利的音乐理论家、作曲家和教师温琴佐·伽利莱（Vincenzo Galilei，约16世纪20年代后期至1591年，近代科学的创始人伽利略的父亲）也曾在1581年介绍过诗琴的等程律，这个比例为18∶17的数字是当时许多音乐家所熟悉的，它在数值上相当于半音为99音分，它和等程律的半音为100音分实际上是有

[1] Hugo Riemann, *Geschichte der Musiktheorie im IX-XIX Jahrhundert*, 3rd ed.（Berlin: Max Hesse Verlag, 1920）, p. 327—331.

[2] 杨荫浏：《平均律算解》，《燕京学报》第21期（1937）。

区别的[1]。它们和朱载堉创建的十二等程律的数学公式也完全不同。因此，在朱载堉之前，无论东方或西方，人们在实践中应用或提出等程律，都是受到如琵琶一类的带品柱的弦乐器的启发而得到的一种近似等程律，而并没有在数学上做出特别的证明或计算。

值得指出的是，埃利斯曾指出，“萨利纳斯或扎尔利诺都没有提及等程律”[2]。

从现有的材料来看，在西方最早对十二等程律进行数学计算的有荷兰的数学家、工程师斯蒂芬，法国的数学家、哲学家梅森等人。

第二节　斯蒂芬的等程律

斯蒂芬有一篇题为《论歌唱艺术的理论》的论文，文中涉及十二等程律的理论计算问题。这篇论文原是一份手稿，未署明写作时间。斯蒂芬将手稿寄给了他的一位朋友，希望听到一位有实践经验的音乐家的意见。但是，这个朋友随便浏览一遍后就把手稿搁置一旁，从此再不过问它了，而斯蒂芬自己对此论文也不十分关心。看来，这个伟大发现的发现者本人和第一读者都可能认为这篇论文并没有多少真正的科学价值，他们都没有像朱载堉那样了解自己这一发现的巨大意义——“盖二千年来之所未有，实

[1] Stanley Sadie (ed.), *The New Grove Dictionary of Music and Musicians, Vol. 16* (London: Macmillan Publishers, 1980), p. 420—421; *Vol. 18*, p. 664,

[2] A. J. Ellis, “On the History of Musical Pitch”, Nature 21 (1880): 550–554. 本书转引自 J. Needham, *Science and Civilisation in China*, Vol. IV: I, p. 217.

自我圣朝始也。”就这样，斯蒂芬的手稿直到1884年被人重新发现后才得以发表，但是此时，可以说，它对西方音乐艺术的影响为时太晚了。

图11-1　代伊克斯特赫伊斯编辑的《西蒙·斯蒂芬：约1600年荷兰的科学》一书封面

斯蒂芬的这篇手稿今收入《西蒙·斯蒂芬的重要著作集》中[1]，也收录在代伊克斯特赫伊斯（E. J. Dijksterhuis）编辑的《西蒙·斯

[1] R. J. Forbes，A. D. Fokker and A.Romein-Verschoor（eds.），*The Principal Works of Simon Stevin*（Amsterdam：C.V.Swets & Zeitlinger, 1966）.

蒂芬：约1600年荷兰的科学》之中[1]，编者写了一篇“导论：斯蒂芬的音乐观”。前莱顿大学物理学教授福克尔（Adriaan D. Fokker）将斯蒂芬的荷兰文手稿译成英文并做了某些重要修正。

斯蒂芬的手稿包括了以下几方面内容[2]：

定义（6个）；

公设（2个）；

证明：

论一般的比例；

几何比例与音程比例的比较；

按照希腊人观点的适合歌声的比例；

自然音的真实比例；

一弦器（monochord）的几何除法；

一弦器的算术除法。

注和附录等。

也许是出于个人偏好，斯蒂芬用“歌唱”这个词代替了“音乐”一词。他对母语荷兰语的喜爱，令他认为希腊语不如荷兰语。令人惊奇的是，他竟然说出荷兰语言是他的数学方法，即$\sqrt[12]{2}$的数学基础。他在手稿的“第二个公设”中写道：“所有的全音都是相等的，同样，所有的半音也是相等的。”

在这一“公设”的“解释”中又说：

这意思是：从 ut 到 re，从 re 到 mi，以及从 fa 到 sol，从 sol

[1] E. J. Dijksterhuis，*Simon Stevin：Science in the Netherlands around 1600*（The Hague：Martinus Nijhoff，1970）.

[2] Simon Stevin，“Vande Spiegheling der Singconst（On the Theory of the Art of Singing）” in *Science in the Netherlands around 1600*，ed. E. J. Dijksterhuis（The Hague: Martinus Nijhoff, 1970）, p.421—462.

到 la，和从 sa（福克尔在译注中将其改为 si）到 ut，这些全音的高度都是相同的。同样，从 mi 到 fa 和从 la 到 sa（即 si），这些半音的高度也相同。

接着，斯蒂芬列出八度内十二个音的开方表示式、名称和音阶如下：

开方表示式	名称	音阶
1	起始音	一度（同度）
$\sqrt[12]{1/2}$ [1]	半音	小二度
$\sqrt[6]{1/2}$	全音	大二度
$\sqrt[4]{1/2}$	“一个半”全音	小三度
$\sqrt[3]{1/2}$	两个全音	大三度
$\sqrt[12]{1/32}$	“两个半”全音	四度
$\sqrt{1/2}$	三个全音	不协 [2] 大四度或不协小五度
$\sqrt[12]{1/128}$	“三个半”全音	五度
$\sqrt[3]{1/4}$	四个全音	小六度
$\sqrt[4]{1/8}$	“四个半”全音	大六度
$\sqrt[6]{1/32}$	五个全音	小七度
$\sqrt[12]{1/2048}$	“五个半”全音	大七度
1/2	六个全音	倍一度（八度）

斯蒂芬取起始音为1，其八度为1/2。八度内十二律的数值表示是正确的。但他如何具体计算这些开方数，这个等比数列的公比数的具体数值为何？这是人们关注的问题，因为朱载堉将它们

[1] 所有的开方式，原稿写为$\sqrt{(12)\,1/2}$，今改为现代数学书写形式。

[2] “不协”二字的原英译为“bad”（坏的，不好的）。

一一计数，且准确无误。代伊克斯特赫伊斯说，“鉴于他《论算术》的法文著作（1585）中，他证明从2到1的十二等比数列的必要条件是包括2的12次方根。因此，他能做到这些”[1]。然而，斯蒂芬在1585 年的《论算术》说：“通过将一个数开三次方、再开二次方、再开二次方，就得到它的十二次方根。”

正如卓仁祥教授曾指出的，斯蒂芬《论算术》的文章中，并未对此作出具体计算或解答。[2]因此，我们务必要看看斯蒂芬如何计算。笔者只好耐心地引述其手稿中有关部分。

上述开方的具体数值运算方法是在斯蒂芬手稿的“一弦器的算术除法”一节中提出的。他写道：

我们已经叙述了几何划分法，再要解释一下代数除法。换句话说，通过简单的数字，达到满足实践的要求。我将线段 AB（一弦器的弦线长度——笔者注）划分为10000等份。为了弄清每一音对应于多少等份，我们从“三个半”全音开始。假定1对应于$\sqrt[12]{1/128}$，那么10000对应于多少？答案是$\sqrt[12]{78125\times10^{41}}$，它非常接近于整数6674。因为6675太大了些，这从它的十二次幂可以算出来。好在在寻找这些开方运算过程的每一步中都有恰当的验证。还有一点要注意的是，上一数字的四次幂的平方根大约是$\sqrt[6]{88388347648318440550105}$。如要验证一下，将这个数自乘，再加上一个误差值96389809968824984488975就可以了。显然，该数字的真实平方根与该数之误差远小于1，大约为……再

[1] E. J. Dijksterhuis, *Simon Stevin*: *Science in the Netherlands around 1600*（The Hague: Martinus Nijhoff, 1970），p.418.

[2] Gene J. Cho, *The Discovery of Musical Equal Temperament in China and Europe in the 16th Century*（Lewiston: the Edwin Mellen Press, 2003），p. 225.

将$\sqrt[6]{883883476483184405501 05}$开平方，就得到$\sqrt[3]{297301778750}$。检验方法是，将它自乘再加上误差值404488987605。同样，该数的真实平方根与该数之误差远小于1，仅为$\frac{404488987605}{594603557501}$。该数值的立方根为6674。……这样，“三个半”全音已被化为简单数字，就是从10000到6674。继而，那六个全音的比率2/1减去[1]“三个半”全音的比率10000/6674，就得到“两个半”全音的比率13348/10000，但这个分数的分子不是10000。做一次数学变换，将13348化为10000，那么10000又将对应多少呢？是7491。这样，“两个半”全音与起始音之比为10000/7491。从“三个半”全音之比10000/6674减去“两个半”全音之比就得到一个全音之比为10000/8909；一个全音之比相加就得到两个全音之比10000/7937；从“两个半”全音之比中减去两个全音之比就剩下半音之比10000/9438。已知这些音的比率，其他音的比率也可以用这样方式的运算得到。为了得到“一个半”全音之比，可以用“两个半”全音的比率减去一个全音的比率，或用“三个半”全音之比减两个全音之比，或用一个全音之比加上半音之比，等等，这样就可以得到其余所有各音的比率。

或许还可以按照下面的方法进行演算。上述已获得“三个半”全音的比率，我们再看三个全音之比，以1比$\sqrt{1/2}$，那么10000对应于多少？是7071。所以，10000/7071是三个全音的比率。以“三个半”全音的比率10000/6674减去这个比数，（经分子变换为10000）得到半音的比率为10000/9438；将其相加，得到全音的比

[1] 音程的“相加”或“相减”，在数学计算中实为其比率的“相乘”或“相除”。见缪天瑞:《律学》，人民音乐出版社，1983，第23—25页。

率为10000/8908。而前述第一种方法得到的是10000/8909，显然，这里存在细小差别。在下表中，出于规律有序性，我将采用8909；同样的原因，二个全音处采用7936（而不是7937）。超过六个全音的各音数值很容易通过对前面各数值折半而得。这样，为了得到“六个半”全音，我取9438的一半，便是4719；七个全音的数值取8908的一半，如此等等。[1]

我们将斯蒂芬的计算结果和后来研究者们的修正值一并列入下表中。

表11-1　斯蒂芬十二等程律计算数值 *

原始值	修正值	名称	比率
10000		起始音	
9438	*(9438.7)	半音	**1.0595465
8909		全音	1.0593781
8404	*(8409.0)	“一个半”全音	1.0600904
7936	*(7937.0)	二个全音	1.0594758
7491	*(7491.5)	“二个半”全音	1.0594046
7071	*(7071.1)	三个全音	1.0593975
6674	*(6674.2)	“三个半”全音	1.0594845
6298	*(6299.0)	四个全音	1.0597014
5944	*(5946.0)	“四个半”全音	1.0595558
5611	*(5612.3)	五个全音	1.0593477
5296	*(5297.2)	“五个半”全音	1.0594788
5000		六个全音	1.0592000

注：表中第一纵列为斯蒂芬计算值；第二纵列加星号括弧者是20世纪中期莱顿大学物理学教授福克尔所做的修正值；最右边加两个星号的纵列数值是由北得克萨斯州大学音乐学院卓仁祥教授据斯蒂芬原数（第一纵列）计算的相邻两数之比值。

[1] E. J. Dijksterhuis, *Simon Stevin*: *Science in the Netherlands around 1600* (The Hague: Martinus Nijhof, 1970), p. 445—447.

由上所述，斯蒂芬虽然写出了十二等程律的开方根式，但他并未真正进行开方运算。他以分数运算代替了开方运算，因此给人以潦草行事的印象，也难怪其手稿会被他自己和他人遗忘了。另一印象是，这位优秀的荷兰数学家怎么会对计算$\sqrt[12]{2}$感到如此困难？他连这个等比数列的公比数都未曾具体算出来。卓仁祥从斯蒂芬的计算值中，进一步依据其数据，算得其两律间的比数，即公比数。显然，斯蒂芬的公比数却是：

$$1.0592 < \sqrt[12]{2} < 1.0600$$[1]

这个公比数值分明不如朱载堉的1.059463094……精确。如果将斯蒂芬的十二律计算值与朱载堉的计算值（见表4–8）一一做比较，在斯蒂芬的4位有效数字内有7个数值是不准确的，仅有4个数值是对的，准确的数值不足一半。由此可见，斯蒂芬实际上没有从数学上真正得出十二等程律，或者说，他没有对自己的上述第二个公设做出严格的数学证明。就斯蒂芬的公设而言，朱载堉说到了、做到了；就朱载堉计算的准确度与精确度而言，斯蒂芬却没有做到。

因此，笔者认为，某些欧美的音乐理论家对斯蒂芬的等程律数学问题是过分地褒奖了，而对朱载堉却一知半解。当知，这种学术上的比较是要在对双方都有充分认识、充分了解的基础之上的，否则就会给人以不实之感。如若不信，请读者读读以下长段文字，它是代伊克斯特赫伊斯在评论“斯蒂芬的音乐观”时写下的文字：

对风琴和拨弦古钢琴（harpsichords）没有试过将八度分成

---

[1] Gene J. Cho, *The Discovery of Musical Equal Temperament in China and Europe in the 16th Century*（Lewiston：the Edwin Mellen Press, 2003）, p. 225.

十二个相等的音级。管风琴家试着以稍微调整五度的方式产生纯八度和纯大三度。它们相当于四个连续的五度，即486∶324∶216∶144∶96。

因此，480和96之间完全和谐，这是因为480∶96=5∶1，486∶480=81∶80。

存在的音差被分配到四个音级上，每个音级少1/4音差，即l/320，约略近似于480∶321∶$214\frac{2}{3}$∶$145\frac{5}{9}$∶96。

为了有准确的大三度（如480=5×96和384=4×96之间），因而使纯五度稍有偏差。巴伯（J. M. Barbour）认为，阿隆（Pietro Aron）首先描述了这种调音方法（Tossanello in musica，Venice，1523）。扎尔利诺（Gioseffo Zarlino，1517—1590，斯蒂芬经常称他是“Meester Sarlijn”）和萨利纳斯（Francisco Salinas，于1577年）极力鼓吹平均律(meantone temperament)[1]，他们是两个伟大的早期音乐创建者。

斯蒂芬大胆地删略了所有这些微小数值。在他看来，所有半音不能不相等。在这方面，他同意温琴佐·伽利莱（Vincenzo Galilei）的看法，而后者是扎尔利诺的持异议的学生。

斯蒂芬拒绝承认和谐音程和整数比之间有任何关系。在他看来，这些数字是由2∶1的等比数列中分出十二个相等比数的结果，2的12方根的12倍是个“整数”。巴伯十分恰切地评论道：“在他那个时代，只有数学家（或许只有那些没有完全认识同代音乐实践的数学家）才能做出这样的叙述。”巴伯还说：“令人耳目一新的方

[1] meantone temperament，中国音乐界已习惯地将它译为“中庸律”，正如音乐界习惯地称twelve tones equal temperament或者duodecimal equal temperament为“十二平均律”，而不译为“十二等程律”一样。事实上，称为“平均律”和“十二等程律”是比较科学的术语。

式，完全符合我们时代发展的理论和创作的观念。”[1]斯蒂芬的卓越成就是，他在10000和5000之间提出了四位数的精确比数以表示从1到1/2的八度内的十二个半音。鉴于在《论算术》的法文著作（1585）中，他证明了从2到1的十二项等比数列的必要条件包括了2的12次方根，因此，他能够做到这些。两次平方根接着一次立方根的联合运算，他发现$\sqrt[12]{2}$的比率10000：9438=1.0595：1，更精确的数字为1.059463……斯蒂芬绝未讲述18/17的近似值，这个数值是诗琴（lute）的制造者们所熟悉的，他们在指板上固定琴马时用到它。

他并未扼杀小数的清晰的简洁性。在他的《论算术》文中，他已解释了“没有不合理的、无理性的、不规则的、不能解释的或不尽根的数”。

在他看来，如$2^{7/2}$这个数就像诸如3/2一样是个“好”的数。如有人怀疑，五度的美妙和谐怎么会与如此复杂的一个数相一致，然后说斯蒂芬有点傲慢和寻衅，那他就不会打算去刻苦地纠正这个不能解释的无理数和如此令人误会的荒谬性。他抛弃手上的毕达哥拉斯的音程数值（五度为3/2，二度为9/8，大三度为81/64，四度为4/3），而这些数值导致半音为256/243。当从全音（9/8）中减去这个数时就导出比率接近于256/240的另一个半音。斯蒂芬指出，这个大半音比原先的小半音几乎大1/4（256与243、240之差分别是13和16）。所有的半音不能不是相等的，五度比为3/2的初始假设肯定是错误的。因为斯蒂芬十二个半音相等来源于这一事实，即在调谐拨弦古钢琴时曾获得五度和四度可以返宫（closed

[1] Dijksterhuis 注：斯蒂芬将八度十二等分的方法现正被31度等分法所代替，后者是由 Nicola Vceentino（1588）和 Christiaan Huygens（1691）提出的。

cycle)。严格地说，十二个五度超过七个八度的部分应当是1/73(毕达哥拉斯音差)。可是，斯蒂芬将这个完全返宫的任意小误差归之于不可避免的经验误差。

李约瑟(Joseph Needham)在他的《中国科学技术史》(*Science and Civilisation in China*)第四卷第一分册中提出，十二等程律是"王子朱载堉的贡献"。他提出，在16世纪末，一股巨大的中国信息之流进入了欧洲。他极力主张，朱载堉数学解答的某些思想很可能传到了斯蒂芬的心中。斯蒂芬本人将他《论算术》中的命题45看作是他发现十二等程律方法的源泉，将他的成功归之于荷兰语的美妙的语文能力。他或许不会这么说，他不能承认，中国学者不使用荷兰语却能发现这个公式。李约瑟引用朱载堉的书，标明其年份为1584年，而斯蒂芬的《论算术》出版于1585年。我们同意李约瑟的这个说法，即"发明者的名字比起发明的事实本身并不重要"。至于我们知道的斯蒂芬，我们可以引用李约瑟给朱载堉的一句褒奖之语同样地对斯蒂芬说："斯蒂芬本人肯定是第一个给另一个研究者以应得的评价并最后一个争优先权的人。"[1]

引文太长了，但对中国读者而言，似乎应当知道一点相关情况。这段引文是代伊克斯特赫伊斯在1970年写下的，他和巴伯对斯蒂芬的数学计算在数值上都有引申过头之嫌，他们也过于肯定斯蒂芬1585年的《论算术》就是推出十二等程律的基础。《论算术》一文无非证明了$\sqrt[12]{2}=2^{\frac{1}{2\times2\times3}}$而已，它可以为斯蒂芬奠定计算十二等程律的基础，但绝不等于计算了十二等程律。一般认为，斯蒂芬《论歌唱艺术的理论》完稿于约1600年，甚至更晚些时候。

---

[1] E. J. Dijksterhuis, *Simon Stevin: Science in the Netherlands around 1600* (The Hague: Martinus Nijhoff, 1970), p. 415—420.

或许受到代伊克斯特赫伊斯这篇“导论”的影响，5年之后，即1975年，美国著名音乐理论家库特纳教授撰写了《王子载堉的生平和著作》[1]一文。他并不了解朱载堉及其著作，误以为朱载堉以“749定律法”推出十二等程律，同时又过于相信就是斯蒂芬的《论算术》(1585)解答了十二等程律问题。因此，他诚心提出，斯蒂芬和朱载堉应当平分优先权。这方面的讨论，笔者在20年前的拙著[2]中已经讲过，此不赘。当他知道笔者的那本拙著后，曾给笔者来信，言及他虽在上海圣约翰大学教过几年书(1949年之前)，但汉字不识一百个[3]。他的学者风范给我留下了深刻印象。

现在比较一致地认为，斯蒂芬是西方第一个找到了解决十二等程律的数学方法的人。他的计算结果实际上只有4位数字，无论方法或结果都不如朱载堉做得透彻、美丽。近半个多世纪，人们曾为斯蒂芬和朱载堉之间的优先权发生了小小争论。有人推测，斯蒂芬是在1605—1608年间或1600年创立的十二等程律的数学表示式；有人认为，他完成于1595—1596年间；还有人推测，他可能是在1585年或稍晚时候完成的，只比朱载堉晚一年。但这些推测似乎立论无据。现在我们指出并强调，根据本书第四章的材料证明，朱载堉至迟在1581年2月6日已完成了十二等程律的全部理论。朱载堉创建十二等程律数学理论的时间当在1567年至1581年2月6日之间。美国著名音乐理论家库特纳提出：斯蒂芬应与朱

[1] F. A. Kuttner，“Prince Chu Tsai-Yü's Life and Work” *Ethnomusicology* XIX，no.2(1975)：p.163—201.

[2] 戴念祖：《朱载堉：明代的科学和艺术巨星》，人民出版社，1986，第202—204页、301—318页。

[3] 很遗憾，几十年来经过几次搬家，库特纳的来信遗失了。

载堉平分优先权，因为前者优于数学，后者优于时间。由上可见，这是一个多么不公正、不知情的判决呀！

第三节　新法密率传到西方之可能

在斯蒂芬之后，梅森于1636年在他的著作《和谐通论》（*Harmonie Universelle*）中介绍了多种调音方法及其在演奏实践中的运用情况。他既介绍了温琴佐·伽利莱的18∶17调音比率，亦介绍了以无理数1.059463为等程律的调音方法。在探讨梅森与等程律关系的诸多音乐史著作中，人们也提出了许多问题。梅森结合乐器介绍等程律，暗示了有许多以等程律调音的乐器。"但是我们没有发现任何相关的报告。"[1]他直接引用的1.059463这个十二项等比数列的公比数，是怎么来的[2]？他为什么不注明参考文献，还是他那个时代的科学著作不注重引文出处？或许，在那个时代，演奏家和音乐团体只对具体调音方法或规则有兴趣，而对其具体数值的来龙去脉并不追究，因此，在欧洲形成了"这个等程调音音阶的起源是模糊不清的"的说法。

又说，德国魏克迈斯特也对十二等程律有贡献。[3]他在1698年介绍或推荐过等程律，并用它调谐管风琴。他的崇拜者施耐

[1] Alexander J. *Ellis*，*The History of Equal Temperament*; H. von Helmholtz，*On the Sensations of Tone*（New York：Dover Pub. Inc.，1954）. p.548—549.

[2] Gene J. Cho, *The Discovery of Musical Equal Temperament in China and Europe in the 16th Century*（Lewiston：the Edwin Mellen Press, 2003），p.229.

[3] H. von.Helmholtz，*On the Sensations of Tone*（New York：Dover Pub. Inc., 1954），p.321.

格（Schnitger）于1688年为汉堡的圣雅科比－基尔歇（St. Jacobi-Kirche）教堂制造了一架管风琴，并且着意用等程律对它调音。可是，40年后，一些后人对此事却持否认态度。这个教堂的风琴手施马尔（Herr Schmath）和他的雇主德穆特（Demuth）分别表示，不知道也记不起曾用等程律调谐管风琴的事，甚至“在这个教堂的诸多档案中没有发现有关转调的记录”。而罗伯特·史密斯博士（Dr. Robert Smith）“于1759年肯定听说过等程律，否则，他不会说‘12个半音的不谐和体系产生了极为粗糙不爽的谐和’[1]”。

无论如何，18世纪晚期，十二等程律开始在音乐实践中作为调音规则，并“在1811年获得了最广泛的应用”[2]。

很有意思的是，十二等程律的种子是在中国土地上萌芽的，它却在欧洲开花结果。这中间，是通过什么渠道传播的呢？

近年，美国北得克萨斯州大学音乐学院教授卓仁祥发现利玛窦的两则书信，时间约为1597年3至10月间（书信内容详见本书第八章）。那时居住在南昌的利玛窦广结地方官宦、名儒，晋见宁献王朱权的后裔建安王朱多𤊨[3]，从中获得了大量朝廷或宫中信息。诸如《大统历》预报万历二十四年（1596）八月朔日食失误，朱载堉和邢云路分别上改历疏，以及朝廷官宦为此争议，等等。1596年9月，利玛窦将此改历事件作为其进京的契机；1597年10月，他又坚信自己“谋求机会直诣万历帝条件已具备”[4]。此时，利玛

[1] H.von Helmholtz，*On the Sensations of Tone*（New York：Dover Pub. Inc., 1954），p.548.

[2] 同[1]。

[3] 关于建安王朱多𤊨，见《明史》卷一〇二《诸王世表三》。

[4]《利玛窦年表》，载裴化行：《利玛窦神父传》，管震湖译，商务印书馆，1998。

窦将改历一事报告给罗马教廷，也会将朱载堉的乐律数学原理向欧洲知识界报告。虽然他的书信只言及朱载堉和邢云路改历奏疏，但利玛窦通过阅读朱载堉的《律历融通》(附《音义》)，肯定知道计算十二等程律的方法（详见本书第四章第六节）。值得注意的是以下两个等程律的比率：

500000000/749153538

500000000/667419927

朱载堉在《音义》和《律吕精义·内篇》卷一《不用隔八相生》中已明确指出并演示了如何用这两个比率去计算等程律的十二律，或者说，朱载堉利用这两个比数可以实现旋宫转调。利玛窦也只需这样一句话通报欧洲，就可以使欧洲音乐界正在火热探求转调、返宫（closed cycle）的音乐家们恍然大悟。请注意，在这一时期，扎尔利诺竭力倡导等程全音律调谐的方法，而他的学生伽利莱却提出异议，主张以比率18∶17调谐。利玛窦来华前在罗马公学念书，当时扎尔利诺和克拉韦乌斯（Clavius）[1]都是他的老师，自然伽利莱也是他的师长辈。在利玛窦的信息传至欧洲后，闻悉此事的斯蒂芬写下他的《论歌唱艺术的理论》。难道不会这样吗？何况他曾经根据中国的加帆独轮手推车的信息而设计了扬帆车呢！作为当时的一个优秀的数学家，为何写出了十二律的开方根式又不直接开方，而要以比率式去解那样的等比数列呢？这一连串的问题可能要从中西文化传播中找到结论。

[1]“克拉韦乌斯”一名，还在裴化行著的《利玛窦神父传》中出现，见该书索引；在《利玛窦中国札记》英译本序言中译为“罗马神学院的丁先生”(何高济等译，何兆武校，中华书局，1983，序言第33页)。

图11-2　斯蒂芬制造的扬帆车。这种“陆地快艇”的设计思想受到入华传教士关于中国加帆独轮手推车的信息启发（见《西蒙·斯蒂芬：约1600年荷兰的科学》，第82—84页）

在利玛窦之后，进入中国的耶稣会士对中国的音乐都极感兴趣。他们从中国“发出一股书简的洪流，将中国文化的内容实质告知西方世界”[1]。中国的士大夫们在向他们学习科技知识的同时，也不断地向他们介绍中国的传统文化。一方面，朱载堉是在1595年和1606年分别将其律历著作呈进朝廷的，因此，传教士们不可能得不到有关十二等程律学理的信息。另一方面，金尼阁（Nicolas Trigault，1577—1628）曾于1613—1617年返回欧洲，在中国期间，又曾进入河南传教三四个月，其后又不断往来河南、山西、陕西三省，而朱载堉居住的郑王封地怀庆府，恰好是金尼阁旅行传教的必经之地，金尼阁的河南旅途中、在河南布教或与士大夫们辩论教旨的同时，很可能得到了朱载堉的乐律著作，也会听到有关朱载堉的新法密率可以达到旋宫转调的知识信息。在这过程中，

[1] Joseph Needham，*Science and Civilisation in China*，*Vol. 4*，*part 1*，*Physics*（New York：Cambridge University Press），p.226.

是否有一本朱载堉的乐律著作被寄送到欧洲呢？[1]至少有关十二等程律的信息会以书讯形式告知欧洲学术界吧！

另一个很值得怀疑的线索是《崇祯历书》的编纂。从崇祯二年（1629）到崇祯七年（1634）间，在徐光启（1562—1633）主持下设立历局，修订历法。这个明朝皇家天文机构先后聘请了龙华民（N. Longobardi，1559—1654）、邓玉函（Jean Terrenz，1576—1630）、汤若望（Johann Adam Schall von Bell，1591—1666）、罗雅谷（Jacobus Rho，1593—1638）等耶稣会士参与工作。在中国，历法与乐律相结合已有悠久的历史，因此，那些传教士在修订历法、查阅历史文献的过程中，不可能不接触到中国的乐律学问题。值得指出，崇祯二年七月二十六日（1629年9月13日），徐光启奏疏修历急要事宜，共四款三十三条，其中包括历法修正、人事安排、仪象制作、度数旁通等内容，特别指出参与编纂历书的中西人员必须通晓数学和音乐等科目。[2]恰巧，正是朱载堉本人，早在这次改历的酝酿过程中，于1595年就曾上书改历，并呈上了他自己的历法，即《圣寿万年历》《万年历备考》《律历融通》；1606年，又呈进了《乐律全书》的雕版印刷本五部。这样，传教士们就不可能不知道，甚至要精心研究朱载堉的乐律理论。

问题还在于欧洲的音乐理论家如梅森等人，是否能接收到传教士发自中国的信息呢？不妨从梅森其人及其科学活动谈起。梅森在完成他的学业之后，于1612年接受了圣职，后在巴黎的王家

[1] 朱载堉的《乐律全书》不止一本被携带到欧洲各大图书馆。当王光祈于20世纪初在德国留学时，曾在柏林图书馆见到“六大布套”的朱载堉著作，并“尽读之”。王光祈：《东西乐制之研究》，中华书局，1926，第87页。

[2] 徐光启：《新法算书》卷一《缘起》，《四库全书》本。

米尼姆（Minim）修道院服务，并被任命为副主祭和神父。1614年，他被派到靠近内韦尔（Nevers）的修道院，先后担任哲学教师（1615—1617）和神学教师（1618），又曾任该修道院“司法”。1619年，他作为方济各会会员回到巴黎，此后一直住在巴黎。这期间，他曾远涉意大利。梅森是个学问渊博的人物，他在数学、哲学、物理学、天文学、音乐理论等多方面作过研究，也是17世纪法国的重要思想家之一，曾被称为“科学家中伟大的中介人”[1]，可见他具有极大的活动能量和获得各种情报的机会。

《新格罗夫辞典》就梅森的科学活动写道：“他极端相信人类的理性和宇宙的秩序，他鼓励合作的冒险行动和传播科学知识，支持建立国际学术研究院。他在巴黎的住室成了智力猎奇的会议场所，并且他跟他那个时代的主要的思想家们保持直接的通信联系，其中包括笛卡儿（Descartes）、伽桑狄（Gassendi）、霍布斯（Hobbes）、惠更斯（Christiaan Huygens）、费马（Fermat）、罗伯维尔（Roberval）、伽利略、多尼（Doni）、阿诺尔德（Arnauld）和佩莱斯克（Peiresc）等人，他们在通信中交换以他们的途径发现的许多思想，并且被撰入梅森发表的著作中。”[2]

可见，一方面梅森的主张和入华传教士们的思想行为相一致，另一方面梅森几乎和欧洲所有学界名人都有联系。这样，他没有得知传教士发自中国的关于等程律的消息是令人怀疑的。

还有一个线索。近代科学的创始人伽利略（Galileo Galilei，

---

[1] F. Cajori, *A History of Physics*（London：Macmillan Publishers，1928），p.98. 中译本戴念祖译：《物理学史》，内蒙古人民出版社，1981，第97页。

[2] Stanley Sadie（ed.），*The New Grove Dictionary of Music and Musicians*，*Vol.12*（London：Macmillan Publishers，1980），p.188—190.

1564—1642）在他的父亲温琴佐·伽利莱的影响下也是音乐爱好者。而伽利略、邓玉函同为意大利猞猁研究院（Accademia dei Lincei）院士，天文学家开普勒（J. Kepler，1571—1630）是这个研究院的通讯院士。侨居中国的邓玉函和伽利略、开普勒都有书信往来。譬如，邓玉函在天启三年（1623）的书信曾被开普勒以题为《邓玉函神父自中国致欧洲天文学界书》引用在他的《开普勒全集》第七册中[1]。在中国关于历法改革的争论及编纂《崇祯历书》的过程中，为了得到预测日食的准确方法，邓玉函等人在1616—1622年间曾多次致书伽利略、开普勒，并通过地方主教传递信件。[2]邓玉函在启程来中国之前，于1616年6月16日致函罗马教宗御前植物学家法信耳（Faber），希望"向伽利略领教若干事"，并竟敢对伽利略因宣传哥白尼学说而受到宗教裁判所的谴责和禁令一事深表惋惜之意。[3]在这些经常性的通信中，欧洲各地方主教，伽利略、开普勒等人都有可能获得朱载堉的乐律理论的信息，并将此告知梅森。但是，这个"伟大的科学中介人"为何不在他发表的著作中指出其来历呢？

显然，斯蒂芬和梅森所处的时代并不像今天一样，著作家的著作必须书写文献或事实来源。但我们不能不注意到，梅森所处时代有一个更深层的社会和宗教原因，那就是伽利略违犯了1616年教会对他的禁令，在1632年发表了巨著《两大世界体系的对话》，他在这本书中成功地论证了赞同日心地动说的论点。伽利略因此

---

[1]《方豪文录》，上智编译馆，1948，第287—289、295—300页。

[2] 费赖之（Louis Aloys Pfister）：《入华耶稣会士列传·邓玉函传》，冯承钧译，长沙商务印书馆，1938，第186页。

[3] 同[1]，第297—298页。

于1634年，也就是在他70岁的时候受到罗马宗教裁判所的审判和监禁。这件事震动了当时的欧洲科学界，许多科学家因此变得小心谨慎，害怕由于触犯《圣经》和教规而危及身家性命。梅森是在1636年，即伽利略被审判后的第二年发表等程律的。在宗教统治的黑暗时期，他当然要隐藏自己和伽利略的关系。即使是梅森从伽利略那里得到了有关中国等程律的信息，他也必然不敢在自己的文章中揭示出这一事实。再则，梅森本人是竭力主张“科学首先用于保卫宗教”[1]的人，一旦他发现伽利略的行径和《圣经》及他本人的观点有不可调和的矛盾，一旦他知道邓玉函神父等曾于1616年对伽利略被教廷制裁一事表示同情的态度，他又怎敢在自己的著作中说出等程律的来源呢？这一切，就可能造成至今还有人认为，在欧洲“等程律音阶的起源问题是模糊的”。

到了18世纪，情况就不同了。来自法国的传教士钱德明（Jean Joseph Marie Amiot，1718—1793，又名王若瑟）曾撰写了几卷本的论中国音乐的著作。多卷本的学术通讯，为在西方传播中国音乐做出了贡献。他也是李光地（1642—1718，字晋卿，福建安溪人）的《古乐经传》一书的法文译者。他在1776年著《中国音乐概论》（*Mémoire sur la musique des Chinois*）一书[2]，并在书中对朱载堉及其乐律理论做了详尽介绍。

朱载堉的十二等程律理论传播到欧洲后，为欧洲学术界所惊讶和赞叹。亥姆霍兹说：

---

[1] Stanley Sadie (ed.), *The New Grove Dictionary of Music and Musicians*, *Vol.12* (London: Macmillan Publishers, 1980), p.188—190.

[2] Louis Pfister, *Notices Biographiques et Bibliographiques sur les Jésuites de l' Ancienne Mission de China* (*1552—1773*), (Chang-hai; Imprimeriedela Mission catholique, 1932), p.837—860.

在中国人中，据说有一个王子叫载堉的，他在保守派音乐家的反对声浪中，倡导七声音阶。把八度分成十二个半音及变调的方法，也是这个有天才和技巧的国家发明的。[1]

埃利斯写道："钱德明报告了早在毕达哥拉斯之前中国人发明的等程律。"[2] 黎曼在他编著的《音乐辞典》中写道："中国在很早的时候就有了宫商角徵羽五声，到耶稣降生前一千五百年的时候，载堉倡导半律的用法，从此五度相生律中的十二律就完成了。"[3]

这里要稍加说明的是，说朱载堉把八度分成十二律或十二个半音，发明了变调的数理方法即十二等程律，这是对的；但把朱载堉说成是毕达哥拉斯之前的人物，甚至是耶稣降生前一千五百年的人物，却又是错误的。同时，把毕达哥拉斯时代中国已有的七声音阶又说成是朱载堉的发明，这也是错的。这种真假相掺的传说很容易使人们想到这样的情形：当社会动荡的岁月，在公民中传播了极久的、极为广泛的一种有利于公民的传说，有朝一日突然得以证实，人们为此感到惊愕之余，便不约而同地为这个传说添枝加叶，使传说成为美好的故事，让传说中的主人公成为"神"。从明末传教士自中国向欧洲发回信息时起，到钱德明的著作在19世纪被注意的几百年间，朱载堉及其创立的十二等程律在欧洲的传播过程正是这样一种典型的社会事件。

---

[1] H.von Helmboltz, *On the Sensations of Tone*, trans. A. J. Ellis，4th ed.（New York：Dover Pub.Inc.,1954），p.258.

[2] 同 [1]，p.548.

[3] Hugo Riemann，*Dict. de Mus.*，p.191. 转引自刘半农《庆祝蔡元培先生六十五岁论文集》，第 291 页 .

有鉴于此，李约瑟公正地讲道：

平心而论，近三个世纪里欧洲的和近代的音乐完全可能受到中国的一篇数学杰作的强大影响，虽然传播的证据尚付阙如。发明者的姓名较之发明的事实，仍属次要，而且朱载堉本人肯定是第一个给另一个研究者以应得的评价并最后一个争优先权的人。毫无疑问，首先从数学上系统阐述等程律的荣誉应归之于中国。[1]

自从20世纪30年代刘半农的《十二等律的发明者朱载堉》问世以来，朱载堉的乐律理论逐渐恢复了它在科学史、文化史和音乐史上应有的地位。中外学者也逐渐怀疑，欧洲的十二等程律究竟是独立创建的还是受到了朱载堉的影响。1948年起，鲁宾逊（K. Robinson）陆续发表《对古代中国朱载堉论述的律吕体系或十二律管的评判性研究》[2]等长篇大作，为西方学者重新认识和重视朱载堉的乐律理论做出了贡献。此后，李约瑟博士在他的《中国科学技术史》第四卷第一分册中也作了专门的论述，尤其是关于朱载堉的十二等程律在世界的领先地位及其对西方的影响方面的论述，其味无穷，令人思索不已。20世纪80年代以来，阐述朱载堉及其乐律理论的著作逐渐增多。近年，美国北得克萨斯州大学音乐学院教授卓仁祥的英文专著，更是细致入微地揭示了斯蒂芬的乐律

---

[1] Joseph Needham，*Science and Civilisation in China*，*Vol. 4*，*Part 1*，*Physics*（New York：Cambridge University Press，1962），p.228.

[2] Kenneth Robinson, *A Critical Study of Ju Dzai–Yü's Account of the System of the Lü–Lü or Twelve Musical Tubes in Ancient China*,Unpublished Dissertation, Oxford University, 1948. 在李约瑟博士的《中国科学技术史》第4卷第1分册的书目中，列有鲁宾逊的5篇著作。笔者最近读到了鲁宾逊的一篇大作：*A Critical Study of Chu Tsai-Yü's Contribution to the Theory of Equal Temperament in Chinese Music*（Wiesbaden：Franz Steiner Verlag Gmbh,1980）。该书由李约瑟作序。

计算与朱载堉的差异，首次搜寻到利玛窦有关朱载堉《进历书奏疏》而向西方报告的信札，从而深化了关于16世纪中西音乐交流的研究。笔者相信，随着研究的日益深入，欧洲等程调音音阶的起源问题会有雾散晴朗之日。

PRINCE

MUSICOLOGIST

SCIENTIST

ZHU ZAIYU

参考文献

（按作者姓氏音序排列：先著作，后文章；先中文，后外文；无作者之文献，如实录，排著作之后）

1 班固．汉书［M］．中华书局标点本．颜师古，注．1983.
2 蔡元定．律吕新书［M］．四库全书本．台北：台湾商务印书馆，1982.
3 陈景润．初等数论［M］．北京：科学出版社，1978.
4 陈澧．声律通考［M］．续修四库全书本．上海：上海古籍出版社．
5 陈美东．中国科学技术史·天文学卷［M］．北京：科学出版社，2003.
6 陈万鼐．朱载堉研究［M］．台北故宫博物院，1992.
7 崔宪．曾侯乙编钟钟铭校释及其律学研究［M］．北京：人民音乐出版社，1997.
8 戴念祖．中国声学史［M］．石家庄：河北教育出版社，1994.
9 戴念祖．中国物理学史大系·声学史［M］．长沙：湖南教育出版社，2001.
10 戴念祖．中国物理学史大系·古代物理学史［M］．长沙：湖南教育出版社，2002.
11 戴念祖．中国科学技术史·物理学卷［M］．北京：科学出版社，2001.
12 戴念祖．朱载堉：明代的科学和艺术巨星［M］．北京：人民出版社，1986.
13 戴念祖．中国科学技术典籍通汇·物理卷［M］．郑州：河南教育出版社，1995.
14 杜景丽. 乐圣朱载堉[M]. 郑州：中州古籍出版社，2006.
15 杜石然. 中国古代科学家传记[M]. 北京：科学出版社，1993.
16 范泰恒. 燕川集[M]// 四库全书存目丛书补编，第10册. 济南：齐鲁书社，1997.
17 范晔. 后汉书[M]. 中华书局标点本. 李贤，等，注.1982.
18 范照藜. 勾漏山房诗(怀怀诗)[M].1992年10月沁阳市文物管理委员会印清嘉庆年间河内刻本.
19 方豪. 方豪文录[M]. 北平：上智编译馆，1948.
20 方以智. 物理小识[M]. 四库全书本. 台北：台湾商务印书馆，1982.
21 房玄龄等. 晋书[M]. 中华书局标点本.1982.
22 费赖之(Louis Alogs Pfister). 入华耶稣会士列传[M]. 冯承钧，译. 长沙：商务印书馆，1938.
23 谷应泰. 明史纪事本末[M]. 北京：中华书局，1977.
24 国家计量总局. 中国古代度量衡图录[M]. 北京：文物出版社，1981.
25 韩邦奇. 苑洛志乐[M]. 四库全书本. 台北：台湾商务印书馆，1982.
26 何瑭. 柏斋集[M]. 四库全书本. 台北：台湾商务印书馆，1982.
27 何瑭. 何柏斋先生文集[M]// 陈子龙等. 明经世文编. 北京：中华书局，1962.
28 黄翔鹏. 溯流探源：中国传统音乐研究[M]. 北京：人民音乐出版社，1993.
29 江永. 律吕阐微[M]. 四库全书本. 台北：台湾商务印书馆，1982.
30 焦竑. 国朝献徵录[M]. 台北：台湾学生书局，1965.

31 康熙 . 律吕正义 [M] . 四库全书本 . 台北：台湾商务印书馆，1982.
32 郎瑛 . 七修类稿 [M] . 北京：中华书局，1959.
33 雷礼等 . 皇明大政记 [M] // 四库全书存目丛书 . 史部第8册 . 济南：齐鲁书社，1996.
34 李纯一 . 先秦音乐史 [M] . 北京：人民音乐出版社，1994.
35 李东阳等 . 大明会典 [M] . 申时行，重修 . 台北：文海出版社，1985.
36 李俨 . 中算史论丛：第三集 [M] . 北京：科学出版社，1955.
37 李约瑟 . 中国科学技术史 [M] . 北京：科学出版社，2003.
38 利玛窦，金尼阁 . 利玛窦中国札记 [M] . 何高济，等，译，何兆武，校 . 北京：中华书局，1983.
39 刘安 . 淮南子 [M] // 诸子集成 . 北京：中华书局，1954.
40 龙文彬 . 明会要 [M] . 北京：中华书局，1956.
41 陆机 . 陆士衡集 · 杂著 [M] . 丛书集成初编本 .
42 路工 . 明代歌曲选 [M] . 上海：上海古典文学出版社，1956.
43 梅文鼎 . 绩学堂文钞 [M] // 四库全书存目丛书：集部第263册 . 济南：齐鲁书社，1996.
44 缪天瑞 . 律学 [M] . 北京：人民音乐出版社，1983.
45 牟复礼，崔瑞德 . 剑桥中国明代史 [M] . 张书生，等，译 . 北京：中国社会科学出版社，1992.
46 欧阳修，宋祁 . 新唐书 [M] . 中华书局标点本 .1975.
47 潘鼐，向英 . 郭守敬 [M] . 上海：人民出版社，1980.
48 裴化行 . 利玛窦神父传 [M] . 管震湖，译 . 北京：商务印书馆，1998.
49 齐林斯基(Siegfried Zielinski) . 媒体考古学 [M] . 荣震华，译 . 北

京：商务印书馆，2006.
50 钱宝琮．中国数学史［M］．北京：科学出版社，1964.
51 钱宝琮．钱宝琮科学史论文选集［M］．北京：科学出版社，1983.
52 钱塘．律吕古义［M］．续修四库全书本．上海：上海古籍出版社．
53 乾隆．御制律吕正义后编［M］．四库全书本．台北：台湾商务印书馆，1982.
54 丘光明．中国物理学史大系·计量史［M］．长沙：湖南教育出版社，2002.
55 阮逸，胡瑗．皇祐新乐图记［M］．四库全书本．台北：台湾商务印书馆，1982.
56 阮元．畴人传［M］．上海：商务印书馆，1935.
57 沈德符．万历野获编［M］．北京：中华书局，1959.
58 沈括．梦溪笔谈［M］．番禺陶敦复，陶福祥，等，校订．古书流通处影印本，约20世纪20年代．
59 沈约．宋书［M］．中华书局标点本．1983.
60 史玄．旧京遗事［M］．北京：北京古籍出版社，1986.
61 司马迁．史记［M］．中华书局标点本．1982.
62 宋濂．元史［M］．中华书局标点本．1976.
63 谈迁．国榷［M］．北京：古籍出版社．1958.
64 田易．畿辅通志［M］．唐执玉，等，监修．四库全书本．台北：台湾商务印书馆．
65 脱脱等．元史［M］．中华书局标点本．1977.
66 王光祈．东西乐制之研究［M］．上海：中华书局，1926.
67 王光祈．王光祈文集：音乐卷［M］．成都：巴蜀书社，1992.
68 王世贞．弇山堂别集［M］．北京：中华书局，1985.
69 王士禛．池北偶谈［M］．四库全书本．台北：台湾商务印书馆．

70 王坦．琴旨［M］．四库全书本．台北：台湾商务印书馆．
71 魏收．魏书［M］．中华书局标点本．1974.
72 魏徵，令狐德棻．隋书［M］．中华书局标点本．1982.
73 吴承洛．中国度量衡史［M］．上海：商务印书馆，1937.
74 吴南薰．律学会通［M］．北京：科学出版社，1964.
75 吴伟业．梅村家藏稿［M］．四部丛刊本．
76 吴慰祖．四库采进书目［M］．北京：商务印书馆，1960.
77 夏燮．明通鉴［M］．北京：中华书局，1959.
78 向熹．诗经词典［M］．成都：四川人民出版社，1986.
79 邢云路．古今律历考［M］．四库全书本．台北：台湾商务印书馆．
80 徐学谟．世庙识余录［M］．续修四库全书本．上海：上海古籍出版社．
81 薛居正，等．旧五代史［M］．中华书局标点本．1976.
82 薛宗明．中国音乐史：乐谱篇［M］．台北：台湾商务印书馆，1983.
83 严讷等．宗藩条例［M］//北京图书馆古籍珍本丛刊：59.北京：书目文献出版社．
84 杨荫浏．中国音乐史纲［M］．上海：上海万叶书店，1952.
85 杨荫浏．中国古代音乐史稿［M］．北京：人民音乐出版社，1981.
86 应伪谦．古乐书［M］．四库全书本．台北：台湾商务印书馆．
87 永瑢，等．四库全书总目［M］．北京：中华书局，1965.
88 张廷玉，等．明史［M］．中华书局标点本．1974.
89 张萱．西园闻见录［M］．续修四库全书本．上海：上海古籍出版社．
90 赵翼．廿二史劄记［M］．丛书集成初编本．
91 朱彝尊．曝书亭集［M］．四部丛刊本．
92 朱彝尊．明诗综［M］．四库全书本．台湾商务印书馆．

93 朱载堉．乐律全书［M］．郑藩刻本；四库全书本．台北：台湾商务印书馆；北京图书馆古籍珍本丛刊：4．北京：书目文献出版社；中国科学技术典籍通汇·物理卷：第2册．郑州：河南教育出版社，1995；万有文库本，第1集735号．上海：商务印书馆，1931年．
94 朱载堉．圣寿万年历附律历融通［M］．四库全书本．台北：台湾商务印书馆．
95 朱载堉．瑟谱［M］.1929年影印明毛子晋抄本．
96 朱载堉．律吕正论［M］//四库全书存目丛书：经部183册．济南：齐鲁书社；续修四库全书本．上海古籍出版社．
97 朱载堉．律吕质疑辨惑［M］//四库全书存目丛书：经部183册．济南：齐鲁书社；续修四库全书．上海古籍出版社．
98 朱载堉．嘉量算经［M］．续修四库全书本．上海：上海古籍出版社．
99 朱载堉．古周髀算经图解［M］．续修四库全书本．上海：上海古籍出版社．
100 朱载堉．圆方勾股图解［M］．续修四库全书本．上海：上海古籍出版社．
101 朱载堉．醒世词［M］．阎永仁，重编．郑州：中州古籍出版社，1992.
102 朱载堉．律学新说［M］．冯文慈，点注．北京：人民音乐出版社，1986.
103 朱载堉．律吕精义［M］．冯文慈，点注．北京：人民音乐出版社，1998.
104 左丘明．国语［M］．上海师范大学古籍整理研究所，点校．上海：上海古籍出版社，1983.
105 左丘明．春秋左传［M］．十三经注疏本．北京：中华书局，1980.
106 河南通志［M］．清顺治年修．

107 河南通志［M］.清康熙九年修.
108 河内县志［M］.清康熙三十二年修.
109 河内县志［M］.清道光五年修.
110 怀庆府志［M］.清乾隆五十四年重修.2004年沁阳市地方志编纂委员会影印.
111 明穆宗实录［M］//明实录.台湾“中央”研究院历史语言研究所校印.1961.
112 明神宗实录［M］//明实录.台湾“中央”研究院历史语言研究所校印.1961.
113 明世宗实录［M］//明实录.台湾“中央”研究院历史语言研究所校印.1961.
114 武陟县志［M］.清道光九年修.
115 范谦.议正历元以成大典疏［M］//朱载堉.圣寿万年历·附录.四库全书本.台北：台湾商务印书馆；历书：第一册附录//乐律全书.郑藩刻本.
116 李应策.乞敕亟定岁差疏［M］//乐律全书.郑藩刻本.
117 谢廷训，关志拯.为恭进历书疏［M］//乐律全书.郑藩刻本.
118 邢云路.议正历元疏［M］//乐律全书.郑藩刻本.
119 张应候.申明历元疏［M］//乐律全书.郑藩刻本.
120 朱载堉.进历书奏疏［M］//四库全书：786册.台北：台湾商务印书馆；历书：第一册卷首//乐律全书.郑藩刻本.
121 朱载堉.上进表［M］//乐律全书.郑藩刻本.
122 朱载堉.进律书奏疏［M］//乐律全书.律吕精义：卷首.郑藩刻本.
123 陈美东.论我国古代冬至时刻的测定及郭守敬等人的贡献［J］.自然科学史研究，1983(1).
124 陈美东.我国古代对五星近日点黄经及其进动值的测算［J］.自

然科学史研究.1985(2).
125 陈美东.试论我国古代黄赤交角的测量[M]//科技史文集：第3辑.上海：上海科学技术出版社，1980.
126 陈万鼐.朱载堉年谱[J].音乐研究学报1992(1).
127 戴念祖.试析秦简《律书》中的乐律与占卜[J].中国音乐学，2001(2)；文物，2002(1).
128 戴念祖.朱载堉神道碑文注[J].中国音乐学，2007(2).
129 戴振铎.广义三分损益律与朱载堉十二平均律及纯律的关系[J].中国音乐学，2002(4).
130 冯文慈.律学新说及其作者[M]//朱载堉.律学新说.冯文慈，点注.北京：人民音乐出版社，1986.
131 葛治功.丹阳贺家坟发现明代历书[J].文物参考资料，1957(7).
132 郭树群.谈朱载堉的律学思维[J].音乐研究，1985(2).
133 黄翔鹏.中国古代律学：一种具有民族文化特点的科学遗产[J].音乐研究，1983(4).
134 黄翔鹏.均钟考：曾侯乙墓五弦器研究[J].黄钟(武汉音乐学院学报)，1989(1).
135 李纯一.朱载堉十二平均律发明年代辨证[J].音乐研究，1980(3).
136 刘半农.十二等律的发明者朱载堉[J].庆祝蔡元培先生六十五岁论文集(国立中央研究院历史语言研究所集刊外编第一种)，1933.
137 齐天昌.关于朱载堉与何瑭的一点考证[J].沁园春，2006(2).
138 齐天昌.寻访朱载堉故居[J].沁园春，2006(2).
139 田中华.神道碑与朱载堉生平考述[J].中国科技史料，2004(4).

140 徐飞 . 朱载堉十二平均律若干问题研究［M］// 中国人文社会科学博士硕士文库（哲学卷）. 杭州：浙江教育出版社，2005.

141 徐飞 . 朱载堉十二等程律的理论验证［J］. 科学技术与辩证法，1996（4）.

142 徐飞 . 宋代阮逸、胡瑗异径管律的数理验证［J］. 自然科学史研究，2001（3）.

143 杨荫浏 . 平均律算解［J］. 燕京学报，1937（21）.

144 杨荫浏 . 三律考［J］. 音乐研究，1982（1）.

145 张红军 . 河南沁阳发现王铎撰书郑端清世子神道碑残片［J］. 文物，1995（2）.

1 Cajori F. A History of Physics [M] . London: Macmillan Publishers, 1928.

2 Cho Gene J. The Discovery of Musical Equal Temperament in China and Europe in the 16th Century. Lewiston: The Edwin Mellen Press, 2003.

3 Dijksterhuis E.J., Simon Stevin. Science in the Netherlands around 1600 [M] . the English Version. The Hague: Martinus Nijhoff, 1970.

4 Forbes R.J., Fokker A.D. and Romein-Verschoor A. The Principal Works of Simon Stevin (in Science, Music, Civic Life) [M] . Amsterdam: C.V.Swets & Seitlinger, 1966.

5 Fryer J. Acoustics in China [J] .Nature, 1881, 23: 448—449.

6 Gray H.J. and Isaacs A. A New Dictionary of Physics [M] . London: Longman, 1975.

7 Helmholtz H. von. On the Sensations of Tone as a Physiological Basis for the Theory of Music [M] . Trans. A.Ellis. New York: Dover Pub. Inc., 1954.

8 Kuttner F.A. Prince Chu Tsai-Yü's Life and Work: A Re-evaluation of His Contribution to Equal Temperament Theory [J] . Ethnomusicology, 1975, 19(2): 163—205.

9 Needham J. Science and Civilisation in China: Vol.4, part 1, Physics [M] . New York: Cambridge University Press, 1962.

10 Robinson K. A Critical Study of Ju Dzai-Yü's Account of the System of the Lü-Lü or Twelve Musical Tubes in Ancient China [M] . Unpublished Dissertation, Oxford University, 1948.

11 Robinson K. A Critical Study of Chu Tsai-Yü's Contribution to the Theory of Equal Temperament in Chinese Music [M] . Wiesbaden: Franz Steener Verlag Gmbh, 1980.

12 Sadie S. The New Grove Dictionary of Music and Musicians [M] .London: Macmillan Publishers, 1980.

13 Wood A. The Physics of Music [M] . Rev. J. M. Bowsher. London: Halsted Press, 1975.

14 Zielinski S. Deep Time of the Media [M] . Cambridge: The MIT Press, 2006.

PRINCE

MUSICOLOGIST

SCIENTIST

ZHU ZAIYU

附 录

一、郑端清世子赐葬神道碑

王铎所撰碑文见康熙三十二年（1693）《河内县志》、乾隆五十四年（1789）重修的《怀庆府志》、道光五年（1825）《河内县志》。碑文脱衍甚多，文字艰奥。此前有陈万鼐先生[1]、田中华先生[2]分别标点过，今加注释，重新标点[3]，以供读者参考。

郑端清世子赐葬神道碑

王　铎

天启甲子1，余友宗侯翊钛2渡河3诣余曰："先世子之殁，木薿（nǐ）4矣。于碑惟吾子图之。"余敬诺。夫世子者，乃郑简王庶第四支东垣端惠王之曾孙，太祖高皇帝九世孙也。仁宗始封少子郑靖王于陕西凤翔，后迁河内5。生简王6，僖王7。僖王生康王8。康王无子，鲜亲支。第二子早殁9。议第三子10盟津王承袭，庶母张夫人怨于王，诬奏魇事11，褫爵12。宪宗皇帝廉乃冤，下敕用诫13。孝宗皇帝颁玺书14，引和疏八上，求仍盟津爵15，龁（hé）于礼官16，乃寝17。是时康王弗嗣18，盟津王革19。东垣端惠王20，僖王第四弟也。端惠王薨，权以其庶弟子祐橏封爵，兹王懿王21。生恭王22。盟津遗孤祐檡23疏奏考冤，世宗皇帝心恻24，予之爵25。祐檡子厚

[1] 陈万鼐：《朱载堉研究》，第28—38页。

[2] 田中华：《神道碑与朱载堉生平考述》，《中国科技史料》2004年第4期。

[3] 戴念祖：《朱载堉神道碑文注》，《中国音乐学》2007年第2期。

炜，厚炜子载壐[26]，贫布衣也。恭王生世子，即所谓端清公。世子讳[27]载堉，字伯勤，母妃[28]高氏。生公二年[29]，高氏薨。又一年，己亥[30]世宗锡[31]前嘉名。世子方少，性哲[32]，即喜迍（zhūn）讷[33]。保母张，口授千文。问推位让国曰："今将谁能？"张曰："此古人事。"公[34]曰："尔亦奚骇[35]，我且易焉。"张惶惶急掩其口，曰："事重钜，勿轻言。"然窃目[36]之矣。塾事[37]纪善[38]刘润，时难师，师数引避[39]。性不喜轻訬（chāo）[40]，踖踖（jí）[41]温情弗懈。恭王则怿[42]。又五年，咏诗。恭王曰："鞠子[43]学诗耶，令咏长至日。"丙午[44]，皇帝曰[45]："郑藩有子，睿而无邮[46]，翰林学士高拱[47]，汝其将朕节[48]，是以为郑世子。"于是谠朗英盼[49]，于荣利若弗闻[50]。昵东轩一席[51]，诵盘诰山[52]藏诸书史。而恭王寻有凤阳之黜[53]。初恭王建言[54]，有奸利谗公[55]。阎太妃守公宫。公突丱（guàn）[56]。宗人思，赴于帝，告公代[57]。敕下庐江荣缪（móu）王[58]摄府事[59]。公键闑（niè）[60]，益肆力于玉策鸿宝[61]。年十八，议婚。公曰："否也。吾日惧渊陨[62]，敢知[63]曰余家室。"或以小隙诬奏[64]，令免冠习礼，公不为动。时与关西名僧松谷[65]者，阐于内典[66]。忽一日曰："吾已年壮，爞爞[67]受为何？冒死白父[68]。无回可乎？"会[69]世宗崩，穆宗立。诏庸建言[70]。疏上，痛陈进言匪躬附莩[71]之义，十世斯宥[72]。复爵还。继母继妃王氏[73]薨。服阕[74]，钦依筮婚[75]，公乃从之。御轮[76]于何文定公[77]瑭之孙女，则公年三十五也。又九年[78]，祖母郑懿王妃阎氏薨。恭王棐（fěi）孝含奠[79]，暨周[80]，四隅结蚁[81]，公左右之循制焉。其仲[82]弟[83]之侄悼而孤[84]，公育之[85]，代偿金千余。公之语人曰："刘德[86]居腆振馁[87]。不然，昔之天族[88]不地下笑人哉。"困[89]米数百，粥于不能粥几万指[90]。恭王薨，终厥丧[91]。岁癸巳[92]，年逾艾[93]且八矣。当嗣爵，公踌躇曰："祖以若木[94]分枝，以旁入继，数缴有未眷[95]，鲋（fù）射由井谷[96]，而我何耽耽为[97]。

虽无咎吝[98]，将焉往[99]？矧（shěn）[100]有盟津恭懿之曾孙载壐在。季札、子臧[101]，彼何人斯，我且易焉。”沮者[102]日至，公曰不可。疏请让国载壐，承正系也。神宗下礼部[103]，部难之。因条议宗藩开科睦伦[104]，颇见褒纳，则又怏怏于让弗谐也[105]。乃髦[106]，逊于丹水[107]，成室水浒，与二三田畯[108]，灌桑、牧豕，隐居东复卜园[109]。凿池，理花竹，客至命酒，径酣[110]。与佥事邢云路谭[111]星历。慨古乐失传，折衷音律，教习雅、颂、文、武、舞。无几，让爵至于七。略曰：“立嗣以嫡，立庶以长。盟津庶且长、辞顺，弗从[112]曰不祥。祖懿王时，盟津在，尚为庶人；父恭王袭封，彼虽已故，犹未复爵；今既复爵，后裔贤。敢汩陈大伦[113]，陨越于下[114]，不敦逊[115]，遁荒[116]，则丕[117]不光于前人。今年薄七十，幽尤抱病，宁窜匿岩穴，终期不负此心而已。”皇帝曰：“宗伯[118]，汝核[119]我宗，老显德行，毋蔽朕志。”礼部尚书李廷机曰：“名利人攸重，辞人攸难[120]。民之相怨一豆肉[121]，犯恶不巽（xùn）[122]。矧曰[123]千乘之国[124]日废，年历多则袭三世。罔有弗诫[125]。世子踵徽于古[126]，惟允祖宗德殖厥高[127]，尚用遂哉[128]。王既立，罔有屈于世子世孙，以侮耇（gǒu）成人[129]皇帝曰：“俞。”[130]丙午[131]，越六日[132]，盟津恭懿王曾孙载壐进郑王爵。皇帝念之，遣礼部主事潘士达奖世子暨孙，锡让国高风坊。敕曰：“世子载堉，尔克义是循[133]，固逊王爵[134]，克振纲常[135]，朕心汝康、汝嘉[136]，汝爵原爵[137]，汝禄岁千石[138]。有司羊一[139]、酒一，为诸藩式[140]。尔益永令誉[141]。当是时，天下无不知郑有世子能让国云。覃怀[142]民欲尸祝[143]公，公怪而拒之曰：“我岂以赤社土[144]招闻也者，为我谢乡人。惊吾志[145]矣。”令仲子翊钛试入泮[146]。公慧悟绝人，俭恬淑均[147]，以杀生为禁，视不义若猛火。采真[148]眦娍（miè）[149]，萧萧尘世之外。所著《韵学新说》《先天图正误》《律吕正论》《瑟铭解疏》《毛诗韵府》《礼记类编》《金刚心经注》《算经》《秬秠[150]详考》，献《乐律全书》二十卷[151]，神庙可之[152]。岁辛亥[153]四月哉明[154]后疾。子侄请曰："勿杀生。"距既魄[155]止九日乃薨[156]，年七十有六。神庙闻讣，辍朝去龠。谥之曰："端清世子"。令有司治丧。壬子，三月二十六日[157]葬九峰山之原。余盱（xū）[158]古史，泰伯[159]、夷齐[160]，后季札、子臧[161]，阅数千载，四人已。若括戏伯仲[162]，重耳[163]、蒯辄[164]辈，人固无良，其学问则先庳谫（jiǎn）[165]矣。使世子终奉郑藩血食[166]，其丘德承辉[167]，岂出传[168]、易[169]、诗[170]、沛王[171]、楚王[172]下。盖义高心潭[173]、峻轹（lì）千古[174]。其俣俣（yǔ）嗜古一切[175]，尠（xiǎn）视[176]国土佩玉，直作倮虫[177]一小小观耳。于耽虚好静之趣，寂不动也。使知国让斯名传，斯则世子必意迁。意迁则滞[178]，则岂能十三年老于让哉[179]。然国有尽，名无尽，万世后称愿然[180]。曰明有世子，若其较王祚畴为短长[181]，又不待智者辨已。世子妃何氏，先薨；继王氏。子长翊锡，何氏出，授封郑世子，娶申氏[182]，继杜氏[183]。子次翊钛，授某职，娶某氏；女，适廪生[184]孙克肖[185]，俱王氏出。孙若干，能诗礼，庶不落厥闻[186]。铭曰：

□攘竭竭（qiè）[187]，民鲜不诧。

求彼肥遁，吪（é）絷（zhí）[188]于囮（é）[189]。

有美世子，耳滋目昣（zhěn）[190]。

孝师虎雌（wěi）[191]，既拯用和。

支子不祭，在庙幂牺[192]。

世子曰否，斁（yì）伦[193]斯颇。

亦既让止，而康而番。

害不草草，曷[194]乃心迈。

害淡害忘，乾喉[195]不诃。

公之视国，譬彼蚰（chù）罗[196]。

遹（yù）[197]追齐物，言笑且傞（suō）[198]。

龙悔则遘（gòu）[199]，古旃（zhān）[200]则多。

我宠世子，电雷无那。

巩革为志，纵适沧波。

宅家产光，格鬼释蝌。

著书用臧[201]，人宗巀（zá）峨[202]。

地下墨胎，以遨以过。

海殚斯枯，石泐斯磨。

稽首硕风，如寿万何。

不肖男翊锡、翊钛[203]

1 甲子：天启四年，1624年。

2 翊钛：朱载堉次子，世子继妃王氏所生，人尊称其“宗侯”。

3 渡河：过黄河。

4 木薿（nǐ）：林木茂盛。此借喻子孙众多。

5 郑靖王瞻埈（？—1466），明仁宗朱高炽庶次子，于永乐二十二年（1424）封郑王，宣德四年（1429）就藩陕西凤翔，正统九年（1444）迁怀庆府河内县（今河南沁阳）。事见《明史》卷一〇三《诸王世表》。

6 简王：祁锳（？—1495）。原文指靖王生简王。

7 僖王：见滋（？—1479），简王嫡长子，但先于简王而卒。

8 康王：祐枔（？—1507），僖王嫡长子。

9 第二子早殁：指简王第二子、僖王之弟早卒。

10 第三子：指简王庶三子、盟津王见濍（？—1491）。

11 魇事：原意为做梦，说梦话。据《明史》卷一一九《诸王列传》载：见濍母张夫人有宠于简王祁锳，遂企图夺嫡，窃世子金册（族谱）。在张夫人得宠时，简王妃韩氏不为祁锳所礼，王府内遂不和睦。之后祁锳疏告宪宗，宪宗将见濍母子降为庶人。这就是魇事。另据朱载堉《让国正伦疏》载：见濍与其母张夫人不和，时言语相犯，夫人恃宠拨王，王遂诬奏见濍，累及见濍降为庶人，发高墙禁锢。

12 褫爵：剥夺见濍盟津王爵。

13 廉乃冤，下敕用诫：宪宗帝清明廉正，察觉见濍有冤屈，下旨责诫简王祁锳偏听之失。

14 孝宗皇帝颁玺书：孝宗帝劝谕简王相和为美。

15 引和疏八上，求仍盟津爵：简王遵旨，追及前非，遂相和睦。自简王至康王祐枔，曾先后上八疏，乞复盟津王原爵。

16 龁：咬之意。龁于礼官，指礼部官宦据宗藩条例，不同意复盟津王爵。

17 乃寝：才平息、停止下来。寝，平息、停止之意。

18 弗嗣：无子。

19 革：革除，即前"褫爵"之意。

20 东垣端惠王：即见湏（？—1503），朱载堉曾祖父。

21 懿王：朱载堉祖父祐橏（？—1521），初袭东垣王，正德四年（1509）袭封郑王，谥曰"懿"。

22 生恭王：指懿王祐橏之子厚烷，谥号"恭"，故曰恭王。其生年为正德十三年（1518）。

23 祐橲：即见濍子。

24 心恻：不忍，怜悯之意。"恻"字，陈万鼐本误为"悯"字。

25 予之爵：复其盟津王爵，但其子孙尚为布衣。

26 载壐的"壐"字，《怀庆府志》误为"玺"。涉此误字之下文，均已改正之。壐、玺，古文通用，然作为皇室亲王之名，不宜改通用字。

27 讳：原意为回避。在名前用讳字，是古代对君主、尊辈的敬辞，意为不能直呼其名。

28 母妃：对载堉之母、王妃高氏的尊称。

29 生公二年：嘉靖十六年，1537年。

30 己亥：嘉靖十八年，1539年。

31 锡：同"赐"。

32 性哲：聪明，有智慧。

33 迍讷：原指迟迟不进。此借喻为"慢条斯理"。

34 此以下文，凡"公"均指朱载堉。

35 尔亦奚骇：你也有惊吓感吗？奚，疑问词；骇，惊吓或震惊。

36 窃目：偷偷地看。此寓意保母张氏内心对朱载堉的赞佩。

37 塾事：从事教书。

38 纪善：王府官名，掌讽导礼法，兼教职，正八品。

39 师数引避：多次回避任老师之职。

40 轻訬：轻薄，狡猾。

41 踖踖：恭敬又敏捷貌。

42 怿：欢喜快乐。

43 鞠子：稚子。

44 丙午：嘉靖二十五年，1546年。

45 曰：陈万鼐本作"因"，似误。

46 邮：过失。

47 高拱（1512—1578），字肃卿，

河南新郑人，官至大学士。见《明史》卷二一三《高拱传》。

48 汝其将朕节：你去替朕办件事。节，一件事。

49 谠朗英盼：谠朗，正直解；英盼，黑白分明解。“盼”字，《怀庆府志》和田中华本误作“昐”（xì），系笔误。

50 于荣利若弗闻：对于荣誉和利益之事从不听闻。

51 昵东轩一席：昵，原作亲热解；东轩，有窗的东堂屋。全句意为：整日守在有窗的东堂屋一块地方。陈万鼐本将“昵”（繁体为暱）写为“暇”。

52 盘诰山：或许是郑府内一藏书之地名。或其他，不明。

53 凤阳之黜：黜是革除之意。凤阳之黜，指嘉靖二十九年（1550）郑王厚烷降为庶人，并发往凤阳高墙禁锢事。

54 建言：上皇帝立议，就是给皇帝提建议。恭王朱厚烷于嘉靖二十七年七月辛巳（1548年8月11日）直疏，进四箴和《演连珠》十章，规劝嘉靖帝废土木、罢斋醮等事。

55 有奸利谗公：奸利，即私利；谗公，指对朱厚烷说坏话，或毁谤朱厚烷。这个“公”字，当指朱厚烷。

56 公窔丱：载堉久不理发，以致头发长成像儿童束成两角之状，即“窔丱”。

57 告公代：报告皇上，请准朱载堉代管府事。《明世宗实录》卷三九二，嘉靖三十一年十二月丁巳载，世宗曰：“载堉罪人子，不当用。”

58 庐江荣缪王：即厚烷堂叔朱祐棉。

59 摄府事：代管郑府内事。

60 键阑：“键”是门闩，“阑”是门橛。键阑，指关上大门，插上门闩。陈万鼐误“阑”为“关”字。

61 玉策鸿宝：指经典的、罕见的图书。

62 日惧渊陨：终日恐惧坠落深渊。

63 敢知：哪里敢。

64 小隙诬奏：以小小的不同意见当成大事诬告并上奏。

65 松谷（1538—1590），名如迁，字大方，松谷乃法号。登封少林寺小山宗师之弟子。朱载堉于嘉靖三十九年（1560）前后向小山宗师和松谷学习佛学。

66 内典：佛教经典。

67 嫚嫚：愁闷、痛苦之意。

68 冒死白父：冒死也要为父伸不白之冤。

69 会：不久。

70 诏庸建言：皇帝下诏，问有何主张（意见）奏上。

71 匪躬附萼：意为不是弯腰献媚、攀附权贵荣华。躬，弯腰；萼，花萼。

72 十世斯宥：这个宽恕（可铭记）百年千年。宥，作宽恕、原谅、赦免解。

73 王氏：对朱载堉而言是继母妃。王氏卒于隆庆元年（1567）五月。

74 服阕：守丧，三年期满，除孝服，称之服阕。阕，终了之意。

75 钦依筮婚：遵照占卜所得的婚姻。钦，尊重，敬重；筮，占卜。

76 御轮：驾车马。

77 何文定公：即何瑭（1474—1543），卒谥“文定”。

78 又九年：万历七年，1579年，朱载堉44岁。

79 棐孝含窠：披麻戴孝于窠前后。棐，原意为辅助，菲薄，此借为“穿”字。

80 暨周：办事至周，非常周到。暨，此作至、到解。

81 四隅结蚁：棺椁四周画有花纹。源自《礼记·檀弓上》：“蚁结于四隅”。蚁结，棺椁上的花纹；四隅，四角、四方。

82 其仲：从“又九年”至“其仲”之文字，陈万鼐本句子错乱，当其选用之底本不佳所致。

83 弟：指厚烷继妃王氏所生载堼。

84 悼而孤：悲伤孤独。

85 公育之：朱载堉为之养育。

86 刘德：汉楚元王之孙刘德，字路叔，即刘向（约前77—前6）之父。《汉书·楚元王传》载：“德宽厚，好施生，每行京兆尹事，多所平反罪人，家产过百万，则以振昆弟宾客饮食。”

87 居腆振馁：有丰厚财物，并救济贫困饥饿者。腆，丰厚；馁，饥饿。

88 天族：皇族。

89 囷：圆形谷仓、粮仓。

90 粥于不能粥几万指：给几万个无饭食者供应饭食。指，以手指点着数数。

91 终厥丧：办完其丧事。厥，其之意。

92 癸巳：万历二十一年，1593年。

93 艾：人生五十谓之“艾”。

94 若木：像树木一样。

95 数缴有未眷：多次射鸟而不顾及其他。事出《孟子·告子下》：“一心以为有鸿鹄将至，思援弓缴而射之。”缴，系于箭上的绳子，以便收回箭镞。

96 鲋射由井谷：脱离江河进入谷之鲋鱼，比喻身处困境。此词源自白居易诗《孟夏思渭村旧居寄舍弟》（《长庆集》卷十）：“井鲋思反泉，笼莺悔出谷。”

97 何耽耽为：何必将事情看得那么严重。耽耽，原意为威严、深邃。

98 咎吝：罪责，耻辱。

99 将焉往：《怀庆府志》作“焉往”；陈万鼐本作“将焉往”；田中华引神道碑残片有“将安往”三字，但不知此三字插入碑文何处。本文校改为“将焉往”。将焉往，不知如何办。

100 矧：作况、亦、又解。此处作又解。

101 季札、子臧：春秋时吴王寿梦的两个儿子。寿梦欲立季札为王，季札不受，让其兄诸樊。诸樊又让季札，季札让子臧。后，子臧、季札均离而不受，耕于田野。事见《史记·吴太伯世家》或《左传》襄公十四年，二十九年。

102 沮者：劝阻的人。

103 下礼部：下旨到礼部。

104 条议宗藩开科睦伦：指万历二十二年正月甲辰（1594 年 3 月 16 日）载堉上疏，奏请允许宗藩子弟以儒服参加科举考试，中者可任京外职。以此可缓和宗藩内贫富矛盾，为穷困宗族子弟开士农工商之业，故谓“开科睦伦”。事见《明神宗实录》卷二六九。

105 怏怏于让弗谐也：朱载堉疏开科睦伦事，受各方褒奖。可是，在这之前的一年（万历二十一年，1593 年），载堉上疏乞正伦序，让出国爵事，礼部不准，于是怏怏不乐，以此为不谐之事。

106 乃髦：指白发之年，或泛指老年。髦，原指幼儿下垂至眉的短头发；乃髦，变成“老小孩”了。

107 逊于丹水：退避于丹水河边。逊，此作退避解。丹水河，流自山西高平市，经沁阳，入沁河。

108 畯：农事耕作。

109 东复卜园：载堉所居乡村宅院之名。东，为朝向；复，繁体“復”，卦名，“震下坤上”为“復”。《易》曰“復，亨。出入无疾，朋来无咎”，可见，“复”是通达顺利、无疾无灾之象。朱载堉一生多病、多灾，取“东复”是图吉利。卜园，也作“卜宅”“卜宇”，是择地定居的泛称。唐杜甫在其《杜工部草堂诗笺》十八《为农》中言“卜宅从兹老，为农去国赊”，大概此时朱载堉与杜甫有过类似情感，故将其宅院称为“卜园”。

110 命酒径斟：请客饮酒，自斟自酌。无侍女在旁服侍。这表示一种身份的变化，为王或世子时，餐饮皆有侍者待之。

111 谭：与“谈”通用。

112 弗从：不服从尊卑、贵贱、长幼之伦序。

113 敢汩陈大伦：哪敢乱说伦序大事。汩，乱之意。

114 陨越于下：往下坠落。

115 敦逊：纯真辞让。敦，纯真；逊，辞让（国爵）。

116 遁荒：隐居荒野。

117 丕：大。

118 宗伯：同宗伯父。朱载堉比神宗皇帝大一辈，故神宗帝称其“宗伯”。

119 核：比较、对照。原文为繁体“覈”。

120 名利人攸重，辞人攸难：倒装句，指普通人尤重名利，尤难退却名利。攸，原意为所，此与“尤”通用；辞，退却，退避，不受之意。

121 一豆肉：一小碟肉。豆，古代盛食物的器皿。

122 巽：通“逊”，作卑顺、服从（法律）解。

123 翙日：同注100。

124 千乘之国：有千辆车之强国。

125 罔有弗诫：哪有不吸取教训的。罔，副词，作毋或不解；诫字，《怀庆府志》等笔误为“諴”（xián）（和或和谐之意），今据上下文意思改。

126 踵徽于古：继承先古之美德。踵，继其后，跟随；徽，善美之意。

127 德殖厥高：道德树立何其高。殖，立，树立；厥，助词，其、之、乃诸意。

128 尚用遂哉：注重用就是了。尚，尊崇，注重；遂，就，于是。

129 耇成人：年老有德之人。

130 俞：是。

131 丙午：万历三十四年，1606年。

132 越六日：跨过六天。万历丙午年五月乙酉（1606年6月22日），圣旨下，“载堉恳辞王爵，让国高风，千古载见，朕嘉尚不已”。五月己丑（6月26日），圣旨“册封郑王载壐并妃”。（均见《明神宗实录》卷四二一）从乙酉日至己丑日，时经五天，跨越六天。

133 尔克义是循：你严格遵循道义。

134 固逊王爵：坚持辞退王爵。

135 克振纲常：努力振兴伦理纲常。

136 朕心汝康、汝嘉：我从心里祝福你平安、佳好。

137 汝爵原爵：你的爵位还是原来的世子。

138 汝禄岁千石：你每年禄粮千石。

139 有司羊一：派官送来羊一只。有司，官吏。

140 为诸藩式：给各宗藩做个榜样。

141 尔益永令誉：你要永远保持并更加珍惜这荣誉。

142 覃怀：怀庆府地之古名。

143 尸祝：以祭祀仪式表示尊敬。“尸祝”原意为在祭祀中任尸和祝的人，“尸”代表鬼神受享祭的人，“祝”是传告鬼神言辞的人。

144 赤社土：为南方疆吏出守举行的典礼。赤，南方。

145 惊吾志：让我惊醒。

146 入泮：科举考试，学童考进县学为生员，称“入泮”。

147 俭恬淑均：俭、恬、淑三种美德皆有。俭，勤俭、节俭；恬，安静，淡然；淑，善良、清澈。

148 采真：顺应自然，任性天真。

149 眦㳷：按摩眼眶，闭目养神以休

老。

150 秬秠：秬和秠都是黑黍之名。因其均匀、圆实，古代乐律“累黍定黄钟”，多采此黍以用。

151 《乐律全书》20卷：此卷数不对。《乐律全书》中，有14种书，包括乐学、律学、算学、历学四大类书，以不分卷一种书为一卷，则全书计48卷。若除去历学类3种（《圣寿万年历》2卷，《万年历备考》3卷，《律历融通》4卷并附《音义》1卷）共10卷外，尚有乐学、律学、算学类著作38卷。

152 神庙可之：已故的先贤圣祖均表赞许。

153 辛亥：万历三十九年，1611年。

154 哉明：西周月相名称，即“哉生明”。农历初三日，月始出，曰哉生明。

155 既魄：西周月相名称，即“既生魄”。农历十五为望日，十六为既望日。既望这天，也即是月亮既生魄之时。

156 哉明后疾……距既魄止九日乃薨：即农历初三后生病……距十六止九天逝世。如此算来，朱载堉卒于初七日，也就是卒于万历三十九年四月初七（1611年5月18日）。

157 壬子，三月二十六日：《怀庆府志》原文为“某年某月某日”，田中华据神道碑残片补，本文依田说。

158 盱：举目张望。

159 泰伯：也作“太伯”，周太王长子、吴国始祖。泰伯让国于弟季历，季历子昌，是为周文王。事见《史记·吴太伯世家》。

160 夷齐：伯夷、叔齐兄弟俩之统名，均以让国载入史册。见《史记·伯夷列传》。

161 季札、子臧：同注101。

162 括戏伯仲：不经意地评说人才高下。“括”字，《怀庆府志》脱，据田中华文补入；“仲”字，《怀庆府志》脱，陈万鼐作“仲”字，田中华作“御”字，本文据陈万鼐补。

163 重耳：春秋时晋文公。事见《史记·晋世家》。

164 蒯辄：春秋时卫出公。事见《史记·卫康叔世家》。

165 庳谫：低下，浅薄。

166 血食：杀牲取血，用以祭祀，故名血食。

167 丘德承辉：留下来的道德文章依然发出光辉。丘，原指山丘或坟墓；丘德，喻人走后留在人间的道德精神和文化遗产。

168 传：《左传》。

169 易：《周易》，也称《易经》。

170 诗：《诗经》。

171 沛王：汉高祖刘邦。事见《汉

书·高帝纪》。

172 楚王：楚霸王项羽。事见《汉书·陈胜项籍传》。

173 潭：淡。

174 峻轹千古：高大的形象盖过千古。峻，高大；轹，车轮碾压过去。

175 其俣俣嗜古一切：爱好古代一切美好的事物。俣俣，美好、善美之意；《怀庆府志》脱“古”字，陈万鼐“嗜古”二字均脱，田中华据神道碑残片补入“古”字，今照田中华补。

176 尠视：很少看，或不看重之意。尠，同“鲜”。

177 倮虫：身无羽毛鳞甲的小虫或动物。

178 意迁则滞：主意改变了，行动就会拖延。

179 十三年老于让哉：坚持十三年让爵。朱载堉于万历十九年六月（1591 年 7 月）辞管理王府事，万历二十一年（1593 年）底疏请让国，万历三十四年五月乙酉（1606 年 6 月 22 日）获神宗帝允准。从万历二十一年至三十四年，整 13 年，若从疏辞管理府事起，则有 15 年之久。

180 愿然：《怀庆府志》脱“然”字，陈万鼐本脱“愿然”二字，田中华本“愿然”二字全，今据田中华补入。

181 若其较王祚畴为短长：若将世子与王二者的爵位禄米做高下比较。祚畴，祚指爵位高低，畴指功过酬劳。“其”字，《怀庆府志》脱，田中华意补为“此”字，本文依上下文句填入。

182 申氏：《怀庆府志》抄录神道碑文写为“某氏”，田中华据神道碑残片补。又《怀庆府志》卷二四《人物·烈女》述及翊锡之申妃事，故本文据补无误。

183 杜氏：《怀庆府志》抄录神道碑文无“继杜氏”三字；田中华文据神道碑文残片补入，但误为“仕氏”。又《怀庆府志》卷二四《人物·烈女》述及翊锡继妃杜氏事，故本文补正“继杜氏”。

184 廪生：明清两代，在府、州、县学中领取生活费的学生。

185 孙克肖：《怀庆府志》本脱“孙”、“肖”二字，田中华补脱字，本文随田中华文。

186 庶不落厥闻：希望听闻他们不会落下。庶，副词，表示希望；厥，作其或他们解。

187 朅朅：壮武貌。此句第一个字脱漏。

188 吪絷：可动的拴绳。吪，作动解；絷，作拴、捆解。

189 囮：捕鸟用的诈物。

190 目䀹：眼花。䀹，原意委屈，此

指眼花，视物如蛇。
191 蜼：长尾猴。
192 幂牺：用巾遮盖宗庙供品。幂，巾布；牺，动物供品。
193 斁伦：窥视伦序。斁，罭之繁文，作伺视、窥探解。
194 曷：何，作何如、怎么解。
195 乾喉：同干喉。
196 绌罗：丢弃捕鸟之罗网。绌同“绌”，贬斥、废退之意。
197 遹：发语词。如同《诗·大雅·文王有声》：“遹求厥宁，遹观厥成。”
198 傞：醉态。
199 遘：相遇。
200 古旃：古时旗帜。
201 臧：善。
202 巖峨：高峻貌。
203 不肖男翊锡、翊钛：此署名《怀庆府志》无。田中华据神道碑残片文补入，署名后尚有字，但不能辨。本文据田中华补。

二、朱载堉年谱简编

正德戊寅十三年，1518年

朱载堉父亲朱厚烷生。其生年据《明神宗实录》卷二三一载“万历十九年正月辛酉，郑王厚烷薨……卒年七十三”，由此推知。[1]

嘉靖丁亥六年，1527年

世宗封道士邵元节（1459—1539）为“真人”。[2, 3]

九月庚子（10月20日），遣新宁伯谭纶等为正使、编修张星等为副使，持节册封郑府懿王祐檡嫡第四子厚烷为郑王。东垣郡王由厚烷之弟厚炯嗣封。同日，并封东垣王妃。[4]

嘉靖戊子七年，1528年

几经曲折之后，厚烷母亲阎太妃上奏，乞追封东垣端惠王见濆为郑王。帝准允，改谥曰“定”。[5]

嘉靖庚寅九年，1530年

八月(8月23日至9月21日)，朱厚烷上奏怀庆府产瑞麦、瑞瓜、嘉禾。[6]

嘉靖辛卯十年，1531年

七月辛巳（9月10日），郑王厚烷献白鹊二于朝。[7]同年，世宗建祈嗣醮于钦天殿。[3]

嘉靖癸巳十二年，1533年

正月三日（1月27日）朱厚烷16岁（虚岁），加封王冠服。怀庆府武陟县人、曾任南京都察院右都御史的何瑭（1474—1543）为此作《郑王加冠序》。[8]

正月十五日（2月8日），何瑭又撰《追封郑定王碑铭》，记述厚烷祖父、东垣端惠王见濆于嘉靖七年（1528）追封为郑定王的曲折过程。[5]从此，朱厚烷与何瑭成为世交。

嘉靖丙申十五年，1536年，载堉1岁

朱载堉生。据《郑端清世子赐葬神道碑》载，载堉于“辛亥(万历三十九年，1611 年）……乃薨，年七十有六”。由此推知载堉生年。[9]

世宗大兴土木，修金箓醮于玄极殿。加封道士邵元节“致一真人”，赐紫衣玉带，于京城西敕建真人府，予校尉40人供洒扫，赐庄田30顷并免其租税。[2, 3]

嘉靖戊戌十七年，1538年，载堉3岁

载堉生母高氏卒。[9]

世宗建金箓大斋于内皇坛。又赐道士张彦頨金冠、玉带、蟒衣、银币等。[2, 3]

嘉靖己亥十八年，1539年，载堉4岁

二月乙卯(3月6日)，世宗幸承天[1]，路过河南卫辉府新乡，郑王厚烷迎谒于新乡，并奏母阎太妃贞孝事，获世宗帝恩宠，岁加禄米300石。[10]

是年，厚烷奏其郑藩境内温县产瑞麟。[6]

是年，赐“载堉”其名。载堉告知保母，他能推位让国。[9]

是年，邵元节死。帝令厚葬有加，赠谥号，躬亲显灵。道士陶仲文（约1481—1560）入宫，以“符水噀剑，绝宫中妖”等事功，帝深宠异。[2，3]

嘉靖庚子十九年，1540年，载堉5岁

上疾不朝，建宫祈禳三日。[3]

嘉靖癸卯二十二年，1543年，载堉8岁

何瑭卒于该年九月三十日（10月27日）。[11]朱载堉与何瑭“虽未面觌[2]，而亦幸私淑[3]焉”。[12]

嘉靖乙巳二十四年，1545年，载堉10岁

帝益求长生、成仙，特建祈年醮朝天宫。天下竞献祥瑞异物。上重箕仙[4]，有谏止者，下狱。[3]帝修斋醮，诸王争遣使进香，厚烷独不遣。[19]

载堉终日咏诗。[9]十二月己酉（1546年1月22日），册封载堉

---

[1] 嘉靖十年（1531）升安陆州置承天府（《明史·世宗本纪》）。安陆，世宗朱厚熜出生地，其父兴献王朱祐杬之国。朱厚熜入京为帝后，遂改名。安陆州或承天府，相当今日湖北钟祥、京山、天门、潜江四县地。

[2] 面觌：相见。

[3] 私淑：未能亲受其业，但敬仰其学术并尊其为师。

[4] 箕仙：居住在箕宿星座的神仙。箕宿是东方七宿之一。

“郑世子”。[13，14]“十二月己酉”已是十二月二十六，翌年为丙午年（1546）。过年后，世宗遣翰林学士高拱赴郑藩宣诏。[9]

嘉靖丁未二十六年，1547年，载堉12岁

六月戊申（7月15日），郑王厚烷上疏：“宗室赴京奏事，亦非得已，皆亲郡王规利阻尼。有十岁未名、终身不嫁娶者，宗子日盛，支子日穷。其宗室犯法者，罚所统亲郡王禄米。”[15]对于宗室穷支，因上京呈疏而“犯罪，祖宗定制，纵有大过，亦不加刑。至于各府有棰楚惨酷者，请先敕各府，一体遵守，毋得妄为”[16]。

嘉靖戊申二十七年，1548年，载堉13岁

六月庚戌（7月11日），周定王朱橚之后、镇国中尉朱勤熨奏劝世宗“溺意长生，屡修斋醮，兴作频仍”，如此为之，“脱有意外变，臣不知所终”。疏中竟将世宗比之为暴戾之秦始皇和被金兵俘虏的宋徽宗。帝览疏怒，斥勤熨“坐诽谤”，并将其降为庶人，幽凤阳。[15，17]

七月辛巳（8月11日），郑王厚烷上疏直谏。劝帝修德讲学，进“居敬”“穷理”“克己”“存诚”四箴，又《演连珠》十章，[18]“以简礼、怠政、饰非、恶谏、神仙、土木为规讽，语词直切”。[19，20]又，郑王不日上进万寿表，表中误称“弟，不称臣”[21]。世宗览奏，怒下手诏：“日者勤熨谤讪，朕姑活之。厚烷敢效尤。彼小竖子耳，尔今西伯[1]也。请欲为为之。”[15]将呈送奏疏入京的郑府长史下狱治罪。[19，20]

嘉靖己酉二十八年，1549年，载堉14岁

郑王厚烷出资雕版印刷何瑭著作《柏斋集》十一卷。[22]

---

[1] 西伯：周文王。商末帝纣王命其为西方诸侯之长，专事征伐。世宗以“西伯”喻厚烷，表明世宗心中“郑王”是专事“征伐”式“闹事”的王侯。

嘉靖庚戌二十九年，1550年，载堉15岁

五月癸巳（6月14日），郑简王三支、已革爵的原盟津郡王见濍（此时已卒，子孙为庶人）之子祐橏“求复郡王爵，怨厚烷不为奏，乘帝怒，摭厚烷四十罪，以叛逆告”，[19]告厚烷“招集亡命，私造兵甲，及与妖人宋刚等通谋为不轨”[23]，“奸王（厚烷）跛扈、诅咒、煽惑诸不法事”[20]。厚烷也不示弱，告“祐橏擅称长子，僭系玉带及逼杀良民等事”[23]。世宗遣驸马谢诏等会同其他官吏勘察实情。[20]

九月壬子（10月31日），经过近4个月勘察，“厚烷谋反无验”，“祐橏纵恶殃民”，然厚烷“所创有二仙庙、育才等馆，皆上僭无状”。世宗降诏:“厚烷骄淫、欺慢、不臣、无亲等罪，降发高墙。仍暴其罪恶于各王府。祐橏等各削罪有差。”[23]厚烷废为庶人，禁锢凤阳高墙，载堉受牵连而被革除世子冠带。[19，24，25]

载堉本当该年选婚，因厚烷革爵禁锢等事而未就。

厚烷随即入高墙，继妃王氏陪牢。[26]这种高墙相当于皇家模范监狱。厚烷在墙内，“惩艾之余”，还能“琴书自适”。甚至撰写了“操缦谱稿”，藏诸箧笥。[27]

十二月癸未（1551年1月30日）载堉弟载壄（继母妃王氏所生）册封为德庆王。[15]

同年，封道士陶仲文为“恭诚伯”，岁禄千二百石。[2，3]

嘉靖辛亥三十年，1551年，载堉16岁

载堉“筑土室宫门外”，始席藁独处。[19]

嘉靖壬子三十一年，1552年，载堉17岁

八月甲寅（8月23日），郑府庐江王祐棉献瑞谷，告庙受贺。[28]

十二月丁巳（12月24日），命郑府庐江王祐棉管理府事。祐棉为郑王厚烷之堂叔。厚烷既废，礼部据抚按官议，列上所宜管理

府事者：郑世子载堉，繁昌王祐榜及祐檂。上谓："载堉罪人子，不当用。"乃持敕予祐檂。祐檂，即前进献谷者也。[29,9]

嘉靖癸丑三十二年，1553年，载堉18岁

朱载堉拒绝议婚。[9]

嘉靖丙辰三十五年，1556年，载堉21岁

世宗帝除为亲生父母上道号外，又自号"灵霄上清统雷元阳妙一飞玄真君"，后加号"九天弘教普济生灵掌阴阳功过大道思仁紫极仙翁一阳真人元虚玄应开化伏魔忠孝帝君"，再号"太上大罗天仙紫极长生圣智昭灵统元证应玉虚总掌五雷大真人玄都境万寿帝君"。[2,3]

嘉靖庚申三十九年，1560年，载堉25岁

六月十三日（戊申，7月6日），载堉为其音乐著作《瑟谱》作序，自号"狂生"，署名"山阳酒狂仙客"。[30]

该年前后，载堉与登封少林寺小山宗师和僧人松谷（1538—1590）"阐于内典"。[9,31]

同年，道士陶仲文卒。陶仲文得宠二十年，位极人臣。[2]

嘉靖壬戌四十一年，1562年，载堉27岁

载堉之弟、德庆王载埅受诏管理府事。[67]

嘉靖乙丑四十四年，1565年，载堉30岁

三月（4月1日至4月29日），载堉在登封少林寺作"混元三教九流图赞"碑刻并撰碑文，玺刻"酒狂仙客""三教九流中人"，落款为"寓南赡部洲狂仙书"。[31]

《金刚心经注》作于此年前后。

十月（10月24日至11月22日），户部主事海瑞（1514—1587）上疏痛陈，言帝求长生、成仙，滥建斋醮，大兴土木，不视朝政，法纪松弛，黎民百姓传言"嘉者，家也；靖者，尽也"。帝大怒，

令捕海瑞下锦衣卫狱，待处斩。[3，32]

嘉靖丙寅四十五年，1566年，载堉31岁

十二月庚子（1567年1月23日），世宗皇帝驾崩。[7]裕王朱载坖嗣位，是为穆宗。

隆庆丁卯元年，1567年，载堉32岁

年初，海瑞出狱复官职，调兵部。[32]

正月戊辰（2月20日），郑王厚烷复爵还国，岁加禄米四百石。坐同论罪的镇国中尉朱勤熨等人也获释还国。[33]

四月壬子（6月4日），复郑世子载堉冠带。[34]至此，载堉父子经受了整整17年夺国爵的心路煎熬。

五月（6月8日至7月5日），载堉继母妃王氏卒。[9]

同年，追削道士陶仲文秩谥，籍没其家产，其子、官至太常卿的陶世恩，以伪制药物罪下狱论死。逮在宫或曾入宫的其余道士，全下狱论死。[2，3]

厚烷指导载堉研究音乐，撰写乐律著作。[27，53]

隆庆己巳三年，1569年，载堉34岁

郑王厚烷续娶刘氏。刘氏初无爵位，后来受世子载堉让国之誉的影响，册封王妃。[26]

隆庆庚午四年，1570年，载堉35岁

朱载堉与何瑭之孙女、何谘之妹成婚。四月乙丑（6月1日），册封“何氏为郑府郑世子妃”。[35]

隆庆壬申六年，1572年，载堉37岁

穆宗朱载坖卒。太子朱翊钧嗣位，是为神宗。

万历甲戌二年，1574年，载堉39岁

八月丙寅（9月9日），“郑王厚烷以病奏请药物。赐给琥珀、龙脑、犀角等物”。[36]十月壬寅（10月15日），钦天监进《大统历》，传制给赐百官，颁行天下。[37]

万历己卯七年，1579年，载堉44岁

载堉祖母阎太妃卒。[9]

四月丁酉（5月17日），郑王厚烷奏更定家庙，因其规模超过《会典》规定，上未准允。[69]

万历庚辰八年，1580年，载堉45岁

载堉遣人上山采长节竹和黍粒，数量上万，以做“累黍定黄钟”试验。又自种之，后黍成顷，竹成林。[70]

万历辛巳九年，1581年，载堉46岁

正月吉日（2月6日），载堉为《律历融通》作序。从朱厚烷隆庆元年返国，指导载堉撰《操缦古乐谱》和《旋宫合乐谱》，至万历九年，已14年，朱载堉完成了乐学、律学、算学等大部分著作。[38，39，27]

十月己未（11月24日），恭王厚烷再度病发，世子载堉亦久病，朝祭行礼不便。厚烷疏请以世孙翊锡代行。[40]

载堉拟是年上进乐律著作，因病拖延：“值宿疾举发，连年未瘳，由是迁延，未曾进献。”[27]

万历壬午十年，1582年，载堉47岁

五月甲戌（6月7日），“郑王厚烷请补修府第银一万八千两。不许”。[41]

载堉拟是年上进乐律著作，因病拖延。[27]

万历甲申十二年，1584年，载堉49岁

正月吉日（2月14日），载堉为《律学新说》作序，并指出，此书初稿本为《律学四物谱》。[42]

万历乙酉十三年，1585年，载堉50岁

载堉长子翊锡之申妃，以贤获选修妇仪。[26]

万历丙戌十四年，1586年，载堉51岁

八月丙寅（9月16日），厚烷疏长史毛似苏罪，请缉拿治问。神宗命抚按从公究问。[43]

万历丁亥十五年，1587年，载堉52岁

四月癸亥（5月11日），“赐郑王厚烷书院曰景贤”。

连年歉收，饥荒席卷河南、山西、陕西等地；三月，开封、怀庆等地又地震；七月，河南又大雨。黄河北，民食草木。[44，45]目睹此状，载堉打开王府内圆仓数百个，赈济上万衣食无着者。[9]

万历戊子十六年，1588年，载堉53岁

载堉之弟、德庆王载埑卒，谥恭惠。[66]

载堉“仲弟之侄悼而孤，公育之，代偿金千余”。[9]

万历庚寅十八年，1590年，载堉55岁

二月乙酉（3月18日），礼部奏，请赐郑王旌状，以表彰其忠孝双全、善行表著。[46]

万历辛卯十九年，1591年，载堉56岁

正月辛酉（2月17日），郑王厚烷薨，享年73岁[1]，上辍朝三日与祭葬如例，谥曰“恭”[1]。

六月戊戌（7月24日），“载堉以微恙辞管府事”，礼部复“世孙代行礼仪，世子卧理无妨。合令钤束宗人，不得再辞”。[47]这可能是载堉为辞国让爵做的一次试探。

万历癸巳二十一年，1593年，载堉58岁

载堉让爵，累疏恳辞。

“岁癸巳，年逾艾且八矣。当嗣爵，公踌躇曰：‘祖以若木分枝，

---

[1] 谈迁的记述与此稍不同，他以为厚烷卒于71岁。见谈迁：《国榷》卷七五，万历十九年正月辛酉。本文取文献1所记载文字。

以旁人继，数缴有未眷，鲋射由井谷，而我何耽耽为。虽无咎吝，将焉往？矧有盟津恭懿之曾孙载壐在。季札、子臧，彼何人斯，我且易焉。’沮者日至，公曰不可。疏请让国载壐，承正系也。神宗下礼部，部难之”。[9]

十一月己未（12月1日），“先是郑世子载堉自以郑简王第四支不宜越三支进封，累疏让爵。至是，又用祧议力辞，推长支载壐”。礼部议：“成宪难易如世子坚子臧之节，听以世子号终，封其子翊锡以继其统。下该抚按议。”[48, 49]

载堉曰：“郑宗之序，盟津为长。前王见潓既锡谥复爵矣，爵宜归盟津。”后累疏恳辞。[19]

万历甲午二十二年，1594年，载堉59岁

正月甲辰（3月16日）“郑世子载堉条奏七事”，上疏宗室子弟入学应试。“上令即行各藩，大破拘挛，从公用舍，以称朝廷激励贤宗之意”。[50]

《西园闻见录》载：“世子疏请宗王得令儒服就试，毋论京外职，入试者视才品器使。”[20]

万历乙未二十三年，1595年，载堉60岁

六月庚申（7月25日），朱载堉上《进历书奏疏》和《上进表文》。所上《历书》包括“昔年所撰《律历融通》四卷附《音义》一卷，近年新撰《圣寿万年历》二卷，《万年历备考》三卷”。此三书皆为手稿本。并指出“自万历九年以来七、八、十年间”，“大统与授时二历，相较考古，则气差三日；推今，则时差九刻”，要求修正《大统历》。[12]

朱载堉时与河北道佥事邢云路“谭（谈）星历”[9]。邢云路闻悉载堉进历书，即书简于载堉，“求余（载堉）历书全稿。余以全稿呈览，兼请教益。俄而公（云路）出巡，至敝邑。政务余暇，与余面讲古今历事。夜深忘倦，乃摘历中紧要处问难焉。余以灯下，步算以答，咸蒙印可。公携余手，散步中庭，仰窥玄象”。[52]

八月（9月4日至10月2日），怀庆府抄都察院巡按河南6691号勘答，知会天下王府进献书籍于国史馆，以修大明正史事。悉此，朱载堉检阅书笥，“虑恐誊写舛误，就令画图刊版”。[27]从此开始，直到万历三十四年（1606），才完成《乐律全书》的雕版、印刷、装帧之事，其间11年整。

九月十九日（10月21日），礼部尚书范谦为朱载堉进历书之事请上“赐敕奖谕”。九月二十三日（10月25日）御批:“是。为郑世子着写敕奖谕，钦此。”同时，令郑世子呈送《历书》副本，以发钦天监“磨算施行”。十月二十八日（11月29日），河南等处承布政使司劄，准礼部照会郑世子呈送《历书》副本。十一月二十日（12月20日），郑府长史司“差小旗刘梯解送”《历书》誊写本十卷至京，左右长史并书奏礼部。[12]

万历丙申二十四年，1596年，载堉61岁

正月朔日（1月29日），载堉为《律吕精义》作序。序中指出，“《律吕精义》乃臣父之遗志，而臣愚所述也”，“皆赖臣父所诲，岂敢忘父之志”。“兹奉明诏征取律书，谨将旧稿删润以献”。[53]

十二月辛巳（1597年2月5日），邢云路奏《大统历》差错，请修《大统历》:“河南佥事邢云路奏大统差错，乞赐改正。大统推今年冬至在申正一刻，而臣测在未正一刻；臣测立春在乙巳，而大统推在丙午；臣测夏至壬辰，而大统推癸巳；臣测立冬己酉，而大统推庚戌。”[54]朱载堉从地方牒文中抄录了邢云路奏疏，并将其附于《乐律全书》内。[12]邢云路奏本中，隐瞒了去年曾与朱载堉讨论过历法的事情。

为应对朱载堉、邢云路奏疏，十二月二十三日（1597年2月9

日），刑科给事中李应策奏修正历事，建议“邢云路即以原官暂署钦天监，俾相资订正”历法。[12]

万历丁酉二十五年，1597年，载堉62岁

正月乙卯（3月11日），钦天监监正张应候奏修历事，虽不敢责备郑世子载堉，却对邢云路奏本感到“不胜骇异”，说邢云路“遵何家之法，而轻信何人妄议者”，“惑世诬民，变乱成法，是谁之过欤”，“使众外臣民汹汹不安，纷纷议起，邢云路是诚何心矣。”[12]显然，有些文词含沙射影地指向朱载堉。

接着，礼部尚书范谦奏本。该奏缓和了李应策与张应候之间观点对立的紧张局面，主张“保举精通天文历法者”，“同心共事，协力推验”。[12]一场激烈的历法之争在宫内暂告一段落。

是年3至10月，时在南京的利玛窦读到朝廷为朱、邢改历疏而争论之事奏，遂急书报告罗马教廷。言及“郑世子（Cemsceze）于1595 年10月向礼部进呈历书的同时，提出了如下意见：‘新近闻悉，历法已经出现差误并且需要修订’。”又一书信说：“其时，郑世子载堉（Cemsceze Zaeiu）和邢云路二人已经讨论了明代历法出现的差误，但他们二人中任何一个人都没有足够的科学知识去修订它。”[55]这些书信的要旨在于请求罗马教廷速派懂天文历法之教士赴中国，以便在中国传教之利。其后不久，西班牙耶稣会士庞迪我于万历二十七年（1599）来华，意大利耶稣会士熊三拔于万历三十四年（1606）来华。他们俩最早参与明朝修订历法事。朱载堉上历疏打开了中西合作研究天文历法的大门。

万历癸卯三十一年，1603年，载堉68岁

八月丙戌（9月7日），《算学新说》雕版完毕。“万历叁拾壹年捌月初叁日刻完”，这一行字刻在《算学新说》之末页，[56]既表明该书已刻完，也表明这套《乐律全书》至此全部刻完。此后工作便只剩印刷、装帧了。

万历乙巳三十三年，1605年，载堉70岁

从万历十九年至三十三年，朱载堉在15年内先后七疏让爵，终获神宗允准。

十一月癸巳（1606年1月1日），《明神宗实录》写道：

郑世子载堉言："臣自万历十九年至今十五年间，凡七疏乞正伦序。蒙礼部复议，令臣以世子本爵终身，以成臣忠，臣男翊锡代臣管理府事，以继亲藩之统。此所谓朝四暮三，虽以悦臣，未见其成臣也。'庶子袭封，不许越次'乃皇上钦颁要例之语。皇上重万世之纲常，以有此书。臣愚禀皇上之宪章，以有此举。令臣男继统，则伦序安在？臣今年七十，衰病之人，死在旦夕，亦抱遗憾于地下。乞令载壐袭盟津王，代臣管理府事，听继亲藩之统，臣及臣男悉照庶子袭封例，从公改正，以成臣志。"该礼部复议：得见濍之以诬，枉废也。生既蒙孝宗之矜释，死又蒙世庙之册印。见濍之爵既复，则见濍之子孙宜袭。而载堉以见濍弟见滇之曾孙而袭其封，于序未顺，于义未安，此所以久逊不袭，必欲改而归之载壐也。顾废置业已多年，承袭又经三世。载壐既相安于无竞，载堉可居之而不疑。而乃累辞固让，老而弥坚，不私其身，不顾其子，直欲与泰伯、夷齐、季札、子臧之流后先媲节。此殆祖宗积德累仁之所孕毓，皇上孝友亲睦之所感动。宗藩之中，有贤如此，安可不成其志，遂其高哉。查载堉曾祖见滇，成化十年封东垣王。至正德四年，见濍诬废、见滇薨逝，见滇子祐橏始以侄进封。郑王祐橏子厚烷封袭郑王，而东垣郡爵以祐橏庶一子厚炯承封。厚炯子载墩、载墩子翊铠递袭。然考其世系，则东垣乃见滇原封，而其孙载堉本蕈（chūn，简体为莼，但不作"莼"解）之爵也。若亲王改还载壐，则东垣当改还载堉，而翊铠之子仍应另封一郡。

特载堉父子既受世子、世孙之封，无降封郡爵之义。合无令载堉仍以世子、其子翊锡仍以世孙、翊铊仍以东垣王各终身。俟翊锡身后，其子袭封东垣王以接见滇之统。翊铊身后，其子另封一郡以接厚炯之统。若载堉所奏，欲载壐先袭盟津王代管府事，日后听继王爵，则臣以为不如截然一举而改正之，以省转折之烦。但载壐即已袭王，不宜责世子世孙以常礼。况载堉年高德劭，博物洽闻，草履布袍，萧然尘外。载壐当以夷齐之尊事之。而载堉得及此尚在之年，遂其求仁得仁之。欲是，亦昭代天潢一胜事，千秋万代一美谈，可以丹青治化，照耀简编者也。查世子、世孙例不支禄，若载堉父子合无给与郡王之禄，以示优贤之义，仍赐敕褒嘉、树坊、表宅，俾天下宗藩以及缙绅士庶有所观感而兴仁让，且以愧忮、戒躁、竞隐、忍贪昧之徒制。上曰可。[57]

载堉“让爵至于七。略曰：‘立嗣以嫡，立庶以长。盟津庶且长、辞顺，弗从曰不祥。祖懿王时，盟津在，尚为庶人；父恭王袭封，彼虽已故，犹未复爵；今既复爵，后裔贤。敢汩陈大伦，陨越于下，不敦逊，遁荒，则丕不光于前人。今年薄七十，幽尤抱病，宁窜匿岩穴，终期不负此心而已。’皇帝曰：‘宗伯，汝核我宗，老显德行，毋蔽朕志。’礼部尚书李廷机曰：‘名利人攸重，辞人攸难。民之相怨一豆肉，犯恶不巽。矧曰千乘之国日废，年历多则袭三世。罔有弗诫。世子踵徽于古，惟允祖宗德殖厥高，尚用遂哉。王既立，罔有屈于世子世孙，以侮耇成人。’皇帝曰：‘俞。’”[9]

在这第七疏奏上之前，朱载堉已移居城外乡村，过着与世无争的自由自在之日。

“端清世子让国，自称道人，造精舍怀庆郭外居之。每出，坐竹兜，四人舁之。”[58]

“乃髦，逊于丹水，成室水浒，与二三田畯，灌桑、牧豕，隐居东复卜园。凿池，理花竹，客至，命酒径斟。”[9]

万历丙午三十四年，1606年，载堉71岁

五月乙酉（6月22日），因载堉让爵危及同族利益，常藻奏载堉“大奸”事，礼部严词驳斥：“先是，郑世子载堉让归载壐祖爵，诏褒嘉允，从复其本爵东垣郡王。至是，东垣王子常藻意不肯让，东垣乃上疏，诋载堉为大奸，异行更正。”

礼部侍郎李廷机驳卷略云：“载堉求仁得仁，前旨处分曲当。常藻此疏，其妄有六：彼称见潓三世罪废庶人，不知见潓先以妾母谗谮废禁，奉诏湔释，追封赐谥，则俨然王矣，宁复称庶人乎？妄一。载堉自万历十九年上疏，寂无言者，乃经十五年、七疏，奉旨后，忽有此举，妄二。翊铠非常藻父乎？父出保结而其子以为非出父意，妄三。不言于父在之日，而言于父方没之后，妄四。郑藩诸王诸宗皆以为然，而常藻一人独以为否，妄五。载堉清修苦修，薄海共知，而常藻诬夷为跖，妄六。常藻徒以东垣议还而彼另起郡名，如新造之邦，他日请封，不无厚费；又东垣所有府第庄田，随东垣以去，则徒拥虚器为皇室耳。臣等以为载壐无国而有国，即拨分府中赀，则以子常藻在，载壐必无所吝。臣又审知，载堉俭而易足，即东垣所有，愿尽让常藻，如此亦何于常藻哉。”

疏上，奉旨：“载堉恳辞王爵，让国高风，千古载见，朕嘉尚不已。业有旨赐敕建坊，彰天潢之美。乃常藻挟私逞臆，不畏公论如此，念以宗亲，姑不究。着遵前旨行，其常藻府第庄田等项，待另起郡名之日，载壐会同载堉通融议处，使之得所可也。”[59]

神宗赐敕建坊。敕曰：“世子载堉，尔克义是循，固逊王爵，克振纲常，朕心汝康、汝嘉，汝爵原爵，汝禄岁千石。有司羊一、酒一，为诸藩式。尔益永令誉。”[9]

此敕在地方志中有详细记录：“尔能非道不处，惟义是循，固逊王爵，至勤屡疏，敦复伦序，克振纲常，朕心喜悦。兹特敕旌奖，给禄建坊，以示优贤之义。仍令有司办送彩、币、羊、酒，以为诸藩矜式。尔宜益懋素修，以令永誉，钦哉故敕。”[60]

敕建“让国高风”玉音坊图见《乐律全书》。[61]

五月己丑（6月26日），“命武安侯郑惟孝、礼科给事中曾六德册封郑王载壐并妃”。[59]

六月二十日（7月24日），载壐册封郑王。[51]

“遣礼部主事潘士达奖世子暨孙，锡让国高风坊”。“当是时，天下无不知郑有世子能让国云。覃怀民欲尸祝公（载堉），公怪而拒之曰：‘我岂以赤社土招闻也者，为我谢乡人。惊吾志矣。’”[9]

七月初九（8月12日），《乐律全书》印刷、装帧完毕，从雕刻是书之日起，已11年。于当天，撰写《进律书奏疏》。[27]同时，差右长史李德进京呈献《律吕精义》《律学新说》《乐舞全谱》三种书。八月初四（9月5日），李德抵京，赴鸿胪寺交进。八月初九（9月10日）圣旨下：“览奏具见，留心乐律，深可嘉尚。”上进四部律书：一部送礼部，一部送国子监，一部送翰林院，一部送文渊阁。[27]

万历丁未三十五年，1607年，载堉72岁

正月初三（1月30日），朱载堉将自制的乐器和《乐律全书》呈送郑王载壐。[27]

万历庚戌三十八年，1610年，载堉75岁

邢云路致仕归里，途经怀庆，两次与阔别十余载的朱载堉见面。恰值仲春（农历二月，即2月23日至3月24日）雨雪，邢为赶路而未多停留。邢归里后，立即将其著作《古今律历考》寄给朱载堉，并请载堉为之作序。[52]清明节（4月4日），载堉所著《古今律历考·序》收笔。后，特又撰写《律吕正论》一书，“以答（邢云路），聊伸投桃报李之意”，并在该书序中称：“盖公（邢）与予（朱），虽非同门之朋，实乃同志之友。”[62]

闰三月初十（5月2日），《嘉量算经》上卷完稿。该书下卷末写道：“余著《乐律全书》，八音备矣。此篇[1]惟用一人吹律，一人弹琴，一人击缶而歌。余亦自歌，互相倡和，而乐在其中矣。……曷若一琴、一缶、一吹、一歌，足以自乐？呜呼！此趣惟达者能知之。”[63]

朱载堉又自述道：“万历庚戌，余年七十五，自三月至七月，信手握笔著此三书，以成一家之言。其一曰《律吕正论》，其二曰《嘉量算经》，其三曰《圆方图解》，皆乐律书所未载者也。”[64]

万历辛亥三十九年，1611年，载堉76岁，卒

四月初七（5月18日），朱载堉卒。“神庙闻讣，辍朝去龠”，朝廷“令有司治丧”。[9]

十二月庚午（1612年1月7日），礼部奏议修复观象台、增添仪器、访求精通历学之人，如徐光启、李之藻，西洋入华者庞迪我、熊三拔等，共译西洋历书和测度之学。圣旨：留中。[65]此为继朱载堉、邢云路上历疏之后，崇祯历局开局的最早舆论。

十二月己卯（1612年1月16日），赐朱载堉谥“端清”。[65]

万历壬子四十年，1612年

三月二十六日(4月26日)，载堉葬九峰山之原。[9]其葬地距“东复卜园”约为200米远，亦即距今沁阳市约15千米的九峰山下张坡村内。

---

[1]《嘉量算经》下卷。该篇不在于“算”，而是教人如何练习弹琴，所谓“操缦”是也。篇中记录了朱载堉自己谱写的《南风》一曲，所谓“此篇”实指《南风》曲。

天启甲子四年，1624年

载堉次子翊钛请书法家王铎撰《郑端清世子赐葬神道碑》碑文。[9]

崇祯戊辰元年。1628年

郑世孙翊锡继妻杜氏被选为世孙继妃。[26]

崇祯乙亥八年，1635年

东垣王由彬（奏载堉让爵为大奸的常澲之子）卒，翊钛嫡长子常洁袭封东垣郡王。[66]

崇祯庚辰十三年，1640年

四月初十（5月30日）申时，郑王载壐薨，享年七十一岁。[51]世子翊钟袭王，未几，以罪赐死，国除。[66]

崇祯甲申十七年，1644年

朱载堉之孙、翊锡之子寿平王兄弟5人死于甲申之难。

“郑端清世子……精邵康节之学。宫中有一柜，手自缄镭，每岁辄益一封。遗令遇急乃开。及其孙寿平王，值河北流寇之乱，发柜得破布衫五，一阔大，四稍窄小。王躯干甚伟，其弟四人则短小也。遂衣而逃。某年乱定，归王府。一旧人忽遇端清于山中云：‘传语诸孙，当速去，故里不可居也。’寿平兄弟以为妄，不听，未几及难”。[58]

载堉“生时以秘箧贻子孙，云俟有急难启视。甲申，闯寇遗伪制将军刘方亮陷（怀庆府）郡城，五孙开箧，有‘借问将军谁姓刘’之句，盖前知云”。[68]

附年谱参考资料

1《明神宗实录》卷二三一,万历十九年正月辛酉。
2《明史》卷三〇七《列传第一百九十五·佞倖》。
3 谷应泰:《明史纪事本末》卷五二《世宗崇道教》。
4《明世宗实录》卷八〇，嘉靖六年九月庚子。
5 陈子龙，等:《明经世文编》卷一四四《何柏斋先生文集》卷一,《追封郑定王碑铭》。
6 沈德符:《万历野获编》卷四《郑王直谏》。
7《明史》卷一七《本纪第十七·世宗一》。
8 何瑭:《柏斋集》卷二《郑王加冠序》。
9 王铎:《郑端清世子赐葬神道碑》，载清乾隆五十四年《怀庆府志》卷三一《艺文·碑铭》，2004年沁阳市地方史志编纂委员会影印本。
10《明史》记嘉靖十八年“二月乙卯，幸承天”“世宗幸承天，厚烷迎谒新乡”等事。见《明史》卷一一九《列传第七·诸王四》；龙文彬:《明会要》卷四《帝系四》。
11 马理:《何文定公神道碑》，载清乾隆五十四年《怀庆府志》卷三一《艺文·碑铭》，2004年沁阳市地方史志编纂委员会影印本。
12 朱载堉:《进历书奏疏》并抄其余四疏，载《乐律全书》。
13《明世宗实录》卷三〇六，嘉靖二十四年十二月己酉。
14 谈迁:《国榷》卷五八，嘉靖二十四年十二月己酉。
15 谈迁:《国榷》卷五九，嘉靖二十六年六月戊申；二十七年六月庚戌，七月辛巳；二十九年十二月癸未。
16《明世宗实录》卷三二四，嘉靖二十六年六月戊申。
17《明史》卷一一六《列传第四·诸王一》。

18《明神宗实录》卷三三八，嘉靖二十七年七月辛巳。
19《明史》卷一一九《列传第七·诸王四》。
20 张萱:《西园闻见录》卷二。
21 沈德符:《万历野获编》卷四《郑世子让国》。
22 永瑢，等:《四库全书总目》,《柏斋集提要》。
23《明世宗实录》卷三六五，嘉靖二十九年九月壬子。
24 夏燮:《明通鉴》卷五九，嘉靖二十九年九月壬子。
25《大明会典》卷五七《王国礼三·过犯》。
26 清乾隆五十四年《怀庆府志》卷二四《人物·烈女》，2004年沁阳市地方史志编纂委员会影印本，第17页。
27 朱载堉:《进律书奏疏》，载《乐律全书》。
28 谈迁:《国榷》卷六，嘉靖三十一年八月甲寅。
29《明世宗实录》卷三九二，嘉靖三十一年十二月丁巳。
30 朱载堉:《瑟谱》，1927年影印汲古阁藏明毛子晋转抄本。
31 登封少林寺珍藏朱载堉“混元三教九流图赞”碑。也见齐天昌:《纪念朱载堉》,《沁园春》2006年第2期，第8页。
32《明史》卷二二六《列传第一百十四·海瑞》。
33《明穆宗实录》卷二，隆庆元年正月戊辰。
34《明穆宗实录》卷七，隆庆元年四月壬子。
35《明穆宗实录》卷四四，隆庆四年四月乙丑。
36《明神宗实录》卷二八,万历二年八月丙寅。
37《明神宗实录》卷三〇，万历二年十月壬寅。
38 朱载堉:《律历融通·序》，载《乐律全书》。
39 朱载堉:《律历融通》(附《音义》)，载《乐律全书》。
40《明神宗实录》卷一一七,万历九年十月己未。
41《明神宗实录》卷一二四,万历十年五月甲戌。

42 朱载堉:《律学四物谱·序》，载《乐律全书》。
43《明神宗实录》卷一七七，万历十四年八月丙寅。
44 谈迁:《国榷》卷七四，万历十五年三月壬辰。
45《明史》卷三〇《志第六·五行三·年饥》。
46《明神宗实录》卷二二〇，万历十八年二月乙酉。
47《明神宗实录》卷二三七，万历十九年六月戊戌。
48《明神宗实录》卷二六六，万历二十一年十一月己未。
49 谈迁:《国榷》卷七六，万历二十一年十一月己未。
50《明神宗实录》卷二六九，万历二十二年正月甲辰。
51 河南省沁阳市朱载堉纪念馆藏，翊铎立：载壐墓碑文。
52 朱载堉:《古今律历考·序》，载《律吕正论》(此“序”仅在《续修四库全书》的《律吕正论》本中)。
53 朱载堉:《律吕精义·序》，载《乐律全书》。
54《明神宗实录》卷三〇五，万历二十四年十二月辛巳。
55 Pasquale M., *D'Elia edit Fonti Ricciane*, Vol. Ⅱ, p. 8, note 5,and p. 286, note 3. 转引自 Gene J. Cho, *The Discovery of Musical Equal Temperament in China and Europe in the 16th Century* (Lewiston: The Edwin Mellen Press, 2003), p. 216, p. 275, note 71。
56 朱载堉:《算学新说》，载《乐律全书》。
57《明神宗实录》卷四一五，万历三十三年十一月癸巳。
58 王士禛:《池北偶谈》卷二五，《郑端清世子》。
59《明神宗实录》卷四二一，万历三十四年五月乙酉、已丑。
60 清乾隆五十四年《怀庆府志》卷二九《艺文·制诏·神宗旌奖郑世子载堉敕》，2004年沁阳市地方史志编纂委员会影印本。
61 戴念祖:《中国科学技术典籍通汇·物理卷》，第二册，河南教育出版社，1995。

62 朱载堉:《律吕正论·序》《续修四库全书》本。

63 朱载堉:《嘉量算经》,《续修四库全书》本。

64 朱载堉:《圆方图解》卷终语，载《续修四库全书》，朱载堉《古周髀算经》本。

65《明神宗实录》卷四九〇,万历三十九年十二月庚午、己卯。

66《明史》卷一〇三《诸王世表四》。

67 康熙三十四年修《河南通志》卷十《封建》。

68 康熙三十四年修《河南通志》卷二六《人物》。

69 谈迁:《国榷》卷七〇,万历七年四月丁酉。

70 朱载堉:《律吕正论》卷一《黍竹二山说上》,《续修四库全书》本。

PRINCE

MUSICOLOGIST

SCIENTIST

ZHU ZAIYU

人名索引

Z

后记

（二〇〇八年版）

1986年，人民出版社出版拙作《朱载堉：明代的科学和艺术巨星》。20余年过去了，平日书札逐渐多起来，便日益强烈地萌发重写朱载堉的念头，尤其要从社会文化史的角度仰视朱载堉的一生及其艺术与科学成就。一年多的日夜劳作，终将本书呈奉读者。完稿后，尚觉有诸多不足。

本书题名源自明沈德符（1578—1642）在其《万历野获编》卷四中称朱载堉“真天潢中异人”一语。对朱载堉生平，本书做了较为详细的叙述，也纠正了本人和其他同仁的相关著作之误，对西方斯蒂芬的等程律也做了比之前较多的介绍。这些文字吸收了中国台北故宫博物院陈万鼐先生以及美国北得克萨斯州大学音乐学院卓仁祥教授等人相关著作中的论述。特别要感谢卓教授寄给我斯蒂芬《论歌唱艺术的理论》(荷兰文与英文本）一文。

在写作过程中，脑海里时时浮现先师杨荫浏、学长黄翔鹏的身影与教诲之情景。杨老在20世纪70年代初，恨不能将他的音乐史知识三两天内全都传授给我，甚至连我上洗手间的时间也不放过。他紧随至洗手间，两手扶在门框上，嘴里不停地讲述着或音乐或历史，然后，在我们回书房的路上仍在讲述着。直到我们坐下来，他点上一支烟，喝口茶，又继续讲下去。第一次杨老随我上洗手间、不关门还尚觉尴尬，此后就习惯了。他是多么纯真、何等慈祥的老人啊！由杨老介绍，我与翔鹏兄来往二十余年。他开阔的视野、深刻的见解往往让我的思维失落千里。在几次纪念朱载堉的学术讨论会上，我们总是同处一室，谈学术、悟人生，迄今难忘。

本书写作得到我的同事，首都师范大学王士平、李艳平、刘树勇三位教授多方支持、理解与帮助，得到同校物理系硕士生金亮、宋广利等人的帮助。在写作最后两章时，中国艺术研究院音乐研究所硕士生李木一为我复印了整本的亥姆霍兹《论音感》埃利斯英译本以及其他能找到的相关外文资料。来自朱载堉家乡的河南省沁阳市朱载堉纪念馆馆长杜景丽女士、沁阳市文物局局长田中华先生在地方志和地方史料等方面给予大力支持与协助。笔者向他们一一表示感谢。

在闻悉本书筹写之时，中国科学院自然科学史研究所所长廖育群先生以所长基金赞助研究；本书的出版，又承蒙大象出版社的鼎力支持。当大象出版社闻悉拙著脱稿，立即表示愿为该书问世起“助产士”之功。由于我深知，该社长期以来出版了大量颇具学术价值的名著新作，因此该社的许诺令我欣喜之至：一则，拙作描述的主人公是河南人；二则，拙作出版方是长于精品出版的大象出版社。如此和谐天衣，敢信朱载堉在天之灵，亦将谱曲填词，弹唱以庆矣。

戴念祖

2007年6月28日于北京华严北里陋室

又记：

本书曾分别于1986年、2008年以《朱载堉：明代的科学和艺术巨星》和《天潢真人朱载堉》为书名出版。从初版至今已近40载，今再版修订、补充，并以《王子·乐律学家·科学家：朱载堉》为题问世。近40年后再版拙作，实乃作者之幸。本书作者衷心感谢广西科学技术出版社的出版眼光和编辑冯雨云女士的辛勤劳作。

戴念祖

2023年7月26日于北京

曷若一琴、一缶、一吹、一歌，
足以自乐？
呜呼！
此趣惟达者能知之。